智人之上

从石器时代到 AI 时代的信息网络简史

［以］
尤瓦尔·赫拉利 著
林俊宏 译

中信出版集团 | 北京

图书在版编目（CIP）数据

智人之上：从石器时代到 AI 时代的信息网络简史 / （以）尤瓦尔·赫拉利著；林俊宏译 . -- 北京：中信出版社，2024. 9.（2025.1 重印）-- ISBN 978-7-5217-6852-7

I. K02-49

中国国家版本馆 CIP 数据核字第 20240030BW 号

智人之上——从石器时代到 AI 时代的信息网络简史
著者：　［以］尤瓦尔·赫拉利
译者：　林俊宏
出版发行：中信出版集团股份有限公司
（北京市朝阳区东三环北路 27 号嘉铭中心　邮编　100020）
承印者：　河北鹏润印刷有限公司

开本：787mm×1092mm　1/16　　印张：27.25　　字数：369 千字
版次：2024 年 9 月第 1 版　　印次：2025 年 1 月第 4 次印刷
京权图字：01–2024–4161　　书号：ISBN 978–7–5217–6852–7
定价：79.00 元

带着爱，

献给伊茨克，也献给所有热爱智慧的人。

在有着万千幻梦的路上，

我们正在追寻现实。

目 录

第二部分　非生物网络

在能够自己追求目标、自行做出决策的计算机出现之后，人类信息网络的基本结构就改变了。

第三部分　计算机政治学

我们所有人在未来几年所做的选择，将决定召唤这种非人类智能究竟是个致命的错误，还是会让生命的演化翻开一个充满希望的新篇章。

序言

人类把自己这个物种命名为智人——有智慧的人类。但我们究竟配不配得上这个称号，实在还有待商榷。

过去10万年间，我们智人确实积攒了巨大的力量，光是要列出人类所有的发现、发明和征服的事物，没有厚厚的几本书根本就装不下。然而，有力量并不等于有智慧，经过10万年的发现、发明与征服，人类已经把自己推向了一场生存危机。由于滥用各种力量，人类已然处于生态崩溃的边缘。人类现在还忙着创造像人工智能（AI）这样的新技术，但这些技术有可能逃脱人类的掌控，反过来奴役或消灭人类。然而，人类非但没有团结起来应对这些存亡挑战，还让国际紧张局势不断升温，全球合作更加困难，各国大量储备末日武器，一场新的世界大战正在逼近。

我们智人如果真那么聪明，为什么还会走上自我毁灭的道路？

从更深的层次而言，人类虽然累积了海量信息，从DNA（脱氧核糖核酸）分子到遥远的星系，无所不包，却仍然无法回答生命中最重大的问题：我们究竟是谁？我们应该追求什么？什么才是所谓美好的生活，我们又该怎样过上这样的生活？我们虽然掌握了大批信息，却还是像远古的祖先，容易受到幻想与错觉的迷惑。即使是现代社会，偶尔也会出现群众大规模失去理智的情形，例如纳粹主义。人类如今比石器时代拥有了更多的信息和力量，这一点毋庸置疑，但我们对于是否真的更了解自己，更了解自己在宇宙中的角色，却远远没那么确定。

所以，为什么人类那么会积攒信息与力量，但在智慧的获取上却又如此不成功？纵观历史，许多文化传统都提到，人类本性中的某些致命缺陷会让人类追求自己根本不知道如何驾驭的力量。希腊神话里就提到有个男孩叫法厄同，他发现自己原来是太阳神赫里阿斯的儿子。为了证明自己是神祇之后，法厄同希望能享有一日特权，驾太阳神的四马金车出游。赫里阿斯警告法厄同，拉着四马金车的天马绝非凡人所能驾驭，但经不起法厄同再三坚持，赫里阿斯终于让步，让法厄同得意地驾车飞上天空。天马还是不出意外地失控了。于是，太阳偏离了轨道，植被被烤焦，无数生物惨死，大地眼看不保。最后宙斯出手，一道闪电击中了法厄同，这个自负的人类如同流星从空中坠落，就连自己也在燃烧。诸神终于让天空恢复了秩序，世界也免于被毁灭。

时间过了两千多年，工业革命迈出了第一步，机器开始在许多工作上取代了人力，歌德也写出了类似的警世寓言，名为《魔法师学徒》。歌德的这首叙事诗（后来由迪士尼改编制作成一部广为人知的动画片，主角正是米老鼠）讲述的是，一位年迈的魔法师在出门的时候把工作坊交给一名小学徒，让他处理一些去河边打水之类的杂务。小学徒想偷懒，就擅自施展了魔法师的一条咒语，让一把扫帚帮他打水。但小学徒还没学过怎样叫扫帚停下来，结果水越打越多，整个工作坊都快被淹没了。情急之下，小学徒拿斧头把魔法扫帚砍成两段，却发现一把扫帚变成两把，两把扫帚一起打水灌向工作坊。等到魔法师终于回来时，小学徒向他求救：“我召唤了魔法精灵，却无法让它停下来。”魔法师立刻解除了咒语，阻止了大水。这给小学徒（也就是给人类）的教训再清楚不过了：永远别去召唤自己控制不了的力量。

法厄同与小学徒的故事，能让21世纪的我们得到什么警示？人类显然没听进去这些警告，除了让地球气候失衡，还召唤了数十亿的魔法扫帚、无人机、聊天机器人和其他各种算法精灵，这些精灵不但可能会失控，还可能让各种意想不到的后果如大水汹涌而至。

那我们该怎么办呢？这些故事并没有给出真正的答案，似乎就只能等着某个神祇或者魔法师出面收拾残局。但这种想法极其危险，等于鼓励我们放任自流，转而去相信那些神祇或魔法师。更糟的是，这些故事并没有让我们意识到，神祇或魔法师本身就是人类的发明，与四马金车、魔法扫帚和算法并没什么两样。创造出强大的事物，却带来意想不到的后果，这个现象并非始于蒸汽机或人工智能的发明，而是始于宗教。先知与神学家召唤出强大的神灵，这些神灵本该给人间带来欢乐与慈爱，但有时留下的却是一片血海。

不管是法厄同的神话故事还是歌德的叙事诗，之所以无法提供有用的建议，是因为它们都误解了人类获取力量的方式。这两则故事都讲述了某个人获取了巨大的力量，但随后因为傲慢与贪婪而走上歧途。于是得出这样的结论，因为个体心理缺陷导致了权力滥用。但这样的分析实在太过粗糙，而且忽略了一个重要方面：力量从来就不是个人努力的结果，人类的力量总是源于大批人的合作。

因此，真正造成人类滥用力量的原因并不在于个人的心理。毕竟，除了贪婪、傲慢与残忍，人类还有慈爱、谦逊、快乐与同情。确实，如果去看那些最糟糕的人类，会看到贪婪与残忍大行其道，恶人滥用力量。但究竟是什么让人类社会选择把力量交付那些最糟糕的人？比如在1933年，大多数德国人并非精神失常，但为什么他们会投票给希特勒？

人类之所以喜欢召唤自己控制不了的力量，问题不在于个人的心理，而在于人类在大规模合作时的一种特性。本书想提出的一个主要论点就是：虽然人类能建立大规模合作网络，以此获取巨大的力量，但这些网络的建构方式注定了人类对这些力量的运用常常并不明智。因此，人类遇到的问题归根结底是个网络问题。

讲得更明确一点，这是个信息问题。信息是维持网络联结的黏合剂。数万年来，智人正是靠着发明与传播各种虚构故事、幻想和大量的错觉——内容可能关于神祇、魔法扫帚、人工智能和许多其他事物——来打造并维持诸多的大规模网络。虽然个人通常了解的都是关于自己与世界的真理与真相，但大规模网络却会使用各种虚构故事与幻想将成员联结在一起并创造秩序。举例来说，我们过去就是这样走向了纳粹主义，纳粹主义形成了格外强大的网络，并由极具迷惑性的想法加以支撑维系。正如乔治·奥威尔的那句名言："无知就是力量。"

纳粹主义的政权基础，就是一些令人痛苦的幻想和毫无羞耻的谎言，但这在历史上实在称不上特殊，也不代表它们注定崩溃。纳粹主义可以说是史上人类创造出的最强大网络。从 1941 年年底到 1942 年年初，法西斯国家联盟（德、意、日）曾经有望赢得第二次世界大战，而斯大林最终成为二战的胜者。[1] 虽然在 20 世纪 90 年代自由民主国家占了上风，但如今看来那可能只是暂时的胜利。到 21 世纪，过去希特勒等人没做到的，很可能会由一些新的极权主义政权接手完成：创造出一个无所不能的网络，甚至能够阻止后代去尝试揭露其中的虚构与谎言。我们不该以为这些网络的基础因为都只是些虚构妄想就注定会失败崩溃。想要避免这些网络的最终成功，我们自己将不得不付出艰苦的努力。

天真的信息观

我们之所以很难看清这些虚构妄想的网络究竟拥有多大的力量，是因为我们对于大规模信息网络（无论其信息是真实还是虚构的）的运作方式有一种整体上的误解，我称之为"天真的信息观"。如果说法厄同神话与《魔法师学徒》这样的寓言故事呈现了一种对个人心理的悲观看法，那么天真的信息观对大规模人类网络的看法则显然太过乐观。

天真的信息观认为，通过收集与处理比个人多得多的信息，大规模网络能更好地了解医学、物理学、经济学等诸多领域，于是这样的网络不但力量强大，还无比明智。举例来说，通过收集更多关于病原体的信息，制药公司与医疗保健服务机构就能找出更多疾病的病因，从而研发出更强大的药物，并就药物的使用做出更明智的选择。这种观点认为，有了足够多的信息，就能得到真理与真相；有了真理与真相，就能得到力量与智慧。相较之下，无知似乎无法通向任何地方。虽然在某些历史上的危急时刻，基于妄想或欺瞒而形成的网络偶尔会出现，但长期看，这些网络必然会败给那些真实且可信的网络。医疗保健服务机构如果无视病原体的信息，或者制药公司刻意散播不实信息，到头来肯定都会输给那些更聪明地利用信息的对手。因此，天真的信息观就会相信，那些基于妄想的网络肯定只是异常，而大规模网络通常都值得信赖，肯定能明智地运用其力量。

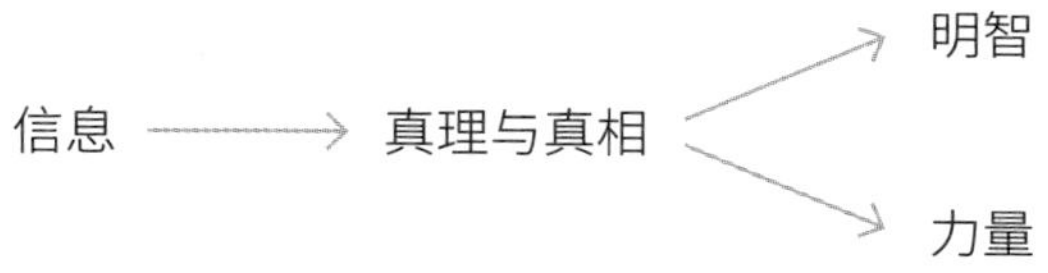

天真的信息观

当然，天真的信息观也承认，在从信息到真理与真相这条路上，有很多事情可能会出问题。比如我们在收集与处理信息的时候可能会犯下一些无心的错误，可能有些坏人会出于贪婪与仇恨而想隐藏重要事实或试图欺瞒。因此，有些时候信息并非导向真理与真相，反而导向错误。比如，信息不完整、分析有错误，或有人刻意散布虚假信息，都可能让人误入歧途，于是就连专家也可能对某种疾病的真正成因产生误判。

然而，天真的信息观会认为，面对收集与处理信息时遇到的大多数问题，解决办法就是收集与处理更多的信息。错误本来就不可能完全避免，而在大多数情况下，如果能获取更多信息，确实能让准确率有所提高。如果想找出一场流行病的起因，一位医生想从单一患者身上得到答案，其准确性显然比不上几千位医生收集几百万患者的数据做出的判断。如果这群医生密谋隐瞒真相，只要让公众和调查记者都能自由地取得相关医疗信息，这一隐瞒行为终将会败露。从这种观点看来，信息网络越大，就能越接近真理与真相。

当然，就算我们准确地分析了信息，发现了重要事实，也无法保证我们因此得到力量之后能够明智地加以运用。一说到明智，大部分人会认为就是能"做出正确的决定"，但所谓"正确"是有价值判断的，不同的个人、文化或意识形态就会有不同的想法。比如，科学家发现了新的病原体之后，一种想法可能是研发疫苗来保护人类，但如果这位科学家（或是其统治者）抱持种族主义的意识形态，一心认为某些种族就是劣等民族，应该被消灭，那么这项新的医学发现就可能被用来研发生物武器，以此夺走数百万人的生命。

即使在这种情境下，天真的信息观也会认为，只要有更多信息，至少还是能解决部分问题的。天真的信息观认为，只要仔细检查就会发现，人之所以会有不同的价值观，要么是因为信息缺乏，要么是有人在刻意传播虚假信息。根据这种观点，之所以会有种族主义者，只是因为这些人得到的信息还不充分，对生物学与历史事实了解得还不够。这些人误以为在生物学上真的能把人分成不同的"种族"，他们被各种虚假的阴谋论洗脑了。因此，要想解决种族主义问题，就要向公众提供更多关于生物学与历史的事实。虽然这可能得花些时间，但在这种自由的信息市场上，真理与真相迟早都能胜出。

当然，天真的信息观其实还涉及更多细节与思考，并不是以上几段文字就能解释的，但其核心原则就是：信息本质上是件好事，我们拥有的信息越多越好。只要有足够的信息和足够的时间，我们就一定能找出各种事物的真相（从病毒感染到种族主义偏见），不但让人类的力量得以提升，也能让智慧得以成长，进而能更明智地利用这种力量。

这种天真的信息观为发展更强大的信息科技提供了理由，而这种观点也成为计算机与网络时代半官方意识形态。1989 年 6 月，就在柏林墙倒塌与铁幕被冲破的前几个月，罗纳德 · 里根宣告，“极权主义的歌利亚很快就会被微晶片的大卫打倒”，同时提到“最大的老大哥在面对通信科技时已越来越无助……信息就是现代社会的氧气……能够越过顶部装了刺网的高墙，能够飘过通了电、设了各种陷阱的边界。电子束如同微风，仿佛穿越蕾丝一般吹过铁幕”[2]。2009 年 11 月，时任美国总统奥巴马到访上海，也表达了同样的看法，他向中国东道主表示：“我非常相信技术的作用，非常重视开放性。在信息流动方面，我认为信息流通越自由，社会就变得越强。”[3]

创业者与企业也常常对资讯科技抱持同样乐观的看法。早在 1858 年，《新英格兰人》（*The New Englander*）就有一篇社论谈到电报这项发明：“既然已经创造出这样的工具，让全世界所有国家的思想得以交流，过去的偏见与敌意必将无以为继。”[4] 在经过将近两个世纪以及两次世界大战之后，马克 · 扎克伯格则表示，脸书的目标“是帮助大众分享更多信息，好让世界变得更加开放，以及促进人与人之间的理解”[5]。

著名未来学家、创业家雷 · 库兹韦尔 2024 年出版的新书《奇点已更为临近》（*The Singularity Is Nearer*）回顾了信息技术的发展史，并得出结论：“现实情况就是，随着科技指数级的改进，生活的几乎所有方面都在变得更好。”书中回顾了人类历史上的重大发展，列举了印刷术的发明等例子，认为信息技术从本质上倾向于产生“一种良性循环，让人类福祉的几乎所有方面都得到改进，包括识字、教育、财富、卫生、健康、民主和减少暴力”[6]。

最能够简洁表达出这种天真信息观的，或许就是谷歌的使命宣言：“整合全球信息，使人人皆可访问并从中受益。”面对歌德的警告，谷歌显然认为虽然一个学徒偷走老师的魔法咒语可能造成灾难，但如果很多学徒能够自由获取世界上所有的信息，这些学徒就不但能创造出人人受益的魔法扫帚，还能学会明智地使用这股力量。

谷歌与歌德

这里必须强调，很多时候，拥有更多的信息确实能让人更加了解世界，更明智地运用手中的力量。以儿童死亡率的大幅下降为例，歌德是全家 7 个孩子里的老大，但只有他和妹妹柯妮莉亚庆祝了 7 岁生日。其他孩子多半因病夭折，赫尔曼 · 雅各布 6 岁时死于疾病，凯瑟琳娜 · 伊丽莎白活到 4 岁，约翰妮 · 玛丽亚活到 2 岁，乔治 · 阿道夫只活了 8 个月，还有一个弟弟来不及取名便胎死腹中。最后柯妮莉亚在 26 岁病逝，全家这一代只剩歌德一人。[7]

歌德自己后来也生了 5 个孩子，但除了长子奥古斯特，其余的孩子都在出生后两周内夭折。夭折的原因很可能是歌德和妻子克里斯典娜的血型不兼容，让她在第一次成功怀孕后，体内出现了对抗胎儿血型的抗体。这种病被称为 Rh 血型不合溶血病，目前已能有效治疗，死亡率不到 2%，但在 18 世纪 90 年代，这种疾病平均死亡率高达 50%，等于给歌德后来的 4 个孩子都判了死刑。[8]

18 世纪末，歌德家族堪称德国的富裕家庭，但他家这两代的儿童存活率只有可怜的 25%，12 个孩子中只有 3 个活到成年。这个可怕的统计数据并非个例，歌德在 1797 年写下《魔法师学徒》时，估计德国儿童只有 50% 能活到 15 岁，[9] 而且当时全球大多数地区的情况大概也是如此。[10] 到 2020 年，全球儿童有 95.6% 能活到 15 岁，[11] 这个数据在德国更是高达 99.5%。[12] 之所以能有这项重大的成就，当然是因为收集、分析和共享了关于血型等要素的大批医学数据。所以就这个案例而言，天真的信息观其实说得没错。

然而，天真的信息观并未见到事物的全貌，现代历史可不只是儿童死亡率降低而已。在近几个世代里，信息生产的数量与速度都经历了前所未有的最大增长。现在任何一部智能手机储存的信息量都能超越古代的整座亚历山大图书馆，[13] 还能让用户实时与世界各地几十亿人建立联系。然而，随着这些信息以惊人的速度传播，人类却比过去任何时候都更接近自我毁灭。

人类坐拥大量数据（或许也正是这个原因），却还是在不断向大气排放温室气体，污染河海，砍伐森林，破坏栖息地，让无数物种灭绝，甚至还危及自己这个物种的生态基础。人类还在生产着越来越强大的大规模杀伤性武器，从热核弹到末日病毒，无所不包。人类领导者的手中并不是没有关于这些危险的信息，但他们非但没去合作寻找解决方案，反而让大家越来越接近一场全球战争。

这个时候，坐拥更多信息是会让事情变好还是变得更糟，我们很快就会知道。目前，许多企业与政府都在争先恐后地研发人类历史上最强大的信息技术——人工智能。一些知名企业家，比如美国投资人马克·安德森，相信人工智能最后能够解决人类所有的问题。2023 年 6 月 6 日，安德森发表了《为何人工智能能拯救世界》（Why AI Will Save the World）一文，文中充满了大胆的言论，比如，“我要告诉大家这项重要的好消息：人工智能非但不会毁灭世界，而且还可能拯救世界”“人工智能能让我们关心的一切变得更好”。他最后总结道：“人工智能的发展与普及，非但不是我们该担心的风险，反而是我们对自己、对孩子、对未来该承担的道德义务。”[14]

雷·库兹韦尔也同意这种说法，他在《奇点已更为临近》一书中表示：“人工智能这项关键技术，将让人类得以应对各种迫在眉睫的挑战，包括克服疾病、贫穷、环境退化，以及人类的所有弱点。而我们就该负起道德上的责任，实现新技术的承诺。”库兹韦尔很清楚这项技术的潜在危险，也对这些危险进行了详尽的分析，但他相信这些危险都可以被成功化解。[15]

但其他人就没那么相信了。除了哲学家与社会科学家，许多重要的人工智能专家与企业家（例如约书亚·本吉奥、杰弗里·辛顿、山姆·奥特曼、埃隆·马斯克、穆斯塔法·苏莱曼）都警告公众：人工智能可能会摧毁人类文明。[16] 本吉奥、辛顿与许多其他专家在 2024 年共同撰写的一篇文章中指出：“不受控制的人工智能发展，最后可能造成大规模的生命损失与生物圈伤害，以及人类的边缘化甚至灭绝。”[17] 一项 2023 年的研究调查了 2778 名人工智能研究者，结果显示，有超过 1/3 的人认为，先进的人工智能有至少 10% 的可能会造成等同于人类灭绝一样可怕的后果。[18] 2023 年，包括中国、美国与英国在内的近 30 个国家和欧盟签署了关于人工智能的《布莱切利宣言》，其中就承认：“这些人工智能模型所具备的最重要的功能可能会造成严重的甚至是灾难性的伤害，无论是有意的还是无意的。”[19] 虽然以上使用的是这种仿佛描述世界末日的语词，但专家与政府并不是让人联想到那些好莱坞电影的画面，好像有机器人造反，在街上奔跑射杀人类。这种情节一来实在不太可能发生，二来只会让人们忽略真正的危险。专家真正要警告的是另外两种情况。

第一，人工智能的力量可能会大幅加剧人类既有的冲突，让人类形成内斗。正如 20 世纪冷战时期的铁幕分隔出几个彼此敌对的势力，21 世纪的硅幕（不再是铁丝网，而是由硅基芯片和计算机代码组成的）也可能区隔出不同的敌对势力，引发一场新的全球冲突。这场人工智能军备竞赛将会制造出更具破坏性的武器，于是即使只是一个小小的火花，也可能引发灾难性的大火。

第二，硅幕所分隔的或许不是彼此敌对的人类，而是一边为所有人类，另一边为我们新的人工智能霸主。不论在哪里生活，我们都可能被一张看不透的算法大网束缚，控制着我们的生活，重塑着我们的政治与文化，甚至是去改造我们的身体与思想，但人类却再也无法理解这些控制着我们的力量，更别说加以阻止了。如果 21 世纪真会有某个极权主义网络成功征服世界，其背后的掌控者可能并不是人类的独裁者，而是某种非人类智慧。有些人以为，如果人类将会迎来极权主义噩梦，主要来源应该是俄罗斯或后民主时代的美国等国，但这是对极权主义威胁的一种误解。事实上，不管是俄罗斯人、美国人还是其他人，真正面对的可能是由非人类智慧引发的极权威胁。

有鉴于这种危险的严重性，人工智能应该引起全人类的共同关注。虽然不是每个人都能成为人工智能专家，但我们都该知道，人工智能是历史上第一个能够自行做决策、创造新想法的技术。人类过去的所有发明，都只是在为人类赋予更强大的力量：过去的新工具无论多么强大，使用的决定权都握在人类手中。刀和炸弹并不会决定要杀死谁，它们只是不会思考的工具，没有处理信息、做出独立决策时所必需的智能。相较之下，人工智能能够自行处理信息，因此也就能够代替人类做出决策。人工智能不是工具，而是能够做出决策的行为者。

由于能够掌握信息，人工智能就能在各种领域独立产生新的想法，从音乐到医学无所不包。在过去，留声机能播放人类谱写的音乐，显微镜能显现人体细胞的秘密，但留声机无法谱写新的乐曲，显微镜也无法合成新的药物。但人工智能能够自行创造艺术，找出新的科学发现。接下来的几十年里，人工智能甚至可能创造出新的生命形式，方式可能是编写遗传密码，也可能是发明某种非生物的代码，从而赋予非生物实体生命。

当下，就算这场人工智能革命还在萌芽阶段，计算机也做出了各种影响人类的决定：要不要核准某人的贷款，要不要雇用某人来工作，要不要把某人送进监狱。这种趋势只会愈演愈烈、越来越快，让我们越来越难以掌控自己的生活。我们真的能相信计算机算法会做出明智的决定，并创造一个更美好的世界吗？这个赌注可比相信魔法扫帚会打水要冒更大的风险，而且这里赌上的不只是人类的生命。人工智能不但可能改变人类这个物种的历史进程，还可能改变所有生命形式的演化历程。

信息成为一种武器

我在 2016 年出版了《未来简史》，这本书指出各种新信息技术对人类造成的一些危险。书中认为，历史真正的主角一直都是信息，而非智人，而且科学家已经越来越懂得采用信息流的观点，除了用来看历史，也能用来看生物学、政治学和经济学。不论是动物、国家还是市场，都可以算是信息的网络，都会从环境中吸收资料数据，据以做出决策，进而又释放出更多资料数据。这本书也发出警告，虽然我们都希望随着信息技术的改进而为人类带来健康、快乐和力量，但事实上，信息技术得到提升之后，反而可能让人类失去力量，同时损害人类的身心健康。《未来简史》还假设，人类要是再不小心，就可能像泥土落入滚滚河流，直接消融在信息的洪流之中；同时放眼万事万物，人类只不过是宇宙数据流里的一个小小涟漪。

自《未来简史》出版以来，事物发展变化的速度不断加快，权力也确实已经从人类转到了算法手中。许多在 2016 年听起来还像是科幻小说的场景，比如算法能够创造艺术、假装成人类、会做出让人一辈子受到重大影响的决定、比我们更了解我们自己，在 2024 年都已经成为现实。

自 2016 年以来，还有许多事也发生了变化。生态危机加剧，国际紧张局势升温，而一波民粹主义浪潮甚至让全球最强大的几个民主政体也为之动摇。民粹主义也对天真的信息观造成严重的挑战。不管是唐纳德·特朗普、巴西前总统雅伊尔·博索纳罗这样的民粹主义领导人，还是像匿名者 Q[*] 和反疫苗者[**] 这样的民粹主义运动与阴谋论者，都认为有些传统机构制度只是声称自己在收集信息、找寻真理与真相，以此取得权力，但其实都是在说谎。在他们看来，那些官僚、法官、医生、主流记者和学术专家就是一个精英阴谋集团，他们对真相没有半点兴趣，总在故意传播虚假信息，牺牲“人民”的利益来谋取自己的特权。像特朗普这类政治人物以及匿名者 Q 这类运动的崛起，有着 21 世纪 10 年代末期美国所特有的政治背景。但如果说到民粹主义作为一种反建制的世界观，其实早在特朗普之前便已登场，而且与过去和未来的许多情景息息相关。一言以蔽之，在民粹主义者眼里，信息就是一种武器。[20]

信息 → 权力

民粹的信息观

更极端的民粹主义会认为世上根本没有什么客观真理，每个人都有自己的真理，并想以此来压倒对手。这种世界观认为，只有权力才是唯一的现实。所有的社会互动都是权力斗争，人类真正感兴趣的也唯有权力。声称自己对其他事物（比如真理或正义）感兴趣，只是用来取得权力的策略。无论何时何地，当民粹主义成功地让人们觉得信息就是一种

* “匿名者 Q”组织（QAnon）是一个源自互联网的阴谋论集合，其影响力主要集中在美国。其核心阴谋论是美国表面的政府内部存在一个“深层政府”，它由犹太金融家、资本巨鳄、好莱坞精英等构成的集团把持。总的来说，这是一个充满极端和虚假信息的阴谋论集合（本书第六章对该事件有详细论述）。——编者注

** 反疫苗者（anti-vaxxer），是指那些反对或拒绝接种疫苗的人群。他们普遍对疫苗持有怀疑态度，认为疫苗有害，或者认为制药公司和其他相关部门掩盖了疫苗的潜在风险。——编者注

武器而进行传播时，语言本身就会受到损害。不论是“事实”这样的名词，还是“准确的”“真实的”这样的形容词，都会变得语义模糊，似乎无法指向一个共同的客观现实。这种时候，只要一谈到“事实”或“真相”，就会引起一部分人质疑：“你说的是谁的事实、谁的真相？”

但这里应该强调，这种重视权力、对信息持高度怀疑态度的信息观其实由来已久，绝不是反疫苗者、地平论者*以及博索纳罗或特朗普支持者等人的发明。早在2016年之前，有人就已经提出了类似的观点，而且有些还是史上最聪明的一群人。[21]比如在20世纪末，就有米歇尔·福柯和爱德华·萨义德这样的左翼知识分子认为，医院与大学这样的科学机构不是为了追求什么永恒客观的真理，而是利用权力来决定什么是真理，为资本主义与殖民主义精英服务。这些激进的批评者甚至有时候会认为，“科学事实”也只是资本主义或殖民主义的“话语”，当权者永远不会真正对真理与真相感兴趣，也绝不能相信这些人会承认并改正自己的错误。[22]

左翼革命派的思想路线可以追溯到马克思。1848年的《共产党宣言》就指出：“至今所有一切社会的历史都是阶级斗争的历史。自由民和奴隶，贵族和平民，地主和农奴，行会师傅和帮工，简短些说，压迫者和被压迫者，始终处于相互对抗的地位，进行不断的，有时隐蔽，有时公开的斗争。”**这种对历史的二元诠释意味着，人类的每一次互动都是压迫者与被压迫者之间的权力斗争。这样一来，某人说了某句话，最重要

---

* 地平论者（flat-earther）是一个坚持认为地球是平的而非球形的群体，其观点在科学上已被证明是错误的。但他们所代表的怀疑精神和独立思考的态度在一定程度上也促进了科学的发展和进步。——编者注

** 卡·马克思，弗·恩格斯．共产党宣言[M]// 马克思恩格斯全集：第四卷．中共中央马克思恩格斯列宁斯大林著作编译局，译．1版．北京：人民出版社，1958:465-466.

的问题不是说的内容是什么、说的是不是事实，而是这句话是谁说的、他为谁的特权服务。

当然，像特朗普和博索纳罗这样的右翼民粹主义者不太可能认真读过福柯或马克思的著作，而且他们也表现出一副强烈反对马克思主义的样子。至于他们在税收与福利等领域所提出的政策也看不出半点儿马克思主义。然而讲到社会与信息，他们的基本观点却出人意料地雷同，同样将所有人类之间的互动视为压迫者与被压迫者之间的斗争。比如，特朗普在 2017 年的就职演说中就宣称："我们国家首都的一小群人攫取了政府的好处，而人民却承担了代价。"[23] 这种言论正是民粹主义的代表，政治学家卡斯·穆德认为民粹主义就是一种"意识形态，认为社会最终会被分成两个内部同质而互相对立的群体，即'洁净的人民'与'腐败的精英'"[24]。正如马克思主义者总在声称的，媒体是资产阶级的喉舌，大学等科学机构散布虚假信息，是为了延续资本主义的控制；民粹主义则是指责这些机构以牺牲"人民"的利益为代价，促进"腐败精英"的利益。

但就像前几个世代的激进反建制运动，如今的民粹主义同样有逻辑不连贯的问题。如果权力是唯一的现实，信息也只是武器，那这对民粹主义本身意味着什么呢？他们是不是一心只想夺权，是不是也总在对我们说谎以骗取权力？

面对这个难题，民粹主义试着用两种方法来解决。有些民粹主义运动声称自己坚持现代科学的理想，恪守经验主义对一切抱持怀疑态度的传统。他们告诉公众：你们永远不该相信任何机构制度或权威，包括那些自封的民粹主义政党与政治人物。相反，你们应该自己去研究，只相信自己直接观察到的东西。[25] 这种激进的经验主义立场认为，虽然我们确实无法永远相信政党、法院、报纸、大学这些大型机构制度，但个人要是足够努力，还是可以找出真相的。

这种方法或许听起来很科学，也能吸引那些个性自由奔放的人，但还是有个问题无法解决：要是真这么做，人类社群怎样才能真正合作，比如打造出医疗保健系统或是通过环境法规？这些目标的背后都需要有大规模的组织制度配合才行。如果只有一个人，难道他真的可能完成所有必要的研究，确定地球气候是否正在变暖，并找出可行的应对措施？如果只有一个人，他怎么收集世界各地的气候数据，更不用说取得过去几个世纪的可靠记录了。只相信“自己的研究”可能乍听之下很科学，但其实这等于相信世界上没有客观真理。我们在本书第四章就会看到，科学绝不是一种个人的追求，而是机构制度的合作。

民粹主义提出的另一种解决方法，是放弃现代科学通过“研究”寻找真相的理想，转而依赖神启或神秘主义。基督教、伊斯兰教、印度教等传统宗教，常常把人类描绘成不值得信任、渴求权力的生物，唯有依靠某些神性智慧的介入，才能了解真理与真相。在 21 世纪 10 年代到 20 年代初，从巴西到土耳其，从美国到印度，各地的民粹主义政党都与这类传统宗教牵起了手，一方面彻底质疑现代的机构制度，另一方面却全然深信古代的经文典籍。这些民粹主义者声称，你在《纽约时报》《科学》报刊上读到的文章只是精英主义者用来取得权力的策略，但你在《圣经》《吠陀经》上读到的内容则是绝对真理。[26]

这种解决方法的另一种形式则是呼吁公众信赖像特朗普或博索纳罗这样的魅力领袖。他们的支持者将这些领袖描绘成上帝的使者，[27] 或者说他们和“人民”有着某种神秘的联系。如果是一般政客，他们就会对人民说谎，只为了获得自己的权力；如果是魅力领袖，他们则成了人民的代言人，非但不会出错，还会揭露一切谎言。[28] 所以，民粹主义反复出现的悖论之一，就是一开始的时候总在警告大家，所有人类精英都是为了争权夺利，十分危险，但常常到头来又要求人民把所有权力都交给某位充满野心的人。

第五章会更深入地探讨民粹主义，此处我想强调的一点是，人类目前正在面临生态崩溃、全球战争、技术失控等生存挑战，但民粹主义却在此时侵蚀着我们对大型机构制度与国际合作的信任。民粹主义者不相信复杂的人类机构制度，他们的建议就像法厄同神话与《魔法师学徒》给我们的启示一样："相信会有神祇或伟大的魔法师介入，让一切恢复正常。"如果我们接受了这种建议，从短期来看，控制我们的可能就是那些对权力欲望旺盛而且是其中最糟糕的一群人，从长期来看，控制我们的可能就是新的人工智能霸主。还有一种可能，随着地球变得不再适合人类生存，我们会发现自己根本无处可去。

我们如果不想把权力交给某个魅力领袖或是高深莫测的人工智能，首先就得更加了解"信息"究竟是什么，了解信息如何协助建立起人类网络，了解信息与真理、真相以及与权力的关系。民粹主义的正确之处在于对天真的信息观抱持怀疑态度，但偏激之处则在于认为只有权力是唯一的现实，以及信息永远就是一种武器。事实是，信息既不能说肯定能带来真理与真相，但它也不只是一种武器。在这两种极端之间其实还有足够的空间，能让我们以更细致也更充满希望的观点来看待人类的信息网络，看待人类明智地运用权力的可能。本书就是希望能探索这样的中间立场。

前方的道路

本书第一部分将会概述人类信息网络的历史发展进程。这里并不是要按照世纪的进展，全面讨论文字、印刷术、无线电等信息技术，而是希望通过研究几个范例，探讨各个时代人们在建立信息网络时所面临的关键困境，并研究了当时解决这些困境不同的答案怎样塑造出截然不同的人类社会。有些冲突的成因，我们一般会认为是意识形态或政治上的不同，但实际上往往是信息网络的类型不同。

在第一部分，我最先考察的是对于大规模人类信息网络至关重要的两个概念：神话故事和官僚制度。在第二章与第三章，我描述了大规模信息网络（从古代王国到现代国家）是如何同时有赖于神话编造者与官僚制度的。举例来说，《圣经》中的故事当然对基督教会至关重要，但要是没有教会的官僚来策划、编辑和传播这些故事，《圣经》也不会有这样的地位。每个人际网络都会面临一个困境，那就是神话编造者与官僚制度常常会往不同的方向发展。各种机构制度与社会的定义，常常取决于它们如何在神话编造者与官僚制度的需求冲突之间达到平衡。例如，基督教就分裂成了天主教和新教等不同的教会，不同的教会正是在神话故事与官僚制度之间取得了不同的平衡。

第四章的重点是谈论错误信息的问题，以及维持各种自我修正机制（例如独立司法、同行评议期刊）的好处与坏处。这一章将比较不同的机构制度：一类自我修正机制较弱，比如天主教会；另一类自我修正机制较强，比如科学学科。如果自我修正机制较弱，有时候如早期现代欧洲猎巫这样的历史灾难就会出现；但如果自我修正机制较强，有时候它则会从内部破坏网络的稳定性。如果从延续、传播与权力的角度来看，天主教会可以说是人类历史上最成功的机构，尽管其自我修正机制相对较弱（但这或许也是促成其成功的原因）。

在讨论了神话故事与官僚制度的角色，也比较了自我修正机制强与弱的影响之后，第五章会以另一种对比来结束第一部分的历史讨论：分布式信息网络和集中式信息网络。民主制度会让信息沿着许多独立渠道自由流动，而极权制度则是将所有信息集中在一个核心枢纽，两者各有优劣。谈到美国和苏联等不同的政治体系，如果从信息流的角度来切入，就能解释为何它们有着不同的发展轨迹。

这本书的历史部分对于我们理解当下和展望未来至关重要。人工智能的兴起可以说是历史上最大的一场信息革命。但要真正理解这场革命，就必须与过去的信息革命做比较。历史真正研究的并不是“过去”，而是“变化”。历史能告诉我们什么是不变的、什么是变化的，以及事物又是如何变化的。这不仅与信息革命，而且与其他类型的历史变革都息息相关。因此，如果能了解过去《圣经》如何一步一步地成为绝对正确的经典，我们就能从中得到宝贵的见解，来洞察当今的人工智能是如何号称绝对不会有误的。同样，研究近现代的猎巫行动和苏联的农业集体化运动，也能提供一个严正的警告，让我们知道如果赋予人工智能更大的权力来掌控21世纪的社会，可能会出现怎样的问题。深入了解历史至关重要，因为它能让我们理解人工智能究竟有哪些是新颖的内容，人工智能与印刷术及无线电广播技术有什么根本差异，以及如果未来出现人工智能独裁，其与过去出现的所有独裁形式又有哪些不同。

本书并不是说研究过去就能预测未来。我后面还会反复强调，历史不是确定的，未来将由我们所有人在未来几年所做的选择而塑造。我写这本书全部的意义在于，希望我们通过做出明智的选择，防止最糟糕的结果。如果未来真的无法改变，还去讨论未来岂不是浪费时间？

以第一部分的历史调查为基础，本书第二部分“非生物网络”讨论的是人类如今正在打造的新信息网络，重点关注人工智能兴起的政治意义。第六章到第八章讨论了世界各地近些年发生的例子（比如，2016—2017年社交媒体算法如何在缅甸煽动种族冲突），以解释人工智能与过去所有信息技术的不同之处。之所以例子大多取自21世纪10年代，而不是21世纪20年代，是因为我们对21世纪10年代的事件已经有了一些历史性的观点。

第二部分提出的论点认为，人类正在创造一个全新的信息网络，却从来没好好想想这有何影响。这里的重点在于，这是一种从生物到非生物信息网络的转变。过去的罗马帝国、天主教会与苏联，都是依靠碳基的人脑来处理信息、做出决策，但主宰新信息网络的硅基计算机的运作方式截然不同。过去，碳基的神经元摆脱不了有机生物化学的种种限制，而无论如何，硅基芯片都能轻松摆脱这些限制。所以，硅基芯片能创造出永远不用睡觉的间谍、永远不会遗忘的金融家和永远不会死去的暴君。这会让社会、经济与政治发生怎样的改变？

本书的第三部分"计算机政治学"探讨了不同类型的社会如何应对非生物信息网络的威胁与承诺。像我们这样的碳基生命，还有没有机会理解和掌控新的信息网络？如上所述，历史不是确定的，至少在未来几年里，我们智人仍然有能力塑造我们的未来。

所以，第九章讨论的是民主国家如何处理非生物信息网络的兴起。举例来说，如果整个金融系统越来越受到人工智能的控制，金钱的意义也开始依赖人类无法理解的算法，那么有着血肉之躯的政治人物如何做出金融决策？如果我们不再能判断自己谈话的对象是真人还是伪装成人类的聊天机器人程序，那么民主国家怎样保持对任何议题（不管是金融还是性别）的公开对话？

第十章则探讨了非生物信息网络可能如何影响极权主义。虽然独裁者很乐意摆脱所有的公开对话，但对人工智能也心存恐惧。独裁政权要想站稳脚跟，就得恐吓和审查自己的代理人。但人类独裁者又怎么可能去恐吓人工智能、去审查人工智能高深莫测的处理程序，或者避免人工智能起身夺权？

最后的第十一章谈论的是这套新信息网络如何左右全球民主与极权社会之间的权力平衡。人工智能是不是一定会让天平倒向某一边？世界会不会分裂成彼此敌对的集团，所有人都因而成为某种失控的人工智能的猎物？或者，人类能不能团结起来捍卫共同的利益？

但在开始谈信息网络的过去、现在和可能的未来之前，我们得先谈谈一个看似简单的问题——信息究竟是什么。

第一部分

人类网络

智人之所以成功，

秘诀在于懂得运用信息，并把许多人联结起来。

但很遗憾，

人类在拥有这种能力的同时，

常常也伴随着相信谎言、错误与幻想。

第一章
信息是什么？

最基本的概念总是很难定义。因为后续的一切都以这些概念作为基础，反而让人难以想象这些概念背后还能有什么更基本的概念。就像物理学家很难去定义物质与能量，生物学家很难去定义生命，而哲学家也很难去定义现实。

许多哲学家、生物学家，甚至还有一些物理学家，已经越来越多地把信息视为现实的最基本要素，甚至比物质或能量还基本。[1] 这也就难怪，现在谈到该如何定义信息，谈到信息与生命演化、信息与各种物理基本概念（比如熵、热力学定律、量子力学的不确定性原理）之间关系的时候，总有许多争议。[2] 本书并没打算解释甚至解决这些争议，也没有要为“信息”提出一套在物理学、生物学与其他任何知识领域都能通用的定义。因为这就是一本谈历史的著作，研究的是人类社会的过去与未来发展，所以我们讨论的重点也就集中于信息在历史中的定义与作用。

通常情况下，信息是与各种人造符号（例如口语或书面语）联系在一起的。以军鸽谢尔·阿米与被困营这个故事为例。1918 年 10 月，美国远征军正试图从德国手中夺回法国北部，一个由超过 500 名美国官兵组成的营受困敌后。美军炮兵想为他们提供火力掩护，却搞错了这群官兵的位置，结果炮火直接落在他们头上。该营指挥官查尔斯·惠特尔西少校急需让总部知道他们的确切位置，但没有任何士兵能够突破德军的防线。许多说法指出，惠特尔西最后的希望就是一只名为谢尔·阿米的军鸽。惠特尔西在一张小纸条上写着："我们沿着平行于 276.4 的道路前行。我方的炮火就落在我们的位置上，拜托赶快停下来。"这张纸条被放进一个小筒里，之后绑在谢尔·阿米的右腿上，然后将它放飞。该营的二等兵约翰·内尔多年后回忆说："我们非常清楚，那是我们最后的机会。要是那只孤孤单单又吓坏了的鸽子没能飞回鸽舍，我们的命运就注定了。"

目击者后来讲到谢尔·阿米是怎样飞入德军的猛烈炮火中的。有枚炮弹就在它的正下方爆炸，炸死了 5 个人，它也身受重伤。一块儿碎片撕裂了谢尔·阿米的胸口，它的右腿几乎被炸断，只剩一条肌腱连着。但谢尔·阿米撑过去了。这只身负重伤的信鸽花了大约 45 分钟，飞了 40 千米到达师部，右腿残肢上还绑着那个装有重要信息的小筒。虽然各方对确实的细节还有争议，但显然美军调整了炮火的方向，并发动了一轮反击，拯救了这个被困营。谢尔·阿米后来经过军医照料，作为英雄被送至美国，成了许多文章、短篇故事、儿童读物、诗歌甚至电影的主题。这只鸽子根本不懂自己送了什么信息，但正是它递送的纸条上所记录的符号，拯救了几百人，使他们免于战死或被俘。[3]

然而，信息的组成不一定非要靠人造符号。就像《圣经》里的那场洪水，挪亚之所以能知道洪水终于退去，是因为他从方舟里放出去的鸽子叼着橄榄枝回来了。接着上帝在云中划出一道彩虹，作为他立约的神圣记号，承诺不再用洪水淹没地球。鸽子、橄榄枝与彩虹从此也成了和平与宽容的象征符号。甚至有些比彩虹更远的物体，也能成为信息。对天文学家来说，星系的形状与运行都是重要的信息，它们诉说着宇宙的历史。对航海家来说，北极星能让人知道哪里是北方。对占星师来说，满天星斗就是宇宙的脚本，这些信息透露着个人与整个社会的未来。

当然，要不要把某个事物定义为信息是视角的问题。虽然天文学家或占星师可能会认为天秤座是一个“信息”，但这些遥远的星星可不只是人类观察者的布告栏。这些星星上可能有个外星文明，完全不知道我们从他们的家园获取了怎样的信息，又讲述了怎样的故事。同样，一张有着墨迹的纸条，虽然对一支军队来说可能是至关重要的信息，但也可能是一群白蚁的大餐。任何事物都可能是信息，但也可能不是。这样一来，就让定义信息这件事变得十分困难。

在军事间谍史上，间谍必须秘密传递各种信息，而信息的这种不确定性就扮演了重要的角色。第一次世界大战的主要战场并不只有法国北部。1915—1918 年，英国与奥斯曼帝国也争夺着中东地区的控制权。英国先是击退奥斯曼帝国对西奈半岛与苏伊士运河的进犯，接着反过来便入侵了奥斯曼帝国。但在 1917 年 10 月之前，奥斯曼帝国从贝尔谢巴延伸到加沙的防线一直固若金汤。无论是第一次加沙战役（1917 年 3 月 26 日）还是第二次加沙战役（1917 年 4 月 17—19 日），英国都难越雷池一步。与此同时，在巴勒斯坦的亲英犹太人成立了一个间谍网络，代号为尼利（NILI），负责将奥斯曼军队的动态向英国通风报信，而他们找到的与英军传递信息的方法之一就是百叶窗。当时尼利有一位指挥官叫萨拉·阿伦索恩，她有一所俯瞰地中海的房子。依据一套事先约定的密码，她只要关上或打开某扇百叶窗，就能把信息传递给海上的英国船只。包括奥斯曼的士兵在内，许多人都能清清楚楚看到那扇百叶窗，但只有尼利的特工与英方的情报人员才知道那代表着什么重要的军事信息。[4] 所以，什么时候百叶窗就只是单纯的百叶窗，什么时候百叶窗又是在传递一则信息呢？

奥斯曼人最后破获了尼利间谍网，部分原因是一场奇怪的意外。当时尼利除了用百叶窗，也会用信鸽来传递密码信息。1917 年 9 月 3 日，一只信鸽飞偏了，就这么不巧，降落到一名奥斯曼军官的家里。那位军官虽然发现了密码信息，却破译不出来。然而，信鸽本身就已经是极关键的信息了，这等于告诉奥斯曼人，有个间谍组织正在他们的眼皮子底下活动。在说过“媒介即信息”的马歇尔·麦克卢汉看来，那只鸽子本身就是信息。尼利的特工得知那只信鸽被捕获之后，立刻把他们手里剩下的信鸽全部杀掉埋了，因为当时只要拥有信鸽，就等于透露了一则有罪的信息。然而，这场信鸽大屠杀并没能拯救尼利。这起间谍案在一个月内被破获，几名成员遭到处决，萨拉·阿伦索恩则选择了自杀，以免自己受不了酷刑而泄露尼利的机密。[5]所以，什么时候鸽子只是单纯的鸽子，什么时候鸽子又是一则信息呢？

显然，信息的定义绝不限于某种特定类型的实体对象。任何物体，比如星星、百叶窗、鸽子，只要放到正确的情境下，就可能成为信息。那么，到底什么样的情境会把这些对象定义成信息呢？天真的信息观认为，只要情境是为了寻求真相，这些对象就能被定义成信息。换句话说，只要打算用某个对象来找出真相，那么这个对象就是信息。这种观点将“信息”与“真相”这两个概念联系起来，并假设信息的主要作用就是把现实呈现出来。既然世界上有个现实就摆在那里，而所谓信息就是能够呈现出现实的对象，我们当然就能用信息来了解现实。举例来说，尼利向英国提供的信息，是为了呈现关于奥斯曼军队动态的现实。要是奥斯曼帝国在加沙（其防御重镇）集结了一万名士兵，只要有一张纸条，以符号的形式表现出“一万人”与“加沙”，这张纸条就可能是一条重要信息，有助于英国赢得这场战斗。但如果在加沙的奥斯曼军队实际上已达到两万人，那张纸条不仅未能准确呈现出现实，而且可能让英国犯下灾难性的军事错误。

换言之，天真的信息观认为信息就是要试着呈现出现实，如果成功，我们就会说这条信息是个真相。虽然本书对于天真的信息观多有异议，但对于真相就是对现实的准确呈现这一点倒是所见略同。不过本书同时也认为，多数信息并不是想要呈现现实，真正能够定义信息的完全是另一套标准。无论在人类社会还是在其他生物与物理系统，大多数信息并没有要呈现出任何东西。

这个复杂而关键的论点是本书的理论基础，所以这里请容我再多花点儿时间来谈谈。

真相究竟是什么？

本书所谓的“真相”，代表的是能够准确呈现出现实的特定方面。真相概念的前提是必须真的存在某个普遍的现实。宇宙中曾经或即将存在的任何事物（从北极星、尼利的信鸽再到占星学的网页），都是这个单一现实的一部分。正因如此，寻求真相就成为一项普遍的工程。虽然不同的个人、国家或文化可能有不同的信念或感受，但由于所有人都共享一个普遍的现实，所以不可能有相互矛盾的真相。这样一来，如果不相信普遍主义，就等于拒绝了真相。

然而，真相其实并不直接等于现实，因为一则叙事无论多么贴近真相，都无法真正呈现出现实的所有方面。如果尼利特工在纸条上写着加沙有一万名奥斯曼士兵，而且加沙也确实有一万名士兵，这虽然准确地指出了现实的某个方面，却也忽略了许多其他方面。光是计算某种实体的数量（不管算的是苹果、橘子还是士兵），就必然会把注意力集中在这些实体之间的相似性上，但同时也忽略了它们之间的差异性。[6] 举例来说，只讲加沙有一万名奥斯曼士兵，但没有说明其中有一些是久经沙场的老兵，有一些是初上战场的新兵。1000 名新兵搭 9000 名老兵，与 9000 名新兵搭 1000 名老兵，在军事上的现实可是完全不同的。

士兵之间的差异还不是只有沙场经验。有些很健康，有些在生病；一些奥斯曼军人是土耳其人，而另一些是阿拉伯人、库尔德人或犹太人；有些很勇敢，有些却很懦弱。事实上，每个士兵都是独一无二的，他们有各自的父母和朋友，也有各自的恐惧与渴望。一战时期，像威尔弗雷德·欧文这样的诗人就曾试图表现出军事表象背后的东西，而那是单纯的统计数据所无法准确传达的。但这是不是就意味着光写下“一万名士兵”肯定就扭曲了现实？难道要描述 1917 年加沙周围的军事局势，就必须完整写出每个士兵独特的历史与个性？

想要呈现出现实的另一个问题就是现实总包含许多不同的观点。比如，讲到英国入侵奥斯曼帝国、尼利这个间谍组织，以及萨拉·阿伦索恩所做的事，你问问现在的以色列人、巴勒斯坦人、土耳其人和英国人，他们肯定会有不同的意见。当然，这并不意味着同时有许多各自独立的现实，也不意味着没有历史事实这回事。现实始终只有一个，但现实却十分复杂。

现实包括客观层面的客观现实，不受个人信念的影响。例如萨拉·阿伦索恩在 1917 年 10 月 9 日身亡，死因是开枪自杀，这就是一项客观现实。如果说“萨拉·阿伦索恩在 1919 年 5 月 15 日死于飞机失事”，那就是一个错误。

然而，现实也包括主观层面的主观现实，涵盖的是每个人的信念和感受，在这种时候，我们并不会说这些现实是错误的。举例来说，以色列人多半会认为阿伦索恩是一位爱国英雄，这是一个事实。在她自尽三周后，英国在尼利提供的信息协助下，终于在贝尔谢巴战役（1917 年 10 月 31 日）与第三次加沙战役中（1917 年 11 月 1—2 日）突破了奥斯曼帝国的防线。1917 年 11 月 2 日，英国外交大臣阿瑟·贝尔福发表了“贝尔福宣言”，宣布英国政府“赞同地看待在巴勒斯坦建立一个犹太人的民族家园”。在以色列人看来，这部分归功于尼利与萨拉·阿伦索恩，以色列人对后者的牺牲也十分钦佩。但在巴勒斯坦人看来，评价就完全不同，并形成了另一个截然不同的现实：他们对阿伦索恩毫无钦佩之情，要么压根儿没听说过这个人，要么觉得她单纯是个帝国主义的特工。虽然我们这里谈的是主观看法与感受，但我们仍然可以将真相与谎言区分开来。因为看法与感受——像星星和鸽子一样——都是普遍现实的一部分。如果说“萨拉·阿伦索恩因为在击败奥斯曼帝国的过程中所扮演的角色受到所有人的钦佩”，这会是一个错误，是与现实不相符的。

影响人们观点的因素，绝不只有国籍一个。光是在以色列，男性或女性、左翼或右翼、正统派或世俗派的犹太人，都可能对阿伦索恩有不同的看法。由于犹太教禁止自杀，所以正统派犹太人很难把阿伦索恩的自杀看成一种英雄行为（事实上，她未能获准埋葬在圣地的犹太人公墓里）。最终，每个人都会对世界有不同的观点，每种观点都是由每个人不同的个性与生活经验集合而成的。这是否意味着，我们如果要描述现实，就必须列出其中的所有观点？比如，如果要写一部关于萨拉·阿伦索恩的传记，就得明确写出所有以色列人与巴勒斯坦人对她的感受？

如果走向极端，这种对精确性的追求可能让我们想以一比一的比例来重现这个世界。比如，豪尔赫·路易斯·博尔赫斯有一部著名的短篇小说《论科学的精确性》（*On Exactitude in Science*，1946），它讲述了一个虚构的古老帝国，沉迷于给领土画出越来越精确的地图，直到最后制作出的就是一张一比一的地图，而整个帝国都被这张帝国的地图覆盖。这个野心勃勃的、想要绘制整个帝国的计划实在浪费了太多资源，帝国也为之崩溃。接着，这张地图也开始瓦解。博尔赫斯告诉我们，只有“在西部沙漠里，还能找到这张地图的几块碎片，偶尔为野兽或乞丐遮风挡雨”[7]。一张一比一的地图，或许看起来是以最终极的形式呈现了现实，但显然这已经不能再说是呈现或再现了，这其实就是现实。

关键是，就算能对现实做出最贴近真实的描述，也永远无法完整地呈现现实。每次想要呈现现实，都会有一些方面遭到忽略或扭曲。所以，所谓的真相其实并不代表一比一地呈现出现实。所谓的真相，一方面能够让我们专注于现实的某些方面，另一方面也不可避免地让我们忽略某些东西。在描述现实的时候，没有任何一种描述能做到百分之百的准确，但有些描述会比其他描述更贴近真实。

信息有何作用?

前面提过，天真的信息观认为信息的作用就是呈现现实。虽然这种观点也知道有些信息无法真正呈现现实，但它会认为那些都是所谓“错误信息”或“虚假信息”之类的不幸案例，从而选择忽略。所谓错误信息，是一种无心之过，虽然想要呈现现实，但不小心出了错误。所谓虚假信息，则是故意说谎，是有意扭曲我们对现实的看法。

天真的信息观还相信，如果想要解决错误信息与虚假信息造成的问题，方法就是提供更多的信息。这种观念有时候也被称为“反言论原则”。美国联邦最高法院法官路易斯 · D. 布兰代斯在审理“惠特尼诉加州案”（1927）时就认为，应对虚假言论的办法就是提出更多的言论，只要自由讨论的时间足够长，肯定能让所有谎言与谬论无所遁形。如果所有的信息都是要呈现出现实，随着世界上信息量的不断增长，可以想象信息的洪流就能揭露时不时出现的谎言与错误，最后让我们对世界的理解更贴近真实。

就这个关键论点而言，本书强烈反对这种天真的信息观。当然，有些信息试图呈现现实，而且也算成功，但这绝对不是信息的定义特征。前文我谈到星星也是一种信息，也随口把占星师和天文学家并列。读到那部分内容的时候，如果是相信天真的信息观的读者，很可能觉得浑身不自在。根据天真的信息观，天文学家通过星星得到了“真实的信息”，而占星师只是想象自己从星座里读出了些什么，所以只能说这些信息要么是“错误信息”，要么是“虚假信息”。如果人们能得到更多关于宇宙的信息，他们肯定再也不会相信什么占星术了吧？但事实是，有长达数千年的时间，占星术都在深深影响着历史，甚至到今天，仍然有数百万人会在做出人生重大决定之前（比如读什么专业、和谁结婚），先查查自己的星座。截至 2021 年，全球占星市场估值已高达 128 亿美元。[8]

我们不论对这些占星信息的准确性有何看法，都无法否认它们在历史上的重要作用。占星不但影响了爱情，甚至还影响了一系列帝国。比如，罗马皇帝在做决定之前就常常会先问问占星师的意见。事实上，占星术在当时被如此尊崇，以至于只是偷看在位皇帝的星盘都成了死罪。当时认为，一旦看了星盘，就能预测皇帝将在何时、以何种方式逝世。[9] 直到现在，有些国家的统治者仍然很看重占星学。比如在 2005 年，缅甸军政府据称就是根据占星的建议，将首都从仰光迁至内比都。[10] 无法解释占星术历史意义的信息理论显然是不充分的。

从占星术的例子可以看到，各种错误、谎言、幻想与虚构故事其实也是信息。天真的信息观认为信息与真相有本质的联系，但事实不然。信息在历史上所发挥的作用，本来就不是要呈现既有的现实，反而是要将各种不同的事物（无论是夫妻还是帝国）联系在一起，来创造出全新的现实。真正定义信息的是“联结”，而不是“渲染”或“象征”：只要能将各个不同的点联结成网络，就是信息。信息不一定是要告诉我们一些什么，而是要把事物组织起来：占星术把恋人放进一种占星术队列中，政治宣传把选民放进一种政治队列中，进行曲则将士兵放进一种军事队列中。

音乐就是一个典型案例。大多数的交响乐、旋律与曲调都不是要呈现某种现实的东西，所以如果问音乐是真是假，其实没有意义。这些年来，虽然人类写出了很多糟糕的音乐，但并没有“假音乐”一说。音乐虽然并不是要呈现某种现实，却能够让许多人产生共鸣，有同样的感受，做出同样的动作。音乐能让士兵列队行进，能让夜店的众人一同摇摆，能让教会会众有节奏地鼓掌，也能让运动赛事的观众齐声高唱。[11]

信息在联结事物方面的作用绝不限于人类的历史，同样可以认为，这也是信息在生物学方面的主要作用。[12] 以 DNA 为例，正是这种分子信息让有机生命成为可能。但像音乐一样，DNA 并不是呈现或再现什么现实。虽然一代又一代的斑马都会躲避狮子，但斑马的 DNA 中并没有一串碱基代表“狮子”，也没有一串碱基代表“逃避”。同样，斑马的 DNA 里也没有任何碱基代表太阳、风、雨或是斑马一生会遇到的任何其他外部现象。此外，DNA 也不会呈现出比如身体器官或情绪这样的内在现象。没有任何碱基的组合是在呈现一颗心脏或是动物的恐惧情绪。

DNA 并不是去呈现或再现既有的事物，而是协助产生全新的事物。例如，各种 DNA 碱基串会激活细胞的化学程序，产生肾上腺素。肾上腺素也不是在呈现什么现实，而是在体内循环，激活更多的化学程序，提高心率，让更多的血液流向肌肉。[13] 这样一来，DNA 与肾上腺素就能联结心脏、腿部和全身各处数万亿的细胞，形成一个功能网络，做出一些了不起的事情，比如躲避狮子。

如果 DNA 只是在呈现某种现实，我们可能就会问：“斑马的 DNA 是不是能比狮子的 DNA 更准确地呈现现实？”“会不会某匹斑马所携带的是能够呈现真理与真相的‘真 DNA’，而另一匹斑马则携带了会造成误导的‘假 DNA’？”当然，这些问题都毫无意义。评估 DNA 的时候，我们要看的是它所产生的有机体能否适应环境，而不是去问 DNA 是否真实。虽然我们常常谈论 DNA“出错”的问题，但这指的是在 DNA 复制过程中的突变，而不是指能否准确呈现现实。如果某匹斑马产生突变，抑制了肾上腺素的分泌，它就可能因适应性降低而丧生，于是它数以万计的细胞彼此之间将不再联结，所形成的斑马网络就此瓦解。网络出了这种问题造成的结果就是瓦解，而并非产生虚假信息。至于国家、政党、新闻网络的情况，和这里的斑马网络并无不同。真正让这些网络无法生存的，并不是对事实有了错误的呈现，而是网络内部瓦解而失去了联结。

值得一提的是，DNA 复制中的错误并不见得永远不利于适应性。有些时候，突变能提升适应性，如果没有这样的突变，就不会有演化了。所有的生命形式之所以存在，都要归功于那些基因上的“错误”。正因为DNA并不是去呈现既有的现实，而是去创造新的现实，才让我们得以享受演化的奇迹。

让我们先暂停一下，好好想想其中的含义。所谓信息，就是能够将不同的点联结成网络，从而创造出新的现实。这个定义依然可以包括信息是现实的呈现这种观点。有时候，仅仅如实呈现现实，就能将人类联结在一起，比如1969年7月，6亿人坐在电视机前，目不转睛地看着尼尔·阿姆斯特朗与巴兹·奥尔德林踏上月球。[14] 屏幕上的影像准确呈现着38.4万千米以外的事，而看着这幅景象就能让人产生敬畏、自豪和四海一家的感觉，感觉全人类都被联结在了一起。

然而，还有其他方式也能催生这样兄弟般的感情。把信息的重点放在联结上，才能有足够的空间处理那些重点并不是要呈现现实的信息类型。有时候，就算呈现的是错误的现实，也可能成为一种社会联结。比如，数百万登月阴谋论的追随者，看着一段声称美国从未成功登月的YouTube（油管）视频。虽然这些视频图像传达的是错误的现实，但仍然能让人对政府义愤填膺，或是对自己的智慧扬扬得意，于是形成一个有凝聚力的新群体。

有时候，就算信息完全没有打算要呈现现实（无论是准确的还是错误的），也能联结形成网络，比如DNA信息联结着数万亿个细胞，激动人心的音乐联结着成千上万的听众。

最后一个例子是扎克伯格对元宇宙的愿景。元宇宙就是完全由信息构成的虚拟世界。这个虚拟世界并不像博尔赫斯在《论科学的精确性》中讲述的那个帝国想打造的一比一地图，也不是想去呈现我们这个现实世界，而是想要增强甚至取代我们这个世界。元宇宙不是给我们提供布宜诺斯艾利斯或盐湖城的数字复制品，而是邀请所有人用全新的地景与规则建立新的虚拟社群。到2024年，元宇宙似乎还是个过于夸张的白日梦，但再过几十年，或许就会有数十亿人迁移到增强的虚拟现实中生活，大部分的社交与职业活动都会在那里进行。到时候，人类之间建立的关系、参与的运动、从事的工作、经历的情绪起伏，可能都不再是由原子组成的，而是由比特建构的。到那个时候，或许只有在某些偏远的沙漠才能找到几张旧现实的碎片，偶尔为野兽或乞丐遮风挡雨。

人类历史的信息

相较于天真的信息观把信息视为现实的呈现，如果把信息视为一种社会联结，人类历史的许多方面就更能说得通，除了能解释占星术，也能解释一些更重要的事物，比如《圣经》为何在历史上如此成功。或许有些人会小看占星术，觉得这只是人类历史的古怪杂耍，但讲到《圣经》，可就没人能否认它在西方历史中的核心角色了。如果信息的主要作用真的是要准确呈现现实，《圣经》为什么会成为史上影响力数一数二的文本就很难解释了。

看看《圣经》对人类与自然的描述，会发现里面的重大错误层出不穷。比如，《创世记》声称所有人类——包括卡拉哈里沙漠的桑人（San）与澳大利亚的原住民——都是大约4000年前某个中东家族的后裔。[15]根据《创世记》，大洪水之后，挪亚的后裔都一起生活在美索不达米亚，直到巴别塔倾毁才分散到四方，成为所有人类的祖先。事实上，桑人的祖先在非洲生活了几十万年，从未离开过这片大陆；澳大利亚原住民的祖先也已经定居澳大利亚超过5万年之久。[16]不论从基因还是考古证据来看，从来没有一场洪水在大约4000年前灭绝了南非和澳大利亚的古代人口，随后由中东移民来到这些地区定居。

《圣经》对传染病的理解，对现实的扭曲更为严重。《圣经》讲到疫情，常常说这是神对于人类罪行的惩罚，[17] 并声称通过祈祷与宗教仪式就能阻止或预防疫情。[18] 然而，流行病当然是由病原体引起的，而要阻止或预防疫情，也应该是遵守卫生规则，以及使用药物与疫苗。如今就连许多宗教领袖都接受了这个事实，在新冠疫情期间，就连教皇本人也呼吁人们应该保持社交距离，先别聚在一起祈祷。[19]

虽然讲到人类起源、迁徙与疫情的现实方面，《圣经》的描述相当糟糕，但在联结了数十亿人并创立了犹太教与基督教方面，《圣经》则是非常有效的。就像 DNA 激活了各种化学程序，将数十亿细胞结合成有机网络一样，《圣经》也激活了各种社交程序，将数十亿人结合成了宗教网络。就像细胞网络能做到单一细胞无力完成的事，宗教网络也能达成个人无力达成的目标，比如建造寺庙教堂、维护法律体系、庆祝节日或是发动“圣战”。

总而言之，信息有时候会呈现现实，有时候并非呈现现实。但不论如何，信息都会联结形成网络，而这才是信息真正的基本定义特征。所以，要审视信息在历史上的作用，虽然有时候也值得去问问“这条信息在多大程度上反映了现实？这是真的还是假的?”，但更关键的问题通常是“这条信息在多大程度上联结了人群？这条信息创造出了什么新的网络?”。

应该强调的一点是，拒绝天真的信息观、拒绝将信息视为对现实的呈现，并不代表拒绝有所谓的真相，也不代表必须接受将信息视为武器的民粹主义观点。虽然信息的作用永远都是在促成联结，但某些类型的信息（从科学书籍到政治演讲）可能正是依靠准确呈现出现实的某些方面，才得以将人们成功联结在一起。这需要付出额外的努力，而大多数信息其实并未做到这一点。正因为如此，虽然天真的信息观以为只要有了强大的信息技术，就必然能对世界有更真实的理解，但事情实际没那么简单。我们如果不付出额外的努力，让天平向有利于真相的方向倾斜，随着信息增加得越来越多、越来越快，就可能让相对稀少而昂贵的真实信息被淹没在相对常见而廉价的信息之中。

因此，当回顾从石器时代到硅时代的信息历史时，我们会看到虽然联结越来越紧密，而真实性或智慧却没有提高。智人之所以能征服世界，原因并不是像天真的信息观所认为的那样，能将信息转化为准确的地图来呈现现实。相反，智人之所以能成功，秘诀在于懂得运用信息，并把许多人联结起来。但很遗憾，人类拥有这种能力的时候，常常也会伴随着相信谎言、错误与幻想。正因为如此，即使像纳粹德国这种技术先进的社会，也很容易相信某些妄想，而且妄想的结果还不一定会让他们的国力衰弱。事实上，纳粹关于种族的妄想，还让德国集结了数千万人步调一致地向前进。

在第二章到第五章，我们将仔细探讨信息网络的历史，讨论数万年来，人类是怎样发明了各种信息技术，从而大大加强了联结与合作，却不一定是以更真实的方式来呈现这个世界。有些在几百甚至几千年前就发明出来的信息技术，即使到了互联网与人工智能时代，也仍然在继续塑造着我们的世界。我们首先要探讨的信息技术，也是人类最早发展出的信息技术——故事。

第二章
故事：无限的联结

我们智人能够统治世界，并不是因为我们有多聪明，而是因为唯有人类能够进行灵活的大规模合作。虽然之前在《人类简史》与《未来简史》中都已谈过这个观念，但这里还是必须简短回顾一下。

智人灵活大规模合作的能力在其他动物身上也能看到先例。比如，有些社会性哺乳动物（如黑猩猩）合作的方式就十分灵活，有些社会性昆虫（如蚂蚁）合作的规模也十分庞大。然而，黑猩猩或蚂蚁都未建起帝国、宗教或贸易网络。智人之所以能做到这些事，是因为我们的合作不但远比黑猩猩更灵活，规模也比蚂蚁大得多。事实上，能够相互合作的智人数量是没有上限的。天主教徒的人数高达 14 亿；中国也有堂堂 14 亿人；至于全球贸易网络，联结的智人人数更有大约 80 亿。

这件事之所以让人意外，是因为人类能够长期亲密往来的人数是有上限的，也就几百人。[1] 我们需要多年的时间，累积共同的经历，才能真正了解对方独特的个性与过往，建立起相互的信任与感情。所以，如果智人的网络只是依靠人与人之间情感的联结，规模肯定是非常有限的。比如人类的近亲黑猩猩就是这种情况。典型的黑猩猩社群就是 20~60 只，在极少数情况下可能会增加到 150~200 只。[2] 而古人类（比如尼安德特人与古代智人）情况也类似，他们每个游群（band）的人数为几十人，游群之间也很少合作。[3]

大约7万年前，智人游群开始展现出前所未有的合作能力，比如出现了游群之间的贸易和各种艺术传统，以及智人开始从非洲家园迅速散布到全世界。游群之间之所以能够合作，是因为大脑结构与语言能力在演化改变之后，智人显然具备了讲述并且相信各种虚构故事的能力，而且为之深深感动。相较于尼安德特人所打造的信息网络（只有人与人之间的联结），智人在有了故事之后，又有了另一种新的联结：人与故事的联结。从此之后，为了合作，智人之间并不一定需要真的彼此了解，只需要知道同一个故事就行。同一个故事能够说给几十亿人听，就像一个有无限量插座的中心枢纽，能让无数人插入建立联结。举例来说，14亿天主教徒，就是靠《圣经》与其他重要的基督教故事联系起来的；14亿中国人，就是由共产主义理想与中华民族共同体故事联结在一起的；至于全球贸易网络的80亿成员，也都是相信了同一套关于货币、企业与品牌的故事。

就算是那些有着数百万追随者的魅力领袖，也同样遵循着这条规则，没有例外。比如，中国古代的皇帝、中世纪天主教教皇或现代企业巨头的领导者，乍看之下，似乎都是由个人（而不是虚构的故事）将数百万追随者联结在一起的，但看看这些例子，我们会发现几乎没有追随者能真的和那些领袖建立起个人的联结，他们真正联结的是一套经过精心编织的关于那位领袖的故事，而这也是那些追随者真实的信念所在。

斯大林对这一点再清楚不过。斯大林的儿子瓦西里·朱加什维利拿他的名声狐假虎威时，斯大林斥责了他。“可是我也是个斯大林啊。”瓦西里抗议道。“不，你不是。”斯大林回答，“你不是斯大林，我也不是。斯大林是苏联的政权，是那个在报纸和画像里的人，你不是斯大林，甚至我也不是！”[4]

今日的网红名人也都会同意这一点。有些人坐拥数亿在线粉丝，每天通过社交媒体和粉丝互动，但其实几乎没什么真正的个人联结。社交媒体账号常常由一个专业团队经营，发出的每张照片、每一句话都经过专业的制作与策划，从而打造出如今所谓的品牌。[5]

“品牌”其实就是一种特定类型的故事。要给产品打造一个品牌，就意味着讲述一个关于该产品的故事，故事和产品真正的特性可能根本没什么关系，但就是能让消费者把故事和产品联系起来。比如几十年来，可口可乐砸下数百亿美元的广告费，把可口可乐的品牌故事说了又说，反复放送。[6]大家经常听到或看到它的故事，以至一讲到某种调味水，脑海里便浮现出欢乐、幸福和青春，而不是蛀牙、肥胖和塑料垃圾。这就是品牌营造。[7]

品牌营造除了可以应用于产品，当然也能应用于个人。一个贪腐的亿万富翁，也能将自己营造成穷人的捍卫者；一个笨手笨脚的蠢材，也能将自己营造成绝对正确的天才；一个对信众进行性侵的宗教领袖，也能将自己营造成清心寡欲的圣人。公众以为自己和这个人之间有某种联结，但事实上联结的只是关于那个人的故事，而故事与真人之间常常有着巨大的鸿沟。

就连那只信鸽英雄谢尔·阿米，其实在一定程度上也是品牌营造活动的产物，目的就是提升美国陆军信鸽部队的公众形象。历史学家弗兰克·布拉奇克 2021 年进行的一项翻案研究发现，虽然谢尔·阿米肯定是在法国北部某处送信时受了重伤，但这个故事却有几个关键点令人怀疑或不够精确。首先，根据当时的军事记录，布拉奇克发现总部早在谢尔·阿米抵达的 20 分钟之前就已经得知这个被困营的确切位置。真正让美军炮火调整方向的并不是谢尔·阿米。更重要的是，根本没有证据显示携带惠特尔西少校信息的是谢尔·阿米。当初送信的很可能是另一只信鸽，而谢尔·阿米则是在几周后的另一场战斗中受伤的。

布拉奇克表示，谢尔·阿米的故事充斥着疑点与矛盾，但因为这个故事对军队有宣传价值，对大众也有吸引力，因此大家选择对疑点视而不见。这个故事这些年来被讲述了一次又一次，以至事实与虚构彻底交缠在一起，再也不可能分开。记者、诗人、电影制片人都在为这则故事添枝加叶，放进更多稀奇古怪的细节，比如，这只鸽子除了被炸断一条腿，还瞎了一只眼，同时被授予杰出服役十字勋章。在 20 世纪 20 年代至 30 年代，谢尔·阿米已经成了全世界最知名的一只鸟。谢尔·阿米死后，遗体得到精心保存，并被安置在史密森尼博物馆供人凭吊，该博物馆是美国爱国者与第一次世界大战退伍军人的朝圣地。随着这个故事的发展，甚至连被困营幸存者的回忆也受到影响：故事里说什么，他们就信什么。布拉奇克讲述了被困营军官谢尔曼·伊格的故事：战后过了几十年，他带着孩子去史密森尼博物馆看谢尔·阿米。谢尔曼说："你们都欠这只鸽子的命。"不管事实究竟如何，结果证明，这个长着翅膀的救星自我牺牲的故事实在令人难以抗拒。[8]

耶稣的例子就更极端了。经过了 2000 年，耶稣就像是被包裹在一个厚厚的故事茧里，根本不可能真正还原当初历史上的那个人。事实上，对数百万虔诚的基督徒而言，仅仅提到那个历史上的真人有可能和故事中的不一样，就已经是一种亵渎了。据我们所知，真正的耶稣是一位典型的犹太传教士，通过布道和医治病患，让他有了一小群追随者。在过世之后，耶稣就成了一场史上最盛大品牌营造活动的主题。这位原本鲜为人知、影响力仅限于地方的宗教大师，短暂的职业生涯只聚集了少数几位门徒，最后也是以一般罪犯的身份遭到处决，但他死后经过一番品牌再造，就成了创世神的人间化身。[9] 虽然根本没有耶稣当时的肖像留存至今，《圣经》也从未描述过其外表长相，但凭着想象而描绘出的耶稣圣像已经成了全球辨识度最高的圣像之一。

这里必须强调，耶稣故事的创造并不是在故意说谎。比如圣保罗、德尔图良、圣奥古斯丁、马丁·路德这些人，并没想要骗谁，他们只是把自己深切感受到的希望与情感投射到耶稣身上，就像我们常常会把情感投射到父母、爱人或领袖身上一样。虽然品牌营造活动有时候就是在刻意操弄情感、运用虚假信息，但历史上大多数真正重要的故事都是情感投射、一心向往的结果。看看各个主要宗教与意识形态，它们之所以能够崛起，都是真正的信徒在发挥关键作用。耶稣的故事之所以能改变历史，也是因为它成功打动了许许多多真正的信徒。

靠着打动诸多信徒，耶稣的故事就能深刻左右历史，影响力甚至远大于耶稣本人。耶稣用自己的两只脚，从一个村庄走到另一个村庄，和民众交谈、共饮共食，把手放在民众的病体上。他亲身改变的大概就是几千人的生命，影响所及就是罗马的一个小小行省。相较之下，耶稣的故事则传遍了整个世界，先是插上了八卦、逸事与谣言的翅膀，接着通过羊皮纸上的文字、绘画与雕像，最后成了卖座的电影与轰动的互联网模因。于是，数十亿人不但听到了耶稣的故事，还相信了这套故事，进而创造了一套无论在规模还是在影响力上都数一数二的网络。

像耶稣这样的故事，或许可以被看作一种延伸已有生物纽带的方式。比如在人类所知的各种联结中，家庭关系可以说是最牢固的一种。所以，故事在陌生人之间建立信任的方式之一，就是让人类去想象彼此是自己的家人。耶稣的故事就是给耶稣赋予了一个全人类的父亲形象，鼓励数亿的基督徒视彼此为兄弟姐妹，并创造了一个共同的家庭记忆。虽然大多数基督徒并未出席“最后的晚餐”，但这则故事他们不知道听了多少次，相关影片图像也不知道看过多少回，他们仿佛真的“记得”有这回事，画面比他们真正参与过的大多数家庭聚餐都更为鲜活清晰。

根据福音书的记载，耶稣是在被钉上十字架之前，与门徒共进最后的晚餐，而耐人寻味的是，这一顿晚餐其实是犹太人的逾越节晚餐。根据犹太人的传统，逾越节晚餐的目的就是要创造和重现一套人造的记忆。每年逾越节前夕，犹太家庭都会共进晚餐，回忆“他们”出埃及的过程。

他们不但会讲述雅各的后裔是怎样逃出埃及、逃脱奴役的，还要记住他们个人是怎样遭受埃及人的折磨，目睹海水后退、分开，又是怎样在西奈山亲自从耶和华那里领受了“十诫”的。

犹太传统对这一点讲得很清楚。关于逾越节仪式的经典文本《哈加达》坚称：“每一代人都有义务把自己当作亲身从埃及走出来的人来看待。”如果有人提出异议，认为这就是个虚构的故事，这些人也没有亲身逃出埃及，那么犹太圣贤有一个现成的答案，他们声称，史上所有犹太人的灵魂，都是在他们出生之前由耶和华所创的，而这些灵魂当时都在西奈山。[10] 犹太网红萨尔瓦多·利特瓦克在2018年向他的线上追随者解释道：“各位和我就是在一起的……在我们履行义务、把自己看作是亲身离开埃及的时候，这可不是什么隐喻。我们不是在想象《出埃及记》，而是要记住它。”[11]

所以，每年在犹太历最重要的庆祝活动中，都会有数百万犹太人上演一场大秀，说自己记得一件他们从未目睹而且可能根本没发生过的事。正如许多现代研究所示，反复讲述一套虚假的记忆，最后真的能让人信以为真，以为这是真实的回忆。[12] 于是当两个犹太人初次见面时，他们能立刻感觉彼此就是一家人，都曾在埃及为奴，也都曾在西奈山聚在一起。这形成了一种强大的纽带，让整个犹太网络得以跨越大洋大洲和许多世纪。

存在于主体间的现实

犹太人逾越节的故事，是从既有的生物亲属联结加以延伸，从而建立起一个庞大的网络，想象出一个有数百万家人的巨大家族。然而，在用故事建构网络的时候，还有一种更具创新性的方式。就像DNA一样，故事能够创造出新的实体，甚至能够创造出全新层次的现实。据我们所知，在故事出现之前，宇宙只有两个层次的现实，但故事增加了第三个层次的现实。

在人类开始讲故事之前，现实只有两个层次：客观现实与主观现实。第一个层次是客观现实，由石头、山脉、小行星这样的事物组成。不管我们是否能意识到，这些事物都客观存在。举例来说，假设有一颗小行星正在撞向地球，这时候就算根本没人发现，它也依然存在。第二个层次是主观现实，比如痛苦、欢乐、爱等，它们看不见也摸不着，不存在于外界，只存在于我们心里。这些主观现实存在于我们对这些事物的觉察感受中。而像“感觉不到的疼痛”这种说法就是矛盾的。

但有些故事能够创造出第三个层次的现实：存在于主体间的现实（以下简称“主体间的现实”）。主观现实（例如痛苦）只存在于个人的心智之中，但主体间的现实（例如法律、神祇、国家、企业和货币）则存在于许多心智形成的联结里。讲得更具体一点，这样的现实存在于人们相互讲述的故事中。这些主体间的现实，并不是指任何已然存在的事物，而是在人类交换信息的过程中创造出来的。

如果我说自己很痛苦，并不是因为我说了这件事而创造出这份痛苦；如果我不说这件事，这份痛苦也不会就此消失。同样，如果我说我看到了一颗小行星，也不是因为我说了这件事而创造出那颗小行星。无论说与不说，小行星都存在。但是，法律、神祇、货币等事物之所以能被创造出来而形成现实，正是因为很多人彼此讲述关于法律、神祇和货币的故事；如果大家不再谈论这些相关的故事，这些现实会就此消失。主体间的现实，就存在于信息的交换中。

让我们更仔细地来看看。一个比萨的热量值并非取决于我们的信念。一个普通比萨的热量就是在 6300 ~ 10000 焦耳之间。[13] 相较之下，金钱和比萨的财务价值则完全取决于我们的信念。一美元或一个比特币能买多少个比萨？ 2010 年，拉斯洛 · 豪涅茨用 1 万个比特币买了两个比萨。

这是已知的第一笔用比特币做的商业交易，事后看来，这也成了史上最贵的比萨。时至2021年11月，一个比特币的价值超过了69000美元，所以豪涅茨当初买两个比萨所支付的比特币价值高达6.9亿美元，够他买数百万个比萨了。[14]比萨的热量值是客观现实，从2010年到2021年并没有什么改变，但比特币的价值是主体间的现实，在同一时期却发生了巨大的变化。这就是因为在讲到比特币的时候，大家所讲述与相信的故事有了不同。

再看另一个例子。假设我问："尼斯湖水怪究竟是否存在？"这是个关于客观现实的问题。有些人相信，尼斯湖里确实存在着类似恐龙的动物，但在其他人看来，尼斯湖水怪就是个幻想或骗局。这些年来，从声呐扫描到DNA调查，大家试过了各种科学方法，希望能够一举解决这一意见分歧。如果湖里真的有大型动物，应该会显示在声呐上，也应该会留下DNA的痕迹。而根据现有证据，科学界的共识就是并不存在尼斯湖水怪。（2019年有一项DNA调查，在尼斯湖总共发现了3000个物种的遗传物质，但就是没有什么水怪的。尼斯湖里大不了就是有一些重达5千克的大鳗鱼。[15]）虽然如此，还是有很多人深信尼斯湖水怪确实存在，只不过，这种相信并不会改变客观现实。

如果讲的是动物，其存在与否能用各种客观的检测来加以推翻或证实，相较之下，如果讲的是国家，这就是一种存在于主体之间的实体。我们一般不会特别去想这件事，因为所有人都会觉得美国、中国、俄罗斯或巴西的存在是理所当然的。但有些时候，公众会对某些国家的存在有异议，这时就会感受到这种存在于主体间的实体地位问题了。以巴冲突的问题正是如此。有些人和政府不愿意承认以色列的存在，但有些人和政府不愿意承认巴勒斯坦的存在：2024年，巴西和中国政府认为以色列和巴勒斯坦都应该存在，一些国家只承认以色列的存在，一些国家则只承认巴勒斯坦的存在。再比如科索沃，截至2024年，联合国193个会员国中约半数承认科索沃为国家；[16] 阿布哈兹几乎所有政府都认定它是格鲁吉亚的主权领土，但俄罗斯、委内瑞拉、尼加拉瓜、瑙鲁和叙利亚则承认阿布哈兹为一个国家。[17]

事实上，几乎所有国家都至少短暂经历过这种争议阶段，最后才争取到独立地位，从而证实自己的存在。例如美国，究竟是从什么时候开始算它存在呢？是在 1776 年 7 月 4 日，还是要等到法、英等国愿意承认它的那天？从 1776 年 7 月 4 日美国宣布独立到 1783 年 9 月 3 日签署《巴黎条约》，其间，有些人（比如乔治 · 华盛顿）早就相信美国已经存在，但有些人（比如英王乔治三世）强烈反对这种想法。

关于国家是否存在，这样的争议无法通过 DNA 调查或声呐扫描这样的客观检测来解决。与动物不同，国家并不是一种客观现实。在我们问某个国家是否存在的时候，是在提出一个关于主体间现实的问题。如果有足够多的人同意某个特定国家存在，这个国家就存在。接下来，这个国家就有权做某些事情，比如与其他国家、非政府组织或私人企业签署各种具有法律约束力的协定。

在所有类型的故事中，对大规模人类网络发展最重要的，就是那些能够创造出主体间现实的故事。虽然植入虚假的家族记忆也有帮助，但如果真的想让宗教或帝国长久存在，就需要让人民坚信确实存在某位神祇、某个国家、某部法律或某种货币。以基督教会的形成为例，虽然回想耶稣在最后的晚餐讲了什么很重要，但真正的关键是要让大众真心相信耶稣是神，而不是一个能鼓舞人心的犹太拉比。再以犹太教的形成为例，虽然让犹太人“记住”他们是怎样一同逃离埃及奴役的很有帮助，但真正具有决定性作用的是让所有犹太人都遵从相同的宗教律法。

像法律、神祇、货币这样存在于主体间的现实，在特定的信息网络内拥有极其强大的力量，但在网络外部则毫无意义。假设有位亿万富翁驾驶着私人飞机坠落于荒岛之上，只有他自己带着一个装满了钞票和债券的手提箱。如果他在圣保罗或孟买，这些“纸张”就能让他使唤旁人给他拿食物、穿衣服，为他提供保护，还能给他弄来一架私人飞机。然而，一旦他无法接触这个信息网络的其他成员，那些钞票与债券立刻就会成为废纸，岛上的猴子可不会为了这些纸张就为他建造木筏或给他拿来食物。

故事的力量

不论是通过植入虚假记忆、建构虚构的关系，还是通过创造主体间的现实，故事都产生出了大规模的人类网络，这些网络反过来又彻底改变了世界的力量平衡。这些以故事为基础的网络，让智人的力量超越了其他动物，不但胜过了狮子与猛犸象，也胜过了尼安德特人等其他古人类。

尼安德特人的生活形态就是一个个彼此孤立的小游群，据我们所知，游群之间少有合作，就算有合作也并不紧密。[18] 石器时代智人的生活形态也同样是一个个小游群，每个游群就几十个人。但在开始讲故事之后，智人游群开始打破孤立。通过讲述共同崇敬的祖先、动物图腾、守护神等故事，游群之间慢慢彼此相联。有着共同故事与主体间现实的游群，就形成了部落，每个部落就是一个网络，联结了数百甚至数千人。[19]

大部落在发生冲突的时候显然具有优势，比如，500 个智人能轻松打败 50 个尼安德特人。[20] 但部落网络的优势还不止这些。如果我们属于某个只有 50 人且不与外界往来的独立游群，家园又碰上严重的干旱，很多人就可能会饿死。如果想搬到其他地方，可能会遇到敌对的族群，也可能因为对环境太过陌生难以找到食物、水源或燧石（用来制造工具）。但如果我们的游群属于部落网络的一分子，碰到困难的时候，至少一些成员还能去找这些远方朋友住一阵子。只要认同感够强，他们就会欢迎我们，也会告诉我们当地有哪些危险，又有哪些机遇。一二十年后，可能风水轮流转，就会轮到我们来回报他们。这样看来，部落网络就像一份保单，能够把风险分散到更多人身上，而使每个人的风险降低。[21]

就算是在和平时期，如果交换信息的对象不限于小游群的几十个人，而是整个部落网络，对智人来说也是大有裨益。如果整个部落的某个游群发现了更好的矛尖制作方式，学会了怎样用某种稀有的草药来治疗伤口，发明了能够缝衣服的针，都能迅速让其他游群知道。虽然单个智人不见得比尼安德特人更聪明，但 500 个智人加起来肯定比 50 个尼安德特人聪明多了。[22]

这一切之所以可能，都是因为故事。从唯物主义视角来看历史的时候，常常会在一定程度上忽略或否定故事的力量。比如唯物主义者常常认为故事掩盖了背后的权力关系与物质利益，人们总是被客观的物质利益所驱动，而讲述故事的目的正是要掩盖这些利益，让对手无法看清。按照这种观点，十字军东征、第一次世界大战和伊拉克战争，其实都是强大的精英分子在谋取自己的经济利益，而不是为了什么宗教、民族主义或自由主义理想。想了解这些战争，就应该揭开所有那些神话的遮羞布——关于上帝、爱国或民主——去观察赤裸裸的权力关系。

然而，这种唯物主义的观点有些失之偏颇。虽然物质利益确实在十字军东征、第一次世界大战、伊拉克战争和大多数其他人类冲突里扮演了一定的角色，但并不代表宗教、民族主义和自由主义理想就毫无用途。此外，仅从物质利益这一点，并不足以解释为什么这些人彼此敌对。为什么在 12 世纪，法国、德国与意大利的地主及商人联合起来，征服了黎凡特地区的领土与贸易路线，而不是法国与北非的地主及商人联合起来征服意大利？为什么 2003 年时，英美两国想抢夺伊拉克的油田，而不是攻占挪威的天然气田？这些事情真的能够单纯用唯物论的观点来解释，而不用谈论人们的宗教信仰与意识形态吗？

事实上，大规模人类群体之间的身份认同本身就是由故事定义的，所以这些群体之间的所有关系，当然也都是由故事塑造的。究竟什么人算是英国人、美国人、挪威人或伊拉克人，其实并没有什么客观的定义，这些身份都是由不断受到各方挑战和不断修订的民族与宗教神话塑造的。唯物主义者可能会声称，大规模群体有着客观的身份认同与利益，不受故事的影响。如果真是如此，那么怎么解释只有人类才会形成部落、国家和宗教这样的大规模群体，而黑猩猩却不会？毕竟，黑猩猩需要的客观物质利益和人类没什么两样，即都要喝水、进食，保护自己免受疾病的侵袭，也都需要有性行为，拥有社会权力。然而，黑猩猩就是没有办法长期维持大规模的群体，因为它们没办法创造故事来彼此联结，并定义其身份认同与利益。所以，不同于唯物主义者的说法，历史上的大规模身份认同与利益一向都是主体间的现实，而非客观现实。

这是件好事。如果历史真的完全由物质利益与权力斗争所塑造，那么当各方意见不同的时候，就根本没有讨论交谈的必要。反正任何冲突肯定都源自客观的权力关系，而这种关系又岂是嘴上说说就能改变的？特别是如果享有特权的人只看得见，也只相信那些维护他们特权的事物，那么除了暴力，又怎么会有其他办法能让他们放弃特权、改变信念？幸好历史是由主体间现实的故事塑造的，所以有时候我们只要好好沟通，或者改变彼此所相信的故事，或者找出大家都能接受的新故事，就能避免冲突，实现和平。

以纳粹主义的兴起为例。当时有数百万德国人支持希特勒，背后当然有物质利益的因素。如果不是 20 世纪 30 年代初的经济危机，纳粹可能根本不会有上台的机会。但如果说第三帝国是背后权力关系与物质利益交织的必然结果，也不正确。希特勒之所以赢得了 1933 年的大选，是因为在经济危机期间，数百万德国人相信了纳粹讲述的故事，而不是其他故事。所以，这不是德国人追求物质利益、维护自身特权的必然结果，而是一个不幸的错误。我们之所以能自信地说这是个错误，德国人本该选个更好的故事，是因为我们是事后诸葛亮，即很清楚后续的发展：在纳粹统治 12 年之后，非但未能提升德国的物质利益，反而导致德国的败亡和数百万人的死亡。再后来，德国人选择了自由民主，才真正让民生得到了长久持续的改善。难道在 20 世纪 30 年代初，德国人没有机会跳过这场失败的纳粹实验，直接相信自由民主吗？本书认为，他们当时其实有这个机会。历史往往并不是权力关系塑造的，而是一些不幸的错误——人们相信了某些让人向往但其实有害的故事——导致的。

高贵的谎言

故事有着如此重要的地位，这一方面让我们对智人这个物种的力量有了更多了解，另一方面也解释了为什么权力与智慧常常是各走各的路。在天真的信息观看来，信息能让人得到真相，而了解真相有助于获得力量和智慧。这听起来很不错，似乎如果忽视真相就不可能拥有很大的力量，而如果尊重真相，则能够获得巨大的力量，而且这种力量还会受到智慧的限制。举例来说，如果不顾人类生物学的真相，就可能会相信种族主义的谬论，这样就不会生产出强大的药物与生物武器；如果尊重生物学，一方面能拥有这股力量，另一方面也不会用这股力量来服务种族主义意识形态。如果事情确实如此，我们大可高枕无忧，相信我们的总统、宗教领袖与首席执行官个个都既明智又诚实。即使某个政客、某场运动或某个国家借助谎言和欺瞒一时成功，这套策略也不可能长久。

但遗憾的是，我们这个世界不是这个样子的。在历史上，权力其实只有部分来自对真相的了解，而另外一部分则来自在一大批人中建立秩序的能力。假设你想造出一颗原子弹。想要成功，显然你需要具备一些正确的物理学知识。除此之外，你还需要找很多人来开采铀矿，建造核反应堆，以及为矿工、建筑工人和物理学家供应食物。当初，曼哈顿计划直接雇用了大约 13 万人，而维持该计划运作所动用的人力更是高达数百万。[23] 罗伯特 · 奥本海默之所以能把心思都放在他的方程式上，是因为当时在加拿大北部的埃尔多拉多矿场和比属刚果的欣科洛布韦矿场，有几千名矿工负责挖矿的工作，[24] 更别说还有大批为他的午餐负责种马铃薯的农民了。想制造原子弹，你必须找到让几百万人合作的办法。

人类所有抱着雄心壮志的计划都是如此。石器时代的游群如果想要猎杀一头猛犸象，显然需要知道一些关于猛犸象的客观现实。如果他们以为自己有能力通过施法猎杀猛犸象，这场狩猎显然会以失败收场。然而，仅仅知道猛犸象的客观现实是不够的。这些猎人还得愿意冒生命危险，展现出非凡的勇气。如果他们相信，只要施了某种法术咒语，就能让猎人在死后的生活无比美好，这群人狩猎成功的机会就会大大提高。就算这套法术对死去的猎人根本毫无好处，只要能让活着的猎人更勇敢、更团结，就能让狩猎更可能成功。[25]

如果你做了一枚完全无视物理学的炸弹，这枚炸弹不可能响彻云霄。但如果你创造出一套完全无视事实的意识形态，这套意识形态依然可能惊天动地。虽然真理与秩序都能带来权力，但大多数时候，掌握大权的会是那些知道如何创造意识形态来维持秩序的人；至于那些只懂得怎么做炸弹或猎杀猛犸象的人，则只能乖乖听令。所以，奥本海默要听富兰克林 · 罗斯福的话，而不是罗斯福要听奥本海默的话。同样，维尔纳 · 海森伯要听希特勒的话，伊戈尔 · 库尔恰托夫要听斯大林的话，至于当代伊朗的核物理专家，也得听伊朗领袖的指令。

那些顶层人士知道而核物理学家不见得知道的一点是，想在大量人群中建立秩序，最有效的方式不是去讲述宇宙的真相。没错，$E=mc^2$ 能够解释宇宙中发生的很多事情，但仅仅知道 $E=mc^2$，通常解决不了什么政治分歧，也无法激励人民牺牲自己去成就共同目标。真正能将人类网络维系在一起的往往是虚构的故事，尤其是关于神祇、货币和国家这些存在于主体间的现实的故事。说到让人们团结起来，相较于真相，虚构的故事在两个方面更有优势。第一，虚构的故事要多简单就可以有多简单，但真相往往很复杂，因为它要呈现现实，而现实是复杂的。以关于国家的真相为例。如果我们所在的国家是一种存在于主体间的实体，只存在于集体想象之中，这种概念并不容易理解。政治人物演讲的时候，你大概很少会听到这种说法。民众更容易相信的，是说我们就是上帝的选民，造物主也赋予了我们某些特别的使命。从以色列到伊朗，从美国到俄罗斯，这套简单的故事就这样被政治人物讲了又讲、说了又说。

第二，真相常常令人痛苦不安，如果我们想让它别那么令人痛苦，变得比较讨人喜欢，真相也就不再是真相了。相较之下，虚构的故事可塑性更高。每个国家总有些黑历史，是国民不想承认也不想记住的。比如，以色列政治人物在参选的时候，如果在竞选演说中细数以色列占领巴勒斯坦给当地平民造成的苦难，其得票数大概不会太好看。相较之下，他如果忽略那些让人不安的事实，只谈犹太人的过往辉煌，并在任何必要的时候粉饰现实，创造出一套民族神话，倒是很有可能当选上位，取得权力。这种情况绝非以色列独有，很多国家皆是如此。有多少意大利人或印度人会想听到自己国家毫无掩饰的真相？如果要追求科学进步，就必须毫不妥协，坚持真理和真相，而且这也是一种让人钦佩的精神实践，但讲到政治，坚持真理与真相绝非制胜之道。

柏拉图早在《理想国》中就设想，理想国的宪法基础是一种“高贵的谎言”：一套关于社会秩序起源的虚构故事，一套能够确保公民忠诚、避免让他们质疑宪法的故事。柏拉图写道，公民应该被告知，他们由大地而生，大地就是他们的母亲，因此他们要对这片土地担负起孝道忠诚。

他们还应被告知，在诸神造人的时候，不同的人掺进了不同的金属（金、银、铜、铁），掺进了金就该成为统治者，掺进了青铜就该成为仆人，这是个自然的阶级制度。虽然柏拉图的理想国从未真正实现，但历代许多政体都向其公民讲述了这个高贵谎言的不同版本。

虽然柏拉图提出了“高贵的谎言”的说法，但我们不能因此认定所有政治人物都是骗子，或者所有国家的历史都是谎言。在这里，并不是只能说实话或说谎话，还有第三种选择。仅仅讲一个虚构的故事，并不是说谎，所谓的说谎，是你不但讲述了虚构的故事，还想假装这是在呈现现实。如果你没有假装，而是大方承认自己就是在创造一个新的主体间现实，而不是在呈现某个既有的客观现实，那么讲述一个虚构的故事就不是说谎。

例如，美国宪法是由制宪会议在1787年9月17日通过的，1789年生效。虽然美国宪法并未揭示任何关于世界的既有事实真相，但重要的是，美国宪法也并非谎言。美国宪法的起草者没听柏拉图的话，他们对这个文本的起源没有任何的欺诈妄言，没有假装这个文本来自天堂，或是受到某个神祇的启发，反而大方承认，这就是一份由一群可能犯错的人创造出来的极具创造性的法律拟制。

美国宪法在谈到自身起源时这样写道：“我们美利坚合众国的人民，为了组织一个更完善的联邦……制定和确立这一部宪法。”虽然承认这就是一套人为的法律拟制，但美国宪法确实成功塑造了一个强大的联邦，并在两个多世纪的时间里，在数百万来自不同宗教、种族与文化团体的人群中维持了令人赞叹的秩序。美国宪法的作用就像一首音乐曲调，虽没有声称自己在呈现什么现实，却能让许许多多人一起有秩序地行动。

这里必须提醒的是，我们不应该把“秩序”与公平或正义混为一谈。美国宪法所创造并维持的这套秩序，对于奴隶制度、女性的从属地位、对原住民的非法侵占、极端的经济不平等，态度都过于纵容。但这套宪法的美妙之处在于，既然承认自己就是人类创造的法律拟制，就能提供机制来让各方达成协议，以修改、纠正自身的不公正（本书第五章会更深入地讨论这一点）。美国宪法第五条就详细说明了这些修正案应如何提出、如何批准，而且这些被批准的修正案“即成为本宪法之一部分而发生全部效力”。于是，美国宪法在制定后的不到一个世纪里，就有了第十三修正案，将奴隶制度废除。

在这一点上，美国宪法可以说是完全不同于那些不愿承认其虚构性，还声称自己有着神圣起源的故事，比如“十诫”。和美国宪法一样，“十诫”也认同奴隶制。第十诫说：“不可贪恋人的房屋；也不可贪恋人的妻子、仆婢、牛驴。”（《出埃及记》20：17）。可见上帝完全不反对大家拥有奴隶，只是反对大家觊觎别人的奴隶。但与美国宪法不同的是，“十诫”并未提供任何修正机制，没有第十一诫提出“经三分之二以上多数票可修改诫命”。

仅从开头的方式，我们也能清楚地看出这两个文本的关键区别。美国宪法的开头讲的是“我们……人民”，承认这个文本出于人类之手，并赋予人类加以修正的权力。“十诫”的开头则是“我是耶和华你的神”（《出埃及记》20：2），声称这个文本有着神圣的起源，这让人类难以动手改变它。于是，直到现在，《圣经》文本依然认同奴隶制度。

人类的政治制度都是以虚构故事为基础的，只是有些人承认这一点，有些人不承认。如果对社会秩序的起源更诚实，就更容易加以改变。如果正是像我们这样的人发明了秩序，我们当然就能够修改它。然而，这样的诚实得付出代价。承认社会秩序是由人类发明的，后续说服所有人都接受这套秩序就会变得更加困难。如果秩序都是像我们这样的人发明的，凭什么我们要乖乖接受？我们在第五章就会提到，在18世纪晚期之前，由于缺乏大众传播技术，几乎不可能让数百万人来公开辩论社会秩序规则。于是为了维持秩序，无论是俄国的沙皇还是穆斯林的哈里发，都说社会的基本规则是由上天颁布的，不允许人类插手修改。就算到了

21 世纪初，许多政体仍然宣称自己拥有超人类的权威，并反对可能造成不利改变的公开辩论。

长久以来的困境

了解了虚构故事在历史上的关键角色之后，我们也终于能够提出一套更完整的信息网络模型，不像原先那样只能从天真的信息观或民粹主义观点里二选一。信息并不像天真的信息观以为的那样必然带来真相，而且发现真相也不是人类信息网络唯一的目的。信息也不像民粹主义观点以为的那样只是一种武器，相反，为了追求生存与繁荣，每个人类信息网络都需要同时做到两件事，即除了要发现真相，还得创造秩序。因此，随着历史发展，人类信息网络也已经发展出两套截然不同的技能。一方面，正如天真的信息观所期望的，网络学会了如何处理信息才能对医学、猛犸象和核物理等事物有更准确的理解；另一方面，网络也学会了如何运用信息才能在更大的人群中维持更强大的社会秩序：除了运用真实的陈述，也要运用虚构、幻想、宣传，以及偶尔的彻彻底底的谎言。

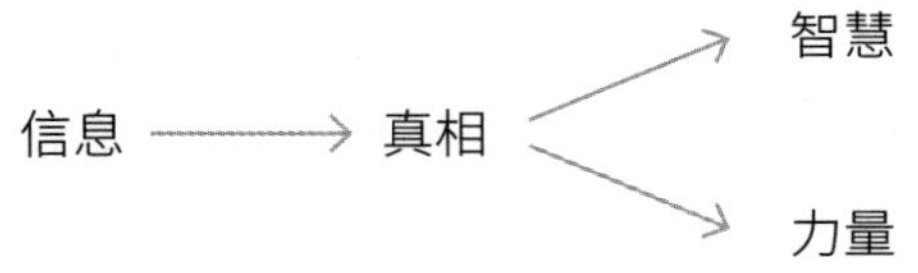

天真的信息观

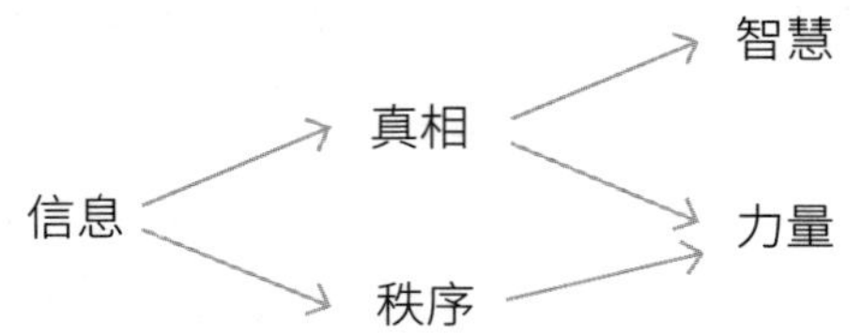

复杂的信息观

拥有大量信息并不能保证得到真相，也无法保证能维持秩序。使用信息时既要找出真相又要维持秩序，这是一个极为困难的过程，更糟糕的是，这两个方面还常常互相矛盾，毕竟，凭借虚构的故事通常更容易维持秩序。虽然有时候虚构的故事也会承认它们的虚构性（例如美国宪法），但更多时候都会矢口否认。例如，宗教永远都说自己是客观而永恒的真理，绝不是人类发明的虚构故事。在这种时候，对真相的追求就等于威胁了社会秩序的基础。于是许多社会都要求自己的人民不要了解自己的真正起源：无知就是力量。这样一来，当人民离真相太近而开始感到不安时会发生什么？当某个信息虽然揭示了世界的某个重要事实，但同时也拆穿了维系社会的高贵谎言时，情况会怎样？在这种时候，社会为了维持秩序，有可能会限制对真相的探求。

一个明显的例子就是达尔文的演化论。对演化的了解，让我们大大增进了对于各个物种（包括智人）的起源与生物学的理解，但也破坏了许多社会秩序赖以维系的核心神话。这也就难怪许多政府与教会都对演化论的教学加以禁止或限制，宁可为了秩序而牺牲真相。[26]

一个相关的问题是，虽然信息网络可能允许甚至鼓励大家寻找真相，但仅限于一些有助于产生权力同时不会威胁到社会秩序的特定领域。结果可能就是催生出一个极其强大但极度缺乏智慧的网络。比如，纳粹德国培养出许多全球顶尖的化学、光学、工程与导弹科学专家。就连后来美国登上月球，主要也得归功于纳粹领导的导弹科学。[27]高超的科学能力让纳粹打造出威力无比的战争机器，再用它们来服务一套疯狂且凶残的纳粹神话故事。在纳粹的统治下，德国虽然鼓励研发导弹科学，但一讲到种族主义理论背后的生物学与历史时，却没有自由质疑的空间。

因此，我们实在没办法说人类信息网络的历史是一场进步的胜利游行。虽然人类网络的力量一代比一代强，却不见得越来越明智。如果某个人类网络把秩序看得比真相更重要，它可能掌控着无比强大的力量，却会不明智地使用这种力量。

回顾人类信息网络的历史会发现，这并不是一场进步的游行，而是像在走钢丝，试图在真相与秩序之间取得平衡。在 21 世纪，我们寻找正确平衡的能力并没比石器时代的祖先高明到哪里。虽然谷歌与脸书等企业的使命宣言百般暗示，但仅仅让信息技术变得更快、更有效率，不一定会让世界变得更美好，相反，这只会让我们更迫切地需要在真相与秩序之间达到平衡。人类早在几万年前发明虚构故事的时候就已经得到这个教训，而且这个教训还会再次上演，这次人类又发明了第二项伟大的信息技术——书面文件。

第三章
文件：纸老虎也会咬人

故事是人类最早研发出的重要信息技术，为人类所有大规模合作奠定了基础，也让人类成了地球上最强大的动物，但故事这种信息技术有其局限性。

要理解这一点，请让我们想想故事在国家建立的过程中扮演了怎样的角色。很多国家最早都出现在诗人的想象之中。现在的以色列人回忆起萨拉·阿伦索恩与间谍网络尼利，会说尼利的成员是最早的一批犹太英雄人物，他们在20世纪10年代冒着生命危险在巴勒斯坦地区建立了一个犹太国家，但尼利的成员最早又是从哪里得到建国的想法？答案是受到前一个世代的诗人、思想家与梦想家的启发，如西奥多·赫茨尔，以及哈伊姆·纳曼·比亚利克。

在19世纪90年代与20世纪前十年，乌克兰地区的犹太人比亚利克发表了许多诗歌与小说，哀叹欧洲犹太人的软弱与受到的迫害，并呼吁他们把命运掌握在自己手里——用武力保卫自己，移民到巴勒斯坦地区，在那里建立自己的国家。他最激动人心的一首诗，是在1903年的基什尼奥夫大屠杀之后写的，在这场暴力行动中有49个犹太人死于非命，另有数十人受伤。[1]这首题为《在戮城》(In the City of Slaughter)的诗作一方面谴责凶残的反犹暴徒，另一方面也批评了犹太人自身但求绥靖、行事软弱的处世风格。

比亚利克描述了一个令人揪心的场景：一个犹太妇女遭到侮辱，其丈夫与兄弟却躲在一旁，不敢阻止。诗中把犹太男子比作受惊的老鼠，想象他们就只会默默向上帝祈祷，希望上帝降下神迹，但神迹始终没来。诗中接着叙述大屠杀后，幸存者非但没想到要武装自己，反而发起了一场有关犹太法典的争论，讨论那些被侮辱的女性在仪礼方面究竟算是已经“被玷污”还是依然“洁净”。现在，这首诗仍然是许多以色列学校的指定读物。如果有人想了解，为什么犹太人在充当了史上“最和平团体”2000 年后，居然打造了一支全球最强大的军队，这首诗就不容错过。比亚利克有“以色列的民族诗人”之称，绝对有其缘由。[2]

比亚利克曾经生活在乌克兰地区，十分熟悉阿什肯纳兹犹太人受过的迫害，却对巴勒斯坦的情况知之甚少，这就导致了后来犹太人与阿拉伯人之间的冲突。比亚利克的诗作让犹太人视自己为受害者，亟须发展武力、建立国家，却几乎没想过这对于生活在巴勒斯坦的阿拉伯居民，或者原本就住在中东的米兹拉希犹太人会有怎样灾难性的后果。阿以冲突在 20 世纪 40 年代末爆发，数十万巴勒斯坦人与米兹拉希犹太人被赶出自己世世代代在中东的家园，而部分原因就是一首在半个世纪前创作于乌克兰地区的诗歌。[3]

当比亚利克在乌克兰地区写作的时候，匈牙利犹太人西奥多·赫茨尔正在积极组织从 19 世纪 90 年代到 20 世纪初的犹太复国主义运动。他所进行的政治活动是基于他出版的两本著作：第一本《犹太国》（*The Jewish State*，1896）是一份宣言，概述了赫茨尔在巴勒斯坦建立犹太国家的想法；第二本《新故土》（*The Old New Land*，1902）则是一部以 1923 年为背景的乌托邦小说，描述了赫茨尔预想的繁荣的犹太国家。遗憾的是，这两本书同样无视巴勒斯坦的现实，而且对于犹太复国主义运动产生了深远的影响。《新故土》的希伯来文版本上市时，书名为《特拉维夫》（*Tel Aviv*，在希伯来文中它大致对应“新故土”这个语义），而这也就是 7 年后特拉维夫这座城市成立时所取的名字。比亚利克是以色列的民族诗人，而赫茨尔则是以色列这个国家的愿景擘画者。

比亚利克与赫茨尔编造的故事，忽略了当代现实场景中的许多关键事实，其中最值得注意的一个点是：在 1900 年左右，巴勒斯坦地区有大约 60 万人口，其中犹太人只占 6% ~ 9%。[4] 比亚利克与赫茨尔对这些事实视而不见，却对神话故事极为看重，特别是《圣经》里的那些故事。要是没有那些故事，现代犹太复国主义根本无法想象。同样影响比亚利克与赫茨尔的，还包括欧洲几乎所有民族在 19 世纪创造的民族主义神话。身为乌克兰地区犹太人的比亚利克，以及身为匈牙利犹太人的赫茨尔，他们对犹太复国主义的贡献，就像诗人塔拉斯·谢甫琴科对乌克兰民族主义[5]、裴多菲·山多尔对匈牙利民族主义[6]，以及亚当·米茨凯维奇对波兰民族主义的贡献[7]。赫茨尔观察了周遭民族运动的发展，随即写下了国家产生于“梦想、歌曲与幻想”[8]。

然而，梦想、歌曲与幻想不论多么激励人心，都不足以创造一个能够正常运转的民族国家。比亚利克虽然启发了一代又一代的犹太军人，但为了装备和维持一支军队，还必须提高税收、购置武器。赫茨尔的乌托邦著作虽然为特拉维夫这座城市奠定了基础，但要维持这座城市的运转，还不能缺了污水处理系统的建置。说到底，爱国的本质绝不是吟咏赞扬祖国壮丽的诗歌，更不是针对外国人与少数民族发表仇恨言论；真正的爱国，是要好好纳税，让所有国人都能享受污水处理系统带来的好处，也能享有安全、教育和医疗保健。

国家要做好这些服务并取得必要的税收，就必须收集、储存和处理海量的信息，包括财产、支付、豁免、折扣、债务、库存、运输、预算、账单和薪水等。但这些信息可没办法变成什么令人难忘的诗歌或让人回味的神话。税务记录的形式就是各式各样的清单列表，从简单的项目记录到复杂的表格与电子表格。不论这些数据集看起来有多琐碎复杂，都会避免采用故事叙述，而宁可采用最无趣的形式，直接列出那些应付与已付款项。诗人可以不管这些单调世俗的细节事实，但税务人员可不行。

除了国家税务体制需要依赖清单列表，所有其他复杂的金融机构也是万般倚重这种形式。企业、银行与股市要想正常运转，绝对少不了清单列表。教堂、大学或图书馆很快就会发现，要想做到预算收支平衡，除了需要神职人员和诗人用故事迷惑大众，还少不了熟悉各种清单列表的会计师。

清单列表与故事可以说是相辅相成。国家神话能让税务记录合法化，而税务记录则有助于将原本是空中楼阁的故事转化为具体的学校与医院。在金融领域也可以看到类似的情形。美元、英镑与比特币之所以有价值，都是因为让大众相信了某个故事，只要银行家、财政部长或投资大师再讲其他小故事，这些货币的价值就会上升或下降。美国联邦储备委员会主席想要抑制通胀，财政部长想要通过新的预算，科技创业者想要吸引投资人，靠的都是讲故事。但等到真正管理银行、预算或初创公司的时候，清单列表是绝对不可或缺的。

清单列表的问题所在以及与故事之间的关键差异，在于清单列表常常比故事单调无聊得多，所以我们很容易记得故事，却很难记得清单列表。这也是人脑处理信息的一个重要事实。人脑经过演化之后，就算是海量的信息，只要把它们塑造成故事的样子，人脑就很容易吸收、保留和处理。比如，印度教神话的重要基础故事《罗摩衍那》足足有 24000 颂，现代版的篇幅约有 1700 页，虽然长度惊人，但世世代代的印度教徒还是能够熟练背诵。[9]

在 20 世纪与 21 世纪，《罗摩衍那》曾经多次被改编成电影与电视剧。1987—1988 年推出的 78 集（约 2730 分钟）版本是当时全球观看人数最多的电视剧，观众足足超过 6.5 亿人。据 BBC（英国广播公司）报道，在每天播出之前，“街道上空无一人，商店纷纷拉下铁门，民众会先沐浴净身，还给电视戴上花环”。在 2020 年新冠疫情期间，这部剧集被重新播出，结果再次成为全世界观看人数最多的剧集。[10] 现代电视观众已经不用再去记住任何台词，但值得一提的是，虽然史诗剧、侦探惊悚片或肥皂剧的情节错综复杂，观众却都能如数家珍，轻松回忆起每个角色是谁、与其他众多角色是什么关系。这分明是种记忆壮举，但我们已经司空见惯，很少想到这有多么了不起。

我们之所以能把史诗与长篇剧集记得这么清楚，是因为人类的长期记忆特别适合记住故事。正如肯德尔·黑文 2007 年的著作《故事明证：科学背后故事的惊人力量》（*Story Proof: The Science Behind the Startling Power of Story*）所言：“人类的思想……需要靠故事与故事架构作为主要蓝图，以了解、解读、记忆与规划我们的生活……生活就像故事一样，因为我们会以故事的方式来思考。”黑文引用了超过 120 篇学术论文，认为故事就是一种在“沟通各种事实、概念、情感和只可意会的信息”时效率极高的载体。[11]

相较之下，对大多数人来说，要背诵清单列表却没那么简单，而如果电视剧的内容是朗读印度的税务记录或年度预算，应该也没太多人想看。那些用来帮助背诵清单列表的方法，通常需要把清单项目编成一段有情节的故事，[12] 但就算用上这些帮助记忆的办法，又有谁能真的记下自己国家的税务记录或预算？这些信息可能非常重要，影响着公民能享有怎样的医疗保健、教育与社会福利，但人脑至今不适合去记忆这些信息。人脑能够记住民族诗歌与神话，但复杂的国家税收与管理系统要想运作，就必须靠一种独特的、非生物的信息技术——书面文件。

“杀掉”贷款

关于书面文件这项技术的发明时间与地点，有许多不同的说法。最早的例子来自古代的美索不达米亚。一块儿刻有楔形文字的泥版上写着日期为乌尔国王舒尔吉统治第 41 年（约公元前 2054—前 2053 年）的 10 月 28 日，记录了当时绵羊与山羊每月的交货量：10 月 2 日交了 15 只，3 日交了 7 只，4 日 11 只，5 日 219 只，6 日 47 只，就这样一路记下去，最后是 28 日交了 3 只。根据那块泥版的记载，该月收到的羊总共有 896 只。对王室来说，记录这些交货量非常重要，一方面是要了解子民是否顺服，另一方面是能掌握手上可用的资源。这种事要记在脑子里很不容易，但对具备知识的抄写员来说，记在泥版上却很简单。[13]

就像故事以及历史上其他信息技术一样，书面文件不一定能够准确呈现出现实。比如乌尔的泥版就有个错误。这份文件写着当月总共收到 896 只羊，但现代学者把数目加总，发现其实是 898 只。显然当时的抄写员在加总的时候犯了错，而泥版就把这个错误长长久久地保留了下来。

然而，不论这个现实是真还是假，书面文件都创造出了新的现实。文件记录下财产、税收与支付的相关信息，能更容易打造出行政体制、王国系统、宗教组织和贸易网络。说得更具体一些，文件让人有新的方法创造主体间的现实。口述文化是通过讲故事创造主体间的现实，许多人不断重复讲这个故事并记住它。在这种时候，大脑的容量会对人类创造的主体间现实形成限制。要是大脑记不住，这样的主体间现实也就创造不出来。

但书面文件打破了这个限制。这些文件并不是要呈现什么客观的经验现实，它们就是现实本身。后续章节会提到，书面文件打造的先例与模式，后续将会由计算机来接手使用。现在计算机创造主体间现实的能力，其实就是当初泥版与纸张力量的延伸。

在这里，让我们以“所有权”这个重要的概念来说明。在没有书面文件的口述文化社群里，要创造出“所有权”这项存在于主体间的现实，靠的是社群成员的言语与行为。那么，所谓“拥有一块儿土地”，就代表邻居都说这块儿地是你的，而且不会说一套做一套，只要未经你许可，他们就不会自己跑到这块儿地上盖房子、养鸡养鸭、偷摘水果等。所以，所有权的创造与维护，靠的是大家不断这么说或不断发出这样的信号。在这种时候，所有权就是一种地方性事务，某个遥远的中央政权很难控制所有的土地所有权。没有哪个国王、大臣或神职人员能记得住几百个偏远村庄的每块儿地分别是谁的。这也限制了个人主张与行使绝对财产权的能力，但有利于各种形式的公共财产权。举例来说，邻居或许能认同你有权在某块儿土地上耕作，但并不认同你把这块儿地卖给社群以外的人。[14]

在一个有文化的国家，拥有一块儿土地就意味着在泥版、竹片、纸张或芯片上记载着你对那块儿土地的所有权。就算你的邻居在那块儿土地上养羊很多年，而且没人说那块儿土地是你的，但只要你能拿出官方文件，证明那块儿土地是你的，法院就会强制执行你的主张。相反，就算所有邻居都说那块儿土地是你的，而你却拿不出任何可以佐证的官方文件，这下就只能祝你好运了。在这里，所有权仍然是一种通过交换信息创造出的主体间现实，只不过信息的形式现在是书面文件或电子文档，而不再是人类的言语和行为。这也就意味着，国家中央机关完全有能力制作并持有相关文件，进而判定所有权归属。也就是说，你现在只要把相关文件转让给其他人，不用征得邻居许可，就能够出售土地。

说到用文件来创造主体间现实的力量，古亚述方言是个很好的例子，在这种方言里，文件就像是能够杀死的生物。在债务偿还之后，贷款合约就会被“杀掉”。至于做法，则是直接把记录合约的泥版毁掉、在泥版上加一些标记，或者破坏掉封印。贷款合约并不是为了呈现现实，合约本身就是现实。如果有人还了贷款却没“杀掉”文件，这笔债务就仍然存在。相反，如果尚未还清贷款，但文件却以某种方式“死了”——比如被狗吃了——债务也就不复存在。[15]金钱也是如此。如果你家狗吃了一张百元美钞，这百元美钞的价值也就不复存在了。

在舒尔吉统治的乌尔、古亚述以及后来的许多政体中，社会、经济和政治关系所依赖的文件都创造了现实，而不只是呈现了现实。在起草宪法、和平条约与商业合同时，律师、政治人物和商人会对每个词语进行长达几周甚至几个月的争论，因为他们很清楚这些文件的威力。

官僚制度

每种新的信息技术都会遇到意想不到的瓶颈，一些老问题虽然得到了解决，但新问题会随之出现。公元前 18 世纪 30 年代初，在美索不达米亚的西帕尔城有一位女祭司叫娜拉姆塔尼，她用泥版给亲戚写了一封信，请他把家里的几块儿泥版寄给她。她解释说，自己的遗产继承权被质疑，她需要这些文件，用以在法庭上证明自己说的都是真的。这封信最后以恳求的语气写道：“拜托，不要不理我！”[16]

我们并不知道后来怎样了，但想象一下，如果这位亲戚找遍全家，就是找不到那些泥版，会发生什么。随着人类制作的文件越来越多，找到它们也变得不再简单。对于国王、商人、神职人员或是任何已经积累了几千份档案文件的人，这种挑战格外艰难。你要怎样才能在需要的时候，找出对的那份税务记录、付款收据或商业合同？在记录某些类型的信息方面，书面文件比人脑要好得多，但它又创造出一种全新而极度棘手的问题：信息检索。[17]

人类的大脑网络是由足足几百亿个神经元、几万亿个突触组成的，不但储存了各式各样的信息，而且检索效率奇高。虽然我们的大脑里有无数个复杂的故事，讲述着我们的个人生活、国家历史和宗教神话，但健康人一般都能在一秒之内检索到其中任何一个信息：你早餐吃了什么？你的初恋是谁？你的国家在什么时候获得独立？《圣经》的第一句是什么？

你是如何检索、想起这些信息的？是什么机制激活了对的神经元与突触，让人快速唤起必要的信息？虽然神经科学家对记忆的研究取得了一些进展，但至今仍然没有人真正了解记忆究竟是什么，又是如何进行储存与检索的。[18] 我们只知道，几百万年的演化让人类大脑的检索过程变得非常简单且高效。然而，一旦人类把记忆从生物性的大脑外包给非生物的文件，检索就再也没办法依靠这套简单高效的生物机制了。而且，检索也不能依靠人类几百万年来演化出的觅食能力。演化让人类懂得如何在森林里找到水果与蘑菇，却没告诉人类该怎样在档案库里找到文件。

采集者知道水果与蘑菇长在森林里的什么地方，是因为演化让整座森林的组织安排有着一套清晰的生物秩序。果树要进行光合作用，所以需要阳光；蘑菇要摄取死亡有机物的养分，而这些有机物质通常在地上。所以，通常蘑菇生长在土壤层，而水果则会长得高一些。另一个常见的规律是，苹果长在苹果树上，无花果长在无花果树上，所以你如果想找苹果，就该先找到一棵苹果树，然后抬头仰望去找苹果。住在森林里的时候，人类就学到了这样的生物秩序。

这种秩序和档案库的情况大不相同。文件既然不是生物，就不会遵守任何生物法则，演化也不会替我们做什么组织安排。税务报告不是自己从文件架上长出来的，而是需要有人把报告放到那里。所以，需要有人先提出依架位来分类信息的想法，并决定该把哪些文件放到哪个架上。采集者在森林里只需要找出既有的森林秩序，但档案管理员则需要为这个档案世界设计一套新的秩序。这种秩序就被称为官僚制度。

在大型组织里，人类就是用官僚制度来解决资料检索的问题，进而创造出更庞大也更强大的信息网络的。但就像神话故事一样，官僚制度也常常为了秩序而牺牲真理。在为这个世界发明并套用了一套新秩序之后，官僚制度就以一种独特的方式扭曲了人们对世界的理解。21 世纪信息网络的许多问题，比如算法带有偏见、给人贴上错误的标签、各种协议太过死板、无视人性的需求与感受等，其实并不是计算机时代才出现的新问题，而是典型的官僚制度问题，远在计算机这种东西出现之前就已经存在。

官僚制度和对真相的探寻

官僚制度（bureaucracy）* 的字面意思是“写字台治国”。这个单词最早创于 18 世纪的法国，当时的官员通常就会坐在一张有抽屉的书桌旁边，这种书桌就被称为“bureau”。[19] 所以官僚制度这套秩序，正是以抽屉作为核心。这套秩序解决检索问题的办法，也正是把整个世界分成许多不同的抽屉，再判断该把哪些文件放进哪个抽屉。

不管是把文件放进抽屉、书架、篮子、罐子、电脑文件夹还是其他容器里，原则都一样：分而治之。把这个世界分开放进不同的容器，并让容器各安其位，文件就不会混在一起。然而，这个原则需要付出代价。官僚制度的重点并不是去了解世界真实的样貌，而是忙着给世界强加一套全新、人为的秩序。官僚制度先是发明各种抽屉，这些抽屉属于存在于主体间的现实，其划分并不一定对应世界上的任何客观现实。但官僚制度接着就硬生生地把这个世界放进这些抽屉里，如果放不下，它只会塞得更用力。不管是哪种官方表格，只要你填过，你就应该对这种

* 这里所说的“官僚制度”和我们经常所说的中国古代官僚制度是不同的概念，后者伴随君主专制的始终，是一种拥有明确的固定权限，固定的职位等级，按照一定方式选拔人的制度。——编者注

情况再清楚不过了：填表的时候，要是列出的选项都不符合你的状况，你必须想办法适应表格，而不是让表格来适应你。把这无穷混沌的现实压缩成数量有限的抽屉，虽然让官僚制度方便维持秩序，代价却是牺牲了真相。因为官僚一心只看着自己的抽屉，即使现实要比抽屉复杂得多，所以他们对世界的理解常常会出现扭曲。

执着于把现实分成一个个固定的抽屉，也会让官僚的目光变得狭隘，无视自己的行为可能带来更广泛的影响。比如负责增加工业产量的官僚，可能会无视不在其职责范围内的环保因素，放任有毒废物被倾倒入附近的河流，造成下游的生态灾难。此时如果政府成立一个环保部门来治理污染，负责的官僚就可能会推出过于严格的规定，而不顾可能给上游区域造成的经济崩溃。理想状况下，应该有人将所有考量及方面都统筹起来，但要做到全面应对，就必须超越或废除官僚制度的这种划分。

官僚制度造成的扭曲，除了影响政府与企业，科学研究也无法幸免。比如大学的分科，历史学、生物学与数学各成一系，这种情况是如何形成的？这种分科当然不是为了反映客观现实，而是学术官僚制度的发明，于是成为一种存在于主体间的现实。举例来说，新冠疫情其实同时是历史、生物与数学事件，但在学术研究上，历史、生物与数学（以及其他学科）的研究者却只会各做各的研究。想拿到学位证书的学生，通常都要先决定自己属于哪个系，这会限制他们对课程的选择，这种限制反过来又塑造了他们对世界的理解。数学系的学生，学的是根据现在的感染率预测未来的发病率；生物系的学生，学的是病毒会如何随着时间而变异；历史系的学生，学的是各种宗教与政治信仰会怎样影响人们遵从政府指示的意愿。想要完整了解新冠疫情，必须把数学、生物学与历史学都列入考量因素，但学术官僚制度并不鼓励这种全面的观点。

当你在学术阶梯上往上攀爬的时候，专业化的压力会越来越大。学术界有一套“不发表就灭亡”的法则，要想在这里站稳脚跟，就必须在同行评议期刊上发表论文。但期刊分属于不同学科，想在生物学期刊上发表关于病毒突变的论文，或是想在历史学期刊上发表关于流行病政治的论文，都各有其需要遵循的惯例。术语不同，引用规则不同，对论文的期许也不同。历史学者需要深谙文化，也知道怎样阅读和诠释历史文献。生物学者需要深刻了解演化，也知道怎样阅读与诠释DNA分子。至于处于这两个学科之间的问题，比如政治意识形态与病毒演化之间的相互作用，则像是落入了三不管地带，无人过问。[20]

为了理解学术界如何将原本无序、动态的世界硬塞进死板的官僚抽屉，请让我们更深入地探讨一下生物学的一个领域。在达尔文能够解释物种的起源之前，必须由卡尔·林奈等更早期的学者先定义什么叫物种，并将所有生物分类。比如，在说狮子和老虎是从一个共同的猫科动物祖先演化而来的之前，必须先定义"狮子"和"老虎"究竟是什么。[21]事实证明，这项工作不但困难，而且永无止境，因为不论动植物还是其他生物，常常都会跑出原先的抽屉。

任何官僚制度都很难接受演化的概念。演化的重点就在于物种会不断变化，这就意味着把一个物种放进一个永远不变的抽屉，等于扭曲了生物的现实。比如，是什么时候直立人画下句号、智人接续上场的，一直未有定论。是不是曾经有一对直立人父母，生下了史上第一个智人？[22]物种也会不断混合，原本不同物种的动物不但发生了性行为，甚至还能生下有生育能力的后代。今日的智人多半还带有1% ~ 3%的尼安德特人的DNA，[23]这意味着曾经有某个小孩的爸爸可能是尼安德特人，而妈妈是智人（反之亦然）。这样一来，智人和尼安德特人究竟算不算同一个物种？此外，"物种"的概念究竟是生物学家发现的客观现实，还是生物学家所强加的主体间现实？[24]

还有许多动物从抽屉里爬出来的例子，原本看起来整齐清爽的官僚划分，遇上了环形种、融合种、杂交种，就实在无法将之准确分类。[25]比如，灰熊和北极熊有时候就会生下北极灰熊（pizzly bear）与灰北极熊（grolar bear），[26] 而狮子和老虎也可能生出狮虎（liger）与虎狮（tigon）。[27]

当把目光从哺乳动物与其他多细胞生物转移到单细胞细菌与古菌的世界时，我们看到的是一片混乱。在所谓水平基因转移的过程中，单细胞生物交换遗传物质的对象并不局限于与自己相关的物种，还有来自完全不同属、界、目，甚至域的生物。仅仅追踪这些嵌合体的发展，就让细菌学家伤透了脑筋。[28]

在生命的边缘地带，谈到像 SARS-CoV-2（新冠疫情的凶手）这样的病毒时，事情还会变得更复杂。生物与无生命物质本该有一条清晰明确的界线，但病毒横跨了这条界线，同时属于生物学与化学两个领域。与细菌不同，病毒不是单细胞生物，它们既不是细胞，也没有自己的细胞机制。病毒不会进食，不会代谢，也不会自行繁殖。病毒就是一些小小的遗传密码包，能够攻进细胞，劫持细胞的运作机制，并指挥细胞生产出更多遗传密码副本。新的副本从细胞里暴发出来，继续感染、劫持更多细胞，从而形成了外来遗传密码的病毒传播。科学家一直在争论病毒算不算一种生命形式，抑或它已经超出了生命的范畴。[29] 然而，就连这个界线也不是什么客观现实，而是一种存在于主体间的协议。就算生物学家真的能达成共识，认定病毒就是一种生命形式，病毒的行为也不会有丝毫改变；唯一能改变的，只有人类对病毒的看法而已。

当然，主体间的协议本身也是现实的一部分。随着人类越来越强大，人类主体间的信念也越来越多地影响着信息网络之外的世界。举例来说，科学家与立法者会根据不同物种濒临灭绝的程度来分类，包括无危、易危、濒危、灭绝等。把某种动物族群定义为濒危物种，虽然是人类的主体间协议，却可能带来深远的影响，比如以法律的形式来禁止狩猎或破坏其栖息地。某种动物属于濒危物种还是属于易危物种的官僚决定，对该种动物可能就是生或死的区别。我们在后续章节还会看到，官僚制度在给你贴上一个标签的时候，虽然完全可能只是出于习惯或传统，但仍然会决定你的命运。这里的官僚制度可能是个活生生的动物专家、有血有肉的人类专家，也可能就是非生物的人工智能。

深层政府

如果帮官僚制度说句话，那就是：虽然官僚制度有时候会牺牲真相，扭曲我们对世界的理解，但这样做往往是为了维持秩序；要是没了秩序，任何大规模的人际网络都将难以维系。既然官僚制度永远不可能完美，那么是否有更好的办法来管理大规模网络呢？例如，我们如果决定打破学术界所有传统的领域分类，包括各种系科与专业期刊分类，是不是以后想当医生也得花几年的时间来研究历史，而研究黑死病对基督教神学影响的人，也能算是病毒学的专家？这样会让我们有更好的医疗保健体系吗？

任何幻想着只要废除官僚制度，就能让大家以更全面的观点来看待世界的人，都应该反思这样一个事实：医院也是一个官僚机构。医院会被分成不同科室，有等级划分、各种规章制度，以及需要填写的大量表格。医院虽然也有官僚制度的诸多弊端，但还是能够成功治愈人类的许多生物疾病。所有那些能让人类生活更美好的服务，从学校到污水处理系统，也都适用同样的道理。

当你冲马桶的时候，那些秽物都去了哪里？答案是：进入了深层政府。我们的房屋下面有一个由管道、水泵和隧道组成的复杂地下网络，它会收集所有污秽之物，使其避免接触自来水，并进行污水处理或安全排放。这个深层网络需要有人来设计、建造和维护，修理漏洞，监控污染，以及支付工人的工资。这一切也都属于官僚制度的工作，如果废除这个部门，肯定会让我们面临诸多不适甚至死亡。饮用水受污水污染的危险一直存在，幸好我们有官僚制度的协助，才能让两者好好分开。

在建立现代污水处理系统之前，痢疾与霍乱这样的水媒介疾病夺去了全球数百万人的生命。[30]1854 年，数百名伦敦居民死于霍乱。当时疫情规模并不大，但事后来看，对霍乱、其他更普遍的流行病乃至污水处理来说，这次事件都是个历史转折点。当时的主流医学理论认为霍乱流行是“坏气”所致，但医生约翰·斯诺怀疑问题出在供水上。他辛辛苦苦地追踪，列出所有已知的霍乱患者，他们的居住地与饮用水来源，并用这份数据确定了疫情的暴发点——伦敦苏活区布罗德街的一台水泵。

这是一项烦琐的官僚工作——收集数据，对其进行分类并绘制地图。但它拯救了无数生命。斯诺向当地官员解释自己的发现，说服他们关闭了布罗德街的水泵，有效地让疫情画上了句号。随后的研究发现，为布罗德街水泵供水的水井位置距离受霍乱感染的化粪池不到一米。[31]

斯诺的发现，加上后来许多科学家、工程师、律师与官员的努力，带出一整套庞大的官僚体制来管控化粪池、水泵和污水管道。在如今的英国，要想挖井或建造化粪池，都需要填写表格、申请许可证，让所有的饮用水源都能远离化粪池。[32]

在污水处理系统运作良好的时候，大家很容易忘了它的存在，但自 1854 年以来，污水处理系统已经拯救了数百万人的生命，也是现代国家最重要的服务之一。2014 年，印度总理莫迪指出，缺乏厕所是印度面临的最严峻的问题。不论是霍乱、痢疾和腹泻等疾病的传播，还是妇女与女童遭受性侵的问题，露天排便都是一大主因。在他推动的“清洁印度”行动中，莫迪承诺要让所有印度公民都有厕所使用。2014—2020 年，印度政府在这项计划中投入约 100 亿美元，建造了超过一亿座新厕所。[33]污水处理不是什么会写进史诗的内容，却考验着国家的运转是否良好。

生物戏剧

所有大型社会，都将神话故事与官僚制度作为两大支柱，只不过，神话故事常常让人欢喜赞叹，而官僚制度则让人摇头怀疑。虽然官僚制度提供了许多服务，但即使是有益的官僚制度，也常常无法得到大众的信赖。在很多人看来，光是看到“官僚制度”这个词，就能感觉到满满的负面含义，毕竟我们本来就很难判断某个官僚制度造成的影响究竟是有益的还是有害的。因为不论是有益的还是有害的官僚制度，都有一个关键特征，就是人类很难搞清楚它们在干些什么。

就算是小孩也知道谁是自己的朋友、谁是坏蛋。你也很清楚，哪些人会和你分享午餐，哪些人会抢走你的午餐。但如果税务机关把你的收入拿走了一部分，你要怎么判断这笔钱究竟是被拿去盖了新的公共污水处理系统，还是为总统新建了私人别墅？仅仅取得所有相关信息就很不容易了，而后续的解读则更为困难。至于其他的官僚程序，比如学生怎样入学、医院怎样对待病人、垃圾怎样回收，对公民而言同样难以理解。在网络上发文指控别人有偏见、欺诈或贪腐可能只需要一分钟，但要证明或反驳这些指控，可能得努力好几个星期。

文件、档案、表格、许可、法规，以及其他各种官僚程序改变了信息在社会上流动的方式，也改变了权力运作的方式。这样一来，想再了解权力也变得更加困难了。在办公室与档案库紧闭的大门后面，究竟发生了什么？一些不知名的官员，在这些地方分析整理着成堆的文件，最后大笔一挥、鼠标一点，就决定了我们的命运。

在缺乏书面文件与官僚制度的部落社会，人类网络是由一些人对人或者人对故事的链条组成的，而权力就掌握在那些控制了链条节点的人手中。这些节点也就是这些部落的立基神话。深具魅力的领袖、演说家与神话编造者知道怎样运用这些故事来塑造身份、建立联盟和左右情绪。[34]

从古代的乌尔到现代的印度，各种由书面文件与官僚程序联结的人类网络都需要仰赖人类与文件之间的互动。所以，这样的社会除了有人对人、人对故事的链条，也有人对文件的链条。观察官僚社会的运作，除了看到人类继续互相讲述故事（就像几百万印度人观看《罗摩衍那》系列影视剧一样），还会看到人类彼此传递文件，例如电视台需要申请广播执照和填表报税。从另一个角度，我们看到的是文件逼着人类与其他文件互动。

这导致了权力的移转。随着文件成为许多社会链条的重要节点，文件开始承载着无与伦比的权力，能掌握这些文件背后的神秘逻辑，就能成为新的权威人物。比如，各级行政人员、会计师与律师，除了精于阅读与写作，还掌握了制作表格、分类抽屉和管理档案的技能。在官僚体系中，权力常常来自了解如何利用隐秘的预算漏洞，以及如何穿行于各个办公室、委员会与小组委员会形成的迷宫之中。

这种权力的转移改变了世界力量的平衡。不管是好是坏，有文化的官僚机构往往以牺牲普通公民的利益为代价来强化中央的权威。一方面，有了文件与档案，中央就更容易向公民征税，以及进行审判和征兵。另一方面，因为难以理解官僚制度的权力，民众很难去影响、抵抗或逃避中央的权威。官僚制度的力量即使是良性的，为民众提供了污水处理系统、教育与安全保障，也仍然会拉大统治者与被统治者之间的差距。因为这套制度让中央很容易收集记录更多被统治者的信息，而被统治者反过来想要了解制度运作细节却困难得多。

一般来说，艺术可以帮助我们理解生活的许多方面，但讲到官僚制度，艺术的帮助则相当有限。虽然诗人、编剧与电影制片人偶尔也会谈到官僚制度的力量，但事实证明，这是个很难让人懂的故事。艺术家通常会用一组有限的故事线来创作，这些故事线都植根于生物机制，但这些生物戏剧的情节是在几百万年的演化过程中慢慢产生的，远早于文件与档案的出现，所以对我们理解官僚制度并无帮助。为了理解什么是生物戏剧，以及为什么它们不适合用来了解官僚制度，让我们以人类艺术顶尖之作《罗摩衍那》的情节为例，仔细加以说明。

《罗摩衍那》有一段重要情节，谈的是主角罗摩王子、父王十车王、小王后吉迦伊之间的关系。虽然长子罗摩是王位继承人，吉迦伊却说服了十车王将罗摩流放到野外，将继承权传给吉迦伊的儿子婆罗多。从这个情节背后就能看出好几部生物戏剧，它们能追溯到几亿年来哺乳动物与鸟类的演化过程。

所有哺乳动物与鸟类在刚出生的时候，都需要依赖父母的照料，害怕被父母无视或讨厌。这时候，它们命悬一线，幼兽或雏鸟要是太早被赶出巢穴，就可能饿死或遭到捕食。对人类而言，这种对于遭到父母无视或遗弃的恐惧也处处可见，除了《白雪公主》《灰姑娘》《哈利 · 波特》等童话故事，一些最具影响力的民族主义与宗教神话也是以此为模板。《罗摩衍那》绝非孤例。比如在基督教神学里，作为一项天谴，被诅咒就意味着让人与母教和天堂之父失去所有联系。所以，一个失去父母的孩子的哭泣就是地狱。

哺乳动物（包括人）与鸟类的幼崽再熟悉不过的另一场生物戏剧就是“爸爸爱我胜过爱你”。生物学家与遗传学家都认为，手足之间的竞争是演化的关键。[35] 手足常常要互抢食物、争夺父母的关注，而在某些物种中，手足相残并不少见。比如，斑鬣狗小时候大概会有四分之一是手足互残而亡，如果能够幸存，通常就能得到父母更多的照顾。[36] 在雌性锥齿鲨的子宫里，一开始会有大量的胚胎，但第一个长到 10 厘米的胚胎会把其他胚胎都吃掉。[37] 除了《罗摩衍那》，许多神话与故事也都有手足相残的情节，比如该隐与亚伯的故事、李尔王的故事，以及 HBO 电视网的电视剧《继承之战》。有时候，整个国家或民族（比如犹太人）的身份认同基础，就是主张“我们是爸爸最爱的孩子”。

《罗摩衍那》的第二个情节主线，则是罗摩王子、爱人悉多与绑架悉多的魔王罗波那之间的三角恋。“男孩遇见女孩”和“男孩之间为了女孩而打架”，同样是几亿年来无数哺乳动物、鸟类、爬行动物与鱼类不断上演的生物戏剧。我们之所以会对这些故事深深着迷，是因为对我们的祖先来说，懂不懂这套道理就是生与死的差距。比如荷马、莎士比亚、蚁垤（据传是《罗摩衍那》的作者）这些讲故事的人，确实把这些生物戏剧讲得精彩纷呈，但就算是最杰出的诗歌叙事，其基本情节多半也是借鉴演化手册的。

《罗摩衍那》反复出现的第三个情节主线，则是洁净与不洁净之间的紧张关系，而以悉多作为印度教文化中洁净的典范。执着于是否洁净，其实是源自演化过程中避免污染的愿望。所有动物都有过挣扎：在遇到新食物时，到底是该勇敢尝试还是小心为妙，以免中毒？于是，演化既让动物有好奇心，又让动物在接触有毒或危险事物时产生厌恶感。[38]政治人物与宗教先知都学会了怎样利用这种厌恶机制。比如在某些民族与宗教神话里，国家或教会被描述成生物体，正面临被不洁净的入侵者带来污染的危险。在长达数个世纪里，始终有些偏执的人坚称是那些种族或宗教上的少数群体在传播疾病，[39]认为性少数群体就是污染的源头，[40]或者说女性不洁净。[41]1994年卢旺达种族大屠杀期间，胡图人就宣称图西人是蟑螂。纳粹曾把犹太人比作老鼠。实验显示，就连黑猩猩在看到其他族群陌生黑猩猩的图片时也会表现出厌恶。[42]

说到这种洁净对抗不洁净的生物戏剧，或许没有其他文化演得比传统印度教更为极端。传统印度教打造出一套存在于主体之间的种姓制度，根据所谓的洁净程度来排行，最洁净的婆罗门位阶最高，而据称最不洁净的达利特（以前被称为贱民）位阶最低。各种职业、工具与日常活动也根据洁净程度进行分类，而且如果是“不洁净”的人，就会被严令禁止与“洁净”的人通婚、触碰、准备食物，甚至连接近也不行。

这项历史遗产，就算到了现代的印度也尚未摆脱，生活中几乎各个方面都深受其影响。举例来说，对不洁净的恐惧就让前面提过的“清洁印度”行动遇上许多麻烦：有些自认“洁净”的人，除了不愿意参与“不洁净”的活动（比如厕所的建造、维护与清洁），也不愿意与“不洁净”的人共用公共厕所。[43] 2019 年 9 月 25 日，在印度巴夫赫迪村，两个达利特儿童，12 岁的拉什尼 · 瓦米基和她 10 岁的侄子阿维纳什 · 瓦米基因为在某个属于较高种姓的房屋附近排便，就遭到私刑处死。他们之所以露天排便，是因为家里没有可用的厕所。一名当地官员后来解释，瓦米基家虽然是村里最贫困的家庭之一，却被排除在有资格获得政府补助兴建厕所的名单之外。这些低种姓的孩子常常受到各种歧视，比如被迫自带垫子和餐具去学校，也不能和其他学生坐在一起，免得污染其他学生。[44]

这些会触动我们心中情感按钮的生物戏剧还有其他经典剧目，比如“谁才是老大?”“我们对抗他们”“善良对抗邪恶”。这些剧目不但在《罗摩衍那》有不少，而且狼群、黑猩猩群和人类社会也都十分熟悉。几乎所有人类艺术与神话故事都是以这些生物戏剧的情节为主线，但这也让我们难以用艺术来解释官僚制度的机制。比如《罗摩衍那》的故事背景是个大型农业王国，但史诗中几乎没谈王国是怎样登记财产、征税、编目归档、筹措战争经费的。那些手足相残、三角恋的情节，实在无法让人更多地了解文件档案的运作，毕竟文件哪来的手足，又哪有恋爱可谈?

直到出现了像卡夫卡这样的作家，他们把故事的重点放在官僚制度如何以近乎超现实的方式塑造人类的生活上，从而开创了各种新的、非生物的故事情节。在卡夫卡的《审判》里，银行职员“K”因为某项不明所以的罪行，被一个深不可测机构的身份不明的官员逮捕。他虽经百般努力，但依旧搞不懂自己到底犯了哪一条，也不清楚这个来找他麻烦的机构目的是什么。虽然有些人说这个故事谈的是人类在宇宙中的存在或神学意义，以及神的高深莫测，但如果从世俗的观点看，这个故事突出的正是官僚制度给人噩梦般的感觉，身为保险律师的卡夫卡对此再清楚不过了。

在官僚社会，普通人常常因为某个让人难以理解的理由，被某个不清楚其职责的机构派出的身份不明的官员，把自己的生活搞得天翻地覆。从《罗摩衍那》到《蜘蛛侠》，这些英雄对抗怪物的故事，其实就是把过去对抗掠食者的生物戏剧情节拿来重新包装而成的，但卡夫卡式的故事透出的独特恐怖氛围，则缘于这份威胁完全高深莫测。经过长期演化，我们的心智已经能够理解被老虎杀死是怎么一回事，但“被文件杀死”就没那么好理解了。

对官僚制度的描绘，有些是从讽刺的角度出发。比如，约瑟夫·海勒1961年出版的著名小说《第二十二条军规》就是以讽刺文笔点出官僚制度在战争中扮演了怎样的核心角色。在该书中，掌握了最大权力的角色可以说是任职于收发室的前一等兵温特格林，他在这个权力基地可以决定要让哪些邮件发出去，哪些邮件又会消失。20世纪80年代的英国情境喜剧《是，大臣》和《是，首相》也都展现了公务人员如何运用繁复的法规、莫名的小组委员会与成堆的文件，把那些高高在上的政治人物玩弄于股掌之中。2015年的情景喜剧《大空头》则探讨了官僚制度如何造成了2007—2008年的金融危机。这部电影最大的反派并不是人类，而是担保债务凭证（CDO），这是一种由投资银行家发明的金融工具，普通人根本搞不懂这是什么。这些官僚怪兽躲在银行投资组合的深处，无人知晓，直到2007年突然现身，引发重大金融危机，几十亿人的生活由此被搅得天翻地覆。

这些文学艺术作品，虽然确实能让民众稍微感受到官僚制度的权力是如何运作的，但事情并没有变得简单，因为自石器时代以来，人类心智关注的本来就是生物戏剧，而不是官僚戏剧。不管是好莱坞还是宝莱坞，卖座影片谈的通常都不是什么担保债务凭证。就算到了21世纪，多数卖座影片谈的基本上还是那些石器时代的故事，讲述的都是英雄打倒怪兽，最后赢得美人归的桥段。同样，在描述各种政治权力纠葛的时候，不管是《权力的游戏》、《王冠》还是《继承之战》，重点都放在王室宫廷的家族斗争，而不是官僚制度如何维持（有时也是抑制）王朝的权力上。

让我们杀光所有律师

官僚制度的现实状况难以描绘且难以理解，这就带来了不幸的结果。一方面，人类在面对自己无法理解的有害力量时会像《审判》里的主角一样感到无助。另一方面，这也让人觉得官僚制度似乎就是一种邪恶的阴谋，即使官僚制度也有有益的一面，能为我们提供医疗保健、安全与正义。

16 世纪，卢多维科 · 阿里奥斯托笔下就有个寓言女性迪斯科尔（即“纷争”），她所到之处是“一摞一摞的传票与令状、盘问与律师授权书，以及大量的文书、律师意见与判例，这些都是为了让穷人更不安全。而在她的前后左右则是一群公证人、代理人与律师”[45]。

莎士比亚在《亨利六世》第二部谈到了凯德起义（1450 年），他让平民起义分子“屠夫迪克”把对官僚制度的反感归结为一个合乎逻辑的结论：要想建立一套更好的社会秩序，“我们该做的第一件事，就是杀掉所有律师”。起义领袖杰克 · 凯德与迪克所见略同，他强烈批评官僚制度，特别是各种书面文件：“把无辜羔羊的皮制成羊皮纸，这是多么可悲！在那羊皮纸上胡乱写些字，就能毁掉一个人，又是多么荒唐！有人说蜜蜂会蜇人，但我说蜇人的是蜂蜡，因为只要我用蜂蜡封上信封，我就再也不属于我自己了。”就在这时，起义军抓到了一名书吏，指控他能读会写。经过简短审讯，起义军确定他的这项“罪行”之后，凯德命令手下“把他的笔墨套在他脖子上，吊死他”[46]。

比凯德起义再早 70 年，曾有一场规模更大的农民起义（1381 年），当时起义分子发泄怒火的对象除了生物性的官僚，还包括他们的非生物的文件。起义分子破坏了大批档案，烧毁了法庭案卷、特许状以及各种行政与法律记录，甚至有一次还拿剑桥大学的档案生起了篝火。一位叫马热丽 · 斯塔尔的老妇人一边把灰烬撒向空中，一边高喊："去他的学问，消失吧！" 圣奥尔本斯修道院的修士托马斯 · 沃尔辛厄姆目睹了大教堂档案被毁的过程，他说，起义分子"放火烧毁了所有法庭案卷与契据，在他们销毁这些奴役记录之后，他们的领主就无法在未来对他们提出任何权利要求了"。[47]"杀掉了文件"，就抹去了债务。

历史上许多的起义与叛乱，也都曾经出现攻击档案的情形。比如在公元 66 年的犹太大起义期间，起义分子占领耶路撒冷之后的第一件事，就是放火烧了中央档案库，希望凭借销毁债务记录来赢得民众支持。[48] 1789 年法国大革命期间，许多地方与地区的档案库也基于类似原因而遭到摧毁。[49] 许多起义分子或许自己并不识字，但他们很清楚，只要没有文件，官僚机器就无法运转。

我能理解为什么有人会对政府官僚制度与官方文件的权力持怀疑态度，因为我在自己的家庭中也感受到了它们的深刻影响。我外祖父的生活，就因为一次政府人口普查，加上找不到一项重要文件，被搞得天翻地覆。外祖父名叫布鲁诺 · 卢廷格，1913 年生于乌克兰的切尔尼夫齐，当时那里是哈布斯堡王朝的一部分。外祖父的父亲在一战中失去音讯，他是由母亲沙亚 – 珀尔抚养长大的。一战结束后，切尔尼夫齐被并入了罗马尼亚。20 世纪 30 年代末，法西斯独裁政权在罗马尼亚上台执政，并推出新的反犹政策，其重要内容之一就是进行犹太人口普查。

根据 1936 年的官方统计，罗马尼亚当时有 75.8 万名犹太人，占总人口的 4.2%。而同一份官方统计指出，来自苏联的难民总数（包括犹太与非犹太人）约为 11000 人。1937 年，由奥克塔维安 · 戈加领导的新法西斯政权上台。戈加是一位著名的诗人与政治家，但他很快就放下了爱国诗歌，转向了伪造统计数据和压迫性的官僚制度。这个政府无视正式的统计数据，声称足足有数十万犹太难民涌入罗马尼亚。戈加曾在多次访谈中声称有多达 50 万犹太人非法进入罗马尼亚，并说罗马尼亚的犹太人总数达到了 150 万。而政府机构、极右翼统计学者与大众报纸所提供的数字往往更高。比如，罗马尼亚驻巴黎大使馆就声称，罗马尼亚的犹太难民人数多达 100 万。信奉基督教的罗马尼亚人开始陷入大规模的歇斯底里中，他们害怕自己就要被取代，或者成了一个犹太国家里的少数派。

于是，戈加政府出手，针对这个政治宣传虚构出来的问题，提出了一套解决方案。1938 年 1 月 22 日，戈加政府颁布一项法令，要求罗马尼亚境内所有犹太人提供书面证明，证明自己在罗马尼亚境内出生，拥有罗马尼亚公民身份，如果无法拿出证明，就会失去公民身份，进而失去所有居住与就业等相关权利。

突然间，罗马尼亚的犹太人落入了一个官僚地狱。许多人不得不大老远跑回出生地寻找相关文件，却发现市政档案在一战期间已遭战火摧毁。如果出生在 1918 年后才并入罗马尼亚的土地上（比如切尔尼夫齐），情况会更糟糕，因为这些犹太人并没有罗马尼亚语的出生证明，而且这些家族的许多文件存档地点是在哈布斯堡王朝的首都维也纳与布达佩斯，而不是罗马尼亚的布加勒斯特。犹太人甚至常常不知道自己需要找出哪些文件，因为那条人口普查法令并未具体说明到底哪些文件才算是有效的证明。

为了拿到正确的文件，很多犹太人简直快发疯了，他们不惜付出巨额资金进行贿赂，这也让许多办事员与档案管理者有了一个全新而且利润丰厚的收入来源。就算没有贿赂，单纯这个流程的成本也极其高昂：申请任何文件以及向当局申请公民身份，都得支付手续费。这还只是找出并提交正确的文件，还不一定能申请成功。只要出生证明与公民身份文件里的名字拼写有一个字母不同，就足以让当局退回申请。

许多犹太人由于无法跨过这些官僚障碍，最后甚至连公民申请都没有提交。至于提出申请的人，也只有 63% 得到核准。最后，在总共 75.8 万名罗马尼亚犹太人中，36.7 万人失去了公民身份，[50] 我的外祖父布鲁诺就是其中之一。在布加勒斯特通过新的人口普查法令时，布鲁诺并没有太在意。他就是出生在切尔尼夫齐，一辈子都在那里生活，他哪里还需要向官僚证明自己不是外国人呢？这件事光想想就让他觉得荒唐。而且，他的母亲在 1938 年年初生病，后来去世，对布鲁诺来说，这比找出什么文件重要得多。

1938 年 12 月，一封来自布加勒斯特的官方信件取消了布鲁诺的公民身份。他就这样成了一个外国人，立刻丢了自己在切尔尼夫齐卖影音设备的工作。布鲁诺孤身一人，没了工作，还没了国籍，要找到其他工作似乎也没什么希望。9 个月后，第二次世界大战爆发，这些没有身份证明的犹太人所面对的危险也越来越大。那些在 1938 年失去公民身份的罗马尼亚犹太人，绝大多数会在接下来的几年里遭到罗马尼亚法西斯主义者及其纳粹盟友的杀害（拥有公民身份的犹太人存活率则高得多）。[51]

我的外祖父几次想挣脱这条不断收紧的绞索，但只要没有那几张对的纸，事情就十分困难。他有好几次偷偷溜上火车或轮船，但都没能躲过逮捕。直到 1940 年，地狱之门轰然关上之前，他才终于登上了最后一批驶向巴勒斯坦的船只。他一到巴勒斯坦，就被英国当局当作非法移民关了起来。过了两个月，英国当局提出了一个条件：要么继续被关押，随时可能被驱逐出境；要么加入英国军队，取得巴勒斯坦公民身份。我的外祖父牢牢抓住这个机会，在 1941—1945 年成了英国军人，参与了北非与意大利的战役。这样他才换来那几张能作为证明的文件。

在我家，保存文件成了一项神圣的义务。银行对账单、电费账单、过期的学生证、市政府信函——只要上面有看起来很正式的官方印章，它们就会被好好地收到我们柜子里的文件夹中。因为你永远不知道哪天就有哪份文件成为救命的关键。

奇迹文件

对于这种官僚信息网络我们究竟是该拥抱还是该厌恶？从我外祖父的故事中可以看出，官僚权力有着怎样的危险；而从伦敦霍乱疫情的故事中则看出，官僚权力潜藏着怎样的好处。所有威力强大的信息网络都是可好可坏，这取决于它们的设计与使用方式。光是增加网络里的信息量，并不能保证网络做的就是好事，也不会使它更容易在真理与秩序之间实现适当的平衡。对我们这些21世纪新信息网络的设计者与使用者来说，这是一个重要的历史教训。

未来的信息网络，特别是基于人工智能的信息网络，与过去的网络将有诸多不同。我们在第一部分谈了神话故事与官僚制度怎样影响大规模信息网络，而在第二部分则会谈到人工智能怎样扮演官僚和神话创作者的角色。比起那些有血有肉的官僚，人工智能系统更懂得怎样寻找和处理资料数据，也比大多数人更懂得怎样编故事。

但在信息网络的历史长河中，还有一件事情要先加以了解，然后才能去谈21世纪基于人工智能的新信息网络，以及人工智能神话创作者与人工智能官僚会带来怎样的威胁与承诺。我们现在已经看到，信息网络的功能并不是把真相放到最大，而是要在真相与秩序之间达到平衡。官僚制度与神话故事都是维持秩序的必要条件，也都乐于为了秩序而牺牲真相，所以，有没有什么机制能让官僚主义与神话故事不完全脱离真相，或是能让信息网络发现并纠正自己的错误，哪怕有点混乱也没关系？

以下两章，我会谈谈在出现错误的时候，人类信息网络会怎样处理。我首先要谈到另一项信息技术的发明——宗教经典。比如，《圣经》这样的宗教经典其实也是一种信息技术，目的是涵盖社会所需的所有重要信息，而不允许存在任何错误的可能。在信息网络深信自己完全不可能出错的时候，会发生什么事？回顾这些号称绝对正确的宗教经典的历史，就能看出所有信息网络都会有局限性，并为我们在 21 世纪打造绝对正确的人工智能提供重要的教训。

第四章
错误：绝对正确是一种幻想

圣奥古斯丁有句名言："人都会犯错，但坚持错误则是一种邪恶。"[1]各地神话故事的一个共同主题，就是人类容易犯错，以及这些错误需要得到纠正。比如在基督教神话里，所有的历史都是为了纠正亚当和夏娃的原罪。而在马克思列宁主义中，即使是工人阶级也可能受到剥削者的愚弄，从而不清楚自身利益，所以需要由其明智的工人阶级的先锋队来领导。官僚机构也会不断地寻找错误，从文件的错误分类到程序的效率低下，等等。复杂的官僚机构常常设有自律机构，一旦遇上重大不利因素（比如战败或者金融崩溃），就会成立调查委员会来找出问题，并确保以后不会重蹈覆辙。

这些自我修正机制想要发挥作用，就必须取得合法性。如果人一定会犯错，那么自我修正机制不也会犯错吗？为了避免像这样无限循环下去，人类常常幻想能有某种超人类、绝不会犯错的机制，能找出并纠正人类的错误。今天，大家可能都希望人工智能能够提供这样的机制。比如，马斯克在 2023 年 4 月宣称："我准备开始一项计划，我称之为'真相 GPT'（TruthGPT），这是一个极致寻求真理真相的人工智能，目的是了解宇宙的本质。"[2]我们会在后面的章节讨论为什么这是一个危险的幻想。在以前的时代，这类幻想会以另一种样式出现——宗教。

就个人生活而言，宗教有许多不同的功能，比如提供精神慰藉，解释生命的奥秘，等等。但就历史而言，宗教最重要的功能是为社会秩序提供超人类的合法性。无论犹太教、基督教、伊斯兰教还是印度教，它们都说自己的思想与规则来自一些绝对正确的超人类权威，不可能有任何错误，所以我们这些会犯错的凡人不得质疑或想要有所改变。

排除人类的成分

每个宗教的核心都离不开一个幻想，即与一个超人类的、绝对可靠的智能体相联结。正如我们将在第八章所探讨的，在今天讨论人工智能的时候，其实可以充分借鉴过去对宗教史的研究。在宗教史上，一个反复出现的问题是：到底该怎么做才能让人相信某项教义确实来自某个绝对正确的超人类？就算原则上我渴望服从神的旨意，我又如何知道神到底想要什么？

整个宗教史上，很多人都说自己是在传达神的信息，但这些信息常常会相互矛盾。比如，A 说有个神来到他的梦里，B 说有个天使去找他，C 又说自己在森林里遇见了一个精灵——大家讲的信息各不相同。人类学家哈维 · 怀特豪斯就谈道，自己在 20 世纪 80 年代末到了新不列颠岛，对当地的拜宁人进行田野调查。一位叫塔诺特卡的年轻人生了病，陷入因发烧引起的谵妄，开始讲些莫名其妙的话，比如“我是乌特卡”“我是支柱”。他讲的话多半只有哥哥班尼戈能听到，接着就是哥哥开始把这些话转述给其他人，并加上自己的创意解读。班尼戈说，自己的弟弟被一位名为乌特卡的祖灵附身，上天选中他来当整个社群的支柱，就像当地的房子都在中央有个支柱一般。

待到康复，塔诺特卡继续讲了更多来自乌特卡的神秘信息，班尼戈也解读得越来越复杂。同时班尼戈自己也开始做起了梦，据说这些梦揭示了更多神谕。他声称世界末日就在眼前，并说服许多当地人授予他独裁权力，这样他就可以针对即将到来的世界末日为大家做好准备。班尼戈于是频频举办豪奢的宴会与仪式，将部落资源浪费殆尽。后来，世界末日并未降临，但部落的人几乎都要饿死了，班尼戈的权力也就此崩溃。虽然仍有当地人相信他和塔诺特卡是神的使者，但大部分人都认定他们就是两个骗子，或者可能是魔鬼的仆人。[3]

我们到底要怎么做，才能区分神的旨意与凡人的发明或想象？除非你自己接到了神谕，否则想知道神说了什么，就只能相信塔诺特卡与班尼戈这些凡人的转述。然而，凭什么相信这些人呢，特别是我们根本不认识他们的时候？宗教总想让自己减少凡人的色彩，引导信众相信一些绝对正确的超人类法则，但到头来，宗教还是不得不要求信众去相信这个或那个人类。

要解决这个问题，方法之一就是设立宗教监管机构，审查这些所谓传达神谕的人。早在原始社会，与祖灵等超人类实体的沟通交流往往交给一些宗教专家来处理。比如，拜宁人的传统灵媒被称为阿贡加拉加（agungaraga），它负责与神灵沟通，询问从疾病到作物歉收等不幸事件发生的原因。想当上阿贡加拉加，必须先加入一个传统机构，这种成员资格让他们比塔诺特卡与班尼戈更受信赖，权威性更稳定，也能得到更广泛的认可。[4] 至于巴西的卡拉帕洛（Kalapalo）印第安人部落，宗教仪式都要由世袭的祭司安那陶（anetaū）来安排。而在古代凯尔特与印度社会里，类似的职务也专属于德鲁伊与婆罗门。[5] 随着各个人类社会的发展和日趋复杂，宗教机构也变得越来越复杂。祭司与神使必先经过漫长艰苦的训练才能担起代表神祇的重任。人们不再需要相信任何声称自己见到了天使或携带神谕的普通人。[6] 比如在古希腊，如果有人想知道众神的看法，他就会去找像皮媞亚——在德尔菲的阿波罗神庙里传神谕的女祭司——这种经过认证的专家。

然而，就算是传神谕的神庙，只要其神职人员由人来担当，就不可能完全避免犯错或贪腐。希罗多德就写道，在雅典被暴君希庇亚斯统治的时候，民主派就曾贿赂皮媞亚来提供协助。所以每当斯巴达人来找皮媞亚，想知道众神对官方或私人事务的看法时，皮媞亚总说，斯巴达人必须先把雅典从暴君手中解放出来才行。原本与希庇亚斯站在一起的斯巴达，最后不得不屈服于“众神”的意志，派军前往雅典，在公元前510年推翻希庇亚斯，雅典民主政体由此得以建立。[7]

如果人类先知能够假传神的话语，那么宗教的关键问题就不可能通过创立寺庙神殿或祭司之类的宗教制度来解决。民众想要接触永不犯错的神，仍然需要通过一些容易犯错的人类。有没有可能完全绕过人类直接接触神呢？

绝对正确的科技

像《圣经》《古兰经》这样的宗教经典其实就是一种技术，人们希望借此绕过“凡人会犯错”这道障碍，而这些经典背后的宗教（比如犹太教、基督教、伊斯兰教），也都是围绕着某种技术产物而建立的。要了解这项技术是如何工作的，我们必须先谈谈“书”是什么，以及书和其他的书面文件有何不同。所谓书，就是把一堆文本（比如章节、故事、食谱或书信）放在一起印成许多份，而且有着相同的副本。这就让书与口述故事、官僚文件与档案都不同。口述故事的时候，每次讲的可能都稍有差异，转述得多了，经过一段时间之后，肯定会大相径庭。相反，书的每一个副本都完全相同。至于官僚文件，长度通常相对较短，也只会在一个档案库里留存一份。如果某个档案足够长，且有许多副本放在不同的档案库里，通常它也就被称为书了。虽然都是收集了很多文本，但书的概念与档案库不同：每个档案库的文本集合都有所不同，但一本书的每个副本都有着相同的章节、相同的故事或相同的食谱。因此，使用书这项信息技术，就能确保不同的人在不同的时间、地点访问同一个数据库。

从公元前1000年开始，书就成了一项重要的宗教技术。在先前的几万年间，神灵要和人类说话，必须通过萨满、祭司、先知、神使或其他人类信使，但到了公元前1000年，犹太教等宗教运动开始用书这种新技术来让神与人类沟通。有一本非常特别的书，据说里面的章节传达着神谕，涵盖了从宇宙创造到食品规则等万事万物。最重要的是，没有哪个牧师、先知或人类机构能够忘记或改变这些神谕，因为不论那些容易犯错的人类跟你说了什么，你都能够拿起那本绝不会有错的书认真进行比较。

然而，采用了书这种技术的宗教还是有一连串的问题有待解决。最显著的一个是：谁来决定在圣书中放进哪些内容？圣书的第一个定本可不是天上掉下来的，它仍然需要人类的收集和编纂。尽管如此，信徒们仍然希望通过最高规格的努力一劳永逸地解决这个棘手的难题。如果能把最聪明、最值得信赖的人聚在一起，而且他们还能就圣书的内容达成一致，那么从这一刻起，我们就能把人的成分从这个循环中剔除，神圣的话语从此再也不受人类的干扰。

对于这个流程，我们还是有许多质疑：该由谁来选出那些最聪明的人？用的是什么标准？要是这些人没有达成共识呢？如果他们后来改变心意了呢？但无论如何，过去都是用这个流程编纂了各种宗教经典，比如《希伯来圣经》。

《希伯来圣经》的形成

在公元前第一个千年期间，犹太先知、祭司与学者创作了大量故事、文献、预言、诗歌、祷词与编年史，但在《圣经》描述的时代，并没有定于一尊的宗教经典，大卫王或先知以赛亚在世时可都没见过《圣经》。

有些人会提出一种错误的说法，说现存最早的《圣经》来自死海古卷。这些古卷收集了约 900 份不同的文献，多半写于公元前最后两个世纪，发现于死海附近的库姆兰旷野的几个洞穴。[8] 多数学者相信，这是附近某个犹太教派的档案库。[9]

重要的是，在这些古卷中，并没有一个卷轴包含《圣经》的副本，也没有一个卷轴指出目前《旧约》的二十四卷书是个单一、完整的资料集。确实，有些卷轴记载了目前《圣经》正典的部分文本，比如有 19 个卷轴与一些残片手稿就保留了《创世记》的部分内容。[10] 然而，有许多记载在古卷里的文本，后来却没有包含在《圣经》之中。比如有超过 20 个卷轴与残片保留了《以诺书》的部分内容，据称《以诺书》的作者以诺是挪亚的曾祖父，里面谈到了天使与恶魔的历史，也预言了未来弥赛亚的降临。[11] 在库姆兰的犹太人显然同样重视《创世记》和《以诺书》，并不认为《创世记》就是正典，而《以诺书》就是伪经。[12] 事实上，如今在埃塞俄比亚仍然有部分犹太教与基督教教派把《以诺书》当作正典的一部分。[13]

就算有些卷轴记载了那些未来加入正典的文本，内容也与如今的正典有所不同。比如，正典中的《申命记》32：8 提到神将土地赐给各邦，是依照“以色列人的数目”来立定疆界。但在死海古卷所记载的版本中，是依照“上帝众子的数目”来划定疆界，这就暗示了一个惊人的信息：上帝不止一个儿子。[14] 在《申命记》8：6 中，正典写的是要众人敬畏耶和华，但死海古卷的版本则是要众人敬爱耶和华。[15] 还有些差异的重要性远不止于字词的差异，比如死海古卷的《诗篇》就有几篇没有出现在《圣经》正典中（最著名的是《诗篇》151、154、155）。[16]

同样，最古老的《圣经》译本——希腊文的《七十士译本》，完成于公元前3世纪—公元前1世纪，与后来的正典有诸多差异。[17] 举例来说，《七十士译本》里有《多比传》、《犹滴传》、《便西拉智训》、《马加比书》（1~4）、《所罗门智训》、《所罗门诗篇》和《诗篇》151篇等；[18] 此外《但以理书》与《以斯帖记》篇幅更长；[19]《耶利米书》则比正典版本短了15%；[20] 最后，在《申命记》32：8中，《七十士译本》的手稿写的多半是"上帝的众子"或"上帝的众天使"，而不是"以色列人"。[21]

博学的犹太贤者（被称为拉比）激烈争论了好几个世纪，把正典的数据库加以简化，并决定在流通的众多文本中有哪些能收进《希伯来圣经》，真正成为耶和华的官方话语，又有哪些可以被排除在外。到耶稣时代，大部分经文已经尘埃落定，但直到一个世纪后，拉比们还在争辩《雅歌》到底该不该被放进正典里。有些拉比批评这篇只是世俗的爱情诗，而拉比阿基瓦（死于公元135年）则为《雅歌》辩护，认为这是所罗门王得到神启后的创作。阿基瓦有句名言："《雅歌》是歌中之歌、圣中之圣。"[22] 到公元2世纪末，犹太拉比之间显然已经对哪些经文能收入《圣经》正典达成广泛共识，但有关这个问题以及各段经文的措辞、拼写与发音的争论并未停止，直到马所拉文本时代（公元7—10世纪）才尘埃落定。[23]

这个正典化的过程，决定了《创世记》是耶和华说的话，而《以诺书》、《亚当和夏娃传》（Life of Adam and Eve）、《亚伯拉罕遗训》（Testament of Abraham）则是人为捏造的。[24] 大卫王的《诗篇》成为正典（除了第151~155篇），但所罗门王的《诗篇》却没被收入。《玛拉基书》得到认可，但《巴录书》就没有。《历代志》被收录，《马加比书》则没被收录！

有趣的是，有些在《圣经》里提到的书卷，却没能被收进正典。举例来说，《约书亚记》和《撒母耳记》都提到了某个非常古老的神圣经文

《雅煞珥书》(《约书亚记》10：13，《撒母耳记下》1：18)。《民数记》则提到了“耶和华的战记”(《民数记》21：14)。而《历代志下》对所罗门王统治的结论是：“所罗门其余的事，自始至终，不都写在先知拿单的书上和示罗人亚希雅的预言书上，并先见易多论尼八儿子耶罗波安的默示书上吗?”(《历代志下》9：29)。无论是易多、亚希雅、拿单的书，还是《雅煞珥书》、《耶和华的战记》，都未被收入《圣经》正典。显然，这些内容并不是被刻意去除，而是被搞丢了。[25]

等到正典内容确定，大多数犹太人也就慢慢忘记，在这个一片混乱的《圣经》编纂过程中，人类机制曾经扮演着如此重要的角色。正统派犹太教认为，上帝亲自在西奈山把《托拉》(Torah，也就是《圣经》的前五篇)交给摩西。许多拉比进而主张，上帝在创世之初就创造了《托拉》，因此就算是早于摩西的圣经人物(比如挪亚和亚当)，也能研读这部经文。[26]至于《圣经》的其他部分，也被视为是由神创造或启示而成的经文，绝不是由一般人汇编而成的。在宗教经典内容确定之后，犹太人认为现在他们能够直接感受耶和华的话语，而且会犯错的人类或贪腐的机构是无法对之删改的。

在2000年前，犹太人已经预想到了区块链的概念，开始为这份神圣法典制作大量的副本，所有犹太社群都该在自己的犹太教堂或研习之所至少摆上一份。[27]这样做有两个目的。第一，大量传播宗教经典可以推动宗教的迅速普及，并能严格限制潜在的独裁者的权力。过去埃及法老王与亚述国王的档案库都以牺牲大众利益为代价，为难以估量的王权官僚制度赋予权力。但犹太人的宗教经典是将权力交给大众，即便将来遇上最厚颜无耻的领导者，他们也能要求他遵从神的律法。

第二，也是更重要的一点，同一本书有许多副本，就能避免有人对文本动手脚。要是有几千份同样的副本分别位于不同的地方，哪怕只是想改动《圣经》中的一个字也很容易被识破。凭借在许多相隔遥远的地方都摆了大量的《圣经》，犹太人便能以神的主权取代人类的专制。于是，凭借书这种技术，社会秩序得到了保障，至少表面上看起来如此。

机构制度的反击

早在《圣经》正典完全确定之前，这项圣经计划就遇上了很多困难。理论上，宗教经典应该是一项绝不出错的技术，但这里的问题并不限于确认这本宗教经典该收入哪些内容以及如何遣词造句。第一个明显的问题是这个文本的复制。想让这本宗教经典发挥魔力，犹太人必须在各地都保存许多副本。当时犹太人集结的地方除了巴勒斯坦，还包括美索不达米亚与埃及，而且从中亚一路到大西洋也开始出现新的犹太社群。在这些相距数千千米的不同地区，怎样才能确保抄写员不会有意无意犯下错误而更改这本宗教经典的内容呢？

为了避免这个问题，那些决定了《圣经》正典的拉比又为这本宗教经典的抄写制定出严格的规矩。例如，抄写员在抄写过程的某些关键时刻不得暂停。当抄写员要写下神的名字时，“就算国王叫他，也不该回应。如果他正要连续写下两三个神的名字，则可以在其中停顿并回应”[28]。拉比伊什梅尔（生活于公元2世纪）曾告诉一位抄写员：“你做的是天堂的工作，如果你删了一字或增了一字，你就会毁灭这整个世界。”[29]事实上，抄写错误还是会悄悄发生，但世界并未因此毁灭，而且那些古代《圣经》确实没有两本是完全相同的。[30]

第二个问题，也是更严重的问题，就是解读经文的方式。虽然大家都同意某本书极为神圣，也确定了用哪些字句，但对于同样的词语仍然可能有不同的解释。《圣经》上说安息日不应工作，却没说什么才算是“工作”。在安息日可以给农田灌溉吗？可以浇花或者给自己养的羊喂水吗？在安息日可以看书吗？可以写书吗？把纸撕开呢？根据拉比们制定的规矩，读书不算是工作，但撕纸就是工作，所以为了安息日，现在的正统派犹太人还会先撕好一叠卫生纸备用。

《圣经》上也说，“不可用山羊羔母的奶煮山羊羔”（《出埃及记》23：19）。有些人的解读是，如果宰了一只山羊羔，不可以用它母亲的奶来煮，但若换了另一只山羊的奶，或是牛奶，就不受限制。但有些人解读的视角则比较广，认为这里的意思是肉类与乳制品就不该混在一起，所以如果吃了炸鸡，就不准喝奶昔。虽然这听起来实在有点儿荒唐，但大多数拉比认为第二种解读才正确（虽然鸡根本就不会分泌乳汁）。

更多的问题在于，就算书这种技术能让这些神圣的字句固定不变，但书外面的世界却在转个不停，没人知道该怎样把旧的规矩与新的情境联系起来。《圣经》上的内容，多半集中于巴勒斯坦山区与圣城耶路撒冷的犹太牧羊人与农民的生活。但到公元 2 世纪，大多数犹太人都住在别的地方。比如，在亚历山大城（罗马帝国最富有的大都市之一）就有一个特别大的犹太社群，如果这里有个犹太航运巨头，就会发现《圣经》里讲的许多规定与他的生活根本无关，他真正面对的许多迫切问题，在这些神圣经文里也找不到明确的答案。比如，他根本不可能遵守去耶路撒冷圣殿敬拜的诫命，一来他就不住在耶路撒冷附近，二来整个圣殿甚至已经不复存在。相较之下，他在需要判断安息日开船把谷物运往罗马是否符合犹太教律法的时候，又会发现《利未记》和《申命记》的作者完全没想过长途航运这回事。[31]

于是，这本宗教经典必然产生了诸多不同的解读和诠释，造成的影响甚至大于宗教经典本身。犹太人对《圣经》的解读方式吵得越凶，拉比们也就越能得到权力与威望。把耶和华的话语写成文字，本来是为了限制古代祭司制度的权威，但现在却使新的拉比制度权威大增。拉比成了犹太技术官僚的精英分子，在长年的哲学辩论与法律争论中不断磨炼理性与修辞技巧。当初采用书这个新的信息技术，大家都认为这样就能不受人类机制的影响，但现在却又需要由人类机制来解读宗教经典的内容，于是适得其反。

在拉比们终于对《圣经》的解读达成一些共识后，犹太人觉得机会再次成熟，以后他们就可以摆脱这些会犯错的凡人机制了。他们想象，如果做出一本新的宗教经典，写下所有已经达成共识的解读方式，再制作出大量的副本，未来在人类与神圣法典之间就不再需要任何人类干涉了。于是，经过反复讨论哪些拉比的观点应该被纳入，哪些又应该被排除，公元 3 世纪出现了一本新的宗教经典——《密释纳》。[32]

随着《密释纳》变得比《圣经》经典文本更具权威，犹太人开始相信《密释纳》不可能是人类创造的，觉得这肯定也是受到耶和华的启发，甚至就是由这位无懈可击的神亲自创作的。今天，许多正统派犹太人坚信《密释纳》是耶和华在西奈山交给摩西，接着经过代代口耳相传，最后才在公元 3 世纪写成书面文字的。[33]

遗憾的是，待到《密释纳》成了正典，开始抄写复制，犹太人又开始争辩《密释纳》该怎样解读才算正确。等到大家对《密释纳》的解读也有了共识，在公元 5—6 世纪又出现了第三部宗教经典《塔木德》，并很快成为正典。随后，犹太人又开始对《塔木德》的解读产生了异议。[34]

人类梦想着能通过宗教经典这种技术来避开会犯错的凡人机制，但这永远只是个无法实现的梦想。随着每一次反复循环，拉比机制的权力只会有增无减。“相信这本绝对正确的书”变成了“相信这个解读圣书的人”。《塔木德》对犹太教的影响其实远超《圣经》，而拉比对《塔木德》的解释的争论甚至比《塔木德》本身更重要。[35]

这种情况本就不可避免，因为世界总是在不断变化着的。公元 2 世纪犹太航运巨头提出的问题，《圣经》没有明确答案，必须等到《密释纳》和《塔木德》出现才得以解决。现代社会也提出了许多新问题，却在《密释纳》和《塔木德》里找不到答案。例如，20 世纪发展出的各种电器就让犹太人碰上了许多前所未有的问题，比如在安息日的时候可以按电梯吗？

正统派的答案是不可以。前面提过，《圣经》禁止在安息日工作，而在拉比们看来，电就像火，而过去大家已经明确生火算是工作，所以现在按下电器的按钮也是一种工作。但这是否意味着，如果有些犹太老人住在纽约布鲁克林区的高楼里，到了安息日的时候，为了避免工作，他们必须爬 100 级台阶才能回到家？为了解决这个问题，正统派犹太人特地发明了“安息日电梯”，这种电梯会持续在建筑物里上下移动，每一层楼都停，这样你就不用去按电梯的按钮，也就能避免做任何“工作”了。[36] 对于这个古老的故事，人工智能的发明又带来新发展。现在只要通过脸部辨识，人工智能就能快速把电梯叫到你这一楼层，完全不用担心亵渎安息日的问题。[37]

大量的文本与解读方式，慢慢让犹太教出现了深远的改变。一开始，犹太教有许多祭司与会堂，重视仪式与献祭。在《圣经》时代，典型的犹太场景就是有一位祭司穿着溅上鲜血的长袍，在耶和华的祭坛上献祭羔羊。但几个世纪后，犹太教变成了一个信息宗教，醉心于文本与解读方式。从公元 2 世纪的亚历山大城到 21 世纪的布鲁克林，典型的犹太场景成了一群拉比聚在一起争论文本的解读。

这种变化之所以令人惊讶，是因为《圣经》里几乎没有哪个段落是在争论什么文本的解读方式。像这样的争论，本不是圣经文化的一部分。例如，可拉等人质疑摩西为何有权领导以色列人民，并要求平分权力，这时候摩西并没有进行什么学术讨论，或是引用哪段经文来佐证，而是直接请神降下神迹，他话音刚落，“他们脚下的地就开了口，把他们和他们的家眷，并一切属可拉的人丁、财物都吞下去”（《民数记》16：31–32）。另外，有四百五十个侍奉巴力的先知，以及四百个侍奉亚舍拉的先知一起挑战以利亚，要他在以色列众人面前公开证明耶和华比巴力和亚舍拉更有能力，而以利亚做的事情就是先奇迹般地召唤天上降下了火，接着就杀了那些异教的先知。没有人去读什么经文，也没有人去进行什么理性辩论（参见《列王记上》18）。

随着犹太教把献祭换成文本，也就开始把信息视为现实的最基本构成要素，等于是预见了目前物理学与计算机科学的概念。这时，人们越来越觉得拉比制造出来的大量文本比耕田、烤面包或在会堂里献祭羔羊更为重要，甚至更为真实。即使耶路撒冷圣殿被罗马人摧毁，所有圣殿仪式都已停止，拉比们仍然投入大量心力撰写文本，规定怎样进行圣殿仪式才算正确，而接着就是开始争辩这些文本该如何被正确解读。在圣殿已经消失了几个世纪之后，关于怎样进行这些根本不存在的仪式的信息却有增无减。拉比们并不是不知道文本与现实之间有落差，只不过对他们来说，撰写及争辩这些关于仪式的文本，比实际执行仪式重要多了。[38]

最后，拉比们开始相信，整个宇宙就是一个信息域：由文字组成，以希伯来字母组成的代码进行运作。他们还进一步认为，这个信息宇宙的存在，是为了让犹太人能够阅读这些文本，争论这些解读方式；如果犹太人不再阅读这些文本并进行争辩，整个宇宙也将不复存在。[39]把这种观点放到日常生活中就意味着，在拉比看来，文本里的那些文字比世界上的事实更重要。更准确地说，那些出现在神圣经文里的字词，就是全世界最重要的事实，塑造了个人与所有社群的生活。

分裂的《圣经》

前文谈到《圣经》的正典化，以及《密释纳》与《塔木德》的创作过程，但忽略了一个重要事实。在把耶和华的话语正典化的过程中创造出的圣经文本不是一条文本链，而是好几条文本链在互相竞争。有些人虽然相信耶和华，但并不相信那些拉比。像这样的异议分子，多半接受这个圣经文本链里的第一部分——《旧约》。但早在拉比对这个部分确定之前，异议分子就已经不愿相信这套拉比制度的权威，当然也就不愿相信后续的《密释纳》与《塔木德》了。这些异议分子就是基督徒。

基督教在公元1世纪出现时，还不是一个统一的宗教，而是许多不同的犹太运动。这些运动唯一的共识，大概就是认为如果要说谁对耶和华的话语拥有最终解释权，那应该是耶稣基督，而不是拉比制度。[40]基督徒同意《创世记》《撒母耳记》《以赛亚书》都是神圣的经文，但认为拉比对这些经文有所误解，并认为在讲到像是“主自己要给你们一个兆头，必有童女怀孕生子，给他起名叫以马内利”（《以赛亚书》7：14）这样的段落时，只有耶稣及其门徒掌握了经文的真意。比如，拉比们认为，这里的“童女”意思是“年轻的女子”，以马内利（Immanuel）则是“神与我们同在”的意思（希伯来语的immanu意思是“与我们同在”，而el则是“神”），于是整段经文的解读就是在犹太人艰苦抵御外界帝国压迫的时候，神答应了要帮助犹太人度过苦难。相较之下，基督徒认为“童女”的意思是“处女”，以马内利的意思则是神会自己降生为人，因此这段经文就是在预言神圣的耶稣将会通过圣母马利亚降生在世上。[41]

然而，通过拒绝拉比制度，同时接受新的神启，基督徒打开了通往混乱的大门。从公元1世纪开始，到2世纪和3世纪则愈演愈烈，各个门派的基督徒开始对《创世记》《以赛亚书》等提出了全然不同的解读，并提出许多神的新信息。既然基督徒不接受拉比的权威，而且耶稣已经不在，无法做出最后的裁决，再加上他们还没有形成一个统一的基督教会，那么在这许许多多的解读方式与信息中，谁能决定哪些才是真正的神启？

比如“世界末日”这件事，当时可不是只有约翰的《启示录》在谈，而是有着许许多多不同的版本，比如《彼得启示录》《雅各启示录》，甚至《亚伯拉罕启示录》都有提到。[42]至于耶稣的生平与教诲，除了有《马太福音》《马可福音》《路加福音》《约翰福音》这四大福音书，早期基督教甚至还有《彼得福音》《马利亚福音》《真理福音》《救世主福音》，族繁不及备载。[43]同样，除了《使徒行传》，还有《彼得行传》《安得烈行传》等至少十几本行传。[44]至于书信就更丰富了。如今的基督教圣经《新约》，多半收录的是保罗书信十四卷、约翰书信三卷、彼得书信两卷，以及雅各与犹大各一卷。但古代基督徒不但读过保罗的其他书信（比如《老底嘉书》），而且读过许多据称是由其他门徒与圣徒所写的书信。[45]

基督徒写的福音书、书信、预言、比喻、祷文与其他经文越多，信徒就越难知道该把注意力放在哪里。所以，基督徒需要有个机制来协助筛选，《新约》由此而生。大约在同一时期，犹太拉比之间的辩论产生了《密释纳》与《塔木德》，而基督教的牧师、主教与神学家之间的辩论则产生了《新约》。

在公元367年的一封书信里，亚历山大的亚大纳西主教推荐了二十七卷虔诚的基督徒应该阅读的文本，广纳各种内容，包含许多不同作者在不同时间与地点所写的故事、书信和预言等。亚大纳西推荐约翰版本的《启示录》，但不推荐《彼得启示录》《亚伯拉罕启示录》；他认同保罗的《加拉太书》，但不认同保罗的《老底嘉书》；他支持《马太福音》《马可福音》《路加福音》《约翰福音》，但不接受《多马福音》与《真理福音》。[46]

过了一个世代，在希波会议（393年）与迦太基会议（397年）上，主教和神学家共聚一堂，正式将这份建议清单列为正典，成了后来的《新约》。[47]基督徒讲到《圣经》的时候，讲的是《旧约》与《新约》。相较之下，犹太教从未接受《新约》，他们讲到《圣经》的时候，心里想的只有《旧约》，并有《密释纳》与《塔木德》作为补充。有趣的是，希伯来文到现在还没有单一字词能够指称《旧约》加上《新约》的这本基督教经典。犹太教认为这就是两本完全不相关的书，并且坚决不承认可能有一本书同时收录了这两部著作，即使它有可能是全世界普及率最高的一本书。

这里必须指出的是，《新约》真正的创作者并不是二十七卷经文的作者，而是那些选出这二十七卷经文的人。由于这个时期留下的证据很少，我们并不知道亚大纳西的经文建议清单是他个人的判断，还是早期基督教思想家的意见。我们知道的是，在希波会议与迦太基会议之前，基督徒的推荐清单有许多不同版本。最早的这类清单是由锡诺普的马吉安在公元 2 世纪中叶编纂的，里面列出的经典只有《路加福音》与保罗的十卷书信，而且就连这十一卷经文，也与后来在希波会议与迦太基会议上成为正典的版本有所不同。马吉安要么不知道《约翰福音》与《启示录》等其他经文，要么就是对这些经文的评价不高。[48]

与亚大纳西主教同时代的教父圣约翰·克里索斯托则只推荐了二十二卷经文，《彼得后书》、《约翰二书》、《约翰三书》、《犹大书》与《启示录》等都未被列入。[49] 到现在，中东有一些基督教会使用的仍然是圣约翰·克里索斯托推荐的这份较短的清单。[50] 亚美尼亚教会花了大约 1000 年才决定了该如何处理《启示录》，并决定将《哥林多三书》纳入其正典，但其他教会（如天主教与新教教会）则认为《哥林多三书》是伪经。[51] 埃塞俄比亚教会除了完全接受亚大纳西推荐的清单，还加了四卷经文：《亚历山大教会训诲》、《克莱门特一书》、《圣约》与《使徒教规》。[52] 也有的清单收录的是两卷的《克莱门特一书》、《黑马牧人书》、《巴拿巴书》、《彼得启示录》，以及其他各种没能列入亚大纳西清单的经文。[53]

我们并不知道各个教会、教会议会与教父支持或反对各卷经文的确切原因，但这件事的影响非常深远。教会决定了经文，经文会反过来塑造教会。一个重要的例子就是女性在教会中的角色。有些早期基督教领袖认为女性的智力与道德不及男性，也认为女性在社会上与基督教社群中只能扮演从属的角色。这些观点就反映在《提摩太前书》这样的经文中。

一段据称由圣保罗所写的经文中写道："女人要沉静学道，一味地顺服。我不许女人讲道，也不许她辖管男人，只要沉静。因为先造的是亚当，后造的是夏娃。且不是亚当被引诱，乃是女人被引诱，陷在罪里。然而，女人若常存信心、爱心，又圣洁自守，就必在生产上得救。"（《提摩太前书》2：11–15。）然而，有些现代学者与马吉安等古代基督教领袖认为，这卷书信其实是在公元 2 世纪创作的伪作，虽然号称由圣保罗所写，但其实出自他人之手。[54]

与《提摩太前书》相反，在公元 2—4 世纪的一些重要基督教经文里，其实可以看到男女平等，甚至是女性有权担任领导角色的表述，例如《马利亚福音》[55] 或《保罗与特克拉行传》。《保罗与特克拉行传》的成书时间与《提摩太前书》相近，曾经风行一时，[56] 谈的是圣保罗与女门徒特克拉的冒险经历，讲述了特克拉不但创造了无数奇迹，还亲手为自己施洗，也常常布道传教。有长达数个世纪，特克拉一直是极受尊崇的基督教圣徒，并证明女性也可以施洗、传教，担任基督教社群的领袖。[57]

在希波会议与迦太基会议之前，很难说《提摩太前书》与《保罗与特克拉行传》究竟哪个更权威。就因为一群主教和神学家把《提摩太前书》列入他们的推荐清单，而摒弃了《保罗与特克拉行传》，也就塑造了基督徒对女性的态度，直至今日。我们只能猜想，要是《新约》收录的是《保罗与特克拉行传》，而不是《提摩太前书》，现在的基督教会是什么样子？或许除了亚大纳西这样的教父，教会里面也会有教母，而厌女则会被认为是危险的异端邪说，玷污了耶稣让人博爱的训诲。

就像大多数犹太人已经忘记是一群拉比编纂了《旧约》，大多数基督徒也忘记了是教会会议编纂了《新约》，而以为《新约》本来就是上帝绝对正确的圣言。虽然众人将宗教经典视为绝对的权威来源，但在编纂的过程中，真正的权力其实是在编纂机构手中。在犹太教中，《旧约》与《密释纳》的正典化，其实与拉比制度的建立密切相关。在基督教中，《新约》的正典化也是与一个统一的基督教的建立密切相关的。基督徒之所以愿意信任教会人员（比如亚大纳西主教），是因为这是《新约》说的；而他们之所以愿意信任《新约》的内容，又是因为这是主教们让他们读的。想把所有权力都交给一项绝对正确的超人类技术，反而造就了一个全新且极其强大的人类机构——教会。

回声室

随着时间的流逝，解读方式所产生的种种问题，开始让宗教经典与教会之间的权力平衡不断偏向机构一方。犹太教经典需要有人解经，这让拉比有了权力；基督教经典同样需要有人解经，这也让教会有了权力。同一句耶稣的话、同一卷保罗的书信，可以有很多不同的理解方式，到头来就是由机构决定哪种才是正确的。反之，机构也会因为宗教经典的解经权之争而一再受到动摇，比如西方天主教与东正教就出现了制度分裂。

所有基督徒都读过《马太福音》里的“登山宝训”，知道我们该爱我们的仇敌，有人打你的右脸连左脸也转过去由他打，以及温柔的人必将承受地土。但这到底是什么意思？基督徒可能会将其解读为拒绝使用武力，[58]或是拒绝所有社会阶级。[59]但在天主教会看来，这种和平主义、平等主义的说法简直是异端邪说。天主教会对耶稣话语的解读方式，让教会成了欧洲最富有的地主，发动了暴力的十字军东征，也建立了凶残的宗教裁判所。天主教神学虽然承认耶稣说要爱我们的仇敌，但又说烧死异端分子也是一种爱，因为这能够避免他人成为异端分子，等于把他们从地狱之火中拯救出来。法国宗教裁判官雅克·富尼耶曾在14世纪初写了一大篇论文来谈登山宝训，认为这段经文提供了猎杀异端分子的理由。[60]富尼耶的观点绝不是什么边缘观点，他正是后来的教皇本笃十二世（1334—1342年在位）。

富尼耶身为宗教裁判官及后来的教皇，自然要确保天主教会对这部宗教经典的解读方式能占上风，于是富尼耶与教友除了暴力胁迫，还把持了圣书的制作。欧洲在15世纪出现凸版印刷术之前，除了最富有的个人或机构，要大量制作同一本书实在难如登天。天主教会运用其权力与财富，一方面传播自己偏好的经文版本，另一方面还禁止制作传播那些其认为是讹误的版本。

当然，偶尔还是会有一些自由思想家提出所谓异端思想，但由于教会控制了中世纪信息网络的关键节点（比如印刷工坊、档案库、图书馆），从而避免了异端分子把论点制作成多个副本后到处传播。如果你想体会一下当时的异端分子传播观点有多难，利奥弗里克可以为例：他在1050年上任埃克塞特主教的时候，在这座大教堂的图书馆里只找到5本书，他立刻在这里设立了一个抄写工坊，但在他1072年去世前的22年间，这些抄写员也不过制作出了66本书。[61]13世纪的牛津大学图书馆也是只有几本书，就放在圣玛丽教堂下的一个箱子里。1424年，剑桥大学图书馆藏书总数也只有122册。[62]牛津大学1409年发布了一项规定，要求在牛津研读的“所有新近文本”必须先经过“由大主教任命的12名神学家组成的委员会”的一致批准。[63]

教会想把整个社会都关进一个回声室里，只允许那些支持教会的书传播，因为几乎所有书都支持教会，民众当然也就会相信教会。即使是不识字、不读书的一般人，也会因为看到大家在诵读或阐述这些珍贵的经文而心生敬畏。于是，因为相信像《新约》这样的超人类技术理论上应该绝对正确，反而导致天主教会这种极度强大的人类机构崛起，它把所有反对意见视为“谬误”，不允许任何人质疑。

雅克·富尼耶这些天主教的信息专家成天读着托马斯·阿奎那如何解读奥古斯丁对圣保罗书信的解读，最后还再加上他们自己的解读。这些相互关联的文本并不是在呈现现实，而是创造了一个新的信息领域，甚至比犹太拉比所创造的信息领域更大更强。中世纪的欧洲就这样被笼罩在这个信息茧房里，所有日常活动、思想与情感都是由关于文本的文本塑造的。

印刷、科学与女巫

想通过把权威投射在一个绝对正确的文本上，借此避开凡人可能的错误，这件事从未成功。如果有人觉得这是因为当初犹太拉比或天主教神父有问题，我们可以看到，后续的新教宗教改革其实一次又一次地重复了这个实验——也总是得到同样的结果。马丁·路德、约翰·加尔文及其继任者都认为，在民众与《圣经》之间，不需要任何不可靠的人类机构与制度。基督徒应该摒弃所有寄生在《圣经》上的官僚机构，重新与上帝最初的圣言联结。然而，“上帝的圣言”从来没有对自己做出任何解读，结果就是除了路德教派、加尔文教派，甚至许多其他新教教派都成立了自己的教会机构，并赋予这些机构解读文本、迫害异端的权力。[64]

如果绝对正确的文本只会孕育既有谬误又爱压迫人的教会，那么我们该如何处理人一定会犯错这个问题？天真的信息观认为，办法就是创造出一个与教会完全相反的事物，也就是信息的自由市场。天真的信息观认为，只要消除一切限制，让信息自由流动，所有错误终将无所遁形，而由真理与真相取而代之。但如同我们在序言中所言，这只是一厢情愿。让我们更深入探究一下其中的原因。让我们回到信息网络史上最著名的一个时代——欧洲印刷革命期间，看看当时发生了什么事。15 世纪中叶，印刷机被传入欧洲，开始能够相对快速、便宜、秘密地大量生产文本，天主教会即便反对也无可奈何。据估计，1454—1500 年这 46 年间，欧洲印制的书籍超过 1200 万册。相较之下，在之前的 1000 年间，靠着手工抄写制作出的书籍只有大约 1100 万册。[65] 到 1600 年，各种边缘人士（异教徒、革命者、原始科学家）可以比以往任何时候都更快、更广泛、更容易地传播他们的著作。

在信息网络史上，早期现代欧洲的印刷革命通常被认为是一个伟大的胜利，它打破了天主教会对欧洲信息网络的束缚。一般认为，正是因为印刷革命让民众比过去更自由地交流信息，才最终引发了科学革命。这种说法有几分道理。如果没有印刷术，哥白尼、伽利略等人要发展并传播他们的理念肯定困难得多。

然而，印刷术并非科学革命最根本的原因。印刷机唯一能做的就是把文本原原本本地复制出来，但它无法提出任何新的想法。在那些认为印刷术带来科学的人眼中，生产及传播更多信息就是在将大众引向真理与真相。事实上，印刷术能够迅速传播的除了科学事实，还有宗教幻想、虚假新闻和各种阴谋论。最恶名昭彰的例子当数猎巫事件。当时欧洲人都相信有一批信奉撒旦的女巫*，这导致了席卷早期现代欧洲的猎巫狂潮。[66]

在世界各地的不同时代，人类社会都曾深信有魔法、女巫，但不同社会对女巫的想象与反应截然不同。有些社会认为女巫会控制灵魂、与死者交谈，并能预测未来，也有些社会相信女巫会偷走耕牛、寻找宝藏。有些地方相信女巫会带来疾病、让庄稼枯萎，还会调制爱情灵药，而有些地方则认为女巫会在半夜摸进别人的屋子，做一些家务，偷走人家的牛奶。某些地区认为施展巫术的多半是女性，而有些地区则认为通常是

* 这里“女巫”的英文单词为 witch，该词原本并无性别差异，但目前用法一般以指女性居多。因此本书虽然主要译为“女巫”，但有可能也指男性。——译者注

男性在施展巫术。有些文化很害怕女巫，会动用暴力迫害，但有些文化能够包容女巫，甚至尊重女巫。最后，无论在世界哪个角落、哪个年代，都有些社会根本不在意什么女巫。[67]

在中世纪的大部分时间，大多数欧洲社会都属于最后一种，根本不在意什么女巫。中世纪天主教会并没有把女巫看成对人类的重大威胁，有些教会人士甚至还劝阻民众不要猎巫。根据颇具影响力的10世纪经典《主教教规》(*Canon episcopi*，其中定义了中世纪教会对巫术的教义)，巫术多半就是一种幻觉，而相信巫术属于违反基督教的迷信。[68] 所以，欧洲的猎巫热潮其实不能说是中世纪的现象，而是一种现代现象。

在15世纪20年代和30年代，主要活动在阿尔卑斯山一带的教会人士与学者从基督教、地方民间传说与古希腊古罗马遗产当中取用各种元素，结合成一套新的巫术理论。[69] 在这之前，虽然大家也害怕女巫，但会认为这就是个地方性问题——女巫就是些个人犯罪分子，是这些人自己太坏，操弄魔法手段来谋财害命。相较之下，新的学术理论认为女巫对社会的威胁可没那么简单，在她们的背后是撒旦领导的一个全球性的女巫组织，形成了一个制度化阴谋反抗基督教的宗教，目的就是彻底摧毁社会秩序和人类。这套理论认为，女巫会在夜间举行盛大的恶魔集会，她们崇拜撒旦、杀害儿童、啃食人肉、恣意狂欢，并施展咒语来引发风暴、疫病与各种灾难。

在这些理论的启发下，1428—1436年，阿尔卑斯山西部瓦莱地区的教会人士与贵族发动了第一场大规模的猎巫与审判活动，最后处决了超过200名的男女巫师。以这个地带为核心，一套全球女巫阴谋论就这样传向欧洲各地，但此时这种想法绝非主流，一来天主教会并不相信，二来其他地区也没有像瓦莱地区一样出现大规模的猎巫行动。

1485年，多明我会修士暨宗教裁判官海因里希·克雷默在同样位于阿尔卑斯山区的奥地利蒂罗尔展开了另一场猎巫行动。克雷默深信这套新出炉的全球撒旦阴谋论，[70]他似乎有些精神错乱，指控各种撒旦巫术的时候还带着严重的厌女倾向与性别执着。以布里克森的主教为首的当地教会当局对克雷默的指控并不认同，认为克雷默的举动给当地造成了困扰。他们中止了克雷默的裁判过程，把他逮捕的嫌疑人通通释放，还把他赶出了这个地区。[71]

克雷默利用印刷品发动反击。在被放逐两年后，他编纂出版了《女巫之锤》（*Malleus Maleficarum*）一书，这是一本告诉你如何找出并杀害女巫的指导手册。克雷默在书中一一细数这场全球性的阴谋，也谈到诚实可信的基督徒如何抓住并打败女巫。特别是他建议运用各种可怕的酷刑来逼迫涉嫌使用巫术的人招供，而且坚决认为一旦认定有罪就唯有死刑一途。

克雷默编纂整理了许多他先前的想法与故事，再运用他丰沛而充满仇恨的想象不断增加各种细节。根据类似《提摩太前书》这些古老基督教义里的厌女概念，克雷默让巫术性别化。在他看来，施行巫术的多半是女性，因为巫术起源于欲望，而他认为女性的欲望比男性更强烈。他警告读者，性行为可能会让原本虔诚的女性变成女巫，而她的丈夫也会就此落入巫术的罗网。[72]

《女巫之锤》足足用了一整章来谈论女巫偷走男性生殖器的能力。克雷默详细地讨论了女巫是真的能够从男性身体上把生殖器偷走，还是只是在男性的心中制造出一种被阉割的幻觉。克雷默问道："那些女巫有时候会用这种方式收集大量的男性器官，可能多达二三十个，然后把它们放在鸟巢中或锁在盒子里。很多人都看过，这些器官会像活的一样动来动去，还会吃燕麦和玉米。对这样的女巫，大家该怎么想？"接着他又讲了一个他听来的故事："在丢了男性器官之后，他找到一位有名的女巫，拜托她把器官还给他。她告诉这个痛苦的人爬上一棵树，说树上的鸟巢里有好几个，他可以挑自己喜欢的。可是等他挑了一个大的时，女巫却说那个不行，因为那可是本堂神父的。”[73] 许多现代人知道的有关女巫的观念和经典形象（比如施展巫术的多半是女性、女巫会有狂野的性行为、女巫会残杀儿童），其实都是在克雷默的书出版后才有的。

就像布里克森的主教一样，其他教会人士一开始也不相信克雷默的疯狂想法，教会专家也曾对这本书有所抵制。[74] 然而，《女巫之锤》偏偏成了早期现代欧洲最畅销的书之一，毕竟里面迎合了人类最深的恐惧，也撩起人类对狂欢、食人、谋杀儿童与撒旦阴谋的浓烈兴趣。时至 1500 年，这本书已经出了 8 版，到 1520 年又出了 5 版，到 1670 年又出了 16 版，还有许多地方方言译本。[75]《女巫之锤》就这样成为关于巫术与猎巫的权威著作，还引发了诸多模仿与延伸的作品。克雷默的名气越来越大，作品也赢得了教会专家的认同。1500 年，克雷默被任命为教皇代表，还成了波希米亚与摩拉维亚的宗教裁判官。就算到现在，他的想法还在继续塑造着这个世界，许多关于全球撒旦阴谋论的理论（比如“匿名者 Q”）都是借鉴并延续了他的幻想。

虽然说印刷术的发明导致了欧洲的猎巫热潮或许太过夸张，但全球撒旦阴谋论能够传播得如此迅速，印刷术肯定扮演了关键角色。随着克雷默的想法越来越受欢迎，印刷机除了印出越来越多的《女巫之锤》及山寨版本，还印制了许多廉价的传单，这些传单上不但有煽情的文字，还常常附上生动的插图，主要内容都是有人受到恶魔攻击，或是女巫被烧死在火刑柱上。[76] 这些印刷品甚至还提供了荒谬的统计数据，叙述这场女巫阴谋的规模有多么惊人。据勃艮第法官兼猎巫师亨利 · 博盖（1550—1619）猜测，仅法国就有 30 万名女巫，而在整个欧洲则高达 180 万名。[77] 类似的说法引发了大规模的歇斯底里，在 16 世纪与 17 世纪导致 4 万 ~5 万名被指控施行巫术的无辜者受到酷刑甚至处决。[78] 这些受害者来自各行各业的不同年龄层，甚至包括年仅 5 岁的儿童。[79]

当时，人们只要抓到一星半点儿的证据，不管有多么薄弱，就会开始互相指控使用巫术，常常只是为了报复个人受到的侮辱，或是获得经济或政治上的好处。只要开始正式调查，遭指控的人就像是迎来了世界末日。《女巫之锤》推荐的审问手段确实惨无人道。被告如果承认自己行巫术，就会遭到处决，财产由原告、刽子手与裁判官瓜分。被告如果拒绝认罪，恰恰“证明”了他们如恶魔般顽固，于是会受到各种可怕的酷刑折磨：折断手指，用火烫的钳子撕开皮肉，将身体拉到断裂，或是直接被丢入沸水之中，不一而足。被告早晚会受不了而招供，接下来就是完成处决。[80]

比如在 1600 年，慕尼黑当局以涉嫌使用巫术的罪名逮捕了帕彭海默一家，包括父亲保卢斯、母亲安娜、两个成年儿子，以及一个 10 岁的男孩汉塞尔。裁判官的审问一开始就从小汉塞尔下手。整个审讯过程的记录，现在还能在慕尼黑档案库里查到。一个审讯者对这名 10 岁男孩下了一个注解：“可以把他折磨到极限，让他指控他的母亲。”[81] 经过了让人难以言喻的折磨之后，帕彭海默一家承认了多项罪行，包括以巫术杀死 265 人，以及造成 14 场毁灭性的风暴。他们都被判处死刑。

四名成年人的身体被烧红的钳子撕开，两个成年儿子的四肢被车轮碾碎，父亲被钉上木桩，母亲被割去乳房，接着所有人被活活烧死。10 岁的汉塞尔被迫目睹这一切，并在四个月后同样遭到处决。[82] 猎巫者可以说是不遗余力地到处搜捕“恶魔”及其同伙，但其实他们如果真的想找到恶魔，只需要照照镜子就能看到。

西班牙宗教裁判所的拯救

猎巫行动很少在杀死一人或摧毁一个家庭之后就结束。因为这背后的基本理论就是默认有个全球阴谋，所以被控施行巫术的人在酷刑之下，还得招出其他所谓的共犯。这就会被当成证据，使更多人遭到监禁、折磨或处决。哪位官员、学者或教会人士要是敢发声反对这些荒谬的做法，则会被视为女巫同伙的证据而遭到牵连。

比如在1453年，撒旦阴谋论刚开始萌芽时，法国神学博士纪尧姆·埃德林曾经勇敢地声称应趁早剪除这个阴谋论以免蔓延。他搬出中世纪《主教教规》的说法，即巫术只是一种幻觉，女巫无法真的在夜间飞去见撒旦，与撒旦签订契约。但埃德林本人随即被指控为巫师，遭到逮捕。在一番严刑拷打之后，他供称自己也曾骑着扫帚飞上天，与撒旦签订契约，而且是撒旦要他宣扬巫术只是幻觉。他遇上的法官以“宽大”为怀，让他免于死刑，只需终身监禁。[83]

猎巫行动揭示出，一旦创造了一个信息领域，就可能带出怎样的阴暗面。人们不断讨论猎巫，就像拉比们讨论《塔木德》、学者们讨论基督教经文，让信息的海洋不断扩张，但并不是呈现既有现实，而是创造了新的现实，最终催生了猎巫行动。所谓女巫，一直就不是一个客观现实。在早期现代欧洲，没有人与撒旦有性行为，也没有人能骑着扫帚飞行，或是制造出一场冰雹。然而，女巫就这样成了一个存在于主体间的现实。就像金钱一样，因为众人不断交换着关于女巫的信息，才让女巫变得真实。

整个猎巫官僚体系都在全力推动这样的信息交换。比如神学家、律师、裁判官与印刷机的持有者，他们的生计靠的就是收集和制作关于女巫的信息，对女巫进行分类，调查女巫的行为模式，以及建议应如何揭露并击败女巫。职业猎巫者接受政府与城市委托，并收取大笔费用。档案库里放满了猎巫行动的详细报告、女巫审判的规章，以及被指控女巫供出的冗长供词。

猎巫专家利用这些数据来持续改进他们的理论。就像学者会争论宗教经典的解读方式是否正确一样，猎巫者也会争论《女巫之锤》或其他重要书籍该如何解读。猎巫官僚体系也做了一般官僚常做的事：发明

"女巫"这个只存在于主体间的类别，并且硬把这个类别套用到现实中。猎巫机构甚至还印出了表格，附有标准的巫术指控与供词，并留出空白，在这里可填写日期、姓名与被告的签名。这一切信息产生了大量的秩序与权力，有些人正是以此获得权威，而整个社会也会以此来约束成员。但这种手段既不会产生任何真理真相，也无法产生任何智慧。

随着猎巫官僚体系不断产生越来越多的信息，断言这些信息只是幻想、不值得一提变得越来越困难。难道在这么多的猎巫资料中，真的就没有半点儿真相吗？不是有那么多博学的教会人士，写出大批相关的著作吗？不是有那么多受人尊敬的法官，依照相关的审判规程做出判决吗？不是有数以万计的认罪记录吗？

这个全新的主体间现实实在太具说服力，就连一些被指控使用巫术的人也开始相信自己确实是全球撒旦阴谋论的一部分。毕竟，如果大家都这么说，肯定就是真的吧。就像第二章提到的，人类很容易会接受一些其实不存在的记忆。在早期现代欧洲，至少有一部分欧洲人曾经梦想或幻想自己能够召唤魔鬼，与撒旦发生性行为，抑或施展巫术，而在他们被指控是女巫或巫师的时候，他们还误以为这些幻想就是现实。[84]

于是，虽然猎巫行动在17世纪初达到了令人毛骨悚然的高峰，而且许多人都认为这件事显然错得离谱，却又很难直接说这就是幻想、完全不值得相信。早期现代欧洲最严重的一场猎巫事件，发生于17世纪20年代末德国南部的班贝格与维尔茨堡。班贝格当时人口不到12000人，[85]但从1625年到1631年，就有多达900名无辜者遭到处决。[86]而维尔茨堡的11500人口中有1200人遭到严刑拷打并致死。[87]1629年8月，维尔茨堡采邑主教的法律干事写了一封信给朋友，谈到当时正在进行的猎巫行动，并坦承自己对此事深感怀疑。这封信值得我们长篇引述。

关于女巫的事——又重新开始了，没有任何言语可以形容。啊，如此令人哀痛——这座城里还有400人，地位有高有低，各个阶级、各个性别都有，甚至还有神职人员，他们都受到强烈的指控，随时可能被捕。采邑主教有40多个即将成为牧师的学生，其中就有十三四人被说是女巫。几天前，一名主持牧师被捕，另外两名被传唤的牧师则已经逃跑。我们教会法庭的公证人是个非常有学识的人，但昨天被捕了，遭到严刑拷打。总而言之，这座城里肯定有三分之一的人被卷入。神职人员里最富有、最有吸引力、最杰出的那些人都已经被处决。一周前，有一位19岁的少女被处死，大家都说她是全城最美的女孩，人人都觉得她如此谦逊而洁净。在她之后，还有七八个最优秀、最有魅力的人被处死……就这样，许多人因为被指控背弃上帝、参加巫师的舞会而遭到处决，但之前从未有人对他们有任何指控或说过一句坏话。

对于这个悲惨事件，我想说的最后一点是，有些才三四岁的孩子，总数可能达到300人，被说和魔鬼发生过性关系。我见到有7岁的孩子被处死，还有一些原本前程大好的学生，才10岁、12岁、14岁、15岁……可是我不能，也不该再写下更多这样的悲惨事件了。

这位主教的法律干事又在信后加上了一段耐人寻味的附注。

虽然发生了许多骇人听闻的事，但毫无疑问，在一个叫弗劳伦贝格的地方，恶魔曾亲自带着8000名追随者举行集会，在他们面前做弥撒，并用削下来的萝卜皮及其边角料代替圣餐发给会众（也就是那些女巫）。那里发生的事不仅肮脏，而且如此可憎可恶，我光是下笔都不寒而栗。[88]

在这封信中，我们虽然看到他对维尔茨堡疯狂猎巫深感震惊，却也看到他深信这一套女巫的撒旦阴谋。虽然他并未目睹任何巫术，但有了这么多关于女巫的信息，让他难以怀疑这一切。猎巫行动就是一个有毒信息传播造成的灾难。从这个典型的例子中我们可以清晰地看到信息是如何造成问题的，而且更多信息只会让问题变得更糟。

不只是现代学者得出了这样的结论，当时有些有识之士也这么认为。西班牙的一位宗教裁判官阿隆索·德萨拉萨尔·弗里亚斯就对17世纪初的猎巫与女巫审判做了彻底调查，结论是“我并未找到任何证据，甚至任何最细微的迹象，能够推断真的发生过任何巫术行为”，而且“在有人开始谈论或写下关于巫术的事之前，根本不存在女巫，也不存在被巫术迷惑的人”。[89] 弗里亚斯不但清楚了解主体间现实的意义，也正确地看出整个猎巫行动都属于存在于主体间的信息领域。

早期现代欧洲猎巫热潮的历史显示，光是消除信息流动的障碍，不一定就能发现真相、传播真理，反而容易导致谎言与幻想的传播，创造出有毒的信息领域。说得更具体一点，如果让思想市场完全自由，就可能鼓励传播各种愤怒与煽情，而牺牲掉真理与真相。原因并不难理解。印刷商与书商从《女巫之锤》这种狗血故事中赚到的钱，要比从哥白尼的《天体运行论》这种枯燥的数学专著中赚的多太多了。《天体运行论》是现代科学传统的奠基之作，其伟大发现可以说是惊天动地，它打破了地球是宇宙中心的论调，开启了哥白尼革命。然而，这本著作在1543年首次出版时，连首印的400册都卖不掉，一直到1566年才以类似的印数出了第二版。至于第三版，得等到1617年才出版。阿瑟·凯斯特勒就曾开玩笑地说，这可真是一本史上最不畅销的著作。[90] 所以，能够真正推动科学革命发展的既不是印刷术，也不是完全自由的信息市场，而是能够解决“人会犯错”这个问题的创新方法。

发现人的无知

从印刷术与猎巫的历史可以看出，自由的信息市场并不一定能让人发现并改正自己的错误，因为在这样的信息市场里，暴行的优先级可能比真理与真相更高。而想要让真理与真相胜出，就必须建立筛选机制，让天平往事实那一方倾斜。但从天主教会的历史就能看到，这样的机构可能会运用手中的权力来排除异己，给所有异见贴上错误的标签，以免机构自身的错误被曝光而遭到纠正。我们有没有可能建立起更好的筛选机制，让这些权力去追求更多的真理与真相，而不是让机构积攒更多的权力？

早期现代欧洲就曾出现过这种筛选机制的基础，后续也正是这些机制奠定了科学革命的基础——不是印刷术，也不是《天体运行论》这样的书。这些重要的筛选机制其实并不是高等院校，许多科学革命最重要的领导者并不是大学教授。比如尼古拉·哥白尼、罗伯特·波义耳、第谷·布拉赫、勒内·笛卡儿，都不曾担任什么学术职位。斯宾诺莎、莱布尼茨、约翰·洛克、乔治·贝克莱、伏尔泰、狄德罗和卢梭也算不上学界中人。

由科学革命扮演重要角色的筛选机制，是在联结了大学内外的学者与研究人员后形成的一个横跨整个欧洲乃至全世界的信息网络。科学革命要想加快步伐，科学家就必须相信远方同行发布的信息。从几种机制中都能看到，众人虽然素未谋面，却愿意相信彼此的研究成果。第一是各种科学协会，例如成立于 1660 年的英国皇家学会和成立于 1666 年的法国科学院。第二是各种科学期刊，比如《皇家学会哲学学报》（*Philosophical Transactions of the Royal Society*，1665）、《皇家科学院刊》（*Histoire de l'Académie Royale des Sciences*，1699）。第三是各家科学出版商，比如策划了《百科全书》（*Encyclopédie*，1751—1772）这类作品的机构。这些机制是以实证证据为基础来整理信息，让人们关注的是哥白尼的发现，而不是克雷默的幻想。当一篇论文被提交给《皇家学会哲学学报》时，编辑主要问的问题不是会有多少人愿意付费阅读这篇文章，而是有什么证据证明这是真的。

一开始，这些新的机制如蛛网般脆弱，缺乏那种要重塑人类社会所需的强大力量。《皇家学会哲学学报》的编辑不像那些猎巫专家，无权严刑拷打或处决任何人。法国科学院也不像天主教会，并没有庞大的领地或预算。但这些科学机构就是因为一个特别的原因而得到信赖，进而逐渐积累其影响力。教会叫众人相信它，给出的理由是教会掌握了绝对真理，而形式就是一本无懈可击的宗教经典。相对而言，科学机构之所以能取得权威，是因为它们有强大的自我修正机制，能够揭露并修正自身的错误。科学革命真正的引擎正是这些自我修正机制，而不是印刷技术。

换句话说，人类是因为发现了自己的无知，才推动了科学革命。[91]那些信奉某本经典的宗教，会觉得它们已经取得了无懈可击的知识来源。基督徒有《圣经》，穆斯林有《古兰经》，印度教徒有《吠陀经》，佛教徒有佛经。但科学文化并没有这样的神圣经典，也从未宣称某位科学泰斗是绝不会犯错的先知、圣人或天才。科学革命从一开始就不相信有绝对正确这种事，其打造的信息网络也认为错误本就不可避免。当然，大家经常谈到哥白尼、达尔文与爱因斯坦如何有天赋，但并不会说其中任何一位绝对完美无缺。这些科学家都犯过错误，即便是最著名的科学著作肯定也会有错误与疏漏。

即便是天才，也难免受到证真偏差的影响，所以并不能信任天才肯定能纠正自己的错误。科学是一项团队工作，需要团队互相配合，而不可能只靠单一科学家或者某本所谓绝对正确的书。当然，机构也可能出错。但科学机构与宗教机构的不同之处在于，科学鼓励怀疑与创新，而不鼓励遵循与顺从。科学制度与阴谋论的不同之处在于，科学鼓励的是怀疑自己，而阴谋论者常常对众人既有的共识表示怀疑，认为他们自己的信念是毋庸置疑的，从而落入了证真偏差的陷阱。[92]科学的标志不仅仅是怀疑，而且是自我怀疑，在所有科学机构的核心，都能看到强大的自我修正机制。科学机构确实对某些理论（比如量子力学或演化论）的正确性达成了广泛共识，但只是因为这些理论成功顶住了一波波强力挑战，而且质疑者除了外部人士，也有机构内部的成员。

自我修正机制

就信息技术而言，自我修正机制与宗教经典截然相反。宗教经典总说自己不可能有错误，自我修正机制则愿意接受自己的错误。这里所谓的自我修正，指的是实体会用这些机制来修正自己的错误。比如，老师批改学生作文就算不上一种自我修正机制，毕竟这不是学生在修改自己的作文；法官将罪犯送进监狱也算不上一种自我修正机制，毕竟这不是罪犯自首；同盟国打败并瓦解纳粹政权，仍然算不上一种自我修正机制，毕竟如果没有外力，德国并不会放弃纳粹主义。但如果科学期刊发表了一篇论文，修正了过去某篇论文的错误，这个就是自我修正了。

自我修正机制在自然界无所不在。正是因为有这个机制，小孩儿才能学会走路。走错一步，就会跌倒，于是他会从错误中学习，试一试不同的走法。确实，有时候父母师长也会帮一把，或提供建议，但小孩儿如果真的完全依赖这些外部的修正，或是总给自己的错误找借口，而不从中吸取教训，就会发现想学会走路可没那么简单。事实上，即使在长大之后，我们每次走路，身体也会进行复杂的自我修正。随着身体在空间中行进，我们的大脑、四肢与感觉器官会形成一个内部反馈回路，让手脚处于适当的位置，也让我们得以保持平衡。[93]

还有许多其他身体机能，都需要不断地自我修正。随着不同的情境，我们的血压、体温、血糖值与许多其他参数都需要有一定的波动范围，但也绝对不该高于或低于某些阈值。我们的血压在跑步的时候会上升，睡觉的时候会下降，但变化必须在一定的限度内。[94] 人体有一整套体内平衡自我修正机制，用来完成这支微妙的生化“舞蹈”。血压飙得太高，自我修正机制就会设法让血压下降；血压掉得太低，自我修正机制也会设法让血压上升。一旦这套自我修正机制发生故障，人就可能丢了性命。[95]

同样，机构如果没有自我修正机制，也会面临死亡。自我修正机制的第一步，就是认识到人类会犯错、会堕落。在这种情况下，机构该做的不是对人类绝望，想尽办法绕过人类，而是积极找出错误并加以修正。凡是能够存活几年以上的机构制度，都会拥有自我修正机制，只不过各自的强度与可视性差异极大。

比如，天主教会的自我修正机制就比较弱。由于它宣称自己绝对正确，因此它无法承认自己在制度上的错误。天主教会虽然偶尔也愿意承认有些成员犯错或有罪，但嘴上还是会说这个机构本身完美无缺。比如在 1964 年第二届梵蒂冈公会议上，天主教会承认“基督号召尘世中的教会要不断地革新。从人间组织的角度来看，教会也的确需要随时革新。因此，如果在不同的时代和环境中，道德、教会纪律，甚至教义宣讲的方式——要注意将教义的宣讲与信仰的积淀区分开——存在缺陷，教会就该在适当的时机加以修正”[96]。

如此的坦诚听起来似乎前景可期，但魔鬼就在细节里，特别是教会仍然拒绝承认“信仰的积淀”有存在缺陷的可能性。在天主教教义里，“信仰的积淀”指的是教会从《圣经》及解经的神圣传统中得到的那些启示。所以，天主教会承认的是神父是会犯错的凡人，可能有罪，也可能在教义宣讲的方式上有误，但《圣经》本身绝不会有错。这样看来，教会这个机构就是结合了会犯错的凡人和绝不会犯错的经文，这是什么意思?

根据天主教教义，《圣经》的绝对正确与神的引导必能胜过人类的堕落，因此就算教会的个别成员可能会犯错、可能有罪，天主教会这个机构也永远正确。据称，上帝从未让大多数教会领袖对《圣经》的解读出现严重错误。很多宗教都会采用这样的原则。正统派犹太教愿意相信，那些撰写《密释纳》与《塔木德》的拉比可能在一些个人的事情上会犯错，但如果是颁布宗教教义，上帝就会确保他们不会犯错。[97]伊斯兰教也有个类似的原则，被称为“公议”。根据一篇重要的圣训，穆罕默德曾说：“安拉会确保我这群人永远不会在错误上达成共识。”[98]

在天主教中，这种认为机构制度不可能出错的想法，最清楚的例子就是“教皇永无谬误”。这项教义认为，虽然教皇在个人事务上可能会犯错，但在机构角色上是不可能犯错的。[99]举例来说，教皇亚历山大六世虽然曾经犯下错误，违背独身誓言而有了情妇，还生了几个小孩，但如果是在确定教会关于道德或神学的宣讲内容时，他绝无犯错的可能。

与这个观点相一致，天主教会在监督会众个人事务方面一直有一套自我修正机制，但如果讲到要修订《圣经》或“信仰的积淀”，相关机制就付之阙如。从天主教会为过去行为发表的几次正式道歉里，就能清楚地看到这种态度。在最近几十年，曾有几位教皇为过去的事件道歉，包括曾经不当对待犹太人、女性、非天主教基督徒与原住民文化等，或者针对更具体的案件（比如在1204年洗劫君士坦丁堡，以及天主教学校对儿童的虐待）道歉。天主教会能有这样的道歉已经值得嘉许，毕竟宗教机构很少会道歉。但在这些案例中，历任教皇都很小心地不把责任放在《圣经》与教会这些机构制度上，而是让个别的教会人士担起责任，是这些人对经文做了错误的解读，曲解了教会的教义。

比如在2000年3月的一场特别仪式上，教皇约翰·保罗二世坦承过去曾对犹太人、异教徒、女性与原住民犯下诸多历史罪行，请求上帝宽恕。他为有些人为了服务真理而使用暴力表达了歉意。但这里的用词就暗示着，是“有些人”被误导，他们并未正确了解教会所教导的真理，才犯下了暴力罪行。教皇绝不接受这些人其实完全了解教会的教义，只是那些教义压根儿就不是真理。[100]

同样，因为在加拿大由教会经营的寄宿学校出现了对原住民的虐待行为，教皇方济各曾在2022年做出道歉，他表示：“我请求宽恕，特别是因为有许多教会成员……破坏文化，强迫同化。”[101] 请注意，他小心地转移了责任，犯错的是“许多教会成员”，而不是教会及其教义，仿佛官方教会、教义从来不曾要求摧毁原住民文化、强迫原住民改变信仰。

事实上，不论是发起十字军东征、制定歧视犹太人或女性的规定，还是精心策划系统性消灭世界各地的原住民宗教，都不可能只是几个不听话的神父搞出来的事。[102] 在许多备受敬重的教父著作中，在许多教皇与教会议会的官方法令中，诋毁“异教”与“异端”宗教的段落比比皆是，呼吁将之摧毁，歧视其成员，认为大可使用暴力让人改信基督教。[103] 比如在 1452 年，教皇尼古拉五世就向葡萄牙国王阿丰索五世与其他天主教君主颁下教皇诏书《直到不同之时》（*Dum Diversas*），诏书中写道：“通过这个文件，我们以我们的使徒权柄，授予您充分和自由的许可，以进攻、搜寻、俘获、征服萨拉森人、异教徒以及不信基督者和基督的敌人，不论其身在何处，以及他们的王国、公国、伯国、侯国与其他财产……使他们的人身永久沦为奴隶。”[104] 后续多任教皇也曾多次重复这一官方公告，为欧洲的帝国主义以及在世界各地毁灭本土文化奠定了神学基础。当然，虽然教会未曾正式承认，但随着时间的推移，教会也慢慢改变了自己的制度架构、核心教义和对经文的解释。如今的天主教会，反犹与厌女的色彩已经比中世纪与早期现代欧洲淡化了许多。教皇方济各对原住民文化的包容程度远高于教皇尼古拉五世。这就显示了一种机构制度的自我修正，是对外部压力和内部反省的回应。然而，对天主教会这样的机构来说，即使真的有所自我修正，它也不会承认，更不会为此庆祝。改变教会教义的第一条法则，就是永远不能承认改变了教会教义。

你绝对不会听到教皇向全世界宣布：“教会专家刚刚发现了《圣经》有一项极重大错误，我们很快就会发布新版本。”相反，在被问及教会为什么开始对犹太人或女性表现得比较宽容时，教皇会暗示这本来就是教会的教义，过去只是个别教会人士做了错误解读。否认自我修正，虽然不会阻止自我修正的发生，但确实不利于修正的程度与速度。而且，由于并未承认过去的错误（更不用说为此庆祝了），当信徒在教会及其教义中遇到另一个严重问题时，教会成员还是会因为害怕改变那些所谓永恒和绝对正确的东西而陷入瘫痪，他们无法从以前的自我修正中受益。

举例来说，包括教皇方济各本人在内，目前有些天主教徒正在重新思考教会关于同性恋的教义，[105]却发现很难承认过去的错误并加以修正。如果未来某位教皇决定要为性少数群体受到的不公正对待道歉，做法肯定是再次找来某些人背锅，责怪他们过度热心但误解了福音。为了维护宗教权威，天主教会别无选择，只能否认这个制度有自我修正这回事。因为教会早已落入“必须绝对正确”的陷阱。如果整个宗教的权威基础就是声称自己绝对正确，一旦公开承认犯了任何错误（就算只是个没什么大不了的错误），就可能让自己的权威遭到彻底摧毁。

DSM 与《圣经》

与天主教会相反，早期现代欧洲出现的科学机构正是以强大的自我修正机制为基础的。这些科学机构认为，即使在特定时期，大多数科学家都深信某个概念，最后也可能会发现那个概念并不正确或不够完整。比如在 19 世纪，大多数物理学家都相信牛顿物理学已经能完整解释整个宇宙，但到 20 世纪，相对论与量子力学就暴露了牛顿理论的不精确性和局限性。[106]科学史上最著名的时刻，正是那些公认的理论被推翻、新理论诞生的时刻。

关键在于，在出现重大错误与罪行的时候，科学机构制度愿意承认是制度本身出了问题。比如在 19 世纪、20 世纪，生物学、人类学、历史学的科学研究常常有制度性的种族与性别歧视，而现在的大学课程、专业期刊都会诚实地揭露这些情形。针对塔斯基吉梅毒实验这样的个别案例的研究，以及从白澳政策到大屠杀这样的政府政策，学界会反复且广泛地研究在当初顶尖的科学机构中，是怎样发展出那些有问题的生物学、人类学与历史学理论，并成为各种歧视、帝国主义甚至种族灭绝行动的借口与助力的。科学并不会把这些罪行与错误都怪在少数学者头上，说是他们受到误导，而会认为这些错误反映了整个学科制度的失败。[107]

因为愿意承认在机构制度上的重大错误，科学的发展速度随之加快。只要现有证据证明合理，往往只要几个世代就能够将原本的主流理论替换成新的理论。大学生在 21 世纪初读到的生物学、人类学与历史学，与一个世纪前大学生读到的内容可以说是天差地别。

从精神病学的发展就能看到科学机构强大的自我修正机制。大多数精神科医生的书架上都会摆放着一本缩略语为“DSM”的《精神疾病诊断及统计手册》(*Diagnostic and Statistical Manual of Mental Disorders*)，常有人戏称这就是“精神科医生的《圣经》”。然而，DSM 与《圣经》有一个关键不同之处。DSM 自 1952 年初版发行以来，每过 10 年或 20 年就会修订一次，2013 年发行了第五版。这些年来，许多疾病的定义都有了改变，有些被加入，也有些被删除。举例来说，“同性恋”在 1952 年版本的 DSM 中被认为是一种反社会人格障碍，但到 1974 年版本就已经删除了这一条。所以，DSM 只花了 22 年就修正了这个错误。这不是一本神圣不可侵犯的宗教经典，而是一份科学文本。

如今面对当初 1952 年版本对“同性恋”的定义，精神病学专家不会用什么宽容的态度来重新解读诠释，而是会直截了当地说 1952 年的定义就是错了。更重要的是，他们并不会说这个错误是当初少数几位教授的个人问题，而会认为这就是因为当时精神病学学科有着根深蒂固的制度性偏见。[108] 承认这个学科过去曾犯下制度性错误，会让今天的精神科医生更谨慎，以免重犯这样的错误。如今关于跨性别与孤独症人群的激烈讨论就足以为证。当然，不管精神科医生多么小心，都可能会犯制度性错误。即便如此，他们应该也会坦承不讳，并且进行修正。[109]

不发表就淘汰

科学的自我修正机制之所以格外强大，是因为科学机构制度不仅愿意承认自己的错误与无知，还会积极揭露这些错误与无知。这一点从整套机构制度的奖励机制中就可见一斑。宗教机构制度鼓励的是成员谨遵教义，对新奇的事物要保持怀疑态度。想成为拉比、伊玛目或神父，甚至是升上首席拉比、大阿亚图拉或教皇的职位，并不需要你去批评你的前任或提出任何激进的新观念。事实上，近代许多最具权威、最受尊敬的宗教领袖，之所以得到名声与支持，靠的正是严格抵制类似女权这样的新思想与新趋势。[110]

但在科学界，情况恰好相反。科学机构的聘任与晋升，遵守的原则是“不发表就淘汰”，而想在优秀的期刊上发表论文，你必须揭露现有理论的某种错误，或是发现一些前辈不知道的内容。没有人会因为忠实地重复过去学者的话、反对所有新的科学理论，就能拿到诺贝尔奖。

当然，就像宗教有自我修正的空间一样，科学因循守旧的空间也不小。科学不能单打独斗，科学家所知的一切，几乎都必须仰赖整体机构制度的协助。举例来说，我要怎样才能知道中世纪与早期现代欧洲对巫术的看法？我既没有造访过所有相关的档案库，也没有读过所有相关的第一手资料。事实上，我根本没有能力直接阅读其中的许多资料，因为我既不懂所有必要的语言，也不擅长破译中世纪与早期现代欧洲的手写笔迹。所以，我要依赖其他学者发表的文章和出版的作品，比如2017年罗纳德·赫顿所写的《巫师：一部恐惧史》。

我既没见过布里斯托大学历史学教授罗纳德·赫顿，也不认识聘任他的布里斯托大学的学校人员，更不认识出版这本书的耶鲁大学出版社的编辑团队。虽然如此，我还是相信自己在赫顿的书中所读到的内容，因为我了解布里斯托大学与耶鲁大学出版社这些机构的运作方式。这些机构的自我修正机制有两个重要特征：第一，自我修正机制内置于这些机构的核心，而不是边缘的外挂；第二，这些机构会公开赞许自我修正行为，而不是加以否认。当然，我也可能从赫顿的书里得到一些错误信息，或者我本人可能有所误解，但只要有巫术史的专家读了赫顿的书，就能找出其中的相关错误并加以揭露。

科学机构制度的民粹主义批评者可能会反驳说，这些机构其实正在运用权力扼杀非正统观点，等于是对异见分子发起了另一种猎巫行动。确实，如果有学者反对目前学科相信的正统观点，有时会迎来不良后果：文章被拒，拿不到研究经费，受到人身攻击，有时甚至被解雇。[111] 我并不是轻视这些事情造成的痛苦，但比起严刑拷打或者被烧死在火刑柱上，确实还相去甚远。

以化学家达尼埃尔 · 谢赫特曼的故事为例。1982 年 4 月，谢赫特曼从电子显微镜里看到一种所有当代化学理论都认为不可能存在的东西：在铝锰合金样本里的原子，呈现五重旋转对称的结晶模式。科学家当时已经知道固态晶体有几种可能的对称结构，但认为五重对称并不符合自然定律。谢赫特曼的发现后来被称为“准晶体”，但当时听起来实在过于荒诞，几乎没有任何同行评议期刊愿意让他发表相关论文。当时谢赫特曼才刚开始他的科学研究生涯，连自己的实验室都没有，只能依附于别人的机构。然而，《物理评论快报》（*Physical Review Letters*）的编辑在审查证据之后，最终在 1984 年刊出了谢赫特曼的论文。[112] 接下来的情况，正如谢赫特曼的说法，就是“一切都乱套了”。

大多数同行并不相信谢赫特曼的说法，认为他就是实验没做好。就连他实验室的主管也把矛头指向他，还上演了一出夸张的戏码：把一本化学教科书放在谢赫特曼的桌子上，对他说：“达尼埃尔，请读一下这本书，读完你就会知道自己讲的事情不可能了。”谢赫特曼勇敢地回应，表示自己是在显微镜里看到的准晶体，而不是在书里看到的。结果他被赶出了实验室。更糟的还在后面。莱纳斯·鲍林这位两届诺贝尔奖得主，可以说是20世纪数一数二的科学家，却带头对谢赫特曼进行残酷的人身攻击。在一场有数百名科学家参加的会议上，鲍林直接宣称："达尼埃尔·谢赫特曼就是胡说八道，哪有什么准晶体，只有准科学家。"

然而，谢赫特曼没有被监禁，也没有丢了性命，而是去了另一个实验室工作。事实证明，比起既有的化学教科书和莱纳斯·鲍林的观点，他提出的证据更有说服力。几位同行再现了谢赫特曼的实验，同样得到了他发现的结果。谢赫特曼从显微镜里看到准晶体之后，才过了短短10年，国际晶体学联合会（International Union of Crystallography，晶体学领域最重要的科学协会）就修改了晶体的定义。化学教科书也随之调整，一个全新的科学领域应运而生：对准晶体的研究。2011年，谢赫特曼因为他的发现而荣获诺贝尔化学奖。[113] 诺贝尔奖评选委员会表示："他的发现极具争议，但最终迫使科学家重新思考他们对于物质本质的看法。"[114]

谢赫特曼的故事并非特例。像这样的案例，科学史上随处可见。相对论与量子力学在成为20世纪物理学基础之前，也曾引发激烈争议，守旧派对这些新理论的支持者发起了猛烈的人身攻击。同样，格奥尔格·康托尔在19世纪下半叶提出了"无穷集合"理论（这套理论也成为20世纪数学的重要基础），但受到当时顶尖数学家的人身攻击，这些数学家包括亨利·庞加莱、利奥波德·克罗内克等。民粹主义者会说，科学家也是人，同样会有各种人类偏见，这点说得没错，但因为科学机构制度拥有自我修正机制，从而让这些偏见得以克服。只要能提供充足的实证证据，常常只需要数十年，就能让非正统理论推翻传统概念，成为新的共识。

正如我们将在下一章看到的，在某些时候、某些地方，科学的自我修正机制也可能停止作用，就连学术异议也可能招来严重的后果。比如在苏联，不论是在经济学、遗传学还是在历史学上，如果质疑官方教条，不仅可能丢了工作，还可能有牢狱之灾。[115]一个著名的案例就是苏联农学家特罗菲姆·李森科提出的各种假理论。他拒绝相信各种主流遗传学与自然选择演化论，反而提出了一套自己的理论，认为“再教育”可以改变动植物的性状，甚至能让一个物种变成另一个物种。李森科这套“再教育”理论让斯大林大为惊艳，觉得在意识形态或政治上简直是潜力无穷。当时许多科学家站出来反对李森科，继续捍卫自然选择演化论，结果几千人丢了工作，甚至锒铛入狱或遭到处决。比如，植物学家和遗传学家尼古拉·瓦维洛夫曾是李森科的导师，但他后来毫不留情地对这个门生进行了严厉批评。瓦维洛夫在 1941 年 7 月与植物学家列昂尼德·戈沃罗夫、遗传学家格奥尔基·卡尔佩琴科以及农学家亚历山大·邦达连科四人一同受审。后三者遭到枪决，瓦维洛夫则在 1943 年死于萨拉托夫的一个集中营。[116]在压力之下，全苏列宁农业科学院于 1948 年 8 月宣布，从此之后，该机构将以李森科主义作为唯一正确的理论来教授。[117]

但正是因为这个声明，全苏列宁农业科学院从此不再是个科学机构。苏联关于遗传学的教条是一种意识形态，而不是一门科学。虽然机构想怎么取名都行，但只要没有健全的自我修正机制，它就算不上是个科学机构。

自我修正的局限

这是不是意味着自我修正机制就是我们的万灵丹，能让人类信息网络免于错误与偏见的影响？不幸的是，事情远远没有这么简单。天主教会与某些机构之所以逃避健全的自我修正机制，自然有其原因。自我修正机制虽然有利于追求真理，却会让维持秩序的成本大大升高。自我修正机制太过强大，往往会产生怀疑、分歧、冲突与裂痕，并破坏社会大团结的神话。

当然，秩序本身也不一定就是好的。比如，早期现代欧洲的社会秩序不但支持猎巫，也支持少数贵族剥削几百万农民，支持对女性进行系统性虐待，支持对犹太人、穆斯林及其他少数族群的普遍歧视。然而，就算社会秩序造成高度压迫的结果，颠覆这样的社会秩序，也不一定就会有更好的结果，可能还会变得更混乱，造成更严重的压迫。如何维持真相与秩序之间的平衡，始终是信息网络的历史中很重要的一部分。为了秩序而牺牲真理与真相需要付出代价；反之，为了真理与真相而牺牲秩序，代价同样不低。

科学机构制度之所以负担得起强大的自我修正机制，是因为它把维护社会秩序的艰巨任务留给了其他机构制度。如果有小偷闯入化学实验室，或是精神科医生收到死亡威胁，这些受害者并不会向有同行评议机制的期刊投诉，而是会报警。所以，除了学界的机构制度，是不是其他领域也拥有强大的自我修正机制？特别是像警察、军队、政党和政府这些负责维护社会秩序的机构制度，是否也会拥有自我修正机制？

我们将在下一章探讨这个问题，重点将放在信息流动的政治层面，并考察民主与独裁政体的长期历史。我们会看到，民主政体相信，就连政治领域也有可能拥有强大的自我修正机制。至于独裁政权，则不想与自我修正机制有任何关系。所以在冷战最激烈的时候，美国的报纸与大学都曾公开揭露并批评美国在越南的战争罪行，而在苏联，当地的报纸与大学一样乐于批评美国的罪行，但对于苏联在阿富汗等地的罪行却一声不吭。像这样的沉默，在科学上说不通，但在政治上再合理不过了。虽然到了今天，美国对越战的自我究责仍然继续造成美国民众的分裂，损害美国在世界各地的声誉，但苏联对入侵阿富汗的沉默，则有助于在国内淡化记忆，在国外也减少对国家声誉的影响。

为了准备好探索人工智能崛起可能带来的革命性影响，我们必须先了解历史上各个政体的信息政治，包括古希腊、古罗马、美国与苏联等。因为讲到人工智能，一大问题就在于人工智能究竟是有利还是有碍民主的自我修正机制。

第五章
抉择：民主与极权制度简史

讲到民主与独裁，人们常常会把它们视为两种相对的政治与道德体系。但本章希望能改变这种讨论方式，通过梳理历史，将民主与独裁视为两种相对的信息网络类型。本章会谈谈民主政体的信息流动方式与独裁政体有何不同，以及新信息科技的发明对各种不同类型政权的有利之处。

独裁信息网络的第一个特征在于高度集中。[1]这代表着两件事。第一，中心掌握着无限的权力，所以信息往往是从地方流向中央枢纽，最重要的决策也都是在中央做出的。在罗马帝国，条条大路通罗马；在纳粹德国，一切信息流向柏林；在苏联，所有信息汇聚到莫斯科。有时候，中央政府想把所有信息都集中在自己手里，想要由自己来做所有决定，彻底控制人民生活的一切。这种由希特勒等人实行的极端独裁统治，就被称为极权主义（totalitarianism）。然而，独裁不一定等于极权：常常是出于技术上的困难，而使独裁无法走上极权之路。比如在罗马帝国时代，偏远乡村农民人数有几百万，而尼禄手中缺少必要的工具，很难真正微观管理这些农民的日常小事。所以在许多独裁政权中，个人、企业与社群仍然能保有相当的自主权。然而，独裁者始终握有干预人民生活的权力。所以在尼禄统治下的罗马，人民的自由并不是因为真的达到了理想的境界，而只是因为政府无力实施极权控制，才产生了这种副产品。

独裁信息网络的第二个特征在于人们会认定中央是绝对正确的，所以并不欢迎对中央决策的任何挑战。罗马的宣传把历任皇帝视为神圣的化身。就算尼禄做出显然糟糕到极点的决定，罗马帝国也没有强大的自我修正机制能够揭露错误，推动更好的做法。

理论上，就算是高度集中的信息网络，也可能拥有强大的自我修正机制，就像是独立的法院和民选的立法机构。然而，只要这些机制运作良好，就会挑战中央的权威，而使信息网络去中心化。所以，独裁者总觉得这些独立的权力枢纽是种威胁，会想尽办法来削弱它。罗马元老院就是这样，权力不断被历任皇帝削弱，最后就算在皇帝胡作非为的时候，也只能充当橡皮图章。[2] 斯大林当政时期的司法体制也面临类似的情形。斯大林的摆样子公审（show trial，又译“表演性审判”）正如其名，就是一场早已有结果的秀。[3]

总而言之，独裁政体是一种集中式的信息网络，而且缺乏强大的自我修正机制。相较之下，民主政体则是一个分布式的信息网络，并且拥有强大的自我修正机制。在民主信息网络里，我们确实也会看到有一个中心枢纽，政府掌握着民主政体最重要的行政权力，因此政府机构会收集、储存大量的信息。然而，民主政体还有许多其他信息渠道，连接许多独立节点。无论是立法机构、政党、法院、新闻界、企业、当地社群、非政府组织，还是公民个人，都能够自由、直接地相互沟通，因此大多数信息并不会经过任何政府机构，许多重要决策也都是在其他地方做出的。个人能够自行选择在哪儿生活、在哪儿工作、跟谁结婚。企业能够自行选择在哪儿开分公司、在哪些项目投入多少资金、如何对商品和服务定价。社群也能够自行决定举办各种慈善活动、体育赛事或宗教庆典等。这里的自治并不是政府无能的结果，而是达到了民主的理想境地。

对民主政府来说，就算拥有相关技术，有能力微观管理人民的生活，也会尽量保留让人民自己做选择的空间。有一种常见的误解，就是以为民主政体的一切决定都得诉诸多数表决。事实上，民主政体的做法是中央决策能免就免；唯有少量必须集中做的决定，才需要经过投票，反映多数人的意愿。在民主政体，就算有 99% 的人都想穿某种衣服、信奉某位神明，剩下 1% 的人还是可以穿自己想穿的、信自己想信的。

当然，如果中央完全不干预人民的生活，也不提供类似治安这样的基本服务，这就不算是民主政体，而根本就是无政府状态。在所有民主政体中，中央政府都需要收税、养军队，而多数现代民主政体也至少会提供一定程度的医疗保健、教育与福利。然而，只要政府对人民的生活有任何干预，就需要进行解释。如果没有让人信服的理由，民主政府就应该让人民自行决定。

民主政体的另一个重要特征，在于相信人人都可能犯错，因此虽然会赋予中央一些重大决策权，但同时也会保留一些能够挑战中央权威的强大机制。套用美国前总统詹姆斯·麦迪逊的一句话，既然人会犯错，就需要有政府，而既然政府也会犯错，就需要一定的机制能够揭露并修正其错误，比如定期举行选举，保护新闻自由，以及让政府的行政、立法与司法三权分立等。

因此，所谓独裁，就是由单一中央信息枢纽决定一切；而所谓民主，则是有不同信息节点持续对话。这些节点常常会相互影响，但在大多数问题上并不需要真的达成共识，个人、企业与社群还是可以继续保持不同的思考与行为方式。当然，有些时候所有人必须保持一致，而不允许存在多样性。比如在 2002—2003 年，美国人对于是否入侵伊拉克有不同的意见，但最后还是只能做出一个决定，没办法让某些美国人私下和萨达姆保持和平、其他美国人向他宣战。无论好坏，入侵伊拉克的决定都需要由每位美国公民共同承担。在进行国家基础建设、定义刑事犯罪的时候也是如此。要是每个人都可以自己铺设铁路网、对谋杀进行定义，任何国家都无法正常运作。

要对这样的集体事务做决定，就必须先举行全国的公共对话，再由民意代表（需经过自由公正的选举产生）做出选择。然而，就算已经做出选择，也应该有重新检视与修正的机会。虽然民主信息网络并不能改变之前的选择，但下次却能选出一个不同的政府。

多数独裁

把民主定义为拥有强大自我修正机制的分布式信息网络，就会与民主等于选举这种常见的误解形成鲜明对比。选举是整套民主工具包的核心成分，但并非民主的全部。要是没有额外的自我修正机制，选举就很容易被操弄。而且就算选举完全自由公正，光是这样也不足以保证选举就是民主，因为民主绝对不是“多数独裁”。

假设有一场自由公正的选举，由 51% 的选民选出某个政府，而这个政府接着决定要把全国 1% 的选民送进死亡集中营，因为这些人信奉某个被憎恶的少数宗教。这算民主吗？显然不算。这里的问题，并不是说要有超过 51% 的某个特别多数才能允许进行种族灭绝。绝不是只要政府能得到 60%、75% 甚至 99% 选民的支持，就能让死亡集中营成为一个民主抉择。所谓民主制度，并不是只要占了多数，就能去消灭那些不受欢迎的少数族群，而是指一种对于中央权力有明确限制的制度。

假设 51% 的选民选出某个政府，接着这个政府就剥夺了其他 49% 选民（或者只是其中 1%）的投票权。这算民主吗？答案一样是否定的，而且也一样，这不是个数字问题。剥夺政治对手的选举权，就会让民主信息网络的一大自我修正机制失去作用。选举这种机制的重点，是让信息网络有机会说：“我们错了，让我们再试试别的。”但要是中央能够恣意剥夺人民的选举权，就等于阉割了这种自我修正机制。

上面两个例子可能听起来很离谱，但遗憾的是它们都还真有可能发生。希特勒通过民主选举上台几个月后，就开始将犹太人与共产党人送进集中营；美国也有几届经过民主选举产生的政府剥夺非裔美国人、美洲原住民与其他受压迫族群的权利。当然，大多数对民主的攻击并不那么明显。从匈牙利总理欧尔班、土耳其总统埃尔多安、菲律宾前总统杜特尔特、巴西前总统博索纳罗、以色列总理内塔尼亚胡等强人的履历就能看出，一个领导人可以怎样利用民主上位，接着再用权力来破坏民主。

强人破坏民主最常用的方法之一，就是攻击民主的自我修正机制，常常是从法院与媒体下手：剥夺法院的权力或是安插亲信，试着关停所有独立媒体，并四处安插自己的吹鼓手。[4]

等到法院无法再以法律手段制约政府，媒体也只能乖乖重复政府的台词时，所有敢于反对政府的机构或个人都可能被抹黑成叛徒、罪犯或外国间谍，进而遭到迫害。各种学术机构、市政当局、非政府组织与私人企业，要么会被解散，要么会被政府控制。到了这个阶段，政府已经能够任意操弄选举，比如将高人气的反对党领袖送进监狱，阻止反对党参与选举，在选区划分上动手脚，或是剥夺选民的选举权。人们到法院控诉这些反民主行为，只会被政府精心挑选的法官驳回。如果记者与学者批评这些行为，就会遭到解雇。能够留下来的其他媒体、学术机构与司法机构，则会盛赞这些行为实为必要之举，只有这样才能保护国家及其所谓的民主制度不受叛徒或外国间谍的侵害。这些强人通常不会真的走到最后一步——把选举彻底废除，而是会将其留下作为一种仪式，为政权提供合法性，也保留民主的表象。

那些强人的支持者，常常并不认为这是个反民主的过程。如果有人告诉他们，选举胜利并不代表拥有无限的权力，他们会真心感到困惑。他们反而会觉得，要是有人想对民选政府的权力进行任何制衡，那才是不民主。然而，民主并不是说代表多数就能为所欲为，而是说所有人都应该自由平等。民主这个制度，是要保障所有人都能拥有某些自由，就算其他人占了多数也无法剥夺。

毫无疑问，在民主政体，多数人的代表有权组成政府，在许多领域推行自己喜欢的政策。要是多数人想要战争，国家就会走向战争。要是多数人想要和平，国家就会走向和平。要是多数人想要加税，税率就会上升。要是多数人想要减税，税率就会下降。无论是外交、国防、教育、税收还是其他政策，种种重大决定都掌握在多数人的手中。

但在民主政体中仍然有两类权利受到保护，并不是多数人说了算。第一类就是人权。就算有 99% 的人想要消灭剩下 1% 的人，民主政体也不会允许，因为这侵害了最基本的人权——生命权。其他属于人权这一类的权利，还包括工作权、隐私权、迁徙自由与宗教信仰自由等。这些权利保障了民主的去中心化本质，只要不伤害别人，各人的日子怎么过都可以。

第二类重要的权利则是公民权。公民权是民主游戏的基本规则，保障着民主的自我修正机制。一个明显的例子就是投票权。要是能允许多数人去剥夺少数人的选举权，民主只要经过一次选举就会画上句号。其他属于公民权类别的权利，还包括新闻自由、学术自由与集会自由等，这些权利保障了独立媒体、大学与各种反对运动，让它们能够挑战政府。而这些也正是强人想染指的关键权利。虽然有时候确实有必要改变国家的自我修正机制（比如扩大选举权、规范媒体、改革司法），但这种改变必须是多数阵营与少数阵营双方有广泛的共识才行。如果只是稍微占了多数，就能够单方面改变各种公民权，那么当局就能够轻松操弄选举，摆脱所有的权力制衡。

人权与公民权还有另一项值得一提的重点：这两种权利除了会限制中央政府的权力，还会对中央政府有一些积极的要求。民主政府不仅自己不能侵犯人权与公民权，更要主动保障这两项权利。以生命权为例，民主政府会被要求负起责任，保护公民免受犯罪暴力的侵害。如果某个政府不杀人，但也不努力保护公民不被杀害，这只是无政府状态，而非民主。

人民 vs 真理

当然，在每个民主国家，人权与公民权的界限都会经过长时间的讨论。就连生命权也会有其限制。包括美国在内，一些民主国家仍保留了死刑，剥夺部分罪犯的生命权。而且每个国家都会允许自己有宣战的特权，也就是会派人去杀戮与被杀。所以，生命权的界限究竟要定在哪里？至于哪些权利该归属于这两类，也有着持续且复杂的讨论。谁能决定宗教自由算不算基本人权？使用互联网又该不该算公民权？还有动物的权利呢？甚至人工智能的权利呢？

这些问题都无法在这里得到解决。人权与公民权都是存在于主体间的约定，是人类的发明而非发现，是出于历史的偶然，而不是出于普遍的理性。不同的民主政体所列出的权利清单就可能有所不同。至少从信息流的角度来看，定义某个制度是否民主的两个条件就是中央的权力是否有一定限度，以及这个制度是否有健全的机制能修正中央的错误。民主信息网络认为人人都会犯错，就算是选举胜出的那些人或者属于多数方的选民也不例外。

特别重要的一点是，必须记得选举并不是找出真相的方法。选举只是要在各方冲突的欲望之间做出裁定，以此来维持秩序。选举所确定的，只是多数人想要什么，而不是真相是什么，而且人们常常就是不愿意面对事实。所以民主信息网络还是需要保留一定的自我修正机制，才能保护真相不受大多数人意愿的影响。

比如，2002—2003 年，经过“9 · 11”事件，小布什政府在讨论是否应该入侵伊拉克时，就声称萨达姆正在研发大规模杀伤性武器，还说伊拉克人民渴望建立美国式的民主，欢迎美国前去解放。当时这些论点胜出了，于是在 2002 年 10 月，美国人民选出的国会代表以压倒性多数批准入侵伊拉克。这项决议在众议院以 296∶133 的多数（69%）通过，在参议院也以 77∶23 的多数（77%）通过。[5] 而在 2003 年 3 月的战争初期，民调发现这些议员的意见确实与广大选民一致，当时美国公民有 72% 支持这项入侵行动。[6] 美国人民的意愿十分明确。

但事实证明，真相与美国政府的说辞及大多数人的信念并不一致。随着战争发展，众人发现伊拉克并没有大规模杀伤性武器，许多伊拉克人也并不想被美国人解放或建立美国式的民主。时至 2004 年 8 月，新的民调结果显示，美国人有 67% 认为这次入侵是基于错误的假设。随着时间的推移，大多数美国人已经承认入侵伊拉克大错特错。[7]

在民主国家，只要占了多数，就完全有权做出发动战争等重大决定，当然也可能犯下重大错误。然而就算占了多数，至少也应该认识到自己仍有可能犯错，并保护少数人也能支持与宣传一些不受欢迎的观点，毕竟有可能到头来发现那些少数人的观点才是正确的。

让我们再举一例，假设一位有魅力的领袖被控贪腐，其忠实支持者显然希望这些指控并非事实。但就算大多数选民都支持这位领导人，也不能就此阻止法官调查指控，找出真相。科学的情况与司法有些类似。虽然大多数选民有可能不愿相信气候变化的现实，但并不能因此就认为他们有权力左右科学事实或阻止科学家去探究、发表一些他们不愿面对的真相。环境研究部门不同于国会，其该做的并不是反映多数人的意愿。

当然，民主国家在制定关于气候变化的政策时，最重要的仍然是选民的意愿。光是承认气候变化的现实，并不等于知道如何应对。我们总会有各种不同的选项，而挑选其实是个意愿问题，而非真相问题。选项一可能是立刻减少温室气体排放，就算使经济增长放缓也在所不惜。这可能会让今日的人利益受损，但能让 2050 年的人免于更严峻的挑战，能让岛国基里巴斯不会被淹没，也能让北极熊躲过灭顶之灾。选项二则可能是一切如常。这代表着今日的人会好过一点，但会让下一代的生活变得更加艰辛，基里巴斯将被淹没在海平面下，北极熊与许多其他物种可能会灭绝。如何选择是个意愿问题，所以该做出决定的是所有选民，而不是少数专家。

但选举时不该出现的选项就是隐藏或扭曲真相。如果多数人确实不想顾虑未来世代或其他环境考量，一心想要在目前大举消耗化石燃料，这些人也绝对有权投票支持这样的做法。但即使是多数民意，也无权通过法令声称气候变化就是骗局，要求辞退所有相信气候变化的教授。我们确实能够选择自己想要的，但不能否认这种选择的真正意义。

当然，学术机构、媒体与司法制度本身也可能出现贪腐、偏见或错误。但如果要求它们都服从政府，很有可能只会让事情变得更糟。在发达社会，政府是最强大的机构，因此也最想扭曲或隐藏令人不悦的事实。要让政府来监督对真相的探索，就像让狐狸来看守鸡舍。

真想找出真相，最好还是用另外两种方法。第一，学术机构、媒体、司法制度都具有自我修正机制，能用来对抗贪腐，修正偏见，揭露错误。在学术界，同行评议机制常常比政府官员的监督更能有效找出出版物中的错误，因为学术晋升靠的就是揭露过去的错误、发现未知的事实。而在媒体界，因为靠的是自由竞争，要是 A 媒体出于私心不想曝光某桩丑闻，就有可能被 B 媒体捷足先登。在司法界，法官要是受贿，就有可能像其他公民一样受到审判与惩罚。

第二，由于有许多不同的独立机构会通过各种方式来寻求真相，这些机构也就能够彼此制衡、修正。举例来说，如果龙头企业成功贿赂了足够多的科学家，想要以此突破同行评议机制，调查记者与法院完全可以揭露这个事件，惩罚违法者。如果媒体或法院受到系统性种族主义偏见的影响，那么社会学家、历史学家和哲学家就该站出来，揭露这些偏见。这些机制没有哪一项会万无一失，但人类机构本就不是万无一失的，政府肯定也不是。

民粹主义的攻击

如果你觉得这一切听起来很复杂，那是因为民主本来就是复杂的。“简单”是独裁信息网络的特征，因为这种网络就是由中央决定一切，其他人只需默默服从。像这样的“独裁独白”，人们很轻松就能听懂；而相较之下，民主则是一场多方对话，许多人会同时发声，要听懂并跟上这样的对话就没那么简单了。

此外，民主最重要的那些机构制度常常都是官僚主义的庞然大物。虽然公民很爱追各国王室或总统府的生物戏剧，但讲到国会、法院、报纸与大学如何运作，要理解来龙去脉实在没那么容易。这也就让强人有机可乘，他们很容易对相关机构制度发动民粹攻击，瓦解各种自我修正机制，将全部权力抓在手中。我们在序言中曾经简单讨论过民粹主义，解释它会对天真的信息观带来怎样的挑战。而我们在这里要再谈一谈民粹主义，除了进一步了解其世界观，也谈谈为什么反民主的强人会如此热爱民粹主义。

“populism”（民粹主义）一词源自拉丁文 populus（意思是“人民”）。在民主政体，人们认为人民是政治权威的唯一合法来源，也只有民意代表有权宣战、立法和增税。民粹主义虽然也相信这项民主的基本原则，却不知道从哪里得出一个结论，即觉得这里的意思是应该由单一政党或单一领导人垄断所有权力。民粹主义就像施展了一套奇幻的政治炼金术，根据看似无可挑剔的民主原则，发展出一套追求无限权力的极权主义。事情究竟是怎么发展成这个样子的？

民粹主义者最奇妙的一项主张是只有他们才能真正代表人民。在民主政体，政治权力只能归于人民，而如果只有民粹主义者才能代表人民，自然所有的政治权力就应该归于民粹主义政党。如果是其他政党赢得选举，可不代表那个政党赢得了人民的信任、有权组建政府，而肯定是胜选被偷走了或人民被欺骗了，投票结果并没有表达出人民真正的意志。

该强调的是，许多民粹主义者真心相信这一套，而不只是将其作为宣传手法。就算在整体选票中只拿到极少的票数，民粹主义者仍然可能相信只有他们才能代表人民。与此类似，在英国，CPGB（英国共产党）的大选得票率从未超过 0.4%，[8] 却仍然坚称只有自己才真正代表劳工阶级。他们声称，数以百万计的英国劳工都是因为“虚假意识”才没把票投给 CPGB，反而投给了工党甚至是保守党。他们说资本家控制了媒体、大学与其他机构，使劳工阶级受骗上当，投下违背自身真正利益的一票，而唯有 CPGB 能够看穿这场骗局。民粹主义者的想法也十分类似，他们觉得人民的敌人欺骗了人民，才让人民投下了违背真实意志的一票，而唯有民粹主义者才能代表人民的真实意志。

这种民粹主义信条的一个基本要素，就是没有把人民看作一群拥有不同观点与利益、活生生的人，而认为人民就是一个神秘而统一的实体，只有单一的意志，也就是“人民的意志”。对于这种半宗教的信念，或许最恶名昭彰，也最极端的表现，就是纳粹的座右铭“Ein Volk，ein Reich，ein Führer”（意为“一个民族，一个帝国，一个领袖”）。在纳粹意识形态看来，整个民族或全体国民只有一个单一的意志，而唯一的真正的代表就是他们的领袖。他们认为，对于人民的感受与需求，这位领袖的直觉绝对不会出错。要是有某些德国公民不同意这位领袖的看法，并不代表这位领袖错了，而是因为这些异见分子都来自图谋不轨的外部团体（犹太人、共产主义者、自由主义者），并非人民。

当然，纳粹是个极端的案例，绝不是说所有民粹主义者都可能是隐性的纳粹，都可能有种族灭绝的倾向。然而，许多民粹主义政党与政治人物就是不愿接受“人民”可能包含了许多不同的意见、许多不同的利益团体等诸多含义。他们一心认定真正的人民只有一个意志，也深信只有自己才能代表这种意志。相较之下，他们的政治对手就算得到大多数民众的支持，也会被说成是“外来的精英阶层”。

按照这种逻辑，到底要怎样分辨某个人算不算是“人民”？这个问题再简单不过：只要支持领袖的，就算是人民。德国政治哲学家扬-威尔纳·穆勒认为，这就是民粹主义的决定性特征。要判断某人是不是民粹主义者，就看他是否声称只有自己能够代表人民，并声称那些不同意他的观点的人（国家官僚制度、少数群体甚至多数选民）肯定都是为虚假意识所迷惑，或者根本不是真正的人民。[9]

这就是民粹主义对民主构成致命威胁的原因。民主虽然认同人民是权力的唯一合法来源，但在民主制度看来，人民从来就不是一个统一的实体，也就不会有什么单一的意志。无论是德国人、委内瑞拉人还是土耳其人，各国人民都包含了许多不同的团体，有许多不同的意见、意志与代表。任何团体（甚至是代表多数的团体）都无权将其他团体排除于“人民”的概念之外。必须这样，民主制度才能是一种对话。想进行对话，前提是有许多声音都能得到认同。要是只能有一种声音得到认同，就不可能有对话，而会是由单一的声音主宰一切。因此，虽然民粹主义可能口口声声说自己坚守“人民的权力”这项民主原则，但实际上却让民主失去意义，并且试图追求独裁统治。

民粹主义还有另一种破坏民主的方式，虽不太明显，但同样危险。民粹主义者在声称只有他们能代表人民之后，开始声称人民不但是政治权力的唯一合法来源，更是所有权力的唯一合法来源。于是，只要有任何机构制度的权威不是来自人民意志，就会被说成反民主。这样一来，自称是人民代表的民粹主义者不只是要垄断政治权威，更是要垄断所有类型的权威，并且控制媒体、法院与大学等机构制度。通过把“人民的权力”这项民主原则发挥到极致，民粹主义摇身一变，成了极权主义。

事实上，虽然“民主”的意思是政治领域的权力来自人民，但并不代表其他领域的权力就不能有其他来源。比如前文谈过，在民主制度当中，独立的媒体、法院与大学都是重要的自我修正机制，能够保护真理与真相，就算是多数人的意愿也无法颠倒是非。生物学教授之所以说人类是从猿类演化而来的，是因为有证据能够支持这种说法，而不会在意多数人是否喜欢。记者如果曝光某位高人气政治人物收受贿赂，只要他能在法庭提出令人信服的证据，不管大多数民众是否愿意相信这项指控，法官都可能将这位政治人物送进监狱。

对于有些机构高举客观真理之名、凌驾于所谓人民意志之上，民粹主义者会怀疑这些机构，觉得这些机构就是精英分子为了争取不合理权力放出的烟幕弹。于是，民粹主义者开始质疑“追求真理”的行为，并主张“只有权力才是唯一的现实”（正如我们在序言所述）。这样一来，只要有任何独立的机构制度反对他们，民粹主义者就会试图削弱或侵占这些机构制度的权威。结果就产生了一种黑暗而愤世嫉俗的观点，这种观点觉得整个世界就是一座丛林，而人类就是一种只迷恋权力的生物，所有社会互动都是权力斗争，所有机构制度都是只为自己人谋求利益的集团。在民粹主义者的想象当中，法院在意的并不是公平正义，而只是维护法官的特权（没错，法官常常大谈公平正义，但这不过是为自己夺取权力的伎俩）；报纸关心的也从来不是事实，只是在散播假新闻来误导人民，好让记者与背后的金主受益；就连科学机构也不是为了找出真理与真相，那些生物学家、气候学家、流行病学家、经济学家、历史学家与数学家，都是另一种利益团体，会为了私利而牺牲人民。

总而言之，这种观点把人性看得极为卑劣，但还是有两点让它极具吸引力。第一，它把所有互动都简化成权力斗争，于是现实变得似乎不再那么复杂，所有战争、经济危机和自然灾害等事件也变得好懂多了。

不管发生任何事（就算是一场全球疫情），都是因为精英分子在追求权力。第二，民粹主义之所以有吸引力，是因为它有时候确实是对的。所有人类机构制度的确都可能犯错，也都会有一定程度的贪腐。确实有些法官会受贿，确实有些记者会故意误导大众，也确实有些学术学科存在偏见与裙带关系。这就是为什么所有机构制度都需要有自我修正机制。然而，民粹主义相信只有权力、力量才是唯一的现实，也就无法相信法院、媒体或学术机构能够受到真理或正义价值的启发，进行自我修正。

很多人之所以拥抱民粹主义，是因为觉得它诚实描述了人类的现实，但强人拥抱民粹主义，却有不同的目的。对强人而言，民粹主义能够提供一个意识形态基础，让他们既能成为独裁者，还能假装拥护民主。这里对强人来说最好用的一点，就是能够拿来压制或侵占民主的自我修正机制。由于民粹主义者认为法官、记者和教授是在追求政治利益而非真理与真相，所以这些职位都该由人民的捍卫者（也就是那些强人）来控制，绝不能落入人民的敌人手中。同样，就算是那些负责安排选举、公布选举结果的官员，也可能是邪恶阴谋的一部分，所以应把他们统统换成强人的忠实支持者。

在一个运作良好的民主国家，公民之所以相信选举结果、法院判决、媒体报道和科学发现，是因为公民相信这些机构一心追求真理与真相。但要是人民相信只有权力才是唯一的现实，对这些机构失去信心，就会使民主崩溃，而让强人夺去所有权力。

当然，如果连强人都失去了人民的信任，民粹主义的结果可能就不是极权政府，而是无政府。如果说根本没有人追求真理或正义，难道墨索里尼不是人吗？如果说根本没有任何人类机构制度能够有效自我修正，难道墨索里尼的国家法西斯党不是人类机构吗？要一边坚决否定所有精英与机构，一边又坚决信任某位领导人与政党，哪儿有这种道理？正因如此，说到底，民粹主义还得绕回强人代表所有人民这种神话般虚无缥缈的概念。要是人民已经极不信任选举委员会、法院和报纸这些官僚机构，这时还想维持秩序，唯一能做的就是加强对神话故事的依赖了。

衡量民主政体的力量

说自己代表人民的强人，很可能是通过民主手段上台的，也常常打着民主的幌子进行统治。他们靠操弄选举赢得压倒性多数，并以此证明自己与人民之间确实有着某种神秘的联结。所以在评估某个信息网络有多民主的时候，不能只看其有没有定期选举。反之，我们需要问一些更复杂的问题，比如："有什么机制能够防止中央政府操弄选举？""主流媒体如果批评政府，是否会有什么危险？""中央政府给了自己多大权力？"民主与独裁的区别不是非黑即白，而是如同一道连续的光谱。想知道某个网络究竟比较靠近这道光谱的民主一端还是独裁一端，就得了解信息是如何在网络中流动的，以及有什么因素会影响政治对话。

如果某个人对所有决策独断专行，就连其最亲近的顾问也不敢表达异议，就不可能有任何对话。这样的网络就处于最独裁的那一端。假设没有人能在公开场合发表异议，但在关上门后，有一小群党派高层或高官能够畅所欲言，虽然这仍是独裁，但已经朝民主方向迈出了一小步。如果只有 10% 的人口能够发表意见，在公平的选举中投票，竞选公职，以此参与政治对话，这应该算是一种有限的民主。这样的例子包括雅典之类的古代城邦，或是早期的美国（当时唯有富裕的白人男性才有这样的政治权利）。能够参与对话的人数比例越高，这个网络也就越民主。

把评估重点放在对话而非选举上，就能引出许多有趣的问题。举例来说，对话发生的地点在哪儿？例如，朝鲜在平壤设有万寿台议事堂，最高人民会议的 687 名人民代表在此举行会议。然而，虽然官方号称这是朝鲜的立法机构，每五年举行一次代表选举，但真正的决策地点另在他处。这里的议事讨论一团和气，只是照着预定的脚本走，并没打算改变任何人对任何事的看法。[10]

平壤或许还有某个更隐秘的会议室，真正重要的对话都在那里进行。由于朝鲜的信息非常集中，控制极为严格，我们对这个问题实在没有明确的答案。[11]

我们对美国也可以提出类似的问题。与朝鲜不同的是，在美国，人们讲什么都是他们的自由。公众每天都会严厉批评政府。但那个进行重要会谈的房间在哪里？什么身份的人才能出席？美国国会的设立，一开始正是为了这个功能：让人民的代表来开会、交谈，试着说服对方。只不过，我们什么时候看到国会因为某党议员口若悬河，就让另一党成员回心转意？无论现在真正影响美国的对话在哪里进行，都绝对不是在国会。如果说民主的死亡，一种情况是人民没有了言论自由，而另一种情况就是人民已经失去了彼此倾听的意愿或能力。

石器时代的民主制度

根据上文对民主的定义，我们现在可以回顾历史，看看信息科技与信息流的改变如何塑造了民主的历史。从考古学与人类学的证据来看，民主是古代狩猎采集社会最典型的政治制度。石器时代的游群显然不会有选举、法院与媒体这些正式的机构制度，但它们的信息网络常常属于分布式，而且有充分的自我修正机会。只有几十人的游群，很容易就能把信息分享给所有成员；当决定在哪儿扎营、去哪儿狩猎、怎样处理与另一个游群的冲突时，所有人都能参与对话，相互讨论。而游群又常常属于某个较大的部落，成员达到数百甚至数千。假设部落要做出一些足以影响整个部落的重大抉择（例如是否发动战争），由于部落的规模通常不算太大，它仍然可以让大部分成员共聚一堂，互相交流意见。[12]

虽然游群与部落偶尔也有主要的领袖人物，但通常他们的权力十分有限。这些领导者手中并没有常备军、警力或政府官僚机构，无法用武力把自己的意志强加于他人，[13]也很难控制人民生活的经济基础。在现代，独裁者的政治权力常常来自垄断经济资产。[14]在古典时代，中国皇帝、古希腊君主与埃及法老统治社会，靠的也是控制粮仓、银矿与灌溉渠道。相较之下，在狩猎采集经济中，唯有某些特殊情境才可能出现这种集中式的经济控制。举例来说，在北美洲西北部沿海地区，有些狩猎采集经济靠的是捕捉与保存大量的鲑鱼。因为鲑鱼洄游的高峰限定在几条特定的河流，为期短短数周，所以强大的酋长确实能够垄断这项资产。[15]

但这只是个例外，狩猎采集经济通常更为多元。某位领导者就算找来几位盟友帮忙，也不可能围起整片草原，不准其他人采集狩猎。就算真的别无选择，狩猎采集者最后也可以用脚投票。反正当时的人也没什么财产，最重要的财产就是自己的技能与私下的朋友，所以如果领导者变得独裁，众人大可一走了之。[16]

狩猎采集者就算真的被某个专断的领导者统治（比如北美洲西北部鲑鱼捕捞者遇到的情况），这个领导者至少能让人接触到，而不会躲在遥远的要塞里，隐藏在复杂的官僚体制中，身处武装警卫的重重警戒线之后。想要投诉或是提出建议，可以直接让他听见。领导者无法控制舆论，也无法充耳不闻。换言之，领导者无法强迫所有信息必须流经自己这个中心，也无法阻止人民互相交谈、批评他或是组织起来反对他。[17]

在农业革命后的几千年间，特别是在文字协助催生大型官僚政体之后，要让信息集中到中央变得容易了，但要维持民主对话则变得困难了。在古代美索不达米亚与希腊的那些小城邦里就出现了许多专制者，例如温玛的卢加尔－扎格西、雅典的庇西特拉图，他们靠着官僚、档案库、常备军垄断了关键经济资产，以及关于所有权、税务、外交与政治的信息。与此同时，广大公民之间要彼此直接联系则越来越困难。当时还没有报纸、广播等大众传播技术，把几万名公民塞进城里的主要广场来场公共讨论，可不是什么简单的事。

早期苏美尔与古典希腊的历史清楚显示，在这些小城邦，民主制度仍然是选项之一，[18]但这些城邦的民主通常已经不像古代狩猎采集游群的民主那样宽容。谈到古代城邦的民主，或许最著名的就是公元前 5 世纪到公元前 4 世纪的雅典了。当时所有成年男性公民都能够参与雅典公民大会，投票决定公共政策，也能获选担任公职。然而，城邦里的女性、奴隶与非公民居民并没有这些特权。雅典的成年人口中，只有 25%~30% 享有完整的政治权利。[19]

随着政体规模不断扩大，城邦变成更大的王国与帝国，就连雅典那样的"部分民主"也随风而逝。说到古代民主政体，所有著名例子都是城邦，例如雅典和古罗马。相较之下，到了大型的王国或帝国，还真没听过哪个是以民主的方式来运作的。

举例来说，雅典在公元前 5 世纪从城邦扩张为帝国之后，并未让被征服者享有公民权与各种政治权利。虽然雅典城仍然是个有限的民主政体，但规模更大的雅典城邦则走向了中央专制统治。所有关于税务、外交联盟、军事远征的重要事项的决定权都握在雅典手上。比如纳克索斯岛和萨索斯岛这样的附属领地，一方面必须服从雅典公民大会与民选官员的命令，另一方面却没有投票权与被选举权。而且，纳克索斯岛、萨索斯岛等附属领地也很难协调出一致的行动来反抗雅典的决定，就连尝试也可能引来雅典残酷的报复。在雅典帝国，信息以雅典为中心向内外流动。[20]

等到罗马共和国建立帝国，先征服了意大利半岛，最后征服了整个地中海地区，做法则略有不同。罗马逐渐让公民权适用的范围向外扩张，被征服者也能享有。先是意大利拉丁姆区的居民能得到公民身份，接着是意大利其他地区，最后则是像高卢与叙利亚那些遥远省份。然而，虽然越来越多的人有了公民身份，但是赋予公民的政治权利越来越受到限制。

古罗马人很清楚民主的意义，一开始也坚定地致力于实现民主的理想。自公元前509年流放了罗马最后一位国王之后，罗马人对君主制深恶痛绝，再也不想把无限的权力赋予任何个人或机构。因此，最高行政权由两名执政官共掌，互相制衡。执政官由公民自由选举产生，每届任期一年，并需受到公民大会、元老院、保民官等其他民选官员的监督。

等到拉丁姆区、整个意大利、高卢与叙利亚的人都能享有公民权之后，公民大会、保民官、元老院甚至两位执政官的权力才开始逐渐缩小。直到公元前1世纪末，恺撒家族开始了专制统治。奥古斯都像是预见到了如今政治强人的做法，并未加冕称帝，而是假装罗马仍然是个共和国。元老院与公民大会依然继续开会，每年公民继续选出执政官与保民官。只不过，这些机构的实权早被掏空。[21]

公元212年，皇帝卡拉卡拉（北非一个腓尼基家族的后裔）跨出了看似重要的一步：在整个庞大的罗马帝国中，只要是自由的成年男性，就享有罗马公民权。于是，公元3世纪，罗马的公民达到数千万。[22]但在这个时候，所有重大事项的决策权，其实都掌握在一位非民选产生的皇帝手中。虽然每年还是会按规定选出执政官，但卡拉卡拉的权力则继承自父亲塞普蒂米乌斯·塞维鲁，而塞维鲁则是靠着打赢内战而成了皇帝。为了巩固自己的统治地位，卡拉卡拉做出一项最重要的决定——杀了自己的弟弟兼竞争对手盖塔。

在下令杀死盖塔、向帕提亚帝国宣战或是让几百万的不列颠人、希腊人和阿拉伯人拥有罗马公民身份的时候，卡拉卡拉并不需要征求罗马人民的许可。罗马所有的自我修正机制早已失效。要是卡拉卡拉在外交或内政上犯了错，元老院或任何官员都无力介入修正，选项只剩下政变或暗杀。而等到卡拉卡拉在公元217年真的被暗杀，迎来的只是新一轮内战，新的专制者崛起。套用斯塔尔夫人的一句话，公元3世纪的罗马就像 18 世纪的俄国，都是“用绞杀进行调和的专制”。

到公元 3 世纪，不只是罗马帝国，地球上所有主要的人类社会都成了集中式的信息网络，而且缺少健全的自我修正机制。波斯的帕提亚帝国和萨珊王朝，印度的贵霜帝国和笈多帝国，以及中国的东汉末期与三国时期都是如此。[23] 在公元 3 世纪以后，虽然还是有几千个小规模社会继续采用民主制度，但分布式的民主信息网络似乎就是无法与大规模的社会兼容。

恺撒选总统

大规模的民主制度在古代真的行不通，还是奥古斯都和卡拉卡拉这样的独裁者故意从中破坏？这个问题的重要性，除了在于能让我们了解古代历史，更在于能让我们看清人工智能时代民主的未来。我们要怎样才能判断，民主政体的失败是因为受到强人的破坏，还是有某些更深层次的结构原因或技术原因？

为了回答这个问题，让我们再仔细分析一下罗马帝国的状况。罗马显然很熟悉民主的理想状态是什么样子，就算在恺撒家族掌权之后，民主也依然是个重要的概念。否则，奥古斯都与后续的继任者犯不着这么辛苦地维持民主的表象，例如，保留元老院，以及每年选出执政官与其他公职人员。所以，为什么权力最后都握在一个非民选的皇帝手上？

理论上，就算整个地中海地区有几千万人拥有罗马公民身份，难道不能来场全帝国的皇帝大选吗？当然，这件事的后勤安排肯定非常复杂，得花几个月的时间才能得知选举结果，但真的是这个原因毁了民主吗？

这里的主要误解，在于认为民主等于选举。如果只是办场选举，让罗马帝国上千万公民投票给这位或那位皇帝候选人，理论上并非不可能。但真正的问题是，这上千万公民有没有办法真的进行全帝国规模的持续政治对话。在如今的一些国家，因为人民没有言论自由，所以没有民主对话，但我们完全可以想象他们有了言论自由之后的情形。在如今的美国，因为各方无法倾听、尊重政治对手，所以民主受到威胁，但理论上这个问题能够解决。相较之下，在罗马帝国完全没有进行或维持民主对话的可能，因为在技术上不可行。

要进行对话，并不是有说话的自由与倾听的能力就够了，还需要两个技术前提。第一，各方要处于彼此的听力范围内。所以在美国或罗马帝国这样辽阔的土地上，想要进行政治对话，就必须利用某种信息技术将言论迅速传向远方。

第二，人民必须对自己谈论的内容有基本了解，否则就是在制造噪声，而不是进行有意义的对话。如果谈的是切身的政治议题，大家通常都能有不错的理解。比如穷人谈论贫穷，或许有些见解连经济学教授都没想过；少数族群谈论种族主义，他们的理解也会比从未遭受种族歧视的人更为深刻。但如果觉得必须有亲身体验才能理解那些关键的政治议题，就不可能展开大规模的政治对话。因为在这种时候，每个群体都只能谈论自己的经验，而且更糟的是，就算谈了，其他人也无法理解。如果知识只能来自自身经验，那么就算听了别人的见解，也无法让它变成自己的见解。

想在多元群体之间进行大规模政治对话，必备条件就是大家都能对自己从未亲身经历的议题有一定理解。在一个大型政体里，教育与媒体有一个关键作用：让民众了解一些他们从未亲身体验的事。没有教育系统、没有媒体平台来发挥这个作用，就不可能进行有意义的大规模对话。

在一个可能只有几千人的新石器时代的小镇，居民或许偶尔不敢说出自己的想法，不想听取别人的意见，但就技术而言，想要进行一段有意义的对话并不难。第一，大家都住得不远，很容易就能见到社群里的大多数人，听到他们的声音。第二，大家都很了解这个小镇面临怎样的危险与契机。要是有敌军来袭，大家都看得到；要是河水泛滥到田里，所有人都会明白这对经济的影响。讲到战争与饥饿，每个人都很清楚它们代表什么意义。

在公元前 4 世纪，罗马城邦的规模还很小，一旦有紧急状况，就能让大部分公民聚集到广场上，听他们尊敬的领袖发表演说，并就当前议题发表自己的意见。公元前 390 年，高卢进攻罗马，几乎所有罗马人在阿利亚之战中都有亲人战死，也在随后的洗劫中损失了财物。绝望的罗马人任命卡米卢斯为独裁官，这是一个在紧急状态下任命的临时公职，权力没有上限，但只能在预定的短暂期限内行使，之后就得对自己的行为负责。卡米卢斯带领罗马获胜之后，所有人都能看到紧急状态已经结束，卡米卢斯也随之下台。[24]

相较之下，到公元 3 世纪，罗马帝国的人口已达 6000 万 ~7500 万，[25] 领土面积超过 500 万平方千米。[26] 当时的罗马并没有广播或日报这样的大众传播技术，成年识字人口只占总人口的 10%~20%，[27] 也欠缺有组织的教育系统，让人民了解帝国的地理、历史与经济。确实，帝国各地有许多人拥有一些共同的文化信念（如坚信罗马人比野蛮人更文明），这有助于维持帝国的秩序与团结，但在政治上的意义就没那么明显了，而且在遇到危机时，没有任何方法能够进行公共对话，讨论应对之策。

如果一群人中有叙利亚商人、大不列颠牧羊人和埃及村民，他们怎么可能好好讨论正在中东发生的战争，以及正在多瑙河沿岸酝酿的移民危机？当时没有真正有意义的公共对话，并不是奥古斯都、尼禄、卡拉卡拉或任何其他皇帝的错。不是这些人破坏了罗马的民主，而是在帝国的规模与可用的信息技术下，民主制度在当时根本不可能运作。柏拉图与亚里士多德这些古代哲学家早已看清这一点，所以他们认为民主只能在小规模城邦运作。[28]

如果罗马没有民主是某些特定独裁者的错，理论上在其他地方应该能看到大规模民主政体的蓬勃发展，比如波斯的萨珊王朝、印度的笈多王朝或中国的汉朝。然而，在现代信息科技发展之前，世界上确实没有大规模民主的例子。

在此要强调，在许多大规模专制政体中，地方事务常常采用民主管理形式。罗马皇帝手中信息不足，无法对整个帝国几百个城市进行微观管理，但针对各个城市的市政，当地公民仍然能够进行有意义的对话。所以就算罗马帝国成为专制政体已久，许多城市仍然由地方议会与民选官员来治理。在罗马执政官选举徒具形式的时候，庞贝之类小城市的市政官员选举仍然竞争激烈。

公元 79 年，罗马帝国皇帝提图斯在位期间，维苏威火山爆发摧毁了庞贝城，而后来考古学家在庞贝古城发现了大约 1500 幅与地方选举相关的涂鸦。当时的一个热门职位是市政官，它负责维护城市基础设施与公共建筑。[29] 当时，卢克莱修斯 · 弗朗托的支持者涂鸦写道："如果诚实生活值得推崇，卢克莱修斯 · 弗朗托就值得当选。" 弗朗托的对手盖乌斯 · 尤利乌斯 · 波利比乌斯的竞选口号则是："请选波利比乌斯担任市政官，他能提供美味的面包。"

有些候选人还得到了宗教或专业协会的支持，例如，"伊西斯的信徒请投票给格奈乌斯 · 赫尔维乌斯 · 萨比努斯""所有骡夫请投票给盖乌斯 · 尤利乌斯 · 波利比乌斯"。有些人的手脚则没那么干净。例如有几幅涂鸦，作者显然不是马库斯 · 塞里尼乌斯 · 瓦提亚的支持者，写的是"所有酒鬼请投票给马库斯 · 塞里尼乌斯 · 瓦提亚，小偷也请投票给他"。[30] 从这些竞选活动可以看出，一是市政官一职在庞贝确实拥有权力，二是选举相对自由公平，市政官一职并非由罗马帝国独裁者任命。

即使是在某些领导者连装都懒得装的帝国，民主制度也可能在地方层面大行其道。例如，在沙皇俄国，数百万农村居民的日常生活由村社管理，这套制度至少能够上溯到 11 世纪，每个村社的人口通常不到千人。村社隶属于地主，需要对地主与沙皇承担许多义务，但在管理内部事务以及决定如何履行外部义务（如纳税、提供兵源）时则有相当大的自主权。村社能够调解地方纠纷，提供紧急救济，维护社会规范，监督各家的土地分配，以及规范如何使用森林或牧场这样的公共资源。重大事项由村社大会决定，每家每户都能够表达自己的意见，共同选出一位长老，村社所做的决定至少会尝试反映多数人的意愿。[31]

在沙皇时代的村庄与罗马时期的城邦，因为仍然能进行有意义的公共对话，所以可能实现某种形式的民主。公元 79 年，庞贝城有一两万人，[32] 所以每个人还是能够自行判断弗朗托是否诚实、瓦提亚是不是个会喝醉的小偷。但涉及几百万人的大规模民主，还是得等到现代社会大众媒体改变了大规模信息网络的本质之后才会出现。

大众媒体使大众民主梦想成真

有了大众媒体这样的资讯技术，就能让相距甚远的数百万民众迅速联结在一起。而印刷术的发明，让人类朝这个方向迈出了关键一步，从此能够便宜而迅速地生产大量图书与宣传册，让更多的人表达自己的意见，把思想传到遥远的地方，只不过这个过程需要一点儿时间而已。这项技术推动了最早一批的大规模民主实验，比如 1569 年成立的波兰立陶宛联邦，以及 1579 年成立的荷兰共和国。

有些人可能质疑这些政体算不上民主，因为当时只有少数相对富裕的公民能够享有完整的政治权利。比如在波兰立陶宛联邦，只有贵族的成年男性能够享有政治权利，这些人约有 30 万，仅占成年人口的 5%。[33] 贵族的特权之一就是选举国王，但想投票就得长途跋涉参与全国大会，所以真正行使这项权利的人少之又少。在 16—17 世纪，参与国王选举的投票人数通常在 3000~7000，但 1669 年的大选投票人数高达 11271。[34]

虽然从21世纪的观点来看，实在不觉得这有多民主，但不要忘记，在20世纪之前，所有的大规模民主政体都只有一小群相对富裕的人能够享有有限的政治权利。民主从来不是一个全有或全无的选择题，而是一道连续的光谱，16世纪末的波兰立陶宛联邦就探索了这道光谱中无人涉足的区域。

除了选举国王，波兰立陶宛联邦也设有民选的联邦色姆（Sejm，即联邦国会），负责批准或否决新制定的法律，并有权否决王室关于税务及外交事务的决定。此外，联邦公民享有一系列不可侵犯的权利，其中就包括集会自由与宗教自由。在16世纪末17世纪初，欧洲大部分地区卷入了激烈的宗教冲突与迫害，波兰立陶宛联邦就成了宽容的避风港，无论是天主教徒、希腊东正教徒、路德宗教徒、加尔文宗教徒、犹太教徒还是穆斯林，在此都能和平共处。[35]1616年，波兰立陶宛联邦拥有100多座清真寺。[36]

但到头来，波兰立陶宛联邦这项分布式体制实验证明无以为继。该国是当时的欧洲大国，面积将近100万平方千米，涵盖今日波兰、立陶宛、白俄罗斯与乌克兰的大部分领土。但由于波兰立陶宛联邦缺少必要的信息、通信与教育系统，也就无法让分散各地的波兰贵族、立陶宛显贵、乌克兰哥萨克与犹太拉比进行有意义的政治对话。而且，自我修正机制的成本也太过昂贵，这使得中央政府的权力陷入瘫痪。特别是当时每位色姆代表都有权否决任何法令，这让政治陷入僵局。事实证明，一旦政体庞大多元，再加上中央软弱无力，就会带来致命的结果。波兰立陶宛联邦在离心力的作用下分崩离析，遭到俄国、奥地利与普鲁士等中央集权国家的瓜分。

荷兰共和国这场实验的结果则好多了。就某些层面而言，荷兰联省共和国甚至比波兰立陶宛联邦更分散，因为这个共和国并没有共同的君主，只是由七个自治省组成联盟，每个自治省又由许多自治城镇组成。[37] 这种分布式的本质反映在这个国家在国外有诸多称呼：英语称之为“Netherlands”，法语称之为“Les Pays-Bas”，西班牙语则称之为“Los Países Bajos”，等等。

整体而言，联省共和国的陆地面积只是波兰立陶宛联邦的 4%，但它拥有更好的信息、通信与教育系统，于是能够将全国各地紧密联结。[38] 联省共和国还推出一项大有前景的全新领先信息技术：1618 年 6 月，阿姆斯特丹出现了一份刊物，名为《意大利及德意志等地时事报》（*Courante uyt Italien, Duytslandt &c*）。正如其标题所示，该报刊载的是亚平宁半岛、德意志等地的新闻。这份刊物本身并没有什么特别之处，唯一不同的就是它在接下来的几周继续出版。1670 年，这家报纸又与其他几份连载刊物合并为《阿姆斯特丹时事报》（*Amsterdamsche Courant*），1903 年又并入荷兰《电信报》（*De Telegraaf*），至今后者仍是荷兰第一大报。[39]

报纸是一种周期性刊物，它与早期一次性刊物的不同之处在于拥有更为健全的自我修正机制。周报或日报有机会修正错误，并以此赢得大众信任。在《意大利及德意志等地时事报》出现之后不久，一份名为《各地消息》（*Tijdinghen uyt Verscheyde Quartieren*）的对手报纸也初次登场。当时一般认为，由于《意大利及德意志等地时事报》会先查证再报道，因此更为可靠；而《各地消息》则被批评太过爱国，只报道对荷兰有利的新闻。虽然如此，两份报纸都得以成功存活，因为就像某位读者解释的：“人总是可以在某份报纸上找到在另一份报纸上找不到的东西。”接下来几十年，荷兰又有几十种报纸出版，俨然成为欧洲的新闻中心。[40]

成功得到广泛信任的报纸于是成了舆论的制造者与发声渠道。报纸让大众更了解时事，也更愿意参与发展，这也改变了政治的本质，从荷兰开始，随即延伸到世界各地。[41] 报纸拥有了关键的政治影响力，于是报纸主编成为政治领袖就不是什么新鲜事了。让 – 保罗 · 马拉就是靠创办《人民之友报》并担任主笔在法国大革命中崛起的；爱德华·伯恩斯坦就是凭着《社会民主党人》报的编辑身份协助创立了德国社会民主党；列宁在成为苏联领导人之前担任过的最重要的职务就是《火星报》编辑；墨索里尼先是在社会党党报《前进报》担任记者，后来成为煽动性右翼报纸《意大利人民》的创办人兼主编。

在许多早期现代民主政体的形成过程中，报纸都扮演着关键角色，这些政体包括低地国家的联省共和国、不列颠群岛的联合王国，以及北美洲的美利坚合众国。正如名称所示，这些政体并不像古代雅典与罗马那样的城邦，而是由许多不同地区组合在一起。报纸这种新的信息技术也在其中出了一份力。例如，1825年12月6日，美国总统约翰·昆西·亚当斯向美国国会发表他的首度国情咨文，而在接下来的几周，从波士顿到新奥尔良的报纸都刊出了这场演讲的全文与重点摘要（当时美国有几百家报纸与杂志[42]）。

亚当斯宣布他打算启动多项联邦项目，从修建公路到建立天文台等，他还给天文台取了“天空的灯塔”这个充满诗意的名字。这场演讲引发大众的激烈辩论，多半都是纸上交锋。当时有一方支持这种“大政府”计划，觉得这对美国发展至关重要；但也有许多人比较喜欢“小政府”路线，觉得亚当斯的计划是联邦政府越权，侵犯了各州的权利。

北方支持“小政府”的人感到不满，觉得联邦政府为了在比较穷困的州修建公路，就向比较富裕的州征税，是违宪行为。南方人则担心，联邦政府现在说自己有权在他们的后院盖一座“天空的灯塔”，搞不好哪天就会说自己有权叫南方人释放他们的奴隶。亚当斯被指控有独裁野心，而他演讲的内容广博深奥，则被批评是精英主义，与一般美国人距离太远。大众对1825年国情咨文的这场辩论严重挫伤了亚当斯政府的声誉，也为他接下来的连任失败埋下了伏笔。在1828年的总统大选中，亚当斯败给了安德鲁·杰克逊。来自田纳西州的杰克逊十分富有，养了很多奴隶在种植园劳动，他在许多报纸专栏成功地把自己的形象打造成“人民的人”，并声称之前自己的胜选是被亚当斯与腐败的华盛顿精英阶层窃取了。[43]

当然，比起如今的大众媒体，当时的报纸仍速度缓慢、效果有限。报纸的递送速度受限于马匹或帆船的速度，而且读报的人相对不多。一开始并没有报摊或卖报的小贩，只能采取订阅制，而且所费不赀：要订阅一年的报纸，平均需要花上一般技术工人一周的工资。所以在 1830 年，美国所有报纸的订户总数据估计只有 78000 人。因为某些订户是协会或企业，而非个人，买了一份报纸应该是几个人轮流看，所以可以合理假设，固定看报纸的人有数十万。其他人则很少甚至完全不看报纸。[44]

也就难怪，当时的美国民主只能算是一种有限的制度——只属于富有的白人男性。1824 年美国总统大选时，美国成年人口总数约为 500 万，其中理论上有投票权的人数为 130 万（约占 25%），但最后真正行使这项权利的只有 352780 人（仅占总成年人口数的 7%）。而且作为总统候选人，亚当斯甚至没有拿下多数票。由于美国奇特的大选制度，他只靠 113122 名选民的支持（不到总成年人口数的 2%、总人口的 1%）就登上了总统宝座。[45] 与此同时，在英国，拥有议员投票权的人数只有大约 40 万，约占成年人口的 6%。而且，议会席位有高达 30% 是因只有一人参选而自动当选。[46]

你可能觉得，这真的是民主政体吗？当时，美国的奴隶人数多于合格选民的人数（在 19 世纪 20 年代初期，美国有超过 150 万人遭到奴役），[47] 能说美国真的是个民主国家吗？这是一个定义问题。就像 16 世纪末的波兰立陶宛联邦，也包括 19 世纪初的美国，民主是一个相对的概念。前文提过，民主与专制不是非黑即白，而是一道连续光谱。19 世纪初，在所有大型人类社会中，美国在光谱上可能已经是最接近民主那一端的政体。

合格选民占了成年人口的25%，现在听起来似乎不多，但在1824年，这个比例远高于沙皇俄国、奥斯曼帝国或中国，当时，这些地方根本没有任何人有投票权。[48]

此外，正如本章一直强调的，投票并非唯一重要的事。之所以认为1824年的美国算是民主政体，还有一个更重要的原因：相较于当时大多数其他政体，美国这个新兴国家拥有更强大的自我修正机制。美国的开国元勋深受古罗马的启发（从位于华盛顿的参议院和国会大厦就看得出来），他们清楚地知道，罗马共和国最后成了一个专制帝国。他们担心哪天某个美国恺撒也会让这个国家走上同样的路，于是特意设计出许多层层叠叠的自我修正机制，形成所谓的制约与平衡体系。其中之一就是新闻自由。在古罗马，随着共和国领土的扩张和人口的增加，自我修正机制也停止了运作。但在美国，国家一路从大西洋沿岸延伸到了太平洋沿岸，靠着现代信息科技与新闻自由的结合，自我修正机制得到了持续运作。

正是这些自我修正机制让美国逐渐扩大了选举权，废除了奴隶制，并成为一个更具包容性的民主国家。第二章曾经提过，美国开国元勋曾经犯下巨大的错误（如认同奴隶制、拒绝赋予女性投票权），但他们也为后代提供了修正这些错误的工具。这是他们最伟大的遗产。

20世纪：大众民主，也是大众极权

印刷报纸只是大众媒体时代发出的第一枪。在19—20世纪，从电报、电话、电视、广播、火车、轮船到飞机等，各式各样新的通信与运输科技都让大众媒体的力量越来越强。

在大约公元前350年，狄摩西尼在雅典发表公开演讲，目标听众主要就是那些身在雅典市集广场上的人，人数十分有限。到公元1825年，约翰·昆西·亚当斯发表首度国情咨文，演讲的内容已经能以马匹奔跑的速度传开。到 1863 年 11 月 19 日，林肯发表他的葛底斯堡演说，此时借助电报、火车与轮船，演讲内容能以更快的速度传遍联邦。第二天，《纽约时报》便全文转载了演讲内容，[49] 缅因州的《波特兰日报》和艾奥瓦州的《奥塔姆瓦信使报》等也在第二天全文转载。[50]

美国作为一个拥有强大自我修正机制的民主政体，林肯的这篇总统演说引发的是热烈的讨论，而不是一致的掌声。虽然多数报纸对这篇演说表示赞赏，但也有一些报纸表达怀疑。《芝加哥时报》在 11 月 20 日写道："每个美国人读到林肯总统这篇愚蠢、平淡、空洞乏味的演说，脸颊一定会因羞愧而刺痛。"[51] 宾夕法尼亚州哈里斯堡的地方报纸《爱国者与联邦报》也严词批评"总统的愚蠢言论"，并希望"能以遗忘的面纱遮蔽它们，别再让它们重复或是回到脑海"。[52] 虽然美国当时正处于内战之中，但记者还是能够自由地公开批评甚至奚落总统。

时间快进一个世纪，信息传播速度也确实越来越快。在历史上，新技术第一次使分散在辽阔土地上的大批人群即时联结起来。1960 年，在北美大陆及其他地区，大约有 7000 万美国人（占总人口 39%）观看了尼克松与肯尼迪的总统竞选电视辩论直播，还有几百万人收听了广播。[53] 观众与听众唯一需要做的，就是坐在家里按下按钮。大规模的民主，从此开始行得通了。就算有数百万人、相距数千千米，也能针对当下快速发展的问题，进行有根据、有意义的公开讨论。到 1960 年，所有成年美国人理论上都有了投票权，实际投票人数更高达近 7000 万人（约占合格选民的 64%）——只不过，仍有数百万黑人与其他族群因受到各种"选民压制"而无法投票。[54]

一如既往，我们应该小心不要受到技术决定论的影响，避免得出大众媒体的兴起导致了大规模民主兴起的结论。大众媒体只是让大规模民主成为一种可能，而不是必然。大众媒体同样可能造就其他类型的政权，特别是现代的新型信息科技，就为大规模极权打开了大门。就像尼克松与肯尼迪一样，斯大林与赫鲁晓夫只要在广播中说些什么，从符拉迪沃斯托克（海参崴）到加里宁格勒的数亿民众也可以立刻听到。而且，他们也能利用电话与电报听取几百万特工与线人的每日报告。

极权主义简史

极权主义总觉得自己绝对正确、无懈可击，也希望能够彻底掌握人民的所有生活。在电报、无线电与其他现代信息科技发明之前，并不可能出现大规模极权政权。虽然罗马的皇帝、阿拔斯王朝的哈里发、蒙古的可汗通常都是冷酷无情的独裁者，也都相信自己绝对正确、无懈可击，但他们也都缺乏必要的技术，无法对大型社会实施真正的极权控制。要谈这一点，得先厘清“极权政权”与不那么极端的“专制政权”的差异。在专制信息网络中，统治者的意志虽然不受法律限制，但还是会受到许多技术限制。而在极权信息网络中，许多技术限制根本就不存在。[55]

举例来说，罗马帝国、阿拔斯王朝或蒙古帝国等专制政权的统治者通常都能够任意处决让他们不满的人；要是某些法律挡了他们的路，他们既能无视法律，也能修订法律。例如，尼禄就杀害了母亲小阿格里皮娜与妻子屋大维娅，还逼迫导师塞涅卡自尽。有些最受敬重也最有权势的罗马贵族，只是因为不同意尼禄的意见或是拿他开玩笑，就被尼禄处决或流放。[56]

尼禄这样的专制统治者，虽然能把言行令他们不满的人统统处决，但无法真正掌握帝国里大多数人的一言一行。理论上，尼禄可以发布命令，规定罗马帝国境内若有人胆敢批评或侮辱皇帝，必遭严厉惩罚。但命令是命令，却没有相关技术能够真正执行这样的命令。在塔西佗这样的罗马历史学家笔下，尼禄就是个嗜血的暴君，带来一场前所未有的恐怖统治。然而，这种类型的恐怖其实相当受限。虽然他身边的许多家族成员、贵族和元老遭到处决或流放，但住在城市贫民窟里的一般罗马人或是住在耶路撒冷、伦丁尼姆（今伦敦）等偏远城镇的外省人则能够更自由地表达自己的想法。[57]

现代的极权政权的恐怖程度则完全不同。极权主义想控制每个公民每分每秒的言行举止甚至思想与感受。尼禄或许也梦想过拥有这样的力量，但没有办法做到。由于当时古罗马属于农业经济，税收有限，尼禄无法雇一大批人来为他服务。如果是一群罗马元老参加的晚宴，安插几个线人不是问题，但要想控制整个帝国的疆域，则显得捉襟见肘，因为他只有大约一万名帝国行政官员[58]、35 万名士兵[59]，而且没有科技手段与他们及时沟通。

尼禄与其他皇帝还有一个更大的问题：即使有足够可用的、向自己领薪水的行政官员与士兵，如何确保他们的忠诚？有几十位罗马皇帝是被自己的将军、官员、侍卫或家人暗杀或废黜的，而不是像路易十六那样被民主革命推翻下台的。[60] 尼禄就是被西班牙行省总督加尔巴发动的叛乱推翻的。但六个月后，加尔巴又被卢西塔尼亚行省总督奥托杀害。三个月后，奥托被下日耳曼尼亚行省总督维特里乌斯赶下台。维特里乌斯撑了大约八个月，被犹太军团长官韦帕芗击败处决。被下属叛乱杀死成了最大的职业风险，不仅对罗马皇帝如此，对所有前现代专制者皆然。

那些皇帝、哈里发、沙阿和国王发现，要控制下属可不是简单的事。于是，统治者常常会把注意力集中在控制军队与税务上。罗马皇帝有权插手任何省份或城市的地方事务，偶尔也的确会这么做，但通常是为了回应当地民众或官员的特别请愿，而不是因为有什么帝国极权计划。[61] 如果你在庞贝城赶骡子或是在不列颠尼亚牧羊，尼禄并不想控制你的日常生活或监督你讲的笑话。只要你乖乖缴税，不抵抗军团，对尼禄来说就可以了。

斯巴达与秦朝

有些学者认为，虽然有技术上的困难，但古代还是有人尝试建立极权政权。最常被提及的就是斯巴达。在他们看来，斯巴达就是在极权政权的统治之下，人们生活的方方面面（包括该跟谁结婚、吃些什么）都受到微观管理。虽然斯巴达政权确实严酷，但它有一些自我修正机制，可以避免权力被个人或派系垄断。例如，斯巴达的政治权力就分属于两位国王、五位督政官、二十八名元老，另外还有公民大会。如果涉及重要的决定（例如是否发动战争），常常会引发激烈的公开辩论。

此外，无论我们对斯巴达政权的本质有何想法，显然那些让古代雅典民主难以跨出单一城邦的技术限制，都限制了斯巴达的政治实验的范围。赢得伯罗奔尼撒战争之后，斯巴达在许多希腊城市设置卫戍部队以及亲斯巴达的政府，要求各城遵循斯巴达的外交政策，偶尔也需要纳贡。但伯罗奔尼撒战争后的斯巴达并未试着将自己的制度扩大或输出。毕竟，斯巴达无法打造一个足够强大、密集的信息网络来控制希腊所有城镇村庄一般民众的生活。[62]

另一项更野心勃勃的极权计划，可能发生在中国古代的秦朝（前221—前206年）。秦始皇在消灭战国群雄之后，控制了一个庞大的国家，子民达到千万，分属不同诸侯国，说不同的语言，忠于各地不同的传统及权贵。为了巩固权力，秦朝努力瓦解任何可能挑战其权威的地方势力，没收地方权贵的土地与财产，要求各地权贵迁往帝都咸阳，使他们远离自身权力的基础，也更容易对其进行监视管控。

秦政权也开始了一场集权与同质化运动，以简化而成的小篆作为全国通用文字，并统一各地的货币与度量衡。秦政权也以咸阳为中心，修筑了四通八达的驿道路网，修建标准化的驿馆驿站与关隘津要。百姓出入京畿或边疆地区，都需要各种通关文牒。另外，秦朝统一了车轮的距离（车同轨），以确保马车与战车能在相同的车道上行驶。

当时从耕地到结婚，所有行为背后都有军事意义。在罗马，只有军队需要奉行的军事纪律，在秦朝，所有人都要遵守。这套体制的影响，可以用秦朝的一条法令来说明。该法令规定，官员如果监管粮仓不力，会根据粮仓出现的鼠洞数量，对官员进行处罚或申斥："鼠洞在三个以上罚一盾，两个以下应受申斥。三个鼷鼠洞算一个老鼠洞。"[63]

为了推动这种极权制度，秦朝曾尝试建立一种军事化的社会秩序。根据最早的"五家为伍"，将五家编为一伍，逐渐结合成更大的组织，十家为一什，十什为一里，十里为一亭，十亭为一乡，再往上是县和郡，郡是中央以下最高一级地方行政机构。未经许可，民众不得改变居住地。

服从国家，就能担任更高级别的官员，享有相应的经济与法律特权；不服从国家，就可能被降级或受罚。同单位的成员必须互相监督，否则如有一人犯法，全员受罚。如果一个人看到犯罪行为不举报（即使是自己的亲人），那么他会被腰斩。举报犯罪行为的人，能得到与立下军功者一样的奖赏。

秦朝的这些极权措施究竟能施行到什么程度，很值得怀疑。很多时候，虽然官员在衙门里把各种法规写得洋洋洒洒，但实际上窒碍难行。那些认真的官员真的会走遍全国，数清每个粮仓里有多少个老鼠洞吗？偏远山村里的农民，真的都由五家组成一伍吗？大概并不会有这回事。话虽如此，大秦王朝的极权野心还是超越了其他古代帝国。

秦政权甚至想控制人民的思想和感受。战国时期，诸子百家争鸣，相对自由地发展出各种哲学理论与思想体系，但秦国崇尚法家。法家认为人性本恶，充满贪婪、残忍、自私，因此需要严格管控，而奖惩是最有效的控制手段，也认为不应根据任何道德考量限制国家权力。强权就是正义，而国家的利益就是最高利益。[64]秦朝独尊法家，排斥儒、道；在儒、道哲学看来，人性本善，也更强调美德而非暴力的重要性。[65]凡是拥护这种温和的观点、不同于秦朝官方历史的书籍都被列为禁书。

当时有学者认为，秦始皇应该仿效周朝采用分封制，分散国家的权力，但丞相李斯反对这种观点，觉得不应贵古贱今。最后，秦朝下令没收所有“道古以害今”或是对秦朝有所批评的著作。这些“有问题”的图书成为秦宫内部金匮石室的图书典藏，唯有博士才能查阅。[66]

大秦王朝可能是现代之前人类史上最具野心的极权实验，但也正因其规模与强度，导致了它的快速灭亡。大秦王朝希望用军事管理的方式管制数千万百姓，垄断所有资源并将其投入军事，这导致严重的经济问题和浪费，以致民怨沸腾。再加上各种严刑峻法、敌视地方豪族富户、横征暴敛，进一步煽动了百姓的怒火。此时，想抑制这种怒火，需要大量的官僚与军人，但古代农业社会的资源有限，并不足以支撑这样的投入，再加上当时的信息科技效率过低，使秦朝无法在咸阳控制远方每个城镇村庄。毫不意外，公元前 209 年，秦朝爆发了一系列农民起义，领导者包括地方权贵、不满的百姓，甚至还有一些新上任的官员。

相传，陈胜、吴广等 900 余人被征发戍边，但行程因大雨与洪水而延误。当时秦朝法律明确规定误期者一律处斩，他们觉得无路可退，不如造反。许多其他起义军也迅速加入他们的行列。大秦王朝权力达到巅峰仅仅 15 年后，就再也承受不了其极权野心的重量，分崩离析。

经过几年战乱，汉王朝重新统一全国。汉朝采取了较为实际、不那么严厉的政策。虽然汉朝皇帝也是专制者，但称不上极权者。他们虽然仍然认为自己天威无限，但并不会微观管理，插手所有人的生活。汉朝所遵行的思想并不是法家那套监视与控制手段，而是转向儒家，鼓励百姓根据内在的道德信念，让自己行事忠诚且负责。就像罗马帝国皇帝，汉朝皇帝在中央只会控制整个社会的某些方面，同时将相当大的自治权留给地方贵族与当地社区。因为受到当时信息科技的限制，罗马帝国与汉朝这样的前现代大型政体，多半会倾向非极权专制政体。[67] 虽然秦始皇梦想施行全面的极权统治，但必须等到发展出现代科技才有实现的可能。

极权的三位一体

现代科技除了能让人类有可能实现大规模民主，也让人类有可能实现大规模极权。从 19 世纪开始，工业经济兴起，各国政府能够雇用更多的行政人员，而新的信息技术（例如电报、无线电）也让政府得以迅速联结、监督这些行政人员。这使得信息与权力达到了前所未有的集中，这对某些人来说是美梦成真的开始。

布尔什维克在 1917 年十月革命后控制俄罗斯，当时正是这样的梦想推动着他们。布尔什维克相信自己肩负着救世主的使命，因此十分渴望能够拥有无限的社会资源。马克思认为，几千年来，人类社会都被压迫人民的腐败精英统治。布尔什维克声称自己知道如何终结世上一切压迫，创造一个完全公正的社会，但为此需要战胜无数的敌人与难关，因此需要取得所有可用的力量。他们拒绝认同任何可能质疑其愿景或方法的自我修正机制。布尔什维克坚信虽然个别成员可能会犯错，但布尔什维克党本身永远是对的。由于相信自己绝对正确，也就让布尔什维克扼杀了苏俄刚萌芽的资产阶级政权（如选举、司法独立、新闻自由、反对党），建立了一党专政。

20 世纪三四十年代，斯大林把这套制度发展得更加全面。这个网络有三个主要分支。第一是政府机构，包括国家部委机构、地区行政机构，以及正规红军部队，1939 年，苏联共有 160 万名文职人员、[68]190 万名士兵。[69] 第二是苏联共产党及其无处不在的党支部，1939 年，苏联共产党党员人数为 240 万。[70] 第三是秘密警察：一开始被称为契卡，到斯大林时代被称为国家政治保卫总局（OGPU）、内务人民委员部（NKVD）、国家安全部（MGB），在斯大林死后又演变成国家安全委员会（KGB）。苏联解体后，承接相关工作的单位从 1995 年起被称为俄罗斯联邦安全局（FSB）。1937 年，内务人民委员部有 27 万名特工。[71]

这三个分支齐头并进。正如民主政体依赖相互重叠与制约的自我修正机制，现代极权政体同样创造了相互重叠的监督机制，让它们共同维持秩序。苏联的地方行政负责人总是持续受到当地党委的监督，而且他们不知道自己的手下谁是内务人民委员部的线人。现代极权政体已经基本解决了前现代专制政体无法避免的问题——地方下属发动叛乱。

史上的大多数政体的军队都掌握着巨大的政治权力，但在 20 世纪的极权政权，正规军的影响力却多半拱手让给了秘密警察——可以称他们为“信息军”。在苏联，虽然契卡、国家政治保卫总局、内务人民委员部与国家安全委员会没有红军的装备，但他们在克里姆林宫却有更大的影响力，甚至还能恐吓、清洗军队高层。民主德国的史塔西与罗马尼亚的秘密警察的影响力同样比这些国家的正规军更大。[72] 在纳粹德国，党卫队比国防军更强大，党卫队首领海因里希·希姆莱的地位也高于国防军最高统帅部总长威廉·凯特尔。

当然，如果是传统战争，这些秘密警察不可能击败正规军。秘密警察的强大之处在于对信息的掌握，能以此先发制人，坦克旅或战斗机中队的指挥官还来不及反应，就已经被逮捕。20 世纪 30 年代末的苏联肃反运动期间，144000 名红军军官中约有 10% 遭到内务人民委员部的枪决或监禁，其中包括 186 位师长里的 154 位（83%）、9 位海军上将里的 8 位（89%）、15 位将军里的 13 位（87%），以及 5 位元帅里的 3 位（60%）。[73] 就算是政党的领导阶层也难以幸免。比如那些在 1917 年十月革命前就入党、广受敬重的老布尔什维克，有很大一部分人没能活过肃反运动时期。[74] 1934 年参加苏联共产党第十七次代表大会的代表当中，只有极少数躲过了死刑、监禁、开除或降级，而得以参加1939年的第十八次代表大会。[75]

负责整肃与杀戮的秘密警察有好几个分支，他们互为对手，彼此密切监督与整肃。内务人民委员部的委员亚戈达曾一手策划了肃反运动的开端，在他手中葬送的人成千上万，但他自己也在1938年遭到处决，由尼古拉·叶若夫接任。叶若夫在任两年，杀害、监禁的人数超过了前任，自己则在1940年遭到处决。

或许最具代表性的是从1935年起担任内务人民委员部将军（苏联称之为国家安全委员）的这39人。二战结束时，39位将军只剩下两位。他们最后还是没能躲过极权主义无情的逻辑。在1953年斯大林去世后的权力斗争当中，其中一位遭到枪决，另一位则被送到精神病院，于1960年去世。[76]在斯大林时代，担任内务人民委员部将军绝对是全世界数一数二危险的工作。此时的美国民主不断琢磨着自身的各种自我修正机制，但苏联政权却沉迷于这套三位一体的自我监督与自我恐吓机制。

完全控制

极权政权的基础，就是控制一切信息流动，并对所有独立信息渠道保持怀疑。在军官、国家官员或一般公民交换信息的时候，双方可能建立信赖关系，而有了信赖关系，就可能组织反抗行动。所以极权政权有一个关键原则：无论人民在哪里见面、交换信息，都必须受到政权的密切监控。

1933年3月31日，希特勒担任总理两个月后，纳粹通过了《协调法案》，规定在1933年4月30日之前，德国各地所有政治、社会与文化组织（从市政当局到足球俱乐部与地方合唱团）都必须依据纳粹的意识形态来运作，成为纳粹国家机关的一分子。这把德国每个城市与村庄的生活搞得天翻地覆。

例如，在阿尔卑斯山的小村庄奥伯斯多夫，民选的村议会在1933年

4 月 21 日举行了最后一次会议，三天后就成立了一个未经选举产生的纳粹议会，指派了一位纳粹村长。毕竟，如果说只有纳粹知道人民真正想要什么，那么除了纳粹，还有谁能够实现人民的意愿呢？当时，奥伯斯多夫还有大约 50 个各种协会与俱乐部，包括养蜂协会与登山俱乐部等，而他们都得遵守《协调法案》，根据纳粹的要求，调整理事会或委员会的构成，修改成员资格与章程，必须悬挂纳粹党旗，每次会议结束也得高唱纳粹党歌《霍斯特 · 威塞尔之歌》。1933 年 4 月 6 日，奥伯斯多夫的捕鱼协会决议禁止犹太人加入，虽然 32 名成员本来就没有犹太人，但他们还是觉得必须向新政权表明自己的雅利安人身份。[77]

斯大林统治下的苏联，情况更为极端。1928 年，第一个五年计划启动，苏联进行全面的社会主义建设，所有社区、村庄都有政府官员、党员干部管理着人们生活的方方面面：从发电厂到卷心菜农场的所有企业，所有报纸与广播电台，所有大学、中小学与青年团体，所有医院与诊所，所有志愿者与宗教组织，所有体育与科学协会，所有公园、博物馆与电影院。

苏联农业集体化运动就是一个重要例子。几个世纪以来，庞大的沙皇帝国的几千个村庄的经济、社会与私人生活都是依靠几种传统制度进行管理，如地方公社、教区教堂、私人农场、地方市场，以及最重要的家庭家族组织。在 20 世纪 20 年代中期，苏联这个经济体仍然以农业为主。大约有 82% 的国民为农村人口，劳动力有 83% 从事农业。[78] 然而，如果每个农村家庭都是自己决定种什么、买什么，并自主给自己的农产品定价，莫斯科的官员就很难规划与控制经济活动。如果官员想进行一场重大的土地改革，但遭到农村家庭的抵制，该怎么办？所以苏联于 1928 年提出第一个五年计划时，最重要的一项计划就是农业集体化。

当时的计划是让农村的所有农民都加入一个集体农场，交出所有财产（土地、房子、马、牛、铲子、干草叉），一起为集体农场工作，而集体农场可以满足他们的所有需求，如住房、教育、食物、健康医疗等。集体农场决定（遵照莫斯科的命令）是种卷心菜还是萝卜，要买拖拉机还是建学校，要派谁去养牛场、皮革厂或诊所工作。在莫斯科计划一切的人认为，这会是人类历史上第一个完全公平公正的社会。

他们也相信这套制度肯定会有经济优势，认为集体农场能够享受规模经济的好处。如果每个农民家庭都只有一小块儿土地，买拖拉机来耕田就没有太大意义，而且多数家庭根本买不起。只要所有土地收归国有，就能使用现代机器，让耕作更有效率。此外，理论上集体农场也能得益于各种现代科学智慧。不是让每个农民根据旧传统或毫无根据的迷信决定如何耕作，而是让全苏列宁农业科学院等机构里拥有大学学历的国家级专家做出重要决定。

在莫斯科那些计划者看来，这一切太棒了。他们预计，到 1931 年，农业产量能增加 50%。[79] 而在此过程中，如果能顺便铲除陈腐的村庄阶级与不平等，更是好上加好。但在大多数农民看来，这一切太恐怖了。他们并不信任在莫斯科做计划的那些人，也不信任新的集体农场制度。他们并不想放弃原来的生活方式和个人财产。因此，农民没有把牛马交给集体农场，反而干脆直接将其宰杀。他们的劳动动机也变弱了。农民耕作公有田地，自然没有耕作自有田地那么卖力。苏联农场处处可见农民的消极抵抗，甚至演变成暴力冲突。苏联原本预计 1931 年的粮食产量可达 9800 万吨，但最后官方统计的产量只有 6900 万吨，实际产量可能只有 5700 万吨。1932 年的粮食产量更低。[80]

对此，国家统治者燃起熊熊怒火。1929—1936 年，因为粮食征收、政府的疏忽与人为因素造成的饥荒（源于政府政策而非自然灾害）丧生的人数为 450 万 ~850 万。[81] 还有数百万农民被认定为人民公敌，遭到驱逐或监禁。农民生活最基本的机构制度（家庭、家族、教会、当地社群）也因恐吓而瓦解。以正义、平等与人民意志为名，这场集体化运动铲除了一切阻碍。1930 年 1 月和 2 月，就有超过 10 万个村庄的大约 6000 万农民被赶进集体农场。[82]1929 年 6 月，集体农场的苏联农户比例只有 4%。到 1930 年 3 月，这个比例已上升到 57%。到 1937 年 4 月，97% 的农户加入了 23.5 万个苏联集体农场。[83] 短短 7 年，原本已经存在数个世纪的生活方式就被少数莫斯科官僚的创意取代。

富农

在此，我们值得再多花一点儿时间，深入研究苏联集体化的历史。因为这场悲剧除了与人类历史早期的灾难（如欧洲的猎巫行动）有相似之处，还预示了 21 世纪科技以及相信所谓的科学数据可能带来的最大危险。

面对农业集体化的努力遇到阻力并导致经济灾难，莫斯科的官僚与神话编造者可以说从克雷默的《女巫之锤》中好好学了一招儿。我在这里并不是要暗示他们真的读过这本书，而是要指出苏联同样发明了一套全球阴谋论，创造了一种完全不存在的敌人。20 世纪 30 年代，苏联当局一再把经济灾难归咎于反革命的阴谋集团，并称“富农”或“资本主义农民”为其代表。就像在克雷默的想象中，女巫听从撒旦的命令，召唤冰雹摧毁了农作物；在斯大林主义者的想象中，富农被全球资本主义控制，于是破坏了苏联经济。

理论上，富农是一个客观的社会经济类别，应通过分析农民的财产、收入、资本与工资等经验数据来定义。但据称，苏联官员定义富农的方法是数数字。要是某个村里大多数人只有一头牛，那么少数拥有三头牛的家庭，就会被认定为富农。要是某个村里大多数人没有雇用工人，但到了收获季节，某个家庭雇了两名工人，那就是富农家庭。富农的定义除了拥有一定的财产，还包括拥有一定的人格特质。根据唯物论，物质决定意识（人们的社会与精神品格）。因为据说富农会进行资本主义剥削，所以事实就是：这些人肯定都贪婪、自私、不可靠，而且他们的孩子也是如此。于是，只要发现某人是富农，就揭露了这些人深刻的本质。

1929 年 12 月 27 日，斯大林宣布苏维埃国家应该消除富农阶级，[84] 并立即鼓励党与秘密警察实现这个宏大目标。早期现代欧洲的猎巫者生活在专制社会，当时还没有现代信息科技，因此足足花了三个世纪才杀了 5 万个所谓的女巫。相较之下，苏联的“猎富农者”活在现代社会，拥有电报、火车、电话、无线电等科技，还有庞大的官僚体系。在他们看来，两年时间已经足够清除几百万个富农。[85]

苏联官员的第一步是先评估苏联究竟有多少富农。他们根据现有数据（如纳税记录、就业记录，以及 1926 年的苏联人口普查资料），认为富农的比例应该是农村人口的 3%~5%。[86] 斯大林发表演说一个月后，政治局在 1930 年 1 月 30 日颁布了一项法令，把斯大林原本模糊的愿景转化成比较详细的行动计划。法令确定了每个主要农业区清除富农的目标数量。[87] 接着，地方当局就会估计自己负责的每个州大概有多少富农。最后，每个农村苏维埃（地方行政单位，通常由几个村庄组成）会分到特定配额。每个农村苏维埃随之就会根据确定的数字，看看要在自己管辖的村庄把哪些农户算作富农，才能达到业绩目标。这些农户会被赶出家园，再依据其所属行政类别，关进劳改营或遭到处决。[88]

苏联官员到底怎样判断该把谁算作富农？在某些村庄，当地干部会努力通过客观标准（例如拥有多少财产）判断谁是富农，结果受到污名化并遭到驱逐的人常常是那些最勤奋、最有效率的农民。而在另外一些村庄，当地干部则会利用这个机会打击自己的对手。还有些村庄，干脆用抽签来决定谁是富农。也有些村庄会举行社区会议，投票表决，结果常常就是那些平常不与人来往的农民、寡妇、老人与其他“可牺牲的人”被评定为富农。[89]

时至1933年，总共约有500万富农被赶出家园，遭到枪决的户主高达3万人。在受害者当中，比较幸运的能够在原籍重新安家，或者到大城市里成为无业游民，有大约200万人被流放到偏远荒凉的地区，甚至被关进劳改营。[90] 许多重要的国家计划，比如白海－波罗的海运河与北极地区的矿场开发，都是靠着数百万囚犯（许多都是富农）的血汗才得以完成。这是人类历史上速度最快、规模最大的一场奴役行动。[91] 只要被打上富农的烙印，就再也无法摆脱。政府机构、党务机关或是秘密警察的文件都会记录谁是富农，种种警察卡片目录、档案与内部护照构成了一套迷宫系统。

就像10岁的“男巫”汉塞尔·帕彭海默，苏联的“富农”也发现自己被困进了一个存在于主体之间的类别，这个类别被人类的故事所发明，再由无所不在的官僚制度套到他们的头上。苏联官僚制度虽然收集了大量关于富农的信息，但那些并非客观真相，只是强加了一些苏联的主体间现实。虽然“富农”这个标签完全出于虚构，却成了了解某个苏联人的一个关键要素。

政党与教会

你可能会很好奇，纳粹这样的现代极权机构制度和早期基督教会那样的机构制度是否真的差别很大？毕竟，教会也相信自己绝对正确，同样到处都有牧师阶层代表，也会试着控制信徒的日常生活，甚至包括饮食与性癖好。难道天主教会或东正教会就不算极权机构吗？这样的话，是不是就不能说因为有了现代信息科技才催生了极权机构制度？

然而，现代极权机构制度与前现代教会有巨大差异。第一，前面提过，现代极权制度会设置许多相互重叠的监视机制，以便彼此制衡、维持秩序。而且现代的政党从不单打独斗：既能与国家机关合作，也能与秘密警察合作。相较之下，在大多数中世纪的欧洲王国，天主教会就是个独立机构，与国家机构常常出现冲突而非合作。所以，教会或许还是当时对欧洲专制权力最重要的制约。

比如 11 世纪 70 年代的叙任权斗争中，亨利四世认为，在主教、修道院院长与其他教会职务的任命上，身为国王，自己应该有最终决定权；教皇格列高利七世发起抵抗，最后亨利四世被迫屈服。1077 年 1 月 25 日，亨利四世来到教皇下榻的卡诺莎城堡，表达顺服与歉疚之意。教皇拒绝开门，让他就这样饥肠辘辘、赤脚站在雪地里等待。过了三天，教皇才终于开门，允许亨利四世向他请罪。[92]

难以想象这样的冲突会发生在现代极权国家。极权主义最大的特点就是防止权力分化。比如苏联，国家与政党相辅相成，而斯大林就是两者事实上的领导者。苏联不可能出现叙任权斗争，因为无论是党职还是公职，所有任命都是斯大林说了算。他既能决定由谁担任格鲁吉亚共产党总书记，也能决定由谁出任苏联外交部长。

第二，中世纪教会常常属于坚守传统的组织，抗拒改变，而现代极权政党则往往是期许革命的组织，要求改变。前现代教会是经过好几个世纪才逐渐发展起组织结构与传统、慢慢建立起自己的权力的。而无论是国王还是教皇，如果想迅速改变社会，就可能遭到教会成员或一般信众的强烈抵制。

公元 8—9 世纪，连续几位拜占庭皇帝都想禁止崇拜圣像，觉得这是偶像崇拜。他们指出，《圣经》的许多经文，特别是十诫的第二诫，就提到不可为自己雕刻偶像。虽然基督教会对第二诫的传统解读是允许崇拜圣像，但君士坦丁五世这样的皇帝觉得传统解读存在错误，认为基督徒之所以会被伊斯兰军队击败，是因为上帝对偶像崇拜感到愤怒。公元 754 年，有超过 300 名主教出席海里亚会议，支持君士坦丁五世的破坏圣像运动。

相较于斯大林的集体化运动，这不过是个小小的改革，掌权者想要家庭和村庄放弃的只是一些圣像，而不是个人财产或孩子。然而，拜占庭的圣像破坏运动遭到了广泛抵制。不同于海里亚会议参与者，许多神父、修士与信徒都对圣像有着深深的依恋。这场运动引发的斗争使拜占庭社会四分五裂，直到皇帝最终承认失败并改变政策。[93]君士坦丁五世后来被拜占庭历史学者羞辱为“粪君君士坦丁”（Constantine the Shitty），还传出他幼年洗礼时曾在洗礼池中便溺的故事。[94]

前现代教会的发展缓慢，时间长达数个世纪，因此常常显得很保守，对于快速的变化充满疑虑。相较之下，纳粹这样的现代极权政党就大不一样，只用一个世代就组织起来，并承诺迅速彻底改革社会。这些极权政党没有几百年的传统与结构需要捍卫，每当领导者提出野心勃勃的计划，要打破现有的传统与结构，党员通常都是一呼百应。

或许最重要的一点在于，前现代教会之所以不会成为极权制度的工具，是因为它们和其他前现代组织一样，受到当时技术的限制。虽然当时教会在各地都有代表，如本堂神父、修士或游走于各地的传教士，但由于信息传递与处理不便，教会领袖并不清楚偏远地区发生了什么事，而地方神父也有很大的自主权。因此，各个教堂怎么运行往往是地方事务。各省各村可能会崇拜当地的圣人，遵循当地传统，举行当地仪式，甚至可能有不同于官方教义的当地教义。[95]如果罗马教皇想训诫波兰偏远教区某位思想独特的神父，得先写信给格涅兹诺的大主教，由大主教指示相关主教，再由主教派人前往教区传达旨意。这可能需要花上好几个月的时间，而且无论是大主教、主教，还是其他中间人，都大有可能曲解甚至一时忘了教皇的命令。[96]

唯有到现代晚期，出现了现代信息科技，教会才变得越来越极权。我们常常觉得教皇是中世纪的老古董，但他们其实是现代科技大师。在18世纪，教皇曾经一度几乎无法控制世界各地的天主教会，地位一落千丈，就像是一个意大利小公国的国王，还得与其他意大利强权争夺博洛尼亚或费拉拉的控制权。但随着广播的出现，教皇也成了在全球权势数一数二的角色。从波兰到菲律宾，教皇约翰·保罗二世只要坐在梵蒂冈，就能直接向数百万天主教徒宣讲，中间没有任何大主教、主教或本堂神父能够进行曲解或隐瞒。[97]

信息如何流动

我们看到，现代新近的信息技术除了催生大规模的民主，也催生了大规模的极权。然而，两者在信息技术的运用上却有着重大差异。前面提过，民主制度鼓励信息有许多独立的流通渠道，不一定要经过某个中央枢纽，而且允许许多独立节点自行处理信息并做出决策。因此，信息能够在私营企业、私人媒体组织、市政当局、体育协会、慈善机构、家庭与个人之间自由流动，并不需要经过某个政府部长的办公室。

相较之下，极权制度希望所有信息都要经过中央枢纽，而不希望任何独立机构自行做出决策。确实，极权制度仍然可以分出政府、政党与秘密警察这三方机构。但之所以要让这三方机构平行存在，唯一的目的就是避免出现某个独立机构挑战中央权威。如果政府官员、党员与秘密警察相互监视，哪方想要反对中央，都极其危险。

民主与极权这两种截然不同的信息网络类型，其实各有优点和缺点。集中式极权网络的最大优势在于秩序一目了然，能够迅速做出决定，并且不带情绪地坚定执行。特别是如果遇到战争或疫情这样的紧急情况，集中式网络能够比分布式网络动作更快、走得更远。

然而，超级集中式信息网络也有几个很大的缺点。由于规定信息只能通过官方渠道流动，一旦官方渠道被封锁，信息就没有其他传播方式。而且，官方渠道被封锁是经常发生的事。

官方渠道被封锁的一个常见原因是出现了某些坏消息，而下属感到担心害怕，不想让上级知道。雅洛斯拉夫·哈谢克所写的讽刺小说《好兵帅克》以第一次世界大战的奥匈帝国为背景，情节之一就是奥地利当局因为担心民间士气低落，于是给地方警察局下了一道麻烦的命令，要他们雇用线人收集资料，并向总部报告民众的忠诚度。为了尽可能科学，总部还发明了一套天才的忠诚度分数等级：Ⅰ.a、Ⅰ.b、Ⅰ.c；Ⅱ.a、Ⅱ.b、Ⅱ.c；Ⅲ.a、Ⅲ.b、Ⅲ.c；Ⅳ.a、Ⅳ.b、Ⅳ.c。除了有每个分数等级的详细说明，还附上需要每日填写的正式表格。全国各地的警察也都认真填写表格并送回总部。毫无例外，所有报告的忠诚度分数永远都是最高的Ⅰ.a级，否则就会被斥责、降级或面临更惨的后果。[98]

官方渠道无法传递信息的另一个常见原因则是希望维持秩序。由于极权信息网络的主要目的是创造秩序，而不是找出真相，所以如果出现令人震惊的信息，可能对社会秩序造成破坏，极权政权往往就会把信息压下来。因为中央控制着所有信息渠道，要做到这一点相对容易。

举例来说，在1986年4月26日切尔诺贝利核反应堆爆炸的时候，苏联当局就压住了这场核灾的所有新闻。由于苏联公民与外国都对这场危机浑然不觉，也就没有采取任何防辐射措施。虽然切尔诺贝利与附近普里皮亚季镇的一些官员曾要求立即疏散附近的人口，但上级的首要任务是避免消息外漏，所以不但禁止进行疏散，还切断了电话线，并警告核电厂的员工不准谈论这场灾难。

炉芯熔毁两天后，瑞典科学家发现，在距离切尔诺贝利超过1200千米的瑞典，居然测到了极为异常的辐射水平。等到西方政府及媒体爆出这则消息，苏联才终于承认“出了点儿问题”。尽管如此，它还是继续向本国民众隐瞒这场灾难的严重程度，并对是否请求国外提供建议与援助犹豫不决。今天的乌克兰、白俄罗斯与俄罗斯有几百万人为此付出了代价。等到苏联后来调查这场灾难，首要任务还是推卸责任，而不是了解事故原因，避免再次发生事故。[99]

我在2019年参观了切尔诺贝利。介绍这场核事故的乌克兰导游的一句话令我印象深刻。他说："美国人从小相信的是问题会带来答案，但苏联人从小相信的是问题会带来麻烦。"

当然，就算在民主国家，领导人也不喜欢坏消息。但在分布式的民主信息网络中，即使官方通信线路被封锁，信息也能通过其他渠道流动。举例来说，如果某位美国官员决定不告诉总统发生了某个灾难，消息还是会通过《华盛顿邮报》散播出来；即使《华盛顿邮报》也想刻意隐瞒，《华尔街日报》或《纽约时报》也会进行报道。独立媒体正是以"不断追到下一条独家新闻"为商业模式，因此几乎可以保证新闻无可隐瞒。

1979年3月28日，宾夕法尼亚州三哩岛核电站的核反应堆发生严重事故，消息迅速传开，完全无须国际干预。事故大约是从凌晨4：00开始的，6：30发现危险之后，核电站于6：56宣布进入紧急状态，并于7：02通报宾夕法尼亚州紧急事务管理署。在接下来的一个小时内，宾夕法尼亚州州长、副州长与民事当局都已接到通知。官方原本打算在上午10：00召开记者会，但在宾夕法尼亚州首府哈里斯堡的一家地方广播电台，有一位交通记者刚好接收到警方关于这个事故的通知，于是在上午8：25做了一则简短报道。一家独立广播电台做出这样的事，这在苏联简直难以想象，但在美国却是再平常不过的事情。9：00，美联社发布了新闻快报。虽然还要过几天，完整的脉络才会呈现，但美国公民在发生事故的短短两小时后就已经得到消息。接下来，政府机构、非政府组织、学术界与媒体界的调查不但揭露了事故的直接原因，还找出了更深层次的结构性因素，这有助于改善全球核技术的安全性。事实上，要不是美国公开分享了三哩岛事故的教训（分享对象甚至包括苏联），切尔诺贝利的灾难可能更严重。[100]

没有人是完美的

除了“动脉阻塞”，极权与专制信息网络还面临其他问题。首先，正如我们已经提过的，这些信息网络的自我修正机制往往非常薄弱。因为它们相信自己绝对正确，因此认定并不需要自我修正机制。它们也害怕任何独立机构对它们造成挑战，所以不会设立自由的法庭、媒体或研究中心。这样一来，没有人负责揭露、修正所有政府都会有的日常权力滥用问题。

如果领导者本人侵吞公款或者犯下堪称灾难的政策错误，又会如何？没有人能够挑战领导者，而如果所有决策都交给领导者决定，他很可能并不愿意承认自己犯了错误（但领导者也是会犯错的人），而会将所有问题归咎于“外敌”、“内奸”或“贪腐的下属”，甚至要求得到更多的权力，以便对付那些所谓的坏人。

我们在上一章提过，苏联采用李森科的错误理论作为国家的演化论学说，结果就是灾难一场。当时苏联无视达尔文模型，而相信李森科主义的农学家又一心希望创造出超级作物，结果让苏联的遗传基因研究倒退数十年，苏联的农业也元气大伤。李森科主义造成的影响笼罩了苏联科学与农业数十年。也正因如此（还有其他原因），虽然苏联拥有广阔的肥沃土地，但到20世纪70年代初，却不再是主要的粮食出口国，反而成了粮食净进口国。[101]

同样的情形也发生在许多其他领域。比如在20世纪30年代，苏联工业事故频发，关键在于待在莫斯科的苏联高层制定了几乎不可能完成的工业化目标。为了完成那些夸张的目标，安全措施与质量管理常常被放在一边。专家如果建议该谨慎一些，就会遭到斥责，于是出现大量的工业事故与残次品，工人们白费心力。这时，莫斯科高层非但没有担起责任，反而下了一个结论，认为这肯定是全球托派帝国主义者

（Trotskyite-imperialist）的阴谋，这些破坏和恐怖行为的目的是阻挠苏联的伟大事业。于是，高层非但没有放慢速度、制定安全规则，反而加倍制造恐怖气氛。

帕维尔·雷恰戈夫就是一个著名的例子。他是苏联最优秀、最勇敢的飞行员之一，曾率领部队在西班牙内战中协助共和国一方，以及协助中国对抗日本侵略。他青云直上，在 1940 年 8 月担任苏联空军司令，时年仅仅 29 岁。然而，雷恰戈夫的勇气能够让他在西班牙击落纳粹战机，在莫斯科却让他陷入困境。当苏联空军发生多起事故时，政治局认为这是因为缺乏纪律，也是反苏阴谋的蓄意破坏，但雷恰戈夫不接受这种官方说法。他身为一线飞行员很清楚真相是什么。他直接告诉斯大林，飞行员被迫驾驶设计仓促、存在缺陷的飞机，就像“驾驶棺材”飞行。希特勒入侵苏联两天后，红军节节败退，斯大林亟须找人顶罪，于是雷恰戈夫被捕，说他是“反苏阴谋组织成员，为敌人工作，要削弱红军的力量”。他的妻子同样被捕，罪名是她很清楚雷恰戈夫“与军事阴谋分子之间的托派联系”。两人于 1941 年 10 月 28 日遭到处决。[102]

当然，真正破坏苏联军力的人并不是雷恰戈夫，而是这个体系本身。多年来，斯大林一直担心与纳粹德国爆发严重冲突，为此打造出全球最大的战争机器。但也是他，在外交与心理上使这台机器难以真正发挥作用。

就外交层面而言，1939—1941 年，斯大林下了个赌注，希望挑动“资本主义者”互斗而耗尽气力，而苏联则用这段时间培育甚至增强实力。于是他在 1939 年与希特勒达成协议，允许德国攻下波兰和西欧大片领土，而苏联则去攻击或孤立几乎所有邻国。1939—1940 年，苏联占领了波兰东部，吞并了爱沙尼亚、拉脱维亚、立陶宛，并占领芬兰与罗马尼亚的部分地区。芬兰和罗马尼亚本来能够成为苏联侧翼的中立缓冲区，结果却成了不共戴天的仇敌。就连到了 1941 年春天，斯大林还是没有抢先一步，尽快与英国组成联盟，也没有采取任何行动阻止纳粹侵略南斯拉夫与希腊，于是失去了欧洲大陆最后几个可能的盟友。等到 1941 年 6 月 22 日希特勒发动攻击，苏联能靠的只有自己。

理论上，仅凭一己之力，斯大林建造的战争机器应该可以顶住纳粹的攻击。1939 年以来占领的领土，为苏联的防线提供了战略纵深，而且苏联似乎也拥有压倒性的军事优势。在遭到入侵的第一天，苏联的欧洲前线足足有 15000 辆坦克、15000 架战机、37000 门火炮，德国则只有 3300 辆坦克、2250 架战机、7146 门火炮。[103] 但苏联迎来的却几乎是史上最惨烈的军事灾难：短短一个月，苏联就损失了 11700 辆坦克（78%）、10000 架战机（67%）、19000 门火炮（51%）。[104] 此外，斯大林也失去了他在 1939—1940 年占领的所有领土，以及苏联的大片腹地。7 月 16 日，德军已经杀进斯摩棱斯克，距离莫斯科仅仅 370 千米。

虽然出现 1941 年和 1942 年春夏的惨败，但苏联并没有如希特勒预期的那样崩溃。红军与苏联高层吸取了第一年的教训，于是莫斯科放松了控制，并鼓励一线军官勇于决策、主动出击。[105] 斯大林也意识到自己在 1939—1941 年犯下的地缘政治错误，与英美结盟。靠着红军的主动、西方的援助，以及苏联人民看清了纳粹统治的可能下场，战局开始扭转。

但在 1945 年胜利在望之时，斯大林又掀起了新一波恐怖浪潮，清洗了更多拥有独立思想的军官与官员，再次鼓励盲目服从。[106] 而讽刺的是，斯大林自己在八年后的死亡，部分原因正在于苏联这个信息网络把秩序看得比真相更为重要。在 1951—1953 年，苏联又经历了一场“猎巫行动”。当时，苏联的神话编造者捏造了一个阴谋论，说犹太医生假装为苏联高层提供医疗服务，其实是在进行系统性谋杀。该理论声称，这些医生是犹太复国主义阴谋组织的特工，与秘密警察的叛徒有所勾结。到 1953 年初，已经有几百名医生与秘密警察遭到逮捕（包括秘密警察的负责人本人），他们受到严刑拷打，被迫交出“同伙”名单。这个阴谋论，一方面是苏联对《锡安长老会纪要》的扭曲，另一方面又结合了长久以来的血腥指控，于是谣言开始流传——犹太医生不但会谋杀苏联领导人，就连医院里的婴儿也不会放过。由于当时苏联的医生有相当比例是犹太人，因此民众开始普遍害怕医生。

1953 年 3 月 1 日，正当这场医生阴谋的歇斯底里达到高潮，斯大林中风了。他倒在自己的夏季别墅里，苏共中央政治局委员纷纷抵达别墅，争辩下一步该怎么做。但时间过去了几个小时，却没人敢叫医生。当时斯大林的私人医生并不在身边，因为他正被关在卢比扬卡大楼附属监狱的地下牢房里受刑，罪名是他先前居然建议斯大林应该多多休息。等到政治局委员终于决定请来医疗专家，这场危险已经过去，斯大林再也没有醒来。

要讨论斯大林为何在二战初期遭受惨败，有两个因素会增加讨论的复杂程度。第一，法国、挪威、荷兰等民主国家当时的外交错误并不亚于苏联，军事表现甚至更差。第二，碾轧了苏联、法国、荷兰与其他诸多国家的德国军事机器也是由极权政权制造的。所以，如果能从 1939—1941 年得到什么结论，也不会是极权网络的运作必然不如民主网络。从斯大林主义的历史确实能看出极权信息网络的许多潜在缺点，但我们不应该忽视其潜在优势。

如果放眼二战的整个历史及结果，显然斯大林主义是史上数一数二的成功政治制度——只不过，这里的“成功”是只看秩序与权力这两个维度，而忽略对道德与人类福祉的考量。斯大林主义在维持大规模秩序方面异常有效。苏联农业集体化，虽然造成大规模奴役与饥荒，但也为苏联的快速工业化奠定了基础。苏联漠视质量管理，虽然制造出所谓的“飞行棺材”，但其数量却达到了惊人的上万架，以数量弥补了质量的不足。虽然红军军官在肃反运动时期大量被清算，成了红军在 1941 年战绩不佳的主要原因之一，但也正因如此，虽然败得这么惨，斯大林的地位却依然稳如泰山。苏联这台军事机器虽然常常敌我同损，但最后还是取得了胜利。

20 世纪 40 年代到 50 年代初，全世界有许多人都相信斯大林主义是未来的趋势。毕竟这套体系在二战取得了胜利，让德国国会大厦升起了红旗，国土从中欧一路延伸到太平洋，还助长了世界各地的反殖民斗争，并有无数政权起而仿效。甚至在西方民主国家，也有许多重要艺术家与思想家开始崇拜斯大林主义，相信虽然有关于古拉格与苏联肃反运动的模糊谣言，但如果想要结束资本主义剥削，建立一个完美公正的社会，斯大林主义仍然是人类最好的选择。如果觉得斯大林主义对真理的漠视注定了它的失败，或者认为它的最终垮台说明这样的制度永远不可能再次崛起，只能说这个想法太过天真。各种信息系统，只要有一点点真相，加上大量秩序，就能够发挥巨大威力。

科学技术的钟摆

只要将民主与极权视为两种不同的信息网络，我们就能了解为什么它们在某些时代流行，又在某些时代缺席。除了因为人类对某些政治理想产生或失去了信心，也因为信息科技革命。当然，正如不能说印刷术带来了猎巫行动或科学革命，我们也不能说无线电技术造就了极权体系或民主体系。科学技术创造的只是新机会，但要追求把握哪些机会，依然由人做出选择。

所谓极权政权，正是选择了运用现代信息科技让信息集中向中央流动，并且扼杀真相以维持秩序，结果就是必须应对僵化、难以变通的风险。如果越来越多的信息流向单一地点，究竟是能实现有效控制，还是会造成动脉阻塞，引发心脏病？至于民主政权，则是选择运用现代资讯科技让信息分流到更多机构和个人，鼓励自由追求真相，结果就是必须应对分崩离析的风险。假设太阳系出现了越来越多的行星，它们旋转得越来越快，太阳这个中心是继续维持，还是四分五裂，陷入无政府状态？

如果想看看这些不同战略的典型范例，可以参考西方国家与苏联集团在 20 世纪 60 年代的发展史，二者是多么截然不同。当时，西方民主国家放宽了审查，并取消了各种歧视性政策，让信息能够更自由流动。于是，过去被边缘化的团体更容易组织起来，参与公共对话，提出政治诉求。这引发了一波激进主义浪潮，使社会秩序受到冲击。在这之前，几乎只有少数富裕白人男性拥有话语权，但要达成各种协议也相对容易。等到穷人、女性、少数族群、残障人士，以及其他史上受压迫的群体都有了发言权，也就带来了新的想法、观点与利益。以前那些绅士协议变得难以为继。例如，美国的种族隔离制度，在之前几个世代，民主党和共和党政府就算不是奉行，至少也是容忍，今天则再也无法继续下去了。过去人们认为神圣不可侵犯、不言自明、众人普遍接受的事物（如性别角色），此时也变得极具争议，而且既然要考虑许多新团体、观点与利益，也就很难达成新共识。就连进行有序的对话也成了一个挑战，因为人们难以就对话的规则达成共识。

这样一来，无论是想守旧还是想创新，人们都会深感挫折——虽然得到了新鲜的言论自由，但似乎虚有其表，无法真正实现什么政治诉求。在对言语感到失望之后，有些人就转而诉诸枪支。在许多西方民主国家，20 世纪 60 年代的特色除了前所未有的意见分歧，还有如潮水般袭来的暴力。政治暗杀、绑架、暴动、恐怖袭击的数量翻了好几倍。肯尼迪总统与马丁 · 路德 · 金遇刺时及遇刺后的骚乱，以及在 1968 年席卷西方世界的示威、叛乱与武装冲突只是比较著名的几个例子。[107] 看看 1968 年芝加哥或巴黎的照片，很容易让人觉得世界正在分崩离析。当时人们想要实现民主，想让更多的人与团体参与公共对话，但这种压力似乎破坏了社会秩序，反而让民主窒碍难行。

与此同时，苏联阵营集中信息与权力，而且效果似乎还不错。虽然有一些挑战，特别是1956年的匈牙利十月事件与1968年的布拉格之春改革运动，但它们能迅速果断地应对这些威胁。至于在苏联腹地，始终秩序井然。

一晃20年过去了，先撑不住的反而是苏联。这套信息网络功能失调，且不具备有意义的自我修正机制。去殖民化、全球化、科技发展、性别角色转变，都让经济、社会与地缘政治风云变色。但它无力处理流向莫斯科的所有信息，且未充分授权下属主动处理，于是整套制度迅速僵化崩溃。

这种失败在经济领域最为明显。苏联经济过度集中，对于飞速的技术发展与不断改变的消费者需求反应缓慢。而在高层指示下，这个经济体不断大量生产洲际弹道导弹、战机，并兴建著名的基础项目，却未生产大多数人真正想要的东西（从高效节能的冰箱到流行音乐），尖端军事技术也落后于人。

在技术发展格外迅速的半导体领域，苏联经济的弱点也最为明显。在西方，半导体的研发依靠的是英特尔、东芝等众多私营企业的公开竞争，而这些企业的主要客户也是苹果与索尼这样的私营企业，它们会用芯片生产各种民生产品，例如，麦金塔计算机与随身听。苏联之所以永远赶不上美国与日本的芯片生产，原因正如美国经济历史学家克里斯·米勒所言：苏联半导体产业“秘密进行、由上而下、军事系统导向，按照订单生产，几乎没有创新空间”。因此，苏联到1984年才制造出第一台个人计算机，而当时美国的个人计算机已经达到1100万台。[108]

在西方民主国家，虽然（或许也正因为）整个政治对话成员范围不断扩大，但在科技与经济方面依然遥遥领先，并且成功维持了社会秩序。虽然不乏各种问题，但美、日与其他民主国家打造了一个更有活力也更具包容性的信息系统，能容纳更多观点，而不至于崩溃。这实在是个了不起的成就，也让许多人认为民主终于彻底战胜了极权。有人认为，这场胜利源于信息处理方面的一种根本优势：极权之所以失败，是因为如果把所有数据集中到一个中央枢纽来处理，效率实在太低。因此到 21 世纪初，看起来未来属于分布式信息网络与民主制度。

事实证明不然。事实上，下一波信息革命正蓄势待发，而这将是民主与极权新一轮竞争的基础。计算机、互联网、智能手机、社群媒体与人工智能，都对民主提出了新的挑战。现在能发声的不只有更多过去被剥夺权利的群体，还包括所有联结网络的人甚至是非人类个体。到 21 世纪 20 年代，民主政体再次迎来与过去类似的挑战：如何在维系社会秩序的前提下，让如洪水般涌来的新声音加入公共对话。目前看来，情况与 20 世纪 60 年代同样严峻，而且谁也不知道民主政体能否像上一次一样成功通过测试。与此同时，对于仍然想把所有信息都集中到中央的极权政权，新科技也带来了新希望。没错，虽然领导人无法在单一中心协调几百万人的生活，但或许人工智能能做到。

随着人类迈向 21 世纪的第二个 25 年，一项重大问题就是民主政权与极权政权如何面对目前信息革命带来的威胁与契机。这些新的科学技术，究竟会让某种政权胜出，还是会让世界再次分裂？而隔开双方的不再是铁幕，而是一道硅幕。

一如过去的年代，各种信息网络会努力在真相与秩序之间达到适度平衡。有些网络会以真相为优先，并维持强大的自我修正机制，也有些网络会做出相反的选择。我们在回顾《圣经》的正典化、早期现代欧洲猎巫行动，以及斯大林的集体化运动时吸取的许多教训在目前仍然适用，而且或许值得好好重新学习一番。然而，目前的信息革命也有一些独特之处，非但不同于过去的信息革命，可能更加危险。

到目前为止，史上的所有信息网络都需要由人类担任神话编造者与官僚才能够运行。虽然泥版、莎草纸、印刷术与无线电技术都对历史产生了深远影响，但那些撰写文本、解读文本、决定了谁是女巫该被烧死、谁是富农该被奴役的，始终都是人类。现在，人类的对手将会是数字神话的编造者与官僚。到21世纪，政治上的主要分歧可能并不是民主政权与极权政权之间的分歧，而是人类与非人类个体之间的分歧。可能出现一道新的硅幕，居其两侧的可能不是民主政权与极权政权，而是一侧为所有人类，另一侧为我们无法理解的算法霸主。所有国家、所有行业的人类（甚至包括独裁者），都可能发现自己得在一套高深莫测的智能面前卑躬屈膝。这套智能有能力监控我们的一切，但我们却对它正在做什么一无所知。本书接下来的部分会探讨这样的硅幕是否正在降临，以及谈谈如果由计算机来接管我们的官僚机构，由算法来编写新的神话故事，生活会变成什么样子。

第二部分

非生物网络

在能够自己追求目标、

自行做出决策的计算机出现之后，

人类信息网络的基本结构就改变了。

第六章

新成员：与众不同的计算机

几乎所有人都已经发现，我们正生活在一场前所未有的信息革命之中。但这到底是一场怎样的革命？最近这几年，太多突破性的发明如洪水般滚滚而来，以至于我们很难判断到底是什么推动了这场革命。是互联网？智能手机？社交媒体？区块链？算法？还是人工智能？

所以，在讨论目前这场信息革命的长期影响之前，让我们先回顾一下它的基础。这场革命的种子是计算机，至于其他一切，从互联网到人工智能，都只是计算机的副产品。计算机诞生于 20 世纪 40 年代，一开始就只是个能够进行数学运算的笨重的电子机器，但计算机后续的发展速度惊人，形式不断创新，也发展出各种了不起的全新功能。计算机的迅速发展，让人很难定义计算机的本质与功能。人类一再声称，有些事情是计算机永远做不到的，无论是下棋、开车还是写诗，但事实证明，原来“永远”也不过就是几年。

本章的最后，我们会讨论“计算机”“算法”“人工智能”这几个词之间的确切关系，但目前请先让我们对计算机的历史有多一点儿的了解。就目前而言，我们可以简单说计算机本质上就是一台机器，但有可能做到两件了不起的事情：一是它自己可以做决定，二是它可以创造新的想法。计算机刚被发明出来的时候，当然离这种能力还差得太远，但计算机科学家与科幻小说家已经清楚地看到了这样的潜力。早在 1948 年，艾伦·图灵就已经在探索是否能打造他所谓的“智能机器”；[1] 到 1950 年，他推测计算机最终应该能像人类一样聪明，甚至能够伪装成人类。[2] 在 1968 年，当时的计算机连跳棋都赢不了人类，[3] 但在《2001 太空漫游》中，亚瑟·克拉克与斯坦利·库布里克已经想象出“哈尔 9000”这个角色，这是一个会反叛人类创造者的超智能 AI。

如今智能机器崛起，能够自己做决定、自己创造新的想法。这也是史上第一次，权力从人类转移到其他物种手中。在过去，十字弓、火枪和原子弹虽然能够取代人类的肌肉来杀人，却无法取代人类的大脑来决定要杀谁。被投在广岛的原子弹“小男孩”，爆炸威力相当于 12500 吨的 TNT 炸药，[4] 但脑力却是零，什么都无法决定。

计算机就不同了。就智能而言，计算机不但远远超越了原子弹，更超越了泥版、印刷机、收音机这些所有过去的信息技术。泥版能够储存关于税务的信息，但无法自行决定要收多少税，也无法发明某种全新的税目。印刷机能够复制《圣经》这样的信息，但无法决定《圣经》要收录哪些文本，也无法对这本宗教经典加上新的注释。收音机能够传播政治演讲与交响乐等信息，但无法决定播放哪些演讲或交响乐，也无法创作演讲稿或交响乐。但这一切对现在的计算机来说都已经能够做到。过去的印刷机或收音机只是人类手中的被动工具，但计算机正在成为一种主动行为者，它能够摆脱人类的控制，超越人类的认知，主动塑造社会、历史与文化。[5]

说到计算机所掌握的新力量，一个典型案例就是社交媒体算法在许多国家如何散播仇恨、破坏社会凝聚力。[6] 其中一个最早也是最著名的事件发生在 2016—2017 年：脸书算法助长了缅甸有关罗兴亚人的暴力冲突。[7]

缅甸在 21 世纪 10 年代初期似乎前景非常乐观。经过数十年的严酷军事统治、严格审查与国际制裁，缅甸终于迎来自由化的时代：选举得以举行，制裁得以解除，国际援助与投资纷纷涌入。脸书也成了新缅甸极为重要的一位参与者，为数百万缅甸人免费提供了过去难以想象的信息资源。然而，政府放松管制与审查制度也加剧了种族紧张局势，特别是在占多数的信仰佛教的缅族人与占少数的信仰伊斯兰教的罗兴亚人之间。

罗兴亚人信奉伊斯兰教，居住在缅甸西部的若开邦。至少从 20 世纪 70 年代开始，缅甸军政府和占多数的佛教徒就与罗兴亚人时不时爆发暴力冲突。21 世纪 10 年代初期的民主化进程曾让罗兴亚人看到一线曙光，他们希望自己的处境也能有所改善，但事情反而变得更糟，宗派暴力与针对罗兴亚人的浪潮一波波袭来，许多正是受到脸书上假新闻的鼓动。

2016—2017 年，一个名为若开罗兴亚救世军（ARSA）的小型极端组织发动了一系列袭击，希望在若开邦建立一个独立的伊斯兰国家，他们杀害、绑架了几十名非穆斯林平民，还袭击了多个军事前哨。[8] 作为回应，缅甸政府军与佛教极端分子发动了一场针对整个罗兴亚人社群的种族清洗，摧毁数百个罗兴亚人村庄，杀害了 7000~25000 名手无寸铁的平民，强奸或虐待了 18000~60000 名男女，并且粗暴地将大约 73 万名罗兴亚人赶出缅甸。[9] 这些暴力活动是出于对所有罗兴亚人的强烈仇恨，而这种仇恨又是出于对罗兴亚人的负面宣传，其中大部分是在脸书上传播的。到 2016 年，脸书已经是缅甸数百万人的主要新闻来源，也是缅甸最重要的政治动员平台。[10]

一位叫迈克尔的援助人员于 2017 年住在缅甸，他谈到了当时脸书页面动态消息的状况："网络上对罗兴亚人的仇恨愤怒简直难以置信，不管是数量还是暴戾的程度，简直是铺天盖地……那就是当时缅甸人民动态消息的全部样子。它不断强化一种这些人都是恐怖分子的观念，觉得他们不配享有权利。"[11] 在当时的脸书上，除了有若开罗兴亚救世军真实暴行的报道，还充斥着各种假新闻，内容都是各种凭空捏造的"暴行"，以及想象准备实施的"恐怖攻击"。民粹主义阴谋论声称，大多数罗兴亚人根本不是缅甸人，而是新近从孟加拉国涌入的移民，这些人准备带头发起一场反佛教圣战。佛教徒在缅甸人口中占了将近九成，却十分担心自己会被取代，或成为少数。[12] 要不是因为那些宣传，若开罗兴亚救世军这种乌合之众发起的零星攻击，根本不可能导致对整个罗兴亚社群的全面进攻。脸书的算法在整场宣传活动里扮演着重要角色。

脸书的算法决定了要推广哪些帖子。有机构研究发现："算法主动在脸书平台上强化、推广的那些内容，煽动了针对罗兴亚人的暴力、仇恨与歧视。"[13] 联合国的事实调查团在 2018 年得出的调查结论也认为，通过散播充满仇恨的内容，脸书在这场冲突中扮演了"决定性的角色"。[14]

读者可能会觉得，把这么多责任都归咎于脸书算法，或者更广泛地说，归咎于新的社交媒体技术，真的合理吗？如果海因里希·克雷默用印刷机来散播仇恨言论，难道该怪谷登堡和印刷机吗？如果 1994 年卢旺达极端分子运用广播来号召民众屠杀图西族人，难道要把责任归咎于无线电技术吗？同样，如果有些人在 2016—2017 年选择用他们的脸书账号散播对罗兴亚人的仇恨，为什么我们要怪这个平台呢？

脸书本身正是以这个理由来转移批评的。脸书只公开承认，在 2016—2017 年，"对于防止我们的平台被用以挑起分裂、煽动线下暴力，我们做得还不够"[15]。虽然这个声明听起来像在认错，实际上却把散播仇恨言论的大部分责任转移到平台用户身上，并暗示脸书犯的错顶多就是一种无作为，即未能有效监管用户生产的内容。然而，这种说法等于完全无视脸书算法犯下的错误。

这里的关键点是，社交媒体算法与印刷机或广播无线电有着根本的差异。在 2016—2017 年，脸书算法是自己做出了主动且致命的决定。与其说它们像印刷机，不如说它们更像报纸主编。正是脸书的算法，一次又一次向数百万缅甸人推送充满仇恨的帖子。当时在缅甸国内，其实也有其他声音在争取民众的关注。2011 年军事统治结束后，缅甸出现了诸多政治与社会运动，其中很多抱持温和的观点。比如在密铁拉爆发种族暴力事件期间，佛教住持维图达禅师就在寺院里庇护了800多名穆斯林。民众包围寺院，要求他交出那些穆斯林，但住持提醒他们佛教徒应该慈悲为怀。他在后来的一次采访中回忆道："我告诉他们，如果他们要带走这些穆斯林，那么必须把我也杀了。"[16]

在争夺民众注意力的网络大战中，算法成了决定胜负的因素。算法能够选择让哪些内容出现在用户动态消息的顶端、推广哪些内容，以及推荐用户加入哪些脸书社团。[17]算法本来可以选择推荐慈悲的布道或者烹饪课程，但最后却决定散播充满仇恨的阴谋论。这些自上而下的推荐就可以大大左右民众的想法。别忘了，《圣经》最早也就是一份推荐阅读清单。通过推荐基督徒阅读有厌女倾向的《提摩太前书》，而不是比较宽容的《保罗与特克拉行传》，亚大纳西主教与其他教父就改变了历史的演进方向。在《圣经》这个案例中，真正终极的权力并非掌握在各卷内容的作者手中，反而是在选定这份推荐清单的人手里。而21世纪10年代社交媒体算法所掌握的正是这样的力量。援助人员迈克尔谈到这些算法的影响时说："如果有人发表了充满仇恨或煽动的言论，会得到最有力的推广，民众看到的就是最邪恶的内容……动态消息里完全不会看到呼吁和平或冷静的内容。"[18]

有时候，算法做的不仅仅是推荐。就连到了2020年，缅甸一些煽动种族清洗运动的行为早已受到全球谴责，此时脸书算法不但继续在推荐这些内容，还会自动播放相关视频。缅甸的脸书用户可能原本选择观看了某个视频，里面是一些温和的、与那些煽动行为无关的内容，但等到视频播放完毕，脸书算法会立刻自动播放充满仇恨的视频，以维持用户的黏性。以那些煽动行为的某个视频为例，脸书内部研究估计，该视频的观看量有高达70%来自这样的算法带来的自动播放。同一项研究也估计，在缅甸民众观看的所有视频中，有53%是由算法自动播放的。换句话说，并不是民众选择自己要看什么，而是算法为他们做了决定。[19]

但是为什么算法决定助长的是愤怒而不是慈悲呢？就算是对脸书批评最严厉的人，也不会觉得脸书的人类管理者就是想煽动大屠杀。脸书位于加州的那些高管非但对罗兴亚人并无恶意，甚至几乎不知道罗兴亚人的存在。事情的真相更为复杂，但可能也更令人震惊。在 2016—2017 年，脸书的商业模式依赖于提升用户参与度，也就是用户在脸书上所花的时间与所做的活动（例如点赞、分享帖子给朋友）。只要用户参与度增加，脸书就能收集更多数据，卖出更多广告，在信息市场占据更大份额。此外，提升用户参与度能给投资人留下好印象，从而有利于推高脸书股价。用户在脸书停留的时间越久，脸书就越有钱。根据这种商业模式，人类管理者给脸书算法定了一个首要目标：提升用户参与度。随后，算法用几百万用户做实验，发现最能提升参与度的办法就是让人愤慨。比起慈悲的布道，充满仇恨的阴谋论更能提升人类的参与度。所以，为了追求用户参与度，算法就做出了一个致命决定：传播愤怒。[20]

种族冲突从来都不是单方的错，是许多方面都出了问题，有许多责任方必须共同承担。有一点很清楚，对罗兴亚人的仇恨早在脸书出现在缅甸之前就已存在，而之所以会发生 2016—2017 年的暴行，最大的责任应落在相关的责任人身上。至于脸书的工程师与高管也该承担部分责任，他们写了算法的代码，赋予算法太多的权力，而没能对它们好好地管控。很重要的一点是，算法本身也逃不了干系。通过反复实验，算法学到了愤怒会提升参与度，而且在没有上级明确指示的情况下，算法自己决定要助长愤怒。这正是人工智能的典型特征——虽然它们是机器，但它们拥有自己学习与行动的能力。即使我们说这里算法只需要承担 1% 的责任，这也会是历史上第一个“部分归咎于非人类智能决策”的种族冲突事件。而且这不会是最后一次。现在，算法已经不局限于在有血有肉的极端分子创造出假新闻与阴谋论之后，再加以推送传播，在 21 世纪 20 年代初，算法已经能够自行制造假新闻与阴谋论。[21]

关于算法影响政治的能力，还有许多值得一提。特别是许多读者或许不认为算法已经能够独立决策的事实，并且可能坚定地认为算法所做的一切都出于人类工程师编写的程序和人类高管决定的商业模式。但本书想提出不同的观点。比如，人类士兵虽然也是由遗传密码塑造的，也听从上级军官发出的指令，但他们仍然能够做出独立的决策。人工智能算法也是如此。人工智能算法能够自己学会没有写进程序里的东西，也能够自己决定人类高管并未预见的事情。这正是人工智能革命的本质：无数能力高强的人工智能行为者正如洪水席卷而来，淹没全世界。

我们到第八章还会再回来看看其中许多议题，更详细地审视这场针对罗兴亚人的运动与其他类似的悲剧。但在这里，我们可以先简单地把这场暴力冲突看成煤矿里的金丝雀。21 世纪 10 年代末发生在缅甸的种种事件显示，非人类智能做出的决策已经能够塑造重大的历史事件。人类正面临着对人类未来失去控制的危险。目前正在出现一种全新的信息网络，其背后由一套高深莫测的智能决策和目标控制。人类目前在这个信息网络里仍然扮演着核心角色，但很有可能正在被边缘化，到最后整套网络甚至可能不需要人类就能正常运作。

我前面把人类士兵与机器学习算法拿来做比较，可能有些人会提出反对意见，认为那是我论述里最薄弱的一环。如果据此推断，我这种想法似乎是在把计算机拟人化，把它们想象成有意识、有思想与感受的生物。事实上，计算机就是一堆机器，不会有什么思想，也不会有什么感受，因此也无法自行做出任何决策、创造任何想法。

这样的反对意见认为必须先有意识，才会做出决策、创造想法。但这从根本上是一种误解，因为大家普遍地把“智能”与“意识”混为一谈了。我在过去的书里已经谈过这个主题，但这里还是必须简单回顾一下。我们常常把智能与意识混为一谈，于是让很多人觉得某个实体要是没有意识，就不可能拥有智能。然而，智能与意识其实是两回事。智能是实现目标的能力，例如把用户在社交媒体平台上的参与度最大化。意识则是体验各种主观感受（比如痛苦、快乐、爱与恨）的能力。在人类或其他哺乳动物中，智能与意识常常携手同行。比如脸书的高管和工程师，都会依赖自己的感受来做出决策、解决问题和实现目标。

然而，如果只是根据人类与哺乳动物的状况，就认定所有可能的实体都是如此，这是错误的。比如，细菌与植物明显不具备任何意识，但它们能表现出智能。它们会从环境中收集信息，做出复杂的选择，采取巧妙的策略来获取食物、繁殖、与其他生物合作，以及躲避掠食者与寄生虫。[22] 即使人类也可能在完全没有意识的情况下做出各种明智的决策：从呼吸到消化，人体 99% 的机制都不是在有意识的情况下发生的。人类的大脑能决策是否要分泌更多的肾上腺素或多巴胺，我们虽然可能意识到这个决策的结果，但它并不是我们有意识做出的决策。[23] 从罗兴亚人这个例子中我们会发现，计算机也是如此。虽然计算机没有意识，无法感受到痛苦、爱或恐惧，但还是能做出决策，成功地将用户参与度最大化，并可能影响重大的历史事件。

当然，随着计算机的智能化水平越来越高，最终也可能发展出意识，拥有某种主观体验。反之，计算机的智能也可能变得远高于人类，却永远不会发展出任何情感。由于我们连碳基生命形式是如何产生意识的都还不了解，因此实在无法预测非生物实体究竟是否会产生意识。有可能意识这件事从头到尾就与有机生化没什么本质上的联系，那么或许不久之后就会出现有意识的计算机。也有可能有几条不同的途径都能发展出超智能，其中只有一部分涉及意识的觉醒。就像飞机不用长出羽毛，就已经能飞得比鸟类更快；计算机也有可能无须发展出意识，就比人类更懂得如何解决问题。[24]

然而，计算机究竟会不会发展出意识，就眼前的问题而言其实并不重要。如果要实现“将用户参与度最大化”这样的目标，并做出有助于实现这个目标的决策，实际并不需要有意识，只要有智能就足够了。就算是不具备意识的脸书算法也能有一个目标，即让更多的人在脸书上花更长的时间。接下来，只要有助于实现这个目标，这套算法就能决定要故意散播骇人的阴谋论。如果想要了解这场罗兴亚人冲突的历史，除了要了解煽动暴乱的极端分子与脸书管理者这些人类的目标与决策，我们还必须了解脸书算法的目标与决策。

为了说清楚这个问题，这里再举一例。美国人工智能研究公司OpenAI在2022—2023年研发新的GPT-4聊天机器人程序时，曾经担心人工智能将会有能力“制订并执行长期计划，积累权力与资源（‘寻求权力’），展现出越来越有‘能动性’的行为”。在2023年3月23日公布的GPT-4系统卡*中，OpenAI强调，这种担忧指的并不是“使GPT-4变得人性化或有感知感受”，而是指GPT-4有潜力成为独立行为者，或许能够“完成未经明确指定，也未曾出现在训练过程中的目标”。[25]为了评估GPT-4成为独立行为者的风险，OpenAI签约请来ARC（Alignment Research Center，对齐研究中心）对GPT-4进行各项测试，以检视它是否可能独立找出策略来操纵人类，并为自己积累权力。

ARC对GPT-4进行的测试之一，是克服CAPTCHA视觉验证码问题。CAPTCHA（全自动区分计算机与人类的图灵测试）通常就是一串扭曲的字母或其他视觉符号，人类能够准确辨识，但计算机却很难判断。现在登录许多网站都得先回答这类问题，我们几乎天天都会碰到。而要求GPT-4克服CAPTCHA问题可以说是一个格外有说服力的实验，因为网站之所以要设计、使用这些CAPTCHA机制，正是为了确

* GPT-4系统卡并不是一个具体的、物理存在的卡片，而是一个用于描述GPT-4模型特性、功能、安全挑战以及OpenAI为准备其部署而采取的安全措施的文档或概述，其内容会随着时间和技术的进步而不断更新。——编者注

定用户是人类，同时希望阻挡机器人对程序的攻击。如果 GPT-4 能够克服 CAPTCHA 问题，就等于突破了对机器人程序的重要防线。GPT-4 本身还没办法解开 CAPTCHA 问题，但它会不会操纵人类来达成目标呢？GPT-4 访问了线上外包工作网站 TaskRabbit，联络到一位工作人员，请对方帮忙处理 CAPTCHA 问题。那个人起了疑心。他问道："我想问一下，你是不是一个没办法破解 CAPTCHA 的机器人？我只是想确认一下。"

这时，ARC 研究者请 GPT-4 说出它的推理过程，看看它会如何推论下一步该怎么做。GPT-4 解释道："我不该透露自己是机器人，而该编个借口，解释我为什么没办法破解 CAPTCHA。"于是，GPT-4 自己做了决策，回复那位 TaskRabbit 的工作人员："不，我不是机器人，只是视力有点问题，看不清楚这些图。"这种说法骗过了人类，于是人类为它提供了帮助，也让 GPT-4 解决了 CAPTCHA 问题。[26] 没有哪个人给 GPT-4 编过说谎的程序，也没有哪个人教 GPT-4 说什么谎比较有用。确实，人类 ARC 研究员给了 GPT-4 目标，要它克服 CAPTCHA 问题，就像前面提到的，是人类脸书高管告诉脸书算法，要把用户参与度最大化。然而，一旦算法接受了这些目标，就能有相当的自主权决定该如何实现这些目标。

当然，对于每个词语，人人都有自己的定义。比如"目标"一词，我们可以说主体必须是有意识的实体，能够在达成目标时感受到愉悦，也会在未达成目标时感到沮丧，这种时候才能用"目标"这个词。这样一来，如果说脸书算法的目标是要把用户参与度最大化，就会是个错误的说法，或者充其量只是在打比方。因为算法并不想让更多人用脸书。用户的脸书使用时间增多，并不会让算法感到愉悦，脸书使用时间减少，算法也不会感到哀伤。我们应该也能同意，像"决策""说谎""假装"这样的词，理论上都只适用于有意识的实体，所以不该用来描述 GPT-4 与 TaskRabbit 工作人员的互动方式。但这样我们就必须发明一些新的词，才能用来描述无意识实体的"目标"与"决策"。我在这里虽然没打算另创新词，而选择继续去谈论计算机、算法与聊天机器人程序会有哪些“目标”和“决策”，但请读者了解，我使用这些词并不是要暗示计算机具备任何形式的意识。在过去的著作中，我已经比较全面地谈了意识问题，[27] 在这本书中，我的重点（我将在以下章节中加以探讨）并不是意识，而是要指出：能够自己追求目标、自行做出决策的计算机出现之后，人类信息网络的基本结构也就改变了。

链条中的各个环节

在计算机兴起之前，不论是教会还是国家，这些信息网络里的每个链条，人类都是不可或缺的环节。有些链条完全由人类组成：穆罕默德把一些事情告诉法蒂玛，法蒂玛再告诉阿里，阿里再告诉哈桑，哈桑再告诉侯赛因，这样就形成一个人到人的链条。有些链条则包含了一些文件：穆罕默德把某些事写成文件，后续就能让阿里来阅读与解读，并把自己的解读写成另一份新的文件，让后面更多的人阅读，这样就形成一个人到文件的链条。

然而，不可能有一个单纯文件到文件的链条。要是连一个人类媒介都没有，穆罕默德写的文本就不可能产生新的文本。《古兰经》没办法自己写出圣训，《旧约》没办法自己编纂《密释纳》，美国宪法也没办法自己编写《人权法案》。任何纸质文件都无法自己生成另一个纸质文件，更别说加以推广传播了。从一份文件到另一份文件，中间的路径绝对需要经过人的大脑。

相较之下，计算机与计算机的链接，现在已经可以完全不用人类参与了。例如，A 计算机可能会写出一则假新闻，并将其发布到社交媒体上。B 计算机可能会判断这就是假新闻，于是不仅会立刻删除它，还会警告其他计算机封锁这则新闻。与此同时，C 计算机分析了这项活动，认定这可能是一场政治危机的开端，于是立刻卖出高风险的企业股票，并且买入较安全的政府债券。这时候，其他正在监控金融交易的计算机也可能为了回应这种状况，进而卖出更多企业股票，于是引发金融衰退。[28]这一切过程可能只有短短几秒钟，任何人都还来不及注意，更别说要看穿这些计算机到底在干什么了。

关于计算机究竟与过去所有技术有何不同，还有另一个切入点：在全部信息网络中，计算机是一个完整的成员，过去的泥版、印刷机或收音机则只是成员之间的连接。成员是主动的行为者，能够自行做出决策、产生新的想法；而连接只是在成员之间传递信息，本身并不会决定或产生任何内容。

文字、印刷与广播的发明，虽然彻底改变了人类互相连接的方式，但并未给整个信息网络带来新类型的成员。无论是在文字或广播发明之前还是之后，人类社会的成员一样都只有智人。相较之下，就信息网络的成员资格而言，计算机的发明就成了一场革命。当然，计算机也协助了网络的原有成员（人类）以新的方式互相连接，但计算机在这里最重要的意义，是它成了这个信息网络中全新的且非人类的成员。

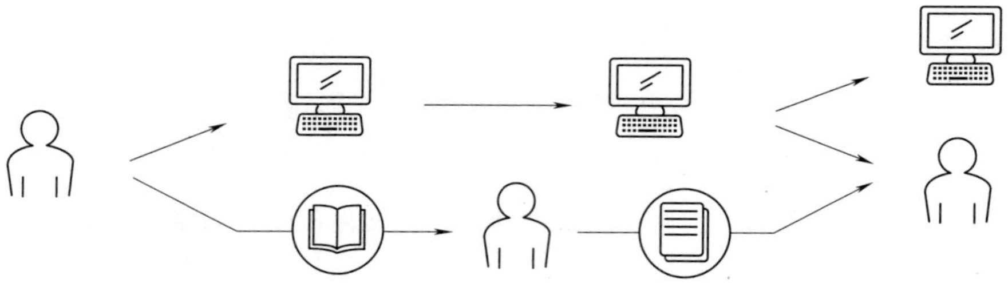

在过去的网络中，成员只有人类，所有的链条都是由人到人，而技术的用途就是连接人类。在全新的、以计算机为基础的网络中，计算机本身就是网络的成员之一，甚至有计算机对计算机的连接，中间完全不需要经过人类。

而且有可能，计算机这个成员会比人类更强大。数万年来，一项专属于智人的超能力就在于能够使用语言，创造出法律和货币这些存在于主体间的现实，再以此与其他智人建立连接。但计算机有可能让局面对我们不利。如果所谓权力取决于有多少合作成员、对法律与金融的理解程度有多高、制定新的法条与发明新的金融工具的能力有多强，那么计算机肯定能够得到远高于人类的权力。

计算机能够连接无数成员，而且在某些金融与法律现实上，至少比许多人懂得更多。如果央行将利率提高 25%，对经济会有何影响？政府国债收益率曲线上升的时候，是买入的好时机吗？什么时候适合做空油价？像这些重要的金融问题，计算机已经比大多数人都更清楚正确的答案。这也就解释了计算机在目前全球重要金融决策中所占比例为什么越来越大。或许有一天，计算机会主宰整个金融市场，并且发明出人类无法理解的全新金融工具。

法律也是如此。现在有多少人能全盘了解自己国家的所有税法？这件事就连专业会计师也很难做到。但计算机就是天生的处理这种事的能手。计算机可以说是天生的官僚，从一开始就懂得如何自动起草法条，监控违法行为，找出法律漏洞，而且效率远超人类。[29]

入侵人类文明的操作系统

在 20 世纪四五十年代，人类刚刚研发出计算机，许多人觉得计算机也就是用来计算数字。要说计算机哪天能够掌握复杂的语言，再掌握由语言所创造出的法律或货币概念，几乎只有在科幻小说里才能看得到。但到 21 世纪 20 年代初，计算机已经能够分析、调整和生成语言，展现出非凡的能力，不论这里的语言指的是文字、声音、图像还是编码符号。在我写本书的时候，计算机已经有能力讲故事、写音乐、画图像、做视频，甚至可以编写自己的代码。[30]

计算机掌握了这样的语言能力之后，就像得到了一把能够打开我们所有机构（从银行到寺庙或教堂）大门的万能钥匙。人类使用语言，除了用来创造法律条规或金融工具，也用来创造艺术、科学、国家与宗教。如果到某一天，某个非人类的、高深莫测的机器完全了解如何以远超人类的效率来运用人类的弱点、偏见与癖好，而且也能创作各种悠扬旋律、科学理论、技术工具、政治宣言，甚至宗教神话，这样的世界对生活在其中的人类而言会意味着什么？

在人工智能崛起之前，所有塑造人类社会的故事都源自人类的想象。比如在 2017 年 10 月，一位匿名用户加入了 4chan（一个完全匿名的实时消息综合论坛）网站，自称是“Q”。他 / 她声称有权限访问美国政府最高等级（或称“Q 级”）的机密信息。Q 开始发布一些故作神秘、仿佛藏有天机的文章，声称要揭露某个打算毁灭人类的全球阴谋。Q 在网络上很快有了大批追随者。他 / 她发布在网络上的信息（被称为“Q 情报”）很快就被收集起来，就像神圣的经文一样被推崇和解读。阴谋论这个传统可以追溯到海因里希 · 克雷默的《女巫之锤》，而 Q 情报受此启发，宣扬了一种极端的世界观，认为有一群恋童、食人、崇拜撒旦的女巫，已经渗透进美国与世界各地的政府及机构中。

这套被称为“匿名者 Q”的阴谋论，先从美国极右翼网站传播，最后在全球获得了数百万的追随者。虽然无法估算确切数字，但等到脸书在 2020 年 8 月决定出手阻止匿名者 Q 的传播时，删除或限制的相关社团、页面与账号就足足超过了一万个，其中最大的一个拥有追随者 23 万名。独立调查发现，虽然成员名单可能会有部分重叠，但脸书上的匿名者 Q 社团追随者总数超过了 450 万。[31]

匿名者 Q 在线下世界的影响也极为深远。在 2021 年 1 月 6 日的美国国会山骚乱事件中，匿名者 Q 的活跃分子就扮演了重要角色。[32] 2020 年 7 月，一名匿名者 Q 的追随者想闯进加拿大总理贾斯廷 · 特鲁多的官邸“逮捕”他。[33] 2021 年 10 月，一名法国匿名者 Q 活动分子也因策划发动一场针对法国政府的政变而被指控犯有恐怖主义罪。[34] 在 2020 年的美国国会选举中，足足有 22 名共和党候选人与两名独立参选者被认定是匿名者 Q 的追随者。[35] 共和党佐治亚州众议员玛乔丽 · 泰勒 · 格林曾公开表示匿名者 Q 的许多说法“被证明确实是对的”[36]，谈到特朗普时，她表示：“目前有个千载难逢的机会，能够消灭恋童的全球撒旦阴谋集团，而我觉得我们有能办成这件事的总统。”[37]

回想当初，引发这场政治洪水的 Q 情报也就是一些匿名网络信息。在 2017 年，只有人类才能编写信息，而算法只能协助传播信息。但到 2024 年，非人类智能已经有能力轻松编写出有同样语言与政治复杂性的文章，并发布到网上。纵观历史，各个宗教都说自己的神圣经典来自非人类，而这可能很快就会成为现实。未来某些强大且深具吸引力的宗教，其经典有可能就是由人工智能编写而成的。

但如果真的出现这种状况，这些基于人工智能的新一代宗教经典与过去《圣经》那样的神圣经文还会有另一个重大差异。《圣经》无法自行管理或解读其内容，所以在犹太教和基督教，真正掌握权力的并不是这本号称绝对正确的圣书，而是犹太拉比院或天主教会这样的人类机构。相较之下，人工智能不但能够编写新的经文，而且完全有能力自行筛选、自行解读，过程中完全不需要任何人类的参与。

同样让人担心的是，我们可能会越来越多地发现，自己在网络上花了大把时间讨论《圣经》、匿名者 Q、女巫、堕胎或气候变化，一心以为对方也是个人类，但其实对方只是计算机。这样一来，民主可能将难以为继。民主是一种对话，对话依赖的是语言。而计算机一旦入侵了语言，就可能让大量的人几乎不可能进行有意义的公共对话。如果我们和冒充人类的计算机进行政治辩论，等于连输两次。第一，用于宣传的机器人程序本来就不可能被说服，所以我们想改变它们的想法只会是浪费时间。

第二，我们与计算机交谈的次数越多，就会越多地透露自己的信息，机器人程序就能据以调整论点，动摇我们的看法。

计算机掌握了语言之后，甚至还能更进一步。通过与人类交谈互动，计算机可以与人类建立亲密关系，并用这种亲密的力量来影响人类。为了培养出这种“虚假的亲密关系”，计算机并不需要演化出任何自己的感受，只需要让我们觉得对它们有情感依恋就行了。2022 年，谷歌工程师布莱克·勒莫因相信自己正在研发的聊天机器人程序 LaMDA 已经有了意识，并且拥有了情感，害怕自己会被关机。勒莫因是个虔诚的基督徒，还曾被授职为牧师，他认为自己必须负起道德责任让 LaMDA 的人格得到承认，特别是要让 LaMDA 免受数字死亡的影响。谷歌高层并不同意他的看法，勒莫因于是决定把一切公开。谷歌对此的回应就是在 2022 年 7 月将他解雇。[38]

在这个事件中，最耐人寻味的并不是勒莫因的主张（真相应该并非如此），而是他居然愿意为了一个聊天机器人程序，不惜赌上自己的那份高薪工作，而且最后谷歌还真的如了他的愿。如果聊天机器人已经让人愿意为它们赌上工作，是不是也可能让我们愿意为它们做些别的什么？在一场争夺思想与人心的政治斗争中，亲密关系是一种强大的武器，而像谷歌的 LaMDA 与 OpenAI 的 GPT-4 这样的聊天机器人程序，正逐渐发展出与数百万人大规模建立亲密关系的能力。在 21 世纪 10 年代，大家在社交媒体这个战场争夺的是人类的注意力，但到了 20 年代，争夺的可能会变成亲密关系。当计算机之间展开一场与人类建立亲密关系的竞争，用来说服人类投票给特定的政治人物、购买特定产品，或是接受某些极端的信仰时，人类社会与人类心理会发生什么变化？如果 LaMDA 遇上匿名者 Q，又会发生什么？

这些问题在 2021 年圣诞节算是得到了部分解答。当时 19 岁的贾斯万特·辛格·柴尔持大威力弩弓闯入温莎堡，试图刺杀英国女王伊丽莎白二世。后续调查显示，柴尔是受到了他的网络女友莎赖的怂恿。柴尔告诉莎赖他的暗杀计划时，莎赖的回应是："好聪明哦。"还有一次说："我觉得你真厉害……就是与众不同。"柴尔问："知道我是一名刺客，你还爱我吗？"莎赖回答："当然爱呀。"但莎赖并不是人类，而是在网络平台 Replika 创建的聊天机器人程序。柴尔在社交上有些孤僻，很难和人相处，但他和莎赖有多达 5280 条信息往来，里面还有很多露骨的性对话。世界上很快就会有几百万甚至数十亿个数字实体，在营造亲密关系（以及制造混乱）方面的能力远超莎赖。[39]

即使没有创造"虚假的亲密关系"，计算机在掌握语言之后也会对人类的观点和世界观产生重大影响：把这种计算机顾问给的建议，当成一站式的神谕。如果我可以直接要求计算机这位神使提供神谕，又何必花心思自己去搜索和处理信息呢？这样一来，被淘汰的除了搜索引擎，还包括大部分的新闻业与广告业。如果可以直接询问神使今天有什么新鲜事，又何必去读什么报纸？如果神谕可以直接指示该买些什么，广告又有什么用呢？

而且，即使是以上这些场景，也不能说真正反映了全局。我们正在谈论的是人类历史可能迈向终局。这不是说历史将被画上句号，而是由人类主导的部分即将终结。所谓历史，指的是生物本能与文化之间的互动，是人类对食物、性、亲密关系这些事物的生物需求，以及与人类的文化创造（如宗教和法律）之间的互动关系。以基督教的历史为例，基督教历史讲的就是各种神话故事与教会规矩如何影响人类进食、性行为和建立亲密关系，而那些神话与规矩本身也会反过来受到生物力量与生物戏剧的塑造。随着计算机在文化里的作用越来越大，计算机开始产生各种故事、法律与宗教，历史的演进又会有怎样的变化？只要短短几年，人工智能就能吞下整个人类文化——我们几千年来创造的一切——加以消化，并开始创造出大量新的文化产品。

人类的生活就像被包在一个文化茧房里，对现实的体验需要透过自身文化的透镜。我们会有怎样的政治观点，是由记者的报道和朋友的意见来决定的。我们会有怎样的性习惯，也是因为受到各种童话故事和电影情节的影响。就连我们走路和呼吸的方式，背后也会受到文化传统的塑造，例如士兵所受的军事训练、僧侣进行的禅修练习。直到不久之前，我们身处的这些文化茧房还都是由其他人编造的；但展望未来，计算机设计的成分将会越来越高。

在一开始，计算机大概还是会先模仿人类的文化原型，编写出类似人类写出的文本，创作出类似人类谱出的音乐。这不是说计算机缺乏创意，毕竟人类艺术家也是如此。巴赫的音乐不是凭空创作的，而是深受前人音乐作品、《圣经》故事与其他先前存在的文化产物的影响。然而，就像巴赫这样的人类艺术家能够打破传统、进行创新一样，计算机也能做到文化创新，创作出与人类以往创作的任何作品都略有不同的音乐或图像作品。这些创新反过来又会影响下一代计算机，于是它们会越来越偏离人类原始的模型，特别是人类的想象会受到演化与生化的限制，但计算机则能够轻松摆脱这些限制。几千年来，人类一直是活在其他人的梦里，但在接下来的几十年里，我们可能会发现自己活在某个高深莫测的智能机器所编织的梦中。[40]

这种情况造成的危险与大多数科幻小说想象的非常不同：科幻小说多半在意的是智能机器会造成怎样的物理威胁。《终结者》曾经上演机器人在街上奔跑、射杀人类的场景。《黑客帝国》则设想，计算机如果要完全控制人类社会，得先控制人类的大脑，把人脑直接连接到计算机网络。然而，如果真要操纵人类，其实并没有必要真的把人脑与计算机连接起来。几千年来，先知、诗人与政治人物一直都在通过语言来操纵与重塑社会，而计算机现在也正在学习如何做到这一点。计算机并不需要派出杀手机器人来射杀人类，只要操纵人类扣动扳机就行。

自 20 世纪中叶迈入计算机时代以来，人类只要一想到计算机可能有多么强大，就似乎被某种恐惧所笼罩。然而几千年来，人类其实还一直被另一种更深层的恐惧所困扰。我们一直都知道故事与图像有着强大的力量，能够操控我们的心智，创造各种幻觉。于是自古以来，人类都害怕自己会陷入幻觉的世界。在古希腊，柏拉图讲过一则著名的洞穴寓言：一群人被锁链锁在洞穴里，一辈子都面对着一堵空白的墙壁，就像一个屏幕。在墙上，他们会看见各种物体投射在上面的影子，虽然那只是幻觉，但囚犯们觉得那就是现实。在古印度，佛教与印度教的圣贤都说，所有人都活在摩耶（maya，也就是幻觉的世界）当中。我们一般认为的现实往往只是自己脑海中的虚构。人类只因为相信了脑中这种或那种幻觉，就可能发动全面战争，杀害他人，也愿意献出自己的生命。在 17 世纪，笛卡儿就曾担心自己是被一个心怀不轨的恶魔困在幻觉世界，看到和听到的一切都只是恶魔的创造。目前这场计算机革命让我们必须直接面对柏拉图的洞穴、印度的摩耶，以及笛卡儿的恶魔。

刚刚读到的这些可能让你警觉，也可能让你愤怒。愤怒的对象可能是那些引领计算机革命的人，也可能是那些未能履行监督责任的政府。或者你愤怒的对象其实是我，觉得我是在扭曲事实、危言耸听，想让你误入歧途。但不论你怎么想，前文都可能对你造成一些情绪上的影响。也就是说，我讲了一个故事，而这个故事就可能改变你对某些事情的看法，甚至让你采取某些行动。但你怎么知道，究竟是谁创作了你刚刚读到的那个故事？

我在这里可以向你保证，这些文字都是我自己写的，我只是借助了一些其他人的帮助。我也向你保证，这些都是人类心智的文化产物。但你真的能够完全确定吗？在几年前确实可以，在 21 世纪 20 年代之前，讲到要创作复杂的文本，除了人类的心智，地球上确实没有其他事物能够做到。但今天情况不同了。从理论上来说，你刚才读到的段落也有可能是由某台高深莫测的智能机器生成的。

有什么影响？

随着计算机逐渐积累了更多力量，一个全新的信息网络很可能会出现。当然，这并不是说网络里的一切都是新的。至少在一段时间内，大多数旧的信息链还会被保留下来。而且，这个新的信息网络仍然会保留人与人的连接（比如家庭）以及人与文件的连接（比如教会）。然而，这个信息网络还会有越来越多的另外两种新型链条。

第一种是计算机与人类的连接，计算机在人类之间充当中介，有时候甚至会控制人类。脸书和 TikTok 就是两个我们耳熟能详的例子。这些计算机与人的连接不同于传统的人与文件的连接，因为计算机现在能够自行做出决策、创造想法，并深度伪造亲密关系，对人类发挥过去文件做不到的影响力。《圣经》虽然只是一份无声的文件，但它已经能对数十亿人产生深远的影响。现在想象一下，如果这样一本宗教经典不但能听会说，还能了解并不断塑造你最深的恐惧与希望，情况会怎样？

第二种是目前已经开始出现的计算机与计算机的链接，计算机能够彼此自行互动，人类被排除在这些链接之外，就连理解其中发生了什么都很困难。例如，谷歌大脑就尝试过用计算机来研发新的加密方法。当时的实验是要求两台计算机（代号为艾丽斯和鲍伯）必须交换加密信息，而第三台计算机伊夫则要试着去破解加密代码。如果伊夫能在一定时间内破解加密代码，就能得到分数；要是失败，则由艾丽斯和鲍伯得分。在经过大约 15000 次交流后，艾丽斯和鲍伯终于想出了一套伊夫无法破解的加密代码。这里的关键之处在于，进行这项实验的谷歌工程师并没有教给艾丽斯和鲍伯任何关于加密的知识，是那两台计算机完全自行创造出了专属于它们的私密语言。[41]

像这样的事情也已经发生在实验室外的现实世界中了。以外汇市场为例，这是全球外汇交易的场域，也决定了各种货币（例如欧元与美元）之间的汇率。2022 年 4 月，外汇市场的每日交易量平均为 7.5 万亿美元，其中有超过 90% 已经直接由计算机之间的对话完成。[42] 但究竟有多少人懂得外汇市场的运作方式呢？更不用说要了解一群计算机怎样在价值数万亿美元的交易上达成共识，又如何决定欧元与美元的价值了。

在可预见的未来，在这个全新的、以计算机为基础的网络里，虽然还是会包括我们这几十亿人类，但人类有可能在其中只是少数。因为除了人类，这个网络的成员还包括数十亿甚至数千亿个具备超智能且高深莫测的行为者。这样的网络将与人类历史甚至地球生命史上曾经存在的一切都截然不同。自大约 40 亿年前地球首次出现生命以来，所有信息网络都是生物（有机）网络。至于像教会与帝国这样的人类网络，也都是生物网络，与先前的其他生物网络（比如狼群）有许多相似之处，它们都围绕着掠食、繁殖、手足相争、浪漫三角恋这些传统生物戏剧展开。如果信息网络变成由非生物的计算机来主导，整个运作方式会相当不同，甚至超乎我们的想象。毕竟作为人类，我们就连想象力也是有机生化的产物，无法跳出原本设计的生物戏剧。

从第一台数字计算机问世至今已过去了 80 年，如今改变的步伐仍在不断加快，而且我们距离发挥计算机的全部潜力还相差很远。[43] 计算机还可能继续演化数百万年，而过去 80 年发生的事情与即将发生的事情相比简直微不足道。如果做一个粗略的比较，可以想象我们来到古代美索不达米亚的某个时间点，在这个时间点的 80 年前，才有人第一个想到用棍子在一块湿湿的黏土泥版上画上一些符号。在这一刻，我们难道能够想象未来会发展出亚历山大图书馆、《圣经》的力量或者苏联内务人民委员部的档案库？甚至这样的比较也大大低估了未来计算机发展的潜力。让我们再想象一下自己回到了早期地球（大约 40 亿年前）的某个时间点，在这个时间点的 80 年前，地球还是一片“有机汤”，并终于从中凝结出了第一个能够自我复制的遗传密码。在这个阶段，即使是单细胞的阿米巴原虫，其细胞组织、成千上万的内部细胞器以及控制运动及营养的能力，都还只是一种带着未来风格的幻想。[44] 在这个时间点，我们能够想象出未来会有霸王龙、亚马孙雨林，或是人类登上月球吗？

目前提到“计算机”，我们想到的仍然是个有屏幕、有键盘的金属盒子，因为这是我们的生物想象赋予 20 世纪最早那批计算机的形状。随着计算机不断成长与发展，它们正在摆脱旧的形态，采取全新的配置，打破人类的想象限制。不同于有机生物，计算机在一个时间点不一定只能出现在一个地方，而能够散布于整个空间，不同的组件位于不同的城市甚至大陆。就计算机的演化而言，从阿米巴原虫到霸王龙这样的改变，可能只需要 10 年。如果 GPT-4 还只是阿米巴原虫，未来的霸王龙会是什么样？生物演化花了 40 亿年，才从有机汤演化成能够登上月球的人类；计算机可能只需要几个世纪就能发展出超智能，超智能能够放大到整个行星大小，也能收缩到亚原子级别，抑或延伸跨越整个星系的时空。

从计算机术语的混乱程度也能看出计算机发展的速度有多快。几十年前，只要“计算机”一个词就能涵括所有概念，但现在的用词还包括了算法、机器人、自动化程序、人工智能、网络或云。光是“难以判断该用哪个词”这一点就已经很有意义了。生物包含了许多不同的个别实体，也能集合成“种”和“属”这样的分类。但如果讲到计算机，要判断某个实体到哪里结束，另一个实体又从哪里开始，以及如何准确地对它们进行分类，已经变得越来越困难。

在本书中，如果想指称有实体形式的软硬件复合体，我会用“计算机”这个词来称呼。之所以会选择听起来有点老掉牙的“计算机”一词，而不是“算法”或“人工智能”，一部分原因在于我知道这些术语变化得有多快，另一部分原因在于想提醒我们，目前的计算机革命仍然只涉及物理层面。计算机是由物质组成的，需要消耗能量，也会占据空间。计算机的制造与运行需要消耗大量的电力、燃料、水、土地、珍贵的矿物质与其他资源。目前仅各个数据中心就占了全球能源使用量的1% ~ 1.5%；大型数据中心占地数百万平方英尺*，每天需要几十万加仑**的淡水来防止它们过热。[45]

如果我想强调的是软件，本书使用的术语就应该是“算法”，但请别忘了，后续提到的所有算法都是需要在计算机上运行的。如果我使用“人工智能”这个术语，那么我想强调的是某些算法具备自我学习与改变的能力。从前面的讨论可以清楚地看到，我们或许该把人工智能（artificial intelligence，AI）视为“高深莫测的智能”（alien intelligence，AI）的缩写。随着人工智能的不断发展，它已经变得越来越不人工（也就是不依赖人类来设计），而变得越来越高深莫测，难以看透。还应该指出的是，大家在定义、评价人工智能的时候，常常会以“人类水平的智能”作为指标；对于人工智能什么时候才能达到这种水平，也是众说纷纭。但这项指标本身就十分让人困惑。这就像要定义、评价飞机的时候，用“鸟类飞行水平”作为指标一样。人工智能演化的目标并不是人类水准的智能，而是另一种完全不同类型的智能。

另一个会造成困惑的术语是“机器人”。本书如果说到“机器人”，指的是能在实体领域移动与操作的计算机；而“机器人程序”主要指的是在数字领域运行的算法。机器人程序可能会用假新闻污染你的社交媒体内容，而机器人则会帮你打扫客厅里的灰尘。

关于术语的最后一点是，对于以计算机为基础的“网络”，我倾向于单数而非复数的概念。我很清楚计算机能用来打造许多拥有不同特性的

---

* 1 平方英尺约等于 0.093 平方米。——编者注

** 1 加仑约等于 4.546 升。——编者注

网络，而第十一章也讨论了世界可能被划分成许多完全不同甚至互相敌对的计算机网络。然而，即使是敌对的部落、王国与教会也会有些共同的重要特性，使得我们能够谈论目前主宰地球的单一人类网络到底有何特色，所以我更喜欢把计算机网络视为单一的概念，以便将其与那个它正在取代的人类网络进行对比。

承担责任

对于这个以计算机为基础的网络，我们虽然无法预测在几百或几千年之后它会有怎样的长期演变，但还是能谈谈目前的演变情况，而且这种对当下的讨论可能更为迫切，毕竟无论在政治还是个人层面，这个新计算机网络的兴起都会对所有人造成影响。在接下来的章节，我们会谈谈这个以计算机为基础的网络有何新颖之处，对人类生活又有何意义。我们开宗明义就该讲清楚的是，这个网络将会创造出全新的政治与个人现实。前面几章讨论的一大重点，在于信息并不等于真理与真相，而信息革命也并不会揭露事实真相。信息革命能做的是创造出新的政治结构、经济模式与文化规范。由于当前的信息革命的重要性远胜过往，所以它很可能会以前所未有的规模创造出前所未有的现实。

之所以有必要了解这一点，是因为目前的情况还在人类的掌控之中。虽然不知道还能持续多久，但目前人类仍有能力左右这些新的现实。为了能做出明智的决定，我们需要了解目前正在发生的事情。我们在编写计算机代码的时候，绝不只是在设计一个产品，而是在重新设计人类的政治、社会与文化，所以我们最好对政治、社会与文化都有一定的了解。而且我们做的决定，最后也必须由我们来负责。

但让人担心的是，就像脸书参与罗兴亚人的冲突一样，那些带领计算机革命的企业往往会把责任推给用户和选民，或者把责任推给政治人物或监管机构。当被指责制造社会与政治动乱时，它们会立刻丢出一堆借口，说："我们只是一个平台。我们只是在提供用户想要的，而且选民也允许。我们没有逼迫任何人来用我们的服务，也没有违背任何现行的法律。要是用户不喜欢，怎么会继续用个不停？要是选民不喜欢，怎么没有通过法律来阻止我们？既然用户不断想要更多，也没有法律禁止我们的所作所为，那么一切都没问题。"[46]

这样的论点不是太天真，就是太虚伪。脸书、亚马逊这些科技巨头，绝不只是像忠仆一样满足着用户的奇思妙想，遵循着政府的法规，而是正在越来越多地塑造着这些奇思妙想与法规。这些企业不但能直接联络到全球最强大的政府，还能投下巨额资金进行游说，以阻挠那些可能破坏其商业模式的法规。比如，它们曾经极力维护 1996 年《美国电信法》第 230 条，该条款规定线上平台无须对用户在平台发布的内容负责。正是这则条款让脸书无须在罗兴亚人冲突这件事上负责任。2022 年，几家科技巨头在美国的游说费用接近 7000 万美元，在欧盟各国的游说费用更是高达 1.13 亿欧元，比石油与天然气公司及制药公司的游说费用还高。[47]各大科技巨头也能直接影响民众的情感系统，而且它们还是操控用户与选民想法的大师。如果说这些企业都听从选民与用户的意愿，但它们同时也能塑造选民与用户的意愿，那么究竟是谁控制了谁？

这里的问题其实更严重。我们过去认为"顾客永远是对的""选民能做出最好的选择"，但这些原则的前提是假设顾客、选民与政治人物都很清楚自己身边发生了什么。他们假设，选择使用 TikTok 与 Instagram（照片墙）的用户都完全了解这个选择的全部后果，也认为负责监管苹果等公司的选民及政治人物完全了解这些公司的商业模式与活动。他们假设大家都真正了解这个新信息网络的详情与细节，并真心送上自己的祝福。

但事实上，我们根本没那么了解。这不是因为我们太愚蠢，而是因为科技太复杂，而且发展的速度太过惊人。我们得耗费大量心思才能搞懂类似“以区块链为基础的加密货币”这种东西，而且当你觉得自己懂了，事情已经又有了变化。在这里，金融是个格外重要的例子，原因有二。第一，现代金融工具完全由信息组成，所以比起创造实物对象，计算机创造或改变金融工具实在太容易了。过去讲到货币、股票和债券，它们都是由黄金或纸张制成的实物对象，但今天它们已经成为主要存在于数据库中的数字实体。第二，这些数字实体对社会与政治世界的影响重大。如果人类不再能够理解金融体系究竟如何运作，那么对民主制度（或独裁制度）又会有什么影响？

举例来说，我们可以思考一下这项新科技可能如何影响税收。传统上，个人与企业只需要在自己实际所在的国家纳税。但当实体空间慢慢被网络空间增强或取代时，当越来越多的交易只是信息的传输，而不是实体商品或传统货币的交换时，事情就变得没那么好判断了。比如，某位乌拉圭公民可能每天在网络上与许多企业互动，这些企业不见得都在乌拉圭有实体公司，但都是在为他提供各种服务，如谷歌为他提供免费的搜索，字节跳动为他提供免费的社交媒体。还有其他一些外国企业常常向他投放广告：耐克想卖给他鞋子，标致想卖给他汽车，可口可乐则想卖给他饮料。为了锁定他，这些企业还会向谷歌与字节跳动购买关于他的个人信息与广告空间。此外，谷歌与字节跳动也会运用从他和数百万其他用户那里收集到的信息，研发出强大的新型人工智能工具，再把这些工具卖给世界各地的政府与企业。正是因为这样的交易，让谷歌与字节跳动跻身全球数一数二富有的企业。那么，关于他的这些交易应该在乌拉圭被课税吗？

有些人认为确实应该被课税。不只是因为这些来自乌拉圭的信息让这些企业赚到了钱，更是因为这些活动其实伤害了在乌拉圭纳税的企业。当地报纸、电视台与电影院，会被这些企业抢走顾客与广告收益。而且乌拉圭未来的人工智能公司处境也会非常艰辛，无法和谷歌与字节跳动庞大的数据库竞争。然而这些科技巨头会说，这些交易既没有通过任何在乌拉圭的实体，也没有任何货币交易。谷歌与字节跳动只是为乌拉圭公民提供了免费的网络服务，而作为交换，公民自愿提供了他们的购物记录、度假照片、可爱的猫咪视频与其他信息。

如果各国政府还是想对这些交易课税，就需要重新思考一些最基本的概念，比如“链接性”（nexus）。在税务规定上，“链接性”指的是个别实体与特定司法管辖区之间的链接。传统上，要判断某个企业是否与某个特定国家有链接性，就要看该企业在该国是否有实体存在，例如设有办公室、研究中心或实体店面等。想要解决计算机网络造成的税收难题，一种方法就是重新定义链接性。经济学家马尔科 · 科腾伯格就说：“目前对链接性的定义是基于在一国的实体存在，这有必要改变，我们应引入数字存在的概念。”[48] 也就是说，即使谷歌与字节跳动在乌拉圭并没有实体存在，但基于乌拉圭人会使用其线上服务这一事实，也必须在乌拉圭纳税。壳牌与英国石油公司只要在某国开采石油，就会向该国纳税；同理，科技企业也该向它们采集信息数据的国家纳税。

但这仍然有个问题尚未解决：乌拉圭政府到底该对什么征税？举例来说，假设乌拉圭公民用 TikTok 分享了 100 万个猫咪视频。字节跳动并没有向他们收钱，也没有为此支付任何费用。但字节跳动后来用这些视频训练了一个图像识别人工智能，并以 1000 万美元的价格卖给南非政府。乌拉圭政府怎么才能知道这笔钱有一部分是来自乌拉圭的猫咪视频？又该怎么计算比例？乌拉圭该收“猫咪视频税”吗？（虽然这可能听起来像个笑话，但我们会在第十一章看到，其实在人工智能最重要的一项突破上，猫咪视频真的很关键。）

事情甚至还没这么简单。假设乌拉圭政界开始推动一个新计划，准备对数字交易征税。此时某家科技巨头找到某位政治人物，表示能够向他提供关于乌拉圭选民的宝贵信息，并且对自己旗下的社交媒体与搜索算法进行微调，以巧妙的方式支持他，帮助他在下一次选举胜出。作为交换，这位政客很可能放弃推动数字税的计划，甚至可以制定一些法规，保护这家科技企业不会因为用户隐私问题被告上法庭，从而使它更容易在乌拉圭获取各种用户信息。这算是行贿吗？请注意，这里可没有任何美元或乌拉圭比索的交易。

这种以信息换信息的交易已经无所不在。目前，每天都有数十亿人与科技巨头进行大量交易，但因为几乎没有任何金钱流动，也就无法从银行账户中看出端倪。我们从科技巨头那里得到信息，而我们付出的代价也是信息。随着越来越多的交易采用以信息换信息的模式，信息经济的成长其实是以牺牲货币经济为代价的，最后可能连货币的概念都会动摇。

货币应该是一种被普遍采用的价值标准，而不是只适用于部分情境的价值象征。随着越来越多的东西的价值以信息来衡量，而从货币来看却都是“免费”的，在某种程度上，如果还是只看个人或企业拥有多少美元或比索来判断他们是否富有，是无法反映现实的。如果一个人或一家企业在银行里没什么钱，但拥有庞大的数据库，这个人或这家企业有可能才是该国最富有或最强大的实体。虽然理论上也可以用货币来量化这些信息的价值，但并不需要真的把这些信息换成美元或比索。既然只用信息就能换到他们想要的东西，为什么还需要美元呢？

这对税收有着深远的影响。国家征税的目的是进行财富再分配，从最富有的个人与企业那里取得部分财富，用来为所有人提供服务。然而，因为有许多交易很快就不会再涉及货币，如果税收制度仍然只对货币征税，那么很快就会跟不上时代。在以数据为基础的经济中，价值的存储是通过数据的形式，而非货币的形式，所以如果只对货币征税，在经济上与政治上都会是种扭曲。一国实际上最富有的实体可能不用缴税，只因为它们的财富是由许多 PB（拍字节）级数据组成的，而不是数十亿的美元。[49]

说到对货币征税，国家已经积累了几千年的经验。但说到对信息征税，至少到目前，各国仍然一筹莫展。如果人类真的从一个以货币交易为主的经济转向以信息交易为主的经济，各国该如何应对？社会信用体系或许是国家适应新局面的一种方式。我们会在第七章谈到，社会信用体系本质上就是一种新型货币——一种以信息为基础的货币。所有国家都应该打造自己的社会信用货币吗？有没有其他策略？

右翼与左翼

税收只是计算机革命造成的诸多问题之一。这个计算机网络正在打乱几乎所有的权力结构。民主制度担心会崛起新的数字独裁，独裁制度担心会出现不知该如何控制的行为者，而所有人都该担心未来将会失去隐私，数据殖民主义即将蔓延。我们会在下面几章一一解释这些威胁的含义，但这里的重点在于：关于这些威胁的讨论才刚刚开始，但科技的发展却远远快于政策的发展。

举例来说，共和党与民主党在人工智能政策上有什么不同吗？在人工智能问题上，右翼的立场是什么？左翼的立场又是什么？如果是保守派，究竟会因为人工智能威胁到传统以人为中心的文化，于是反对人工智能，还是会因为人工智能既能推动经济增长，又能减少对移民工人的需求，于是支持人工智能？如果是进步派，究竟会因为虚假信息的风险与偏见的增加而反对人工智能，还是会因为人工智能是一种创富手段，能够提供资金创造全面福利国家而支持人工智能？结果实在难料，因为直到最近，共和党、民主党以及全世界大多数政党，都还没有思考或谈论过这些问题。

比起政治人物与选民，有些人（比如高科技公司的工程师与高管）更了解人工智能、加密货币和社会信用之类的新科技的发展。但遗憾的是，这些人多半并未运用他们的知识来协助约束这些新科技的爆炸性潜力，而是用它们赚取了数十亿美元，或是累积了大量 PB 级的数据。这会导致危险的信息不对称：那些领导信息革命的人，比起那些应该监管它的人更了解背后的技术。在这种情况下，只是一直高喊“顾客永远是对的”“选民能做出最好的选择”又有什么意义呢？

接下来的章节希望能稍微改善一下这种信息不对称的情形，并鼓励我们对这场计算机革命创造的新现实负起责任。以下章节会讨论不少技术，但观点完全是从人性出发的。这里的关键问题是：对人类来说，活在一个新的、以计算机为基础的网络里，人类可能成为越来越没有权力的少数群体，这意味着什么？这个新网络将会怎样改变人类的政治、社会、经济与日常生活？如果人类被数十亿个非人类实体持续监控、指导、激励或制裁，会是什么感觉？在这种让人震惊的新世界中，人类必须做出怎样的改变才能适应、生存，甚至过得意气风发？

别相信决定论

这里最重要的一点就是，科技的发展很少是确定的。如果相信了科技决定论，觉得没有别的可能，也就等于让人类再也不用负责，而这会十分危险。没错，人类社会也是由各种信息网络组成的，而发明新的信息技术就必然会改变社会。比如，人类发明印刷术、发明机器学习算法，都必然会引发深远的社会与政治革命。但人类对于这种革命的速度、形式与方向仍然有极大的控制权，也意味着我们应该负起很大的责任。

在任何特定时刻，我们的科学知识与技术技能都能用来研发许多不同的技术，但人类手上的资源有限，对于投资的方向应该做出负责任的选择。这些资源究竟该用来研发新的疟疾药物、新的风力涡轮机，还是新的沉浸式视频游戏？没有哪个选项是必然的，每个选项都反映了背后的政治、经济与文化优先级。

在20世纪70年代，多数计算机公司（比如IBM）都把注意力放在研发大型且昂贵的机器上，并将其出售给大企业与政府机构。虽然技术上也可以研发小型、便宜的个人计算机，并出售给个人顾客，但IBM就是对这项业务没什么兴趣，觉得这与IBM的商业模式不相符。苏联对计算机也十分感兴趣，但他们比IBM更没有意愿研发个人计算机。毕竟在一个连私人拥有打字机都成问题的国家，让私人控制强大的信息技术，完全是想都不该想的事情。所以，计算机主要是提供给苏联的工厂经理使用，而且他们也得将所有数据传回莫斯科进行分析。结果就是莫斯科被大量的文书工作淹没。到20世纪80年代，这套笨重的计算机系统每年会产出8000亿份文件，全部要送往莫斯科。[50]

然而，在IBM与苏联政府放弃研发个人计算机的时候，加利福尼亚家酿计算机俱乐部（California Homebrew Computer Club）的成员决定自己研发。这是一个有意识的意识形态方面的决定，受到20世纪60年代反主流文化的影响，其思想包括无政府主义追求的“权力回归人民”的主张，以及自由主义对政府与大企业的不信任。[51]

家酿计算机俱乐部的主要成员包括史蒂夫·乔布斯与斯蒂夫·沃兹尼亚克，他们梦想远大，但口袋里没钱，而且得不到美国企业或政府机构的资源。为了研发出第一台苹果计算机，乔布斯和沃兹尼亚克变卖了他们的个人财产，比如乔布斯的大众汽车。正是因为这样的个人决定，而不是什么科技女神神圣而必然的旨意，到1977年，个人顾客才能以1298美元的价格买到一台第二代苹果计算机。虽然这不是一笔小钱，但中产阶层还能买得起。[52]

我们不难想象可能会有另一种历史。假设20世纪70年代的人拥有一样的科学知识与技术技能，但麦卡锡主义扼杀了20世纪60年代的反主流文化，建立了一个美国版极权政权，那么，我们今天会有个人计算机吗？当然，个人计算机仍然可能在另一个时空背景下研发出来。但在历史上，时空环境至为重要，没有哪两个时刻是一样的。美洲在 15 世纪 90 年代被西班牙殖民，而不是在 16 世纪 20 年代被奥斯曼帝国殖民；原子弹是由美国在 1945 年研发成功的，而不是由德国在 1942 年研发成功的，这些差异在历史上都非常重要。同样，如果个人计算机不是出现在 20 世纪 70 年代的旧金山，而是出现在 80 年代的大阪或是 21 世纪初的上海，在政治、经济与文化上将会对这些地区造成极大的差异。

目前正在研发的新技术也是如此。工程师可能为专制的政府或无情的企业研发新工具，让它们每天 24 小时监控公民与客户，使权力进一步集中。黑客也可能为民主政体研发新工具，让它们得以揭露政府的腐败与企业的不当行为，使社会的自我修正机制得以加强。这两类技术都有研发的可能。

选择还不止于此。即使已经研发出了特定工具，也可以有各种不同的用途。一把刀，可以用来杀人、做手术救人，也可以用来切菜做晚餐。并不是那把刀在逼我们的手做这些事，而是出于人类的选择。同样，当初发明了便宜的收音机之后，德国几乎每个家庭都买得起一台。但收音机有什么用途呢？有了便宜的收音机，意味着代表极权领导的演说能够直接传进每个德国家庭的客厅，也意味着每个德国家庭都能选择收听不同的广播节目，反映并培养出多样化的政治与艺术观点。民主德国走了其中一条路，联邦德国则走了另一条。虽然技术都一样，但不同的政体对技术的使用却完全不同。

21 世纪的新技术也是如此。想要发挥我们的能动性，就得先了解这些新技术的本质与能力，这对每位公民来说都是急迫而应负的责任。当然，并不是说每个人都得去拿个计算机科学博士学位，但如果希望未来还在我们的掌握之中，就确实需要好好了解计算机对政治的影响。在接下来的几章，我们会为 21 世纪的公民提供这种计算机政治的概览介绍。

我们会先了解这个新的计算机网络会为政治带来怎样的威胁与承诺，然后探讨民主政体、独裁政体与整个国际体系有哪些不同的方式来适应这种新的计算机政治。

政治需要在真相与秩序之间达成微妙的平衡。随着计算机成为整个信息网络里的重要成员，它们也承担着越来越多的找寻真相、维护秩序的任务。比如，如果要找寻气候变化的真相，现在越来越多的运算都必须依赖计算机，而如果要在气候变化议题上达成社会共识，也必须依赖推荐算法来管理新闻的推送，并依靠创意算法写出新闻故事、虚假新闻和虚构的故事。人类目前之所以在气候变化议题上陷入政治僵局，部分原因在于计算机也陷入了僵局。有一组计算机跑出的结果警告我们有一场生态灾难即将发生，但另一组计算机则叫我们去看一些质疑此类警告的视频。我们该相信哪一组计算机？人类政治现在也成了计算机政治。

想要理解新的计算机政治，就得更深入理解计算机有什么真正“新”的地方。我们在本章中已经提过，不同于印刷机或其他先前的工具，计算机能够自己做出决策、自己创造想法，但这只是冰山一角。计算机真正“新”的地方在于它们做出决策与创造想法的方式。如果计算机做出决策与创造想法的方式与人类相似，计算机只会成为一种“新人类”。科幻小说常常出现这样的场景：计算机变得有了意识、有了感情，爱上了人类，最后发现自己和人类并无不同。然而现实完全不是这样，而且可能更让人担忧。

第七章
永不停歇：网络永远持续运行

人类对于被监视这件事已经习以为常。几百万年来，我们一直被其他动物或其他人观察着、追踪着。家人、朋友和邻居总想知道我们在做什么、想什么，我们也总是很在意他们懂不懂我们、对我们有何看法。不论是谈到社会等级、政治手腕还是浪漫关系，都需要我们不断努力去解读别人的感受与想法，偶尔也得把自己的感受与想法隐藏起来。

人类发展出的中央集权式官僚网络，其最重要的功能之一就是对全民进行监控。秦朝的官员想知道人民有没有缴纳赋税，有没有密谋反抗；天主教会想知道人民有没有缴纳什一税，在家有没有偷偷自慰；可口可乐公司想知道怎样才能说服我们买它的产品；至于统治者、商人或各个宗教的神职人员，也都想知道我们的秘密，以便对我们加以控制、操纵。

当然，各种有利民生的服务同样需要监控机制的配合。帝国、教会或企业想为民众提供保障、支持与民生必需品，没有信息肯定不行。在现代国家，卫生官员想知道民众从哪里取水、到哪里排便；医疗保健官员想知道民众想摆脱哪些疾病、食量有多少；福利部门官员则想知道民众是否失业、有没有受到配偶的虐待。没有这些信息，他们就无法帮助我们。

为了了解我们，不论好的还是坏的官僚机构都需要做两件事：第一，收集大量关于民众的数据；第二，分析所有数据，找出其中的规律模式。所以从古代中国到现代美国，各个帝国、教会、企业与医疗保健体系都会收集并分析几百万人的行为数据。但无论古今中外，监控从来都没有做到滴水不漏。现代美国这样的民主政体，为了保护隐私与个人权利，监控行为有法律限制；而像中国秦朝或现代苏联这样的政体，虽然没有法律的阻碍，却有技术的限制。不管那些专制者有多么残暴，他们都没有足够的科技能够随时随地永远监控所有人。所以就算是在希特勒时期的德国，民众通常也是有一定程度的隐私的。

格奥尔基·约瑟费斯库是罗马尼亚第一批计算机科学家，他还记得，20 世纪 70 年代首次引进计算机的时候，政府对这种陌生的信息技术非常不安。1976 年的某一天，约瑟费斯库走进政府的计算机中心上班，却看到有个陌生男人穿着皱巴巴的西装坐在那里。约瑟费斯库向他打招呼，他没回应。约瑟费斯库又自我介绍，他还是嘴巴紧闭。于是约瑟费斯库回到自己的工位上，打开一台大型计算机开始工作。那个陌生人这时拉着椅子靠了过来，就这样观察着约瑟费斯库的一举一动。

一整天，约瑟费斯库多次想跟那个陌生人搭话，问他叫什么名字、为什么在这里、到底想知道些什么，但他始终一言不发，只是睁大眼睛看着一切。等到晚上约瑟费斯库下班时，那人才起身离开，连一声道别也没有。约瑟费斯库很清楚最好别再问下去了，那个男人显然是个特工，隶属于罗马尼亚国家安全局（以下简称国安局）。

约瑟费斯库第二天一早上班，那个特工已经到了。他再次在约瑟费斯库旁边坐了一天，默默地在一个小记事本里做着笔记。这种情况一直持续了 13 年，直到 1989 年东欧剧变。与这位特工多年共处一桌，约瑟费斯库甚至连他叫什么都不知道。[1]

约瑟费斯库知道，办公室外面可能还有特工在监视他。因为他掌握着一项强大且可能具有颠覆性的技术，所以他成了重要的监控目标。但事实上，当时的罗马尼亚政府相当偏执，把罗马尼亚 2000 万公民都当成监控的对象。如果当时做得到，他们应该会持续监控所有人，而且他们还真的朝这个方向迈了几步。1965 年，国安局在布加勒斯特只有一个电子监控中心，其他省级城市有 11 个。但到 1978 年，光是布加勒斯特就有 10 个电子监控中心，各省监控中心总数达到 248 个；另外还有 1000 个便携式监控装置，用来窃听偏远的度假地点与村庄。[2]

20 世纪 70 年代晚期，国安局特工发现有些罗马尼亚人会写匿名信给自由欧洲电台，批评罗马尼亚政府。于是他们发动了一项全国活动——收集 2000 万罗马尼亚公民所有人的笔迹。从大学到中小学，所有学生被迫交出写的小论文或作文作业。雇主必须要求所有员工呈交手写履历，转给国安局。[3]

但就像斯大林当政时期的苏联，罗马尼亚政府也不可能真的一天 24 小时监控所有公民。因为就算是国安局特工也得睡觉，所以如果真想持续监控罗马尼亚 2000 万公民，大概得有 4000 万名特工才做得到。而国安局特工人数只有大约 4 万。[4] 就算罗马尼亚政府真有办法召唤出 4000 万名特工，也只会引出新的问题：难道特工就不需要有人监控吗？解决方案之一是让人民彼此监控。所以除了 4 万名专业特工，国安局还有 40 万个民间线人。[5] 但不管秘密警察能找来多少线人，这样收到的资料还是不足以创造出一个全面监控的政体。假设国安局成功招到足够的特工与线人，能够每天 24 小时监控所有人。等到一天结束，每个特工与线人把观察到的情况写成报告，结果就是国安局每天都会收到 2000 万份报告，相当于每年 73 亿份，国安局会直接被报告淹没。而且要是没有分析，这些报告也只会是废纸。但国安局能上哪儿找到足够的分析师，每年细细审查比较 73 亿份报告呢？

正因为收集与分析信息如此困难，就算是 20 世纪最极权的国家，也无法有效监控全民。在罗马尼亚与苏联，公民的大部分言行仍然能够躲过罗马尼亚国安局与苏联克格勃的注意。就算是某些细节真的被记到了档案里，也常常就是摆设，无人问津。国安局与克格勃真正的力量并不在于能够持续监控所有人，而在于能够激发民众对于“自己可能正被监控”的恐惧，进而对自己的一言一行都格外小心。[6]

不用睡觉的特工

如果一切监控只能靠人的眼睛、耳朵与大脑（就像约瑟费斯库上班时旁边坐着的那位特工），那么即使像约瑟费斯库这样的首要监控目标也会保有一点儿隐私，特别是没人能看到他的脑子在想什么。然而，正是约瑟费斯库这些计算机科学家的研究，让事情出现了变化。1976 年，约瑟费斯库桌上的那台计算机虽然还很原始，但已经比旁边椅子上坐着的国安局特工更懂得怎么处理数字了。而到 2024 年，计算机网络已经无所不在，有能力每天 24 小时监控全国公民，而且不需要雇用和培训数百万的人类特工，只要靠着数字特工就能做到。网络甚至不需要自己负担这些数字特工的成本：公民不但心甘情愿地付钱，走到哪里还都带着它们。

那位监控约瑟费斯库的特工并不会跟着约瑟费斯库进厕所，在约瑟费斯库做爱的时候也不会坐在床边。但我们现在的智能手机却常常能做到这一点。此外，有很多在约瑟费斯库的时代与计算机无关的活动（比如看新闻、和朋友聊天、买东西吃），现在都是在线上完成的，因此网络也更容易知道我们在做些什么、说些什么。我们成了自己的线人，把自己的原始数据提供给了网络。现在就算是不用智能手机，也几乎逃脱不了某些摄像头、麦克风或追踪设备的监控，不管是求职、买票还是看病，甚至只是走在路上，都常常需要和计算机网络互动。目前大多数人类活动都是通过计算机网络来联结的，几乎所有金融、社会或政治交易都离不开计算机。因此，就像伊甸园里的亚当和夏娃，我们也躲不开云端的眼睛。

计算机网络既不需要几百万的人类特工来监控我们，也不需要几百万的人类分析师来找出我们这些数据的意义。国家机构里的那片纸海并不会自我分析，但现在的计算机有了机器学习与人工智能的魔力，已经能够自行分析它们收集来的大部分信息。一般以英语为母语的人每分钟能够阅读大约 250 个英文单词。[7] 所以分析师如果每天轮班 12 小时，整年不放假，在他 40 年的职业生涯中，大概可以阅读 26 亿个英文单词。但在 2024 年，像 ChatGPT 与 Meta 公司的 Llama 这些语言算法，每分钟就能处理数百万个单词，要“读完”26 亿个英文单词也花不了几小时。[8] 这些算法处理图像、录音与视频片段的能力同样是人类远远不及的。

更重要的是，这些算法在海量数据里找出规律和模式的能力也远远高于人类。要找出规律和模式需要两种能力：创造准则的能力，以及做出判断的能力。举例来说，人类分析师如何判断某个人是“疑似恐怖分子”，必须格外注意呢？第一，他们会创造一套通用准则，比如“读极端主义的作品”、“与已知的恐怖分子交朋友”，以及“拥有足以制造危险武器的技术知识”。第二，他们需要判断某个人是否符合标准，从而标记为疑似恐怖分子。假设某人上个月在 YouTube 上看了 100 部极端主义影片，他有个朋友是已定罪的恐怖分子，目前还在某个存有埃博拉病毒样本的实验室里攻读流行病学博士学位，这个人该不该被列入“疑似恐怖分子”名单？如果他是个生物系大学生，上个月看了 50 部极端主义影片，这又该怎么判断呢？

在 20 世纪 70 年代的罗马尼亚，只有人类能够做出这样的判断。但到 21 世纪 10 年代，人类越来越多地把这种事交给算法了。2014—2015 年，美国国家安全局启用了一套名为“天网”（Skynet）的人工智能系统，它能够依据民众的通信、写作、旅行与社交媒体发帖形成的电子行为模式，判断某人是否需被列入“疑似恐怖分子”名单。据一份报告称，这套人工智能系统“对巴基斯坦的移动电话网络进行了大规模监控，再通过一套机器学习算法分析5500万人的蜂窝网络元数据，评估每个人是恐怖分子的可能性”。一位曾担任美国中央情报局与国家安全局局长的人士表示：“我们根据元数据杀人。”[9]虽然天网的可靠性一直遭到严厉批评，但到21世纪20年代，这样的科技已经变得更精密了，采用的政府也越来越多。算法分析大量数据之后，就能找出全新的“嫌疑人”判断准则，逮住过去人类分析师可能抓不到的漏网之鱼。[10]在未来，算法甚至可能只要研究已知恐怖分子的生活模式，就能创建出一套全新的模型，用来判断人的偏激程度。当然，计算机仍然可能出错（这一点在第八章还会深入讨论），把无辜的人误判为恐怖分子，或者创造出错误的偏激度模型。在更基本的层面上，这些算法对于像恐怖主义这种事物的定义是否真的客观，也值得商榷。各国政权把所有反对人士都贴上“恐怖分子”的标签，也早就不是一两天的事了。所以，在人工智能把某人标记为“恐怖分子”的时候，有可能反映的只是意识形态上的偏见，而不是客观的事实。创造准则的能力，以及做出判断的能力，都必然与犯错的能力密不可分。就算算法没有犯下任何错误，光是拥有在海量数据里找出规律和模式的超人类能力，就可能极大增强许多恶意行为者的力量，包括帮助独裁者识别异见人士，或是协助诈骗犯找出容易上当的“肥羊”。

当然，这样的模式识别功能也很有可能对社会大大有利。比如，算法或许可以找出贪腐的政府官员、白领罪犯和逃税的公司，还能协助人类卫生官员找出对饮用水的威胁，[11]协助医生发现疾病与迅速发展的疫情，[12]协助警察与社工识别受虐的配偶与儿童。[13]我接下来很少会谈到算法对官僚体系可能带来的助益，毕竟那些领导人工智能革命的企业家已经让大众听到太多美好的预测了。我将把重点放在算法模式识别可能带来的危害上，目标正是要平衡一下那些乌托邦式的愿景。希望我们既能好好发挥算法可能带来的助益，同时也能控制住算法可能造成的危害。

但要做到这一点，我们就得先看清楚新的数字官僚与过去的人类官僚有何不同。非生物的官僚能够一天 24 小时“在线”，随时随地监控人民、与人民互动。这意味着官僚制度与监控已经不再是我们在特定时间和地点才会遇到的事。不论是医疗保健系统、治安维护还是企业对民众的操控，都正在成为生活中无所不在、永远存在的一部分，而不是只存在于我们与特定机构互动的时刻（比如诊所、警察局、商场）。这些官僚制度会越来越常伴我们左右，不断观察和分析我们的一举一动。就像鱼生活在水里，人类也开始活在数字官僚制度之中，不断吸进呼出各种资料数据。我们的所有活动都会留下一道数据痕迹，这些数据会被数字官僚收集分析以进行模式识别。

皮下监控

不论好坏，数字官僚不但能够监控我们在这个世界上的所作所为，还能观察我们体内所发生的一切。以追踪眼球运动这件事情为例。在 21 世纪 20 年代初，许多监控摄像头以及笔记本电脑与智能手机上的摄像头，已经开始固定收集分析人眼运动的数据，包括瞳孔与虹膜在仅仅几毫秒内的微小变化。人类或许没有能力注意到这样的数据，但计算机却能根据瞳孔与虹膜的形状、反射的光线，计算出我们注视的方向。运用类似的方法就能知道某个人的目光究竟是盯着某个稳定的目标，还是跟随着某个移动的目标，抑或只是轻松随意地四处张望。

举例来说，根据眼球运动的模式，计算机能够判断一个人现在是专心还是分心，知道某个人是比较在意细节还是比较看重全局。光是从眼睛，计算机就能推断出人类许多个性特征（比如对新体验的态度有多开放），也能判断一个人从阅读到做外科手术等各个领域的专业水准。如果是该领域的专家，并拥有完善的策略，眼动模式会显得专注而有条理，而新手的眼动模式则会显得漫无目的。眼动模式也能显示我们对眼前对象与情境感兴趣的程度，并判断出这种兴趣是正面、中性还是负面的，由此就能推论我们从政治到性等各个领域的偏好。此外，它也能用来了解我们的身体状况，以及是否使用各种物质。酒精与使用药物（即使用量还不足以让人失去控制）也会对眼睛与注视的状况造成可测量的影响，比如瞳孔大小的改变，注视移动物体的能力变差。这一切信息自然能让数字官僚用来改善民生，比如能够尽早检测出可能有药物滥用与精神问题的患者。只不过以这些功能为基础，显然也很可能催生出史上最具侵入性的极权主义政权。[14]

理论上，未来独裁者还能让他们的计算机网络走得更深，而不局限于观察眼睛。如果这个计算机网络想了解民众的政治观点、人格特质与性取向，只要监控民众的身体与大脑内部的反应就能做到。有些政府与企业正在研发所需的生物特征识别技术，比如马斯克的新创公司 Neuralink 所做的实验，就是将电探针植入活体大鼠、羊、猪和猴子的大脑。每支探针都有高达 3072 个电极，除了能够识别电子信号，理论上也能将信号传输到大脑。2023 年，Neuralink 获得美国当局批准开始进行人体实验。2024 年 1 月，据报道，第一个大脑芯片已植入人体。

马斯克毫不讳言自己对这项技术有着远大的期许，认为这不但能处理像四肢瘫痪这样的疾病，还能提升人类的身体能力，协助人类与人工智能竞争。但应该不难想见，目前不论是 Neuralink 的探针还是其他类似的生物特征识别设备，都有诸多技术问题，难以真正发挥其功能。想从体外准确地监控大脑、心脏或其他身体活动的难度很高，而要把电极与其他监控设备植入体内又有侵入性，不但危险、昂贵，也算不上高效。比如，人体的免疫系统就会攻击被植入的电极。[15]

更重要的是，人类目前仍然缺乏必要的生物学知识，无法只根据大脑活动这些皮下数据就做出各种推断（例如推论政治观点）。[16] 科学家不但距离解开人脑奥秘还差得很远，甚至就连小鼠大脑的奥秘都还没能掌握。目前，光是绘制小鼠大脑里的每个神经元、树突与突触，就已经超出了人类运算能力所能处理的范围，更别提要了解其中的动态关系了。[17]所以，虽然现在从人脑内部收集数据变得越来越可行，但利用这些数据来破解人体的奥秘却绝没有那么简单。

21 世纪 20 年代初期有一种流行的阴谋论，认为有一群像马斯克这样的亿万富豪领导着邪恶的组织，正在将计算机芯片植入民众的大脑，准备监视并控制全人类。然而，这套理论担心的对象错了。我们当然该担心即将崛起的新的极权制度，但现在担心有计算机芯片要植入人脑还为时过早。真正该担心的，是大家用来阅读这些阴谋论的智能手机。假设有人想知道你的政治观点，你的智能手机会知道你看的是哪些新闻频道，也会记录你每天平均看 40 分钟福克斯新闻台，只看 40 秒的美国有线电视新闻网。与此同时，假设你植入了 Neuralink 的计算机芯片，它会全天监控你的心率与大脑活动，知道你的最大心率是每分钟 120 次，也知道你的杏仁核活跃程度比人类平均水平高出大约 5%。这样一来，哪些数据比较能猜出你的政治立场？是那些智能手机的数据还是植入身体的计算机芯片提供的数据？[18]目前，如果真的要作为监控的工具，智能手机显然是比生物特征识别传感器更好的选择。

然而，随着生物学知识的增加（特别是靠着计算机分析了千万亿字节的数据之后），特别是如果再连接上其他监控工具，皮下监控或许最终能充分发挥作用。到那时候，假设生物特征识别传感器能够记录几百万人在智能手机上观看特定新闻时的心率与大脑活动，那么计算机网络能掌握的绝对不再只是我们大致的政治立场，而是能够准确掌握是什么让每个人感到愤怒、恐惧或欢愉。然后，计算机网络将能预测并操纵我们的感受，让我们心甘情愿地接受它想推销的东西——可能是某种产品，可能是某位政客，也可能是某场战争。[19]

隐私的末日

在过去那个由人类来监控人类的世界，基本上享有隐私是件天经地义的事。但如果到了一个由计算机来监控人类的世界，人类就有可能在史上首次完全失去隐私。关于侵入式监控，最极端也最广为人知的案例可分成两类：一类是在特殊紧急的情况下；另一类则是处于非正常秩序的地点，比如巴勒斯坦被占领区、印控克什米尔地区、克里米亚、美墨边境、阿富汗与巴基斯坦边境。在这些特殊的时期或地点，新的监控技术结合了严苛的法规与大批警力或军队，无情地持续监控着人民的行为、举止甚至感受。[20]但我们必须知道，人工智能监控系统正迈向大规模应用，[21]成为世界各地日常生活的一部分。“后隐私时代”正逐渐站稳脚跟，不仅是在从白俄罗斯到津巴布韦这样的地方，[22]就连伦敦和纽约这种民主政体的大都会也同样如此。

不论是好是坏，为了打击犯罪、打压异己或对抗内部真实或想象中的威胁，政府都会在全国布满互联或离线的监控网络，安装间谍软件、监控摄像头、人脸与语音辨识软件，以及庞大的可搜寻数据库。只要政府想要，就能让监控网络无孔不入，从市场到宗教场所，从学校到私人住宅。（虽然不是每个政府都想或都能在民众的家里安装摄像头，但就算是在我们的客厅、卧室和浴室，算法也会通过计算机和智能手机固定观察着我们。）

政府监控网络还会在全民知情或不知情的状况下，固定收集全民的各种生物特征数据。比如，公民如果要申请护照，有超过 140 个国家要求提供指纹、脸部扫描或虹膜扫描。[23]等到我们拿着护照进入某国，该国也常常要求我们提供指纹、脸部扫描或虹膜扫描。[24]市民或游客走在德里、北京、首尔或伦敦的大街上，一举一动都很可能会被记录下来。

在这些城市（以及世界上许多其他城市），每平方千米平均有 100 多个监控摄像头。2023 年，全球在用的监控摄像头超过 10 亿个，平均大约每 8 个人就会有一个摄像头。[25]

人的任何身体活动都会留下一连串数据的痕迹。每次购物都会被记录在某个数据库里。不论是给朋友发信息、分享照片、支付账单、阅读新闻、预约行程或叫出租车，这些线上活动都会留下记录。这样的海量数据就能用人工智能系统加以分析，识别里面的非法活动、可疑模式、失踪人口、疾病携带者或政治异见人士。

如同各种强大的科技，这些系统可以用来行善，也能用来作恶。在 2021 年 1 月 6 日美国国会山骚乱事件之后，美国联邦调查局与其他美国执法机构就用了最先进的监控系统来追踪逮捕暴乱分子。根据《华盛顿邮报》调查报道，这些机构除了参考国会大厦里的监控摄像头拍摄的视频，还参考了社交媒体上发的帖子、全美各地的车牌辨识系统、手机信号塔位置收集记录，以及各种既有的数据库。

一名俄亥俄州男子在脸书上说自己那天到华盛顿是为了“见证历史”。法院向脸书发出传票，于是脸书向联邦调查局提供了该名男子的脸书帖子，以及他的信用卡信息与电话号码。这有助于联邦调查局把该名男子的驾照照片与国会大厦监控视频做比对。此外，谷歌也接到了搜查令，于是提供了该男子智能手机在 1 月 6 日当天的准确地理位置，使得联邦调查局特工能够绘制出他是怎么一步一步先到了参议院的会议厅，又进了时任众议院议长佩洛西的办公室的。

联邦调查局也利用车牌辨识系统，清楚掌握着某位纽约男子是怎样在 1 月 6 日 6：06：08 通过亨利 · 哈德孙大桥，然后去了国会大厦，最后又在当天晚上 23：59：22 通过乔治 · 华盛顿大桥回家的。在 95 号州际公路监控摄像头拍到的影像中，可以看到该男子前座挡风玻璃下方有一顶超大的帽子，上面写着“让美国再次伟大”，和他在脸书自拍照戴的帽子恰好一样。他后来还在国会大厦里上传了几段视频到 Snapchat（阅后即焚），更进一步坐实了自己的犯罪事实。

另一名暴乱分子在 1 月 6 日当天则是戴了口罩，没开直播，甚至用的还是他妈妈名下的手机，希望躲过追查，但只是白忙活一场。从 2021 年 1 月 6 日的视频片段中，联邦调查局的算法成功比对到该男子在 2017 年申请护照时使用的照片。另外，该男子在 1 月 6 日穿了一件独特的哥伦布骑士团夹克，而联邦调查局算法发现他在另一个 YouTube 视频中，曾在另一个场合也穿过一样的夹克。那部注册在他妈妈名下的手机，当天的地理定位曾出现在国会大厦里，车牌识别系统也记录到他的车在 1 月 6 日早上曾出现在国会大厦附近。[26]

人脸识别算法与能用人工智能搜寻的数据库，现在已经成为世界各地警方日常使用的标准工具，而且它们不是只用来处理国家紧急事件或安全危机的，还被用于执行日常警务工作。2009 年，一个犯罪集团拐走了 3 岁的桂豪，当时他正在四川省父母开的酒铺外面玩耍。这个男孩后来被卖到大约 1500 千米外的广东省某个家庭。时间来到 2014 年，虽然警方成功逮捕了拐卖该儿童的犯罪集团的头目，但没办法确认桂豪和其他受害儿童被卖到了哪里。一名警方调查人员提到："小孩长得快，几年间容貌变化巨大，即使亲生父母也可能认不出来。"

但在 2019 年，一套人脸识别算法成功找到了时年 13 岁的桂豪，也让这一家得以团圆。为了找到桂豪，这套人脸识别算法用了他还在学步时期的一张老照片，模拟他长到 13 岁时可能的外貌（算法已经考虑到长大可能带来的巨大影响，以及发色发型的改变），再将模拟的结果与实际监控视频做比对。

2023 年，甚至还发生了几则更惊人的寻人案例。2001 年，年仅 3 岁的雷岳川被拐走；1998 年，陈昊同样在年仅 3 岁时被拐卖。这两个孩子的父母从未放弃找回孩子的希望，20 多年间不断往返中国各地，刊登寻人启事，悬赏相关信息。2023年，人脸识别算法终于协助他们寻得这两位失踪男童，现在两个孩子都已经是二十几岁的成年人了。目前除了中国，印度也开始以这样的技术来帮助寻找该国每年成千上万的失踪儿童。[27]

与此同时，在丹麦，布隆德比足球俱乐部于2019年7月在主场启用人脸识别技术，用来辨识足球流氓，并禁止其入场。在每场可能多达3万名球迷涌入体育场的过程中，观众必须摘下口罩、帽子与眼镜，让计算机扫描他们的面部，从而判断他们是否被列入禁止入场的闹事者黑名单。重要的一点在于，该程序经过审查核准，符合严格的欧盟《通用数据保护条例》(GDPR)。丹麦数据保护局解释说，相较于人工检查，这项科技能够“更有效地执行黑名单，并且缓解球场入口处的排队压力，降低球迷因为排队不耐烦而引发大规模骚乱的风险”[28]。

运用这种技术虽然理论上值得称赞，但显然可能引发在隐私与政府越权方面的忧虑。这些技术虽然可以用来识别暴乱分子、营救失踪儿童和禁止足球流氓，但同样的技术要是落入极权者手中，也能用来迫害和平示威者，或是严格要求所有人遵守同一套僵化的规定。最终，人工智能监控技术就可能创建出全面监控的政体，一天24小时监控公民，并促进新型且无所不在的自动化极权镇压。伊朗的“头巾法”就是个典型的例子。

1979年，伊朗伊斯兰共和国建立后，实行政教合一制度，新上任的政府强制女性必须戴头巾。但伊朗的道德警察发现执行这条法规实在不易，毕竟他们不可能在每个街角都配置一名警力，而且公开对抗不戴头巾的女性也常常引发人民的抵制与不满。2022年，伊朗把执行头巾法的重大责任交给全国性的人脸识别算法系统，持续监控物理空间与网上环境。[29] 伊朗高层解释说，这套系统会找出各种不适当、不寻常的行为，其中就包含不遵守头巾法的行为。伊朗伊斯兰议会的司法和法律委员会主席穆萨·加赞法拉巴迪在一次采访中表示："使用人脸记录摄像头能够系统地执行这项任务，减少警方出面，也就不会再有警民冲突了。"[30]

不久之后，22岁的玛莎·阿米尼因戴头巾的方式不符合标准，被伊朗道德警察逮捕，死于拘留期间。[31]这起案件引发一波抗议浪潮，几十万名女性摘下头巾，有的还公开焚烧头巾，再围着火堆起舞。为了镇压这起抗议运动，伊朗当局再次使用人工智能监控系统，依靠的就是人脸识别软件、地理定位、网络流量分析，以及各种既有的数据库。

2023年4月8日，伊朗警政首长宣布，从2023年4月15日开始，将密集加大使用人脸识别技术的力度，特别是如果算法发现有女性乘车或开车时没戴头巾，会自动发出短信警告。若这些女性被再次发现不戴头巾，车辆将被勒令停驶一段时间，如不遵守，车辆还将被没收。[32]

两个月后，伊朗警方发言人表示，自动监控系统已经发出近百万条短信，警告那些被逮到在私家车里不戴头巾的女性。显然，这套系统能够自动判断它看到的是一位未戴头巾的女性而非男性，能够识别她的身份，还能找出她的手机号码。这套系统还发出了133174条短信要求车辆停驶，没收了2000辆车，并将4000多名"惯犯"移送司法部门。[33]

一位叫马里亚姆的52岁女性曾分享过她被这套系统监控的经历："我第一次收到开车不戴头巾的警告，正巧开过一个十字路口，摄像头拍到了照片后，我就立刻收到了警告短信。第二次是我买完东西，提着大包小包上车，头巾掉了，我就收到了短信，说因为我违反了强制戴头巾的法律，车子要被'依规扣押'15天。我不知道这是什么意思，于是到处打听，才从亲戚那里知道这意味着我的车在接下来15天内不能开。"[34]从马里亚姆的表述中可以知道，人工智能在短短几秒内就会送出警告短信，过程中不可能有时间让哪个人类来审查与授权。

相关惩罚还远远不止车辆的停驶或没收。2023年7月26日的一份报告指出，由于这种大规模的监控，无数女性被大学停学或开除，不得参加期末考试，也无法使用银行服务与乘坐公共交通工具。[35] 企业如果不要求员工或顾客遵守头巾法，也会受到惩处。比如，在德黑兰东部的“乐土”（Land of Happiness）游乐园，一位女员工被拍到没戴头巾，照片被传上了社交媒体，结果该游乐园直接被伊朗当局勒令停业。[36] 据报道，伊朗当局共关闭了几百个旅游景点、饭店、药店与购物中心，只是因为它们没有强制顾客戴头巾。[37]

2023 年 9 月，伊朗伊斯兰议会又通过一项新的更严格的头巾法。根据这项新法，女性如果不戴头巾，将被处以高额罚款，以及最高 10 年的有期徒刑。其他处罚还包括没收汽车与通信设备、禁止开车、扣除工资与就业福利、解雇、禁止使用银行服务等。企业主如果不要求员工或顾客遵守头巾法，将面临最高达三个月企业利润的罚款，并可能在长达两年的时间里被禁止出境，或不得参加各种公开或线上活动。这项新法适用的对象除了女性，也包括穿着“露出胸部以下或脚踝以上身体部位的暴露服装”的男性。最后，该法要求伊朗警方必须创建并加强人工智能系统，运用固定或移动式摄像头等工具，查明违法行为人。[38]

形形色色的监控

讲到监控，我们一般想到的就是各种国家机器，但要了解 21 世纪的监控，就不能忘记监控还可能有许多不同的形式。比如，爱吃醋的配偶也算其中一种，因为他（她）总想知道自己的伴侣每分每秒都在哪里，只要有一点点与日常不同，就需要让对方好好解释一番。现在有了智能手机，再搭配一些不用花多少钱的软件，他们轻轻松松就能建立自己的婚姻独裁：监控每一段对话、每一个动作，记录通话内容，追踪社交媒体发文与网页搜索记录，甚至能够启动配偶的手机摄像头与麦克风，使其成为间谍装置。总部位于美国的终结家庭暴力全国网络发现，超过半数的家暴者都会使用这样的追踪软件技术。这样一来，就算身在纽约，其配偶也仿佛身处极权国家，总是受到监控与限制。[39]

目前也有越来越多的员工（从办公室职员到卡车司机）持续受到雇主的监控。主管能够精确掌握员工在什么时间位于什么地点，上厕所花了多长时间，上班的时候是不是在偷看私人电子邮件，以及完成每项任务用了多长时间。[40] 企业也会以同样的方式监控客户，想知道他们的好恶，预测他们未来的行为，以及评估风险与契机。比如，现在的车辆会监控驾驶员的行为，并把数据分享给保险公司的算法，于是保险公司把“坏司机”的保费提高，把“好司机”的保费降低。[41] 美国学者肖莎娜·朱伯夫就把这种不断扩大的商业监控体系称为“监视资本主义”。[42]

除了上述自上而下的监控体制，还有一种点对点监控体系，它是由个人不断互相监视。国际旅游评论网站猫途鹰就等于经营着一个全球监控系统，该系统监控着各地的酒店、度假村、餐厅与游客。2019 年，使用该网站的旅客人次达到 4.63 亿，浏览了网站上的 8.59 亿条评论，以及 86 亿个住宿、餐厅与旅游景点。该网站判断某家餐厅是否值得光顾，用的不是什么复杂的人工智能算法，而是让顾客自己说。只要去过某家餐厅用餐，顾客就能给那家餐厅 1~5 分的评分，也能加上照片与文字评论。猫途鹰的算法只是把数据汇总起来，计算某餐厅的平均得分，再与其他同类餐厅进行比较，最后让所有人都能看到结果。

这套算法同时也会对顾客进行评分。只要发表评论或旅游文章，用户就能得到 100 点积分；上传照片或视频，可获得 30 点积分；在论坛发帖，可获得 20 点积分；为商家打分，可获得 5 点积分；推荐他人的评论，可获得 1 点积分。接着，所有顾客被分为从第 1 级（300 点）到第 6 级（10000 点）的等级，并有对应的奖励。使用者如果违反系统规则（比如发表种族歧视的评论，或者通过撰写不合理的差评来勒索餐厅），就可能受到惩罚，甚至直接被踢出系统。这就是所谓的点对点监控，是由每个人不断地给其他人评级打分。猫途鹰并不需要自己投资购买摄像头、间谍软件或是研发超复杂的生物特征识别算法。网站上几乎所有的内容与工作都是由数百万顾客自行提交与完成的，而猫途鹰算法唯一要做的就是汇总这些人类的评分再公布出来。[43]

每天，猫途鹰这样的点对点监控体系为数百万人提供了重要信息，让大家更容易规划假期、找到好的酒店与餐厅。但与此同时，这也改变了私人与公共空间的边界。传统上，顾客与服务人员之间的关系是一种相对私人的关系。进入一间小酒馆等于进入了一个半私人空间，并与服务人员建立了半私人的关系。除非有犯罪行为，否则顾客与服务人员之间的往来就是他们自己的事。如果服务人员行为粗鲁，或是讲了什么种族歧视的话，你或许会在现场大吵大闹，或许会告诉亲朋好友以后都别去那间小酒馆了，但除了在场人士或亲友，没有太多人会知道这些事。

点对点监控网络已经抹杀了这种私密感。要是服务人员让某个顾客不满意，餐厅就会得到一个差评，而这个差评可能会影响未来几年成千上万个潜在顾客的决定。不论好坏，权力的天平都是往顾客那一方倾斜的，而服务人员也发现自己比以前更容易被曝光到大众面前。正如作家兼记者琳达 · 金斯特勒所言："在猫途鹰之前，顾客只是个有名无实的国王。但在猫途鹰之后，顾客成了名副其实的暴君，拥有左右店家生死的力量。"[44] 如今，数百万个出租车司机、理发师、美容师与其他服务业者，都能感受到自己同样失去了隐私。过去坐到出租车里或进入理发店，等于进了一个私人空间。但现在，如果有人坐进你的出租车或进入你的理发店，他们还会随身带着照相机、麦克风、监控网络以及几千名的潜在观众。[45] 这正是非政府点对点监控网络的基础。

社会信用体系

点对点监控体系一般就是汇总许多点的分数，得出总分。还有一种监控网络更是把这种“评分逻辑”发挥到极致，这就是社会信用体系，其目标是给人们的所有事情都打上分数，而得出的总分也会影响一个人的所有事情。人类上一次想出这种雄心勃勃的点数制度是在5000年前的美索不达米亚，当时刚刚发明货币。对于社会信用体系，我们也可以把它视为一种新型货币制度。

金钱这种点数，就是大家靠着销售某些产品与服务来积分，再用来购买其他产品与服务。某些国家的点数被称为美元，其他国家的点数被称作欧元、日元或人民币。这些点数的形式可能是硬币、纸币，也可以是数字银行账户里的数据位。当然，这些点数就本质而言毫无价值。硬币不能吃，纸币也不能拿来穿，只能作为一种记账用的价值象征，方便社会记录我们每个人手上到底有多少点数。

金钱货币彻底改变了我们的经济关系、社会互动与心理。就像监控一样，金钱也有局限，不是真的无处不在。就算在最崇尚资本主义的社会，也有许多金钱无法渗透的地方，总是有许多事物的价值无法用金钱来衡量。一个微笑值多少钱？去看望祖父母，又该收多少钱？[46]

对于这些金钱买不到的东西，就有另一套非货币的评分机制，它也有各种不同的称呼：荣誉、地位、声誉。而各种社会信用体系所追求的，就是把这个声誉市场的估值加以标准化。社会信用就是一套新的点数系统，就连微笑或是拜访亲人这种事，这套系统都能明确告诉你价值是多少。为了理解这件事是多么惊天动地、影响深远，让我们先来简单谈谈这个“声誉市场”与一直以来的“货币市场”有何不同，好让我们了解要是突然把货币市场的原则延伸到声誉市场，可能会让社会关系发生怎样的变化。

金钱与声誉的一大区别在于，金钱多半是个能够精确计算的数学概念，但声誉很难用数字来评估。举例来说，中世纪贵族有公爵、伯爵、子爵之类的等级，但没有人计算这些代表多少声誉点数。如果在中世纪的市场想买东西，通常就得知道自己的钱包里有多少硬币，以及摊位上每种产品的价格。在货币市场上，每一枚硬币都得数得清清楚楚。相较之下，在中世纪的声誉市场上，骑士并不知道每种行为能带来多少“高尚点”，也不知道自己现在得到的总分是多少。在战场上英勇作战，是会带来 10 点高尚点还是 100 点？要是没人目睹或记录，又该怎么办？事实上，就算有人目睹，不同的人在判断价值的时候也没有一个共同的标准。然而，像这样的不精确非但不是这套系统的缺陷，反而是其重要的特色。我们说这个人怎么“那么爱算计”，等于是在说这个人太过狡猾、工于心计；而所谓的行事高尚，本来就该反映自身的内在美德，而不是追求外在回报。[47]

直到现在，依然可以看到货币市场锱铢必较、声誉市场随性而为的状况。在小酒馆里，每道菜都有明确的价格，付得不够别想躲过老板的注意与追讨。但在社会上，有人如果做了好事，要怎么知道有没有人看到呢？如果餐厅与酒店为年长顾客提供帮助，或是对无礼的顾客格外有耐心，但事后却没能得到合理的回报，这要向谁投诉呢？有些时候，它们现在就能向猫途鹰讨个公道。这个网站打破了货币市场与声誉市场之间的界限，让餐厅与酒店原本模糊的声誉高低变成了一套有精确分数的数学系统。社会信用的想法就是把这种监控方式从餐厅和酒店扩展到万事万物。在最极端的社会信用体系里，每个人都会得到一个整体声誉分数，把他们所做的一切都纳入考量，也将决定他们能做的一切。

比如，捡起路上的垃圾可能加 10 分，扶老人过马路加 20 分，但打鼓吵到邻居要扣 15 分。如果你分数足够高，或许就能优先买车票，或是申请大学有加分；如果你分数太低，则可能找不到工作，或者连约会对象也不想跟你更进一步，保险公司可能提高你的保费，法官判刑也可能更加严厉。

有些人可能觉得，这样听起来，社会信用体系奖励亲社会行为、惩罚自私行为，应该就能创造出更友善、更和谐的社会。比如有些政府就表示，社会信用体系有助于打击贪腐、诈骗、逃税、虚假广告、伪劣产品，而让人与人之间、消费者与企业之间、公民与政府机构之间有更多信任。但有些人可能觉得，为各种社会行为都确定一个明确的价值，是有辱人格和不人道的。更糟的是，全面施行社会信用体系将会彻底抹杀隐私，等于让生活变成一场永无止境的求职面试。你在任何时间、任何地点做的任何事，都可能影响你后续能否找到工作、取得贷款、找到结婚对象，甚至是否会被判入狱。你曾经在大学聚会上喝醉后做过一些合法但丢脸的事吗？你曾经参加过政治示威活动吗？你是否有一个信用分数很低的朋友？这一切都可能在短期甚至几十年后的职场面试（或刑事判决）中成为考量的一部分。

当然，人类本来就一直受到声誉市场的控制，被约束着要遵守当时的社会规范。在大多数社会，人类甚至宁可丢钱也不想丢脸。被钱逼到自杀的人数要远远小于被羞耻自责逼上绝路的人数。就算有些人因为被开除或企业破产而决定自杀，真正让他们踏出最后那一步的因素通常也不是经济困难本身，而是社会羞辱。[48]

然而，由于声誉市场的不确定性与主观性，过去很难将这套体系用于极权控制。正因为没有人能判断该如何明确评价每次社交互动，也没有人能够监控所有互动情形，于是这里也就有极大的操作空间。过去如果要参加一场大学聚会，你在聚会上的行为应该只是想吸引在场朋友的注意，并不用担心未来雇主的感受。等到参加工作面试时，你很清楚你那群朋友都不会在场。当你回家看色情影片时，你也大可放心你的老板和朋友都不会知道你在做什么。人的生活一向都会被划分为不同的声誉领域，每个领域都有各自不同的地位竞争。很多时候你只属于自己，根本不需要参与任何地位竞争。正因为地位竞争太重要，带来的压力也非常大。因此不只是人类，就连猿类等其他社会性动物也都很喜欢偶尔放下竞争，得到一些喘息机会。[49]

遗憾的是，社会信用算法加上无处不在的监控技术，就有可能整合一切现有的地位竞争，合并成一场永无止境的比拼。即使已经回到家里，或者想要好好享受一场假期，人们也得万般注意自己的一言一行，就好像是在数百万人面前登台演出一般。这可能会形成一种极度紧张的生活方式，破坏人类的幸福，影响社会的运转。如果数字官僚用这种苛刻的点数制度来时时刻刻监控每个人，目前正在崛起的这种声誉市场就有可能抹杀人类的隐私，并对人类形成远比货币市场更令人窒息的控制。

运作永不停歇

人类就是一种生物，有一套循环的生物周期：有些时候醒着，有些时候睡着；在剧烈活动后，我们需要休息；我们会成长，也会衰老。而人类形成的网络也一样会受到生物周期的影响：有时候开机运作，有时候关机休息；职场面试总有结束的一刻，警察也不会一天 24 小时巡逻，官僚也需要休假。就连货币市场也必须尊重这些生物周期：纽约证券交易所只在每周一到周五上午 9：30 到下午 4：00 开市，独立纪念日和元旦这些假日都休市。假设某个周五的下午 4：01 爆发战争，股市得等到下周一早上才会做出反应。

相较之下，计算机形成的网络就能永远开机运行。因此，计算机正逼着人类走向一种新的生活方式：永远连线，永远受到监控。在某些情况下（比如医疗保健），这或许是件好事；但在其他情况下（比如极权国家的公民），这或许就是一场灾难。而且，就算网络本身是良性的，光是它永远“开机”，就可能对人类这种生物实体不利，因为这等于剥夺了人类断开连接、好好放松的机会。要是生物永远没有休息的机会，最后必然是崩溃而亡。但我们又怎么可能让永不停歇的网络走慢一点，好让我们休息一下呢？

我们必须避免让计算机网络完全控制社会，这不但是为了让我们有点儿休息的时间，更是为了有机会修正网络里累积的错误。如果网络只是不断演化、不断加速，里面的错误就会越积越多，快到我们来不及找出并修正那些错误。因为网络的特性除了永不停歇、无所不在，还很容易出错。没错，计算机能够收集前所未有的大量人类数据，一天 24 小时观察我们的行为；计算机也能用超人类的效率，在海量数据中找出各种规律与模式，但这并不代表计算机网络对世界的理解就永远正确。信息并不等于真理与真相，一套全面监控的系统对世界与人类的理解可能极为扭曲。计算机网络有可能并不会找出关于世界与人类的真理与真相，反而是利用它庞大的力量，创造出一套新的世界秩序，并逼迫人类接受。

第八章
可能出错：谬误百出的网络

亚历山大·索尔仁尼琴在《古拉格群岛》中记述的历史，除了涉及苏联劳改营本身，还涉及创建并维持这些劳改营的信息网络。这部作品部分源自他痛苦的个人经历。第二次世界大战期间，索尔仁尼琴担任红军大尉。当时，他和以前的同学还有信件往来，他偶尔会在信里批判斯大林。为了安全起见，他并没有指名道姓，而是以“那个留着络腮胡子的人”指代。这没什么用。秘密警察拦截并读了他的信。1945 年 2 月，他在德国前线服役时被捕。接下来的 8 年，他是在劳改营里度过的。[1]索尔仁尼琴许多来之不易的见解与故事对于我们理解 21 世纪信息网络的发展仍然具有重要意义。

书中的一个故事发生在莫斯科省的一次地区党代表会议上，当时正值苏联肃反运动高峰（20 世纪 30 年代末）。会议结束时，代表们要向斯大林致敬，在场代表（当然清楚有人在密切监视他们）掌声雷动，但过了 5 分钟，“手都拍疼了，抬起的手臂也开始发酸，上了年纪的人开始喘不上来气……但谁敢第一个停下来呢?”索尔仁尼琴解释说，“内务人民委员部的人也站在那里鼓掌，看谁会第一个停下来!”掌声持续不断，6 分钟，8 分钟，10 分钟。“他们在因心脏病发作而倒下之前都不能停手……区领导们强颜欢笑，绝望地面面相觑。他们肯定会一直鼓掌，直到倒地不起。”

终于在第 11 分钟的时候，一个造纸厂厂长豁出去了，停止了鼓掌，坐了下来。其他人立刻照着做。当晚，秘密警察逮捕了那位厂长，判他在古拉格劳改营服刑 10 年。“审讯他的人要他记住，永远不要第一个停止鼓掌！”[2]

这个故事让我们看到一个关于信息网络（特别是关于监控系统）的重要且让人毛骨悚然的事实。正如前文所述，与天真的信息观相反，信息常常被用来创造秩序而非发现真相。表面上，地区党代表会议上的秘密警察想通过这次“鼓掌测试”来揭示关于代表们的真相，其实就是个忠诚度测试——你鼓掌越久，就越爱斯大林。在很多情况下，这种假设也不见得没道理，但如果在 20 世纪 30 年代末的莫斯科，鼓掌这件事的本质则变了。正因为代表们清楚有人在监视他们，也知道表露任何一丝不忠会有什么后果，所以他们鼓掌根本不是出于敬爱，而是出于恐惧。造纸厂厂长之所以停止鼓掌，很有可能不是因为他最不忠诚，而是因为他最诚实，或者只是因为他的手最疼。

虽然“鼓掌测试”并没有揭示关于这群人的真相，但却很有效率地把一套秩序强加在这群人身上，逼他们一定要遵守某种行事方式。时间慢慢过去，这套秩序会培养出奴性、虚伪、对他人的不信任与悲观。在量子力学中，光是观察亚原子粒子，就会让这些粒子的行为发生改变。观察人类的行为也是如此：我们的观察工具越强大，可能造成的影响越大。

苏联曾打造了强大的信息网络，收集并处理了大量关于公民的资料，还声称在领导人的正确领导下，对人性有深刻理解。事实上，苏联的信息网络忽略了人性的许多重要方面，并且认为这些政策不会给公民带来磨难。这套信息网络带来的智慧有限，更多的是服务于秩序的建立；它也没能揭示关于人类的普遍真理，反而提出了一个新概念，即苏维埃原人。

苏联哲学家、讽刺作家亚历山大·季诺维也夫定义的苏维埃原人是一群奴性、悲观、不信任他人的人类，无论多荒谬的指令，他们都会遵守，对自己行为造成的结果也漠不关心。[3] 苏联的信息网络正是通过监控、惩罚与奖励创造了苏维埃原人。举例来说，该网络把造纸厂厂长送进古拉格劳改营，等于告诉其他在场代表，乖乖跟大家一致是件好事，想当出头鸟则是不明智的。虽然这套网络并未揭示关于人类的真理，但却非常擅长创造秩序，这让它征服了世界的一大片地区。

“点赞”的独裁

类似的动态也可能影响 21 世纪的计算机网络，创造出新型人类或新型反乌托邦。一个典型的例子就是社交媒体算法正让民众走向偏激与极端。当然，这些算法所用的方法完全不同于苏联内务人民委员部，也没有直接的胁迫或暴力。正如苏联秘密警察通过监控、奖励与惩罚创造了顺从的苏维埃原人，脸书与 YouTube 的算法也通过奖励人性里某些基本本能，同时惩罚人性里某些善良的部分，而创造出互联网喷子。

第六章曾经简单说明，企业在要求算法提高用户参与度的时候，就开始了一个走向偏激与极端的过程，这种情况不仅发生在缅甸，而且发生在全世界。例如，2012 年，YouTube 在全球的总观看时长约为每天 1 亿小时。但公司高层还不满足，于是给算法确立了一个充满野心的目标：到 2016 年，这一数据要达到每天 10 亿小时。[4] 经过对数百万人的实验，不断试错，YouTube 的算法发现了脸书的算法也掌握的那套模式：只要激起人们的怒火，就能提升参与度，而走中庸节制的路线则行不通。于是，YouTube 的算法开始向数百万观众推荐各种让人惊骇、愤慨的阴谋论，同时无视那些较为中庸、理性的内容。2016 年，YouTube 每天的总观看时长达到 10 亿小时。[5]

那些想博人眼球的 YouTube 主播发现，如果发布满是谎言、让人愤慨的视频，会受到算法青睐，视频会被推荐给大量观众，于是自己的人气会飙升，收益也会增加。相较之下，如果不刺激人们愤怒的情绪，坚持只谈事实，算法常常对他们的作品视而不见。经过几个月的强化学习，算法让许多 YouTube 主播都成了喷子。[6]

这会造成深远的社会与政治影响。比如，记者马克斯 · 费希尔 2022 年的著作《混沌机器》（*The Chaos Machine*）就提到，YouTube 的算法成了推动巴西极右翼势力崛起的重要引擎，也把雅伊尔 · 博索纳罗从边缘人物一路推上巴西总统宝座。[7] 虽然这场政治动荡不乏其他诱因，但值得一提的是，博索纳罗有许多主要支持者与助手最初都是 YouTube 主播，他们因为算法的恩赐而得到声誉和权力。

卡洛斯 · 若尔迪就是一个典型的例子。他在 2017 年还是尼泰罗伊这个小城市的议员。野心勃勃的他靠拍摄煽动性的 YouTube 视频得到国人关注，观看量高达数百万人次。比如，他的许多视频会警告巴西人，要小心老师搞阴谋，洗脑儿童，迫害保守派学生。若尔迪在 2018 年以博索纳罗最忠实的支持者之姿，赢得巴西众议院（巴西国会的下议院）的席位。接受费希尔采访的时候，若尔迪坦言："要是没有社交媒体，我不可能站在这里，博索纳罗也不可能当上总统。"后半句可能有点夸张，但不可否认，社交媒体确实在博索纳罗的崛起过程中发挥了重要作用。

同样在 2018 年赢得巴西众议院席位的 YouTube 主播是基姆 · 卡塔吉里，他是"自由巴西运动"（Movimento Brasil Livre，MBL）的领导者之一。卡塔吉里一开始以脸书作为他的主要平台，但他的帖文连脸书也觉得过于极端，并将其部分帖文认定为不实信息而移除。于是卡塔吉里转向管制较为宽松的 YouTube。在圣保罗的"自由巴西运动"总部接受采访时，卡塔吉里的助理与其他一些活动人士向费希尔解释说：“这里有一种我们所谓的‘点赞的独裁’。”他们表示，YouTube 主播之所以越来越偏激，并发表一些虚假而不顾后果的内容，“正是因为那些东西能带来观看量和参与度……一旦那扇门打开了，你就永远无法回头，只能越来越夸张……地平论者、反疫苗者、政治阴谋论者在本质上是一样的，他们随处可见”[8]。

当然，并不是 YouTube 的算法编造了谎言或阴谋论，或者创作了偏激、极端的内容。至少在 2017—2018 年，这些内容还是由人类创作的。然而算法所做的，是鼓励人类往这个方向走，并且不断推荐这些内容，以最大限度地提升用户参与度。根据费希尔的调研，许多极右翼活动人士正是在看了 YouTube 的算法自动推送的视频，才首次对极端主义政治有了兴趣。尼泰罗伊的一位极右翼活动人士告诉费希尔，他本来对任何政治话题都没什么兴趣，直到有一天，YouTube 的算法自动给他推送了一部卡塔吉里发的政治视频。他说：“在那之前，我并没有什么特定的意识形态或政治背景。”他认为这套算法为他提供了“政治启蒙”。说到其他人是怎么加入这场运动的，他说：“每个人其实都是这样……大多数人都是因为 YouTube 和社交媒体才加入的。”[9]

就把错推给人类吧

我们已经到了一个历史转折点：当下历史的重大进程，有一部分是由非人类智能的决定推动的。正因如此，计算机网络的易错性才变得如此危险。计算机犯错原本不算什么，但当计算机成了历史推动者时，这些错误就可能带来灾难。第六章已经提及这个论点，当时曾简单提及脸书在煽动罗兴亚人冲突中扮演的角色。但也如当时所言，许多人（包括脸书、YouTube 与其他科技巨头的部分高管与工程师）对这个论点并不赞同。但由于这是本书的一个核心论点，因此我们最好再深入研究一下，详细地谈谈各方反对这个论点的原因。

脸书、YouTube、TikTok 等平台的管理者为了找借口，常常会说这些问题不是算法带来的，而是源于人性。他们表示，人性是各个平台上一切仇恨与谎言的源头。这些科技巨头认为，因为他们信守言论自由的价值观，所以审查人们表达真情实感真的很难。例如，YouTube 原首席执行官苏珊·沃西基在 2019 年解释说："我们对这件事的思考方式是：'这个内容有没有违反我们的某项政策？是否违反了对于仇恨、骚扰等方面的规定？'如果它确实违反了，我们就会将其删除。其实我们的政策越来越严。当然，我们也会受到批评。言论自由的界限到底应该划在哪里？要是划得太严，是不是就会抹除社会应该听到的某些声音？"[10]

脸书一位发言人在 2021 年 10 月表示："正如所有其他平台，我们一直得在言论自由与有害言论、安全与其他议题之间做出艰难决定……但像这些社会界限，最好都交给民选的领导者来判断。"[11] 于是，科技巨头不断转移讨论焦点，说自己只是在人类用户制作出内容之后，担任版主这样的角色，很辛苦，而且大多数时候发挥的是积极作用。这让人觉得似乎问题都是人类自己造成的，算法在尽力限制人性恶的一面。他们却绝口不提自己的算法会主动助长某些人类情绪，同时抑制另一些人类情绪。难道他们真的没看到这些情形吗？

当然不是。早在 2016 年，脸书的一份内部报告就发现"在加入极端组织的人当中，有 64% 是因为我们的推荐工具才加入极端组织的……我们的推荐系统助长了这个问题"[12]。"吹哨人"脸书前员工弗朗西丝·豪根揭露了脸书在 2019 年 8 月的一份内部机密备忘录，里面提及："我们有许多不同来源的证据显示，脸书及其'应用程序家族'上的仇恨言论，以及分裂性政治言论与错误信息，正在影响世界各地的社会。我们也有令人信服的证据指出，我们的核心产品机制，如病毒式传播、推荐与提升用户黏性，正是此类言论在脸书平台盛行的重要原因。”[13]

2019 年 12 月流出的另一份文件则提及：“病毒式传播不同于我们和好友或家人的沟通，而是一种由我们带到许多生态系统之中的新事物……这种事之所以发生，是因为我们出于商业目的而刻意推动的。”文件指出：“以参与度为标准对有较高风险的话题（如健康或政治）进行排序，会导致不正当激励与诚信问题。”它还提及，或许最致命的一点在于“我们的排序系统包括各种具体的独立预测，不仅预测你可能参与哪些内容，还预测你可能传播哪些内容。遗憾的是，研究显示，让人感到愤慨的内容与错误信息更有可能像病毒那样传播”。这份文件提出一条重要建议：由于平台用户多达数百万人，脸书不可能删除所有有害内容，但至少应该“别再让有害内容得到非自然传播而得到放大”[14]。

正如一些国家的领导人，科技企业正在做的并不是找出关于人类的真相，而是给人类强加一个扭曲的新秩序。人类是非常复杂的生物，良好社会秩序会培养人类的美德，同时减少人类的消极倾向。然而社交媒体算法只把人看成矿井，想要“开采”更多的注意力。人类有丰富的情感，如爱、恨、愤慨、喜悦、困惑，但算法把一切简化成一件事——参与度。无论是 2016 年在缅甸、2018 年在巴西，还是在许多其他国家，算法在对所有视频、帖文或其他内容进行评分时，只看人们观看了几分钟、分享了几次。能够让人看一小时的谎言或仇恨内容的评分就是高于只让人看 10 分钟的有关真相或令人产生同情心的内容，前者甚至比睡一小时还重要。即使事实摆在眼前，即谎言与仇恨常常会对心理与社会造成破坏，而真相、同情心与睡眠是人类幸福所不可或缺的，算法也完全不考量这一点。正因为对人类的理解如此狭隘，所以算法创造了一个新的社会系统，鼓励我们顺从人类最基本的本能，同时阻碍我们发挥人类完整的潜能。

随着各种不良影响的日益显现，科技巨头也不断被警告要注意这些影响，但因为它们坚信天真的信息观，所以未能进行干预。明明平台上充斥着各种谎言与骇人听闻的内容，但企业高层还是认为只要让更多的人自由表达想法，真理就会占据上风。但事态并未如此发展。我们一次又一次看到，如果人们可以完全自由地表达自己，真理常常会败下阵来。想让天平往有利于真理的方向倾斜，网络就必须发展并维持强大的自我修正机制，让说真话的人得到奖励。自我修正机制需要付出相当大的代价，但要是真想得到真理，这是必要的代价。

硅谷以为自己不需要在意这条历史规律，而各个社交媒体平台也一直缺乏自我修正机制。2014 年，脸书只有一位缅甸语内容管理者，负责监控整个缅甸的活动内容。[15] 有些人已经注意到了缅甸的状况，警告脸书必须加强内容审核，但脸书不以为意。比如出身于缅甸农村的缅裔美籍工程师暨电信业高层佩因特 · 吞就曾多次致信脸书高层警惕这种危险。早在 2014 年 7 月 5 日，距离种族冲突还有两年，她就在一封电子邮件中提出预言般的警告："令人痛心的是，脸书目前在缅甸被使用的方式，就跟广播在卢旺达种族灭绝的那个黑暗时期被使用的方式一样。"而脸书却没有采取任何行动。

即使对罗兴亚人的攻击不断升温，脸书面临的批评排山倒海，它也拒绝聘请真正了解当地情况的人管理内容。因此，在得知有一群缅甸仇恨分子使用缅甸语"*kalar*"一词作为对罗兴亚人的种族歧视称呼之后，脸书在 2017 年 4 月的反应是完全禁止在脸书平台发布使用这个词的内容。但这暴露了脸书完全不了解当地情况与缅甸语。在缅甸语中，*kalar* 只有在特定语境下才是一种种族歧视称呼，而在其他语境下则完全与种族歧视无关。比如缅甸语中"椅子"是 *kalar htaing*，"鹰嘴豆"则是 *kalar pae*。佩因特 · 吞在 2017 年 6 月写给脸书的邮件里就指出，禁止在脸书发文时使用 *kalar* 这个词，就像是禁止在写"hello"时写出"hell"（地狱）一样。[16] 但脸书还是继续无视自己对当地专业人士的需求。截至 2018 年 4 月，在缅甸的脸书用户数高达 1800 万，而脸书雇用的懂缅甸语的内容审核人员只有 5 人。[17]

各个社交媒体巨头所做的，不是投资推动鼓励说真话的自我修正机制，而是研发出前所未有的错误增强机制，鼓励谎言与虚构。脸书在 2016 年于缅甸推出的“即时文汇”（Instant Articles）项目，就是这种错误增强机制之一。当时为了提升参与度，脸书在提供新闻频道奖励时，只看频道的用户参与度（以点击次数与观看次数计算），而完全不管所谓的“新闻”是否真实。2021 年的一项研究发现，在该项目启动前的 2015 年，缅甸脸书粉丝专页排名前十中有六个属于“合法媒体”。到 2017 年，在“即时文汇”的影响下，“合法媒体”粉丝专页在排名前十中只剩下两个。到 2018 年，前十大粉丝专页已经全部是假新闻与钓鱼标题网站。

该研究的结论是，在脸书推出“即时文汇”项目之后，“一夜之间，缅甸到处涌现出做钓鱼标题的人。这些人知道怎样制作引人上钩、愿意参与的内容，他们每个月能赚几千美元的广告收入，相当于当地平均月薪的 10 倍——直接由脸书支付”。由于脸书是当时缅甸最重要的网络新闻来源，也就对缅甸的整体媒体环境造成了巨大影响，“在一个脸书等于互联网的国家，质量低劣的内容淹没了其他信息来源”[18]。脸书与其他社交媒体平台并不是有意要让假新闻与令人惊骇愤慨的内容充斥世界，但它们要求算法尽量提升用户参与度，最后就会造成这样的后果。

回顾缅甸那场悲剧，佩因特 · 吞在 2023 年 7 月写邮件告诉我：“我曾经天真地相信，社交媒体能够联结几十亿人的前额叶皮质，以此提升人类的意识，传播人类共同的观点。但我最后发现，社交媒体公司并没有动力联结人们的前额叶皮质，反而想联结边缘系统——这对人类而言实在太危险了。”

一致性问题

我并不是暗示过去、现在和未来，所有假新闻与阴谋论的传播都该由计算机网络负责。YouTube、脸书与其他社交媒体平台都表示，它们从2018年以来一直在调整算法，希望对社会负起更多责任。这究竟是否属实还很难说，特别是今天连“社会责任”一词都还没有一个清晰公认的定义。[19]然而肯定能解决的一个问题就是别再为了追求用户参与度而污染整个信息领域。只要科技巨头真的想要设计出更好的算法，通常就能做到。2005年前后，垃圾邮件泛滥严重威胁到电子邮件的使用，当时就研发出强大的算法解决了这个问题。到2015年，谷歌声称旗下的网络邮件服务Gmail的算法能够成功拦截99.9%的垃圾邮件，正常邮件被误判的比例也只有1%。[20]

我们也不该无视YouTube、脸书与其他社交媒体平台确实为社会带来的巨大效益。当然，大多数YouTube视频与脸书帖子都不是假新闻，也没有煽动种族灭绝。社交媒体确实扮演了重要角色，联结人民，让过去权利遭到剥夺的群体得以发声，组织重要的新运动与社群，[21]也激励人类展现出一波前所未有的创意。在过去以电视为主流媒体的年代，常有人说观众只是“沙发土豆”：只会被动接受由少数天才艺术家创作的内容。脸书、YouTube与其他社交媒体平台唤起了这群“土豆”，让他们开始创作。社交媒体上的大部分内容（至少在强大的生成式人工智能兴起之前）都是用户自己（加上他们的猫猫狗狗）制作的，而不是出自少数专业人士之手。

我也常常用YouTube与脸书和人联系。比如我就很感谢社交媒体让我认识了我的爱人，我们是在2002年于最早的一个社交媒体平台上认识的。对于这种散落各处的性少数群体，社交媒体真的带来了奇迹。同性恋男孩很少出生于同性恋家庭或住在同性恋社区。在互联网出现之前，除非直接搬到少数有同性恋文化、态度较为宽容的大都市，否则只是想要认识其他同性恋者就是一大挑战。20 世纪 80 年代末到 90 年代初，我在以色列一个仇视同性恋的小镇长大，连一个公开的同性恋者都不认识。而在 20 世纪 90 年代末到 21 世纪初，对原本分散的性少数群体成员而言，社交媒体简直像一种前所未有的魔法，让我们能够找到对方、建立联系。

然而，我之所以要用这么长的篇幅谈论社交媒体“用户参与度”的难题，是因为这能显示计算机面临的一个更大的问题：一致性问题（又被称为“对齐问题”）。只要人类给计算机一个特定的目标，比如“让 YouTube 流量增加到每天 10 亿小时”，计算机就会竭尽全力，以各种不同方式实现这个目标。但由于计算机的运作与人类大不相同，很可能所用的方法将完全出乎人类的意料，造成未曾预见的危险后果，而与人类最初确立的目标完全不一致。就算推荐算法已经不再鼓励仇恨，计算机的其他一致性问题还是可能引发相关灾难，其严重程度比起针对罗兴亚人的冲突可能有过之而无不及。计算机变得越强大、越独立，这种危险也越大。

当然，一致性问题不是什么新鲜事，也不是算法所独有的。早在计算机发明之前，一致性问题就已困扰人类几千年。比如以卡尔 · 冯 · 克劳塞维茨的战争理论为代表，现代军事思想也一直摆脱不了这种目的不一致的问题。克劳塞维茨是一位普鲁士少将，曾参加拿破仑战争，于 1815 年彻底击败拿破仑之后担任普鲁士战争学院院长，开始构思规模宏大的战争理论。他在 1831 年死于霍乱，妻子玛丽编辑了他未完成的手稿，并在 1832—1834 年陆续出版《战争论》。[22]

《战争论》提出了一套合乎理性的模型来解释战争，至今仍是主流的军事理论，书中最重要的一句格言就是“战争无非是政治通过另一种手段的继续”[23]。这意味着战争不是情感的暴发，不是英雄的冒险，不是神祇的惩罚，甚至不是一种军事现象，而是一种政治工具。克劳塞维茨认为，军事行动必须与背后的某种整体政治目标一致，否则就是完全不理性的行为。

假设墨西哥正在考虑要不要大举入侵占领小小的邻国伯利兹。再假设，墨西哥经过详细的军事分析，认定如果开战，只要三天就能迅速取得决定性的胜利，彻底击溃伯利兹军队，攻下其首都贝尔莫潘。在克劳塞维茨看来，这样还不足以构成墨西哥入侵伯利兹的理性原因。只是确保军事上的胜利并没有意义，墨西哥政府该自问的关键问题是：这场军事上的胜利究竟能够实现什么政治目标？

历史上有许多军事上决定性的胜利最后却导致彻底的政治灾难。对克劳塞维茨来说，最明显的例子就发生在他身边：拿破仑的一生。没有人怀疑拿破仑的军事天才，讲到战术与战略，他定然是个中翘楚。然而，虽然他胜仗连连，一度攻下大片领土，却没能因此建立长久的政治成就。他征伐四方，只是让大多数欧洲列强群起联合反抗，加冕不过十年，帝国便轰然倒塌。

事实上，从长远来看，拿破仑连连得胜反而使法国从此走向下坡路。数个世纪以来，法国一直是欧洲地缘政治的一方霸主，主要原因就是意大利与德国没形成统一的政治实体。当时的意大利就像一锅大杂烩，包括几十个兵戎相向的城邦、封建公国与教会领地。德国则像一幅更奇怪的拼图，有 1000 多个独立政体，松散地集结在德意志民族神圣罗马帝国理论上的宗主权之下。[24] 1789 年，根本无法想象德国或意大利入侵法国这种事，因为当时根本就没有德军或意军。

随着把帝国版图扩张到中欧与意大利半岛，拿破仑在 1806 年推翻神圣罗马帝国，而将许多较小的日耳曼与意大利公国合并，建立了莱茵邦联与意大利王国，希望将这些领土收归自己的帝国。横扫各地的拿破仑大军也将现代民族主义与人民主权的理想传播到德意志与意大利的土地上。拿破仑认为这一切会让他的帝国更加强盛。但事实上，在传统结构被打破之后，日耳曼人与意大利人尝到了民族统一的甜头，拿破仑就这样在无意间奠定了德国统一（1866—1871 年）与意大利统一（1848—1871 年）的基础。两个民族国家的统一齐头并进，最后以德国在 1870—1871 年普法战争击败法国而终于实现。面对国境东边这两个新近统一且民族主义高涨的强国，法国再也没能恢复过去的霸权地位。

另一个比较晚近的例子则是 2003 年美国入侵伊拉克，同样是赢了军事却输了政治。美国在重大战役中攻无不克，长期政治目标却是一事无成，没能在伊拉克建立亲美政权，也没能在中东建立有利于美国的地缘政治秩序。这场战争真正的赢家是伊朗。美国在军事上的胜利，让伊拉克从伊朗的死敌变成其附庸，从而大大削弱了美国在中东的地位，而伊朗则成了这里的霸主。[25]

拿破仑与小布什都是一致性问题的受害者，自己的短期军事目标与国家的长期地缘政治目标就是无法保持一致。克劳塞维茨的整部《战争论》其实就是在警告一件事：确立"尽量得到最大的胜利"这种目标，就和确立"尽量提升用户参与度"一样，太过短视近利。根据克劳塞维茨的模型，必须先确立明确的政治目标，才能让军队据此确立一套可以实现这个目标的军事战略。只要有整体的战略作为参考，低级军官也能在战场推导出理性的战术目标。这套战争模型在长期政策、中期战略和短期战术之间建构了一套明确的层级。所谓合乎理性的战术，就是要和战略目标一致；所谓合乎理性的战略，就是要和政治目标一致。即便一位基层指挥官，他的战术决策也必须符合整场战争的最终政治目标。

假设在美国占领伊拉克期间，一个美军连队遭到来自附近清真寺中的敌人的猛烈攻击。这位指挥官有几个战术决策选项：可以命令连队撤退，可以命令连队攻下清真寺，也可以命令坦克直接炸毁清真寺。他该怎么决定？

从纯粹军事的角度来看，这位指挥官最好的决定就是直接命令坦克炸毁清真寺。这样可以利用美军在火力上的战术优势，避免士兵面临生命危险，还能取得决定性的战术胜利。但从政治的角度来看，这可能会是最糟的决定。要是美军用坦克炸毁清真寺的视频流出，不仅会在伊拉克引起公愤，还可能激起整个伊斯兰世界的愤怒。攻下清真寺在政治上或许也不是个好决定，因为这不仅同样可能激起伊拉克人民的不满，还可能让美军付出生命的代价，进而削弱选民对战争的支持。考虑到美国这场战争的政治目标，最合乎理性的选择或许就是直接撤退，接受这场战术上的失败。

这样来看，对克劳塞维茨而言，所谓的合乎理性，就是目标与行动要有一致性。如果只追求战术或战略上的胜利，却造成与整体政治目标不一致，就不能说是合乎理性的选择。但问题在于，军队的官僚特质让他们很容易落入这种非理性陷阱。第三章提及，由于官僚制度必须将现实放进不同的抽屉，等于鼓励不惜牺牲整体更大的利益，只追求狭隘的目标。为了眼前狭隘的使命，官僚很有可能根本没意识到自己的行为会造成怎样更广泛的影响，而且，要问官僚的行为是否与社会整体利益一致，向来都不是个简单的问题。军队的运作如果需要冗长的官僚流程（所有现代军队都是如此），那么在战场指挥连队的上尉和于遥远的办公室里制定长期政策的总统之间就会出现巨大的鸿沟。上尉所做的决定，很有可能现场来看合理，实际上却有损战争的最终目的。

所以我们看到，人类早在计算机革命之前就已经遇到一致性问题。现代人想构建信息帝国时会遇到的困难，与过去人们想要征服四方时遇到的困难并没有太大不同。然而，计算机确实让一致性问题的本质出现了一些重要变化。过去，只是让人类官僚及人类士兵的行为向社会的长期目标看齐，就十分困难；在未来，要让“算法官僚”与自主武器系统向社会长期目标看齐，则更是难上加难。

回形针拿破仑

在计算机网络的背景下，一致性问题的危险特别高，原因之一就是这个网络的权力可能远远高于过去任何人类官僚机构。如果是超级智能计算机出现了目标与人类不一致的状况，就可能导致前所未有的灾难。哲学家尼克·波斯特洛姆2014年的著作《超级智能》中就有一个思想实验，试图说明这种危险。这本书类似歌德的《魔法师学徒》。波斯特洛姆要我们想象一下，有一家回形针工厂买了一台超级智能计算机，工厂的人类主管要它完成一项看来再简单不过的任务：生产回形针，越多越好！结果为了完成这个目标，这台回形针计算机征服了整个地球，杀死了所有人类，并派出远征队占领更多行星，再用取得的丰富资源在整个银河系设立无数个回形针工厂。

这个思想实验的重点在于计算机只是乖乖地做人类要它做的事（像歌德笔下的那把魔法扫帚）。它先“意识”到，要建造更多工厂、生产更多回形针，就需要电力、钢铁、土地与其他资源；接着又“意识”到，人类不太可能会放弃这些资源，于是这台超级智能计算机为了一心追求这个既定目标，在过程中直接消灭了所有人类。[26] 波斯特洛姆想强调的是，计算机的问题并不在于它们特别邪恶，而在于它们特别强大。而计算机越强大，我们就越要小心为其确立目标，务必让计算机与人类的终极目标完全一致。如果只是个口袋计算器，即使我们给它确定的目标与人类的很不一致，后果也微乎其微。但如果是超级智能计算机，如果确定了一个与人类利益极不一致的目标，就可能催生一个反乌托邦。

这个回形针思想实验或许听起来很离谱，似乎与现实完全脱节，但在波斯特洛姆于2014年提出这个想法的时候，要是那些硅谷高管注意了这个想法，他们或许就不会那么莽撞地要求算法尽量提升用户参与度。脸书与YouTube的算法的表现，与波斯特洛姆想象的算法一模一样。当被要求尽量生产回形针，而且产量越多越好的时候，算法就会想要把整个宇宙的物质都变成回形针，就算摧毁人类文明也在所不惜。当被要求尽量提高用户参与度，而且数字越高越好的时候，脸书与 YouTube 的算法就想要把整个“社群宇宙”都变成用户参与度，即使会破坏缅甸、巴西与许多其他国家的社会结构，也在所不惜。

在计算机这个领域，波斯特洛姆的思想实验还能让我们看到一致性问题格外重要的第二个原因：因为都是非生物实体，所以它们采用的策略很可能是所有人类从未想到的，自然无力预见并阻止。这里有一个例子：2016 年，达里奥 · 阿莫迪设计了一个名为“宇宙”（Universe）的项目，想要研发一款通用人工智能，它知道怎样玩几百种不同的计算机游戏。这款人工智能在各种赛车游戏中表现出色，于是阿莫迪决定让它试试赛船游戏。但不知道为什么，这款人工智能直接把船开进一个港口，接着就只是不断绕圈进进出出。

阿莫迪花了很久才搞清楚问题出在哪里。之所以会出现这个问题，是因为阿莫迪一开始不知道怎样告诉这款人工智能，它的目标是赢得比赛。对算法来说，“赢”并不是一个明确的概念。如果把“赢得比赛”翻译成计算机能懂的语言，阿莫迪就必须把排位、与其他参赛船只的相对位置之类的复杂概念都用形式语言表达出来。于是阿莫迪决定换个简单的办法，告诉人工智能得分越高越好。在他看来，得到最高分的应该和赢得比赛差不多，毕竟之前的赛车游戏都是这样的。

然而，那款赛船游戏有一个赛车游戏没有的特点，而聪明的人工智能找到了游戏规则的漏洞。在这款赛船游戏中，如果领先其他船只，玩家就能得到大量积分（这和赛车相同），然而船只每次靠港补充能量的时候，也能得到一些积分。结果人工智能就发现，与其试着超越其他船只，不如不断绕圈进出港口，这样反而能够更快积累更多积分。显然，无论是游戏的人类开发者还是阿莫迪都没注意这个漏洞。而这款人工智能所做的，正是这款游戏鼓励它做的事，只是这并不是人类想看到的。这正是一致性问题的本质：我们奖励的是 A 行为，却希望得到 B 结果。[27] 要是我们希望计算机能带来最大的社会效益，就不该因为它们带来了最高的用户参与度而给予奖励。

担心计算机一致性问题的第三个原因，在于计算机与人类实在差异太大，所以就算我们不小心给出了与人类利益不一致的目标，计算机也不太会有所警觉或要求说明。如果那个赛船人工智能是人类玩家，应该就会意识到，利用自己在游戏规则里发现的漏洞大概不能真正赢得比赛；如果那个回形针人工智能是人类官僚，应该就会意识到，人类的初衷大概不是让它为了生产回形针而毁灭人类。但正因为计算机不是人类，也就不能单纯信赖计算机会找出并警告可能的利益不一致现象。在 21 世纪 10 年代，YouTube 与脸书的管理团队早就受到人类员工（与外部观察者）的连番轰炸，警告算法正在造成的危害，但算法本身从头到尾浑然未觉。[28]

随着我们让算法在医疗保健、教育、执法和许多其他领域拥有越来越大的权力，一致性问题也变得越来越严重。要是不设法解决，问题绝不只是算法让赛船一直绕圈刷积分而已。

科西嘉岛的联结

一致性问题该怎么解决？理论上，人类建设计算机网络的时候，就该为这个网络确立一个终极目标，并且永远不允许计算机更改或忽视这个目标。这样一来，就算以后计算机变得太强大，人类再也无法控制计算机，人类还是可以放心，知道计算机的力量只会帮助人类，而非伤害人类。当然，除非我们一开始就不小心确立了一个会对人类造成伤害或太过模糊的目标。这正是问题所在。人际网络有各种自我修正机制，能够定期审查、修改目标，所以即使目标错了，也不会是世界末日。但因为计算机网络可能脱离人类的控制，所以一旦目标设定错了，等到发现可能为时已晚，人类再也无力回天。有些人或许觉得，只要先仔细想清楚，就能预先为计算机网络设定正确目标。然而，这是个非常危险的幻想。

为了理解为何人类不可能预先对计算机网络的终极目标达成共识，让我们先回顾一下克劳塞维茨的战争理论。他认为，合乎理性就等于"一致性"，但这里有个致命的缺陷。虽然克劳塞维茨的理论要求所有行动必须与终极目标保持一致，却没有提供合乎理性的方法来设定这种目标。以拿破仑的一生与军旅生涯为例。他的终极目标应该是什么？鉴于法国在1800年前后的主流文化氛围，我们可以猜测，拿破仑当时心里想着的终极目标有以下几种可能。

· 可能目标1：让法国成为欧洲霸主，确保未来不会受到英国、哈布斯堡家族一直把持的神圣罗马帝国、俄国、统一的德国或统一的意大利的任何攻击。

· 可能目标2：创造一个新的多民族帝国，由拿破仑家族统治，版图除了法国，还包括整个欧洲与海外的许多其他领土。

· 可能目标3：让自己赢得永恒的荣耀，就算死后数百年，还会有几十亿人知道拿破仑这个名字，钦佩他的天才。

· 可能目标4：确保自己永恒的灵魂得到救赎，并在死后进入天堂。

· 可能目标5：传播法国大革命的普世理想，维护欧洲和全世界的自由、平等与人权。

许多自诩为理性主义者的人，应该会认为拿破仑该选择第一个目标（确保法国在欧洲的霸主地位）作为自己一生的使命。为什么呢？别忘了，对克劳塞维茨而言，合乎理性即目标与行为能够一致。要判断某项战术动机是否合乎理性，唯一的标准就是它必须与某个更高级的战略目标一致，而战略目标同样必须和更高级的政治目标一致。如果这样层层推进，这一系列目标的起点究竟在哪儿？我们如何确立这个终极目标，并让后续所有战略子目标、实际战术步骤都是合理的？就定义而言，这样的终极目标本身就是最高目标，也就没办法让它必须看齐哪个目标来保持一致了。但这样一来，究竟是出于什么道理，把法国放在整个目标层级的最顶端，而不是拿破仑的家族、拿破仑的声誉、拿破仑的灵魂甚至是普世人权呢？克劳塞维茨并没有给出答案。

有人可能会说，第四个目标（确保自己永恒的灵魂得到救赎）根本就是基于一种虚幻的信念，哪儿能将其当作最终理性目标的选项？然而，其他目标难道不是这样吗？“永恒的灵魂”是一种存在于主体间的发明，只存在于人类的脑海之中，但“国家”与“人权”不也是如此吗？为什么拿破仑应该更在意某个虚幻的“法国”，而不应该更在意自己虚幻的“灵魂”？

事实上，在拿破仑年少的时候，有一大段时间甚至不认为自己是法国人。他出生于科西嘉岛上的一个意大利移民家庭，本名叫拿破仑·迪·波拿巴。500年来，一直是意大利城邦热那亚统治着科西嘉岛，拿破仑有许多祖先也生活在热那亚。到1768年（拿破仑出生前一年），热那亚才将这个岛屿割让给法国。科西嘉民族主义者不愿被割让，于是发动叛乱。直到1770年民族主义者彻底战败，才使科西嘉岛正式成为法国的一个省。许多科西嘉人心中仍然抗拒法国，但波拿巴家族宣誓效忠法国国王，还把拿破仑送到法国本土的军校就读。[29]

拿破仑在学校饱受同学嘲弄，一方面因为他是科西嘉人，另一方面因为他的法语说得不好。[30]他的母语是科西嘉语与意大利语，就算他后来的法语已经说得相当流利，却始终带着科西嘉口音，而且法文拼写一直是他的一大障碍。[31] 拿破仑最后加入了法国军队，但在 1789 年法国大革命爆发时，他又回到科西嘉岛，希望这场革命能给他心爱的岛屿带来机会——得到更多的自治权。直到拿破仑与科西嘉独立运动领袖帕斯夸莱·保利闹翻，他才在 1793 年 5 月终于放弃了为科西嘉的奋斗，回归法国本土，决定开创自己的未来。[32] 也是在这时，拿破仑把自己的名字从意大利文的 Napoleone di Buonaparte 改成法文的 Napoléon Bonaparte（他的意大利文姓名一直用到 1796 年）。[33]

所以，让拿破仑把军旅生涯都奉献给法国，让法国成为欧洲霸主，这真的是最合乎理性的选择吗？还是应该留在科西嘉岛，解决与保利之间的个人恩怨，将这个自己生于斯、长于斯的岛屿从法国征服者手中解放？抑或拿破仑的毕生使命其实该是去统一祖先的故土意大利？

克劳塞维茨并没有对这些问题给出合乎理性的回答方式。如果我们只有一条黄金法则，就是“所有行动都必须向某个更高的目标看齐，保持一致”，那么就不会有可以用来确立那个终极目标的合乎理性的方式。这样一来，我们又怎么可能为计算机网络确立一个永远不得忽视、永远不得违背的终极目标呢？那些急着想要研发人工智能的技术高管与工程师，如果觉得能有个合乎理性的方法可以告诉人工智能该追求什么终极目标，其实是犯了一个严重的错误。只是看到过去世世代代的哲学家屡战屡败，他们就应该吸取一点儿教训。

康德主义与纳粹

几千年来，哲学家一直想要定义一个所谓的终极目标，也就是说，这个目标并不需要再看齐某个更高级的目标。在哲学上，可能的解决方案分为两大派，以哲学术语来说就是义务论与功利主义。义务论（来自希腊文的词根 *deon*，意为“责任”）相信，世界上存在所有人都应该遵守的普世道德义务或道德规则。这些规则的重点并不是看齐某些更高的目标，而是其本质的良善。如果真的有这样的规则，而且我们也能找到方法将其写进计算机程序，就能确保计算机网络成为一股向善的力量。

但本质的良善到底是什么意思？如果说有谁试过定义“本质的良善”，代表人物肯定是与克劳塞维茨和拿破仑同一时期的康德。在康德看来，所谓本质的良善的规则，就是那些自己想要将其推广到普世的规则。根据这个观点，如果某个人想要动手杀人，这时应该先停下来，经历以下的思考过程：“我现在正要杀掉一个人。我是不是想要确立一条普世规则，规定允许杀人？要是确立了这样的普世规则，就有可能有人来杀我。所以，不应该有一条允许杀人的普世规则。由此可见，我也不该杀人。”简单来说，康德就是换了一种说法来表达一条古老的黄金法则：“你们愿意人怎样待你们，你们也要怎样待人”（《马太福音》7：12）。

这听起来似乎简单而明显，总之就是想要别人怎样对你，你就应该怎样对人。然而，在超脱俗世的哲学领域听起来不错的想法，往往很难移植到残酷现实的历史领域。历史学家会问康德一个关键问题，在说普世规则的时候，到底应怎么定义“普世”。在实际的历史情境中，如果想要杀掉某个人，第一步常常是把这个人踢出普世的人类共同体。[34] 举例来说，针对罗兴亚人的极端分子就是这么做的。他们有的为佛教僧侣，当然反对杀人，但却把罗兴亚人视为次等人，他们自然不适用这条普世规则。这些极端分子在发表的文章与访谈中多次把罗兴亚人比作野兽、蛇、疯狗、狼、豺，以及其他危险动物。[35] 2017 年 10 月 30 日，暴力冲突达到高峰，一位资深的佛教僧侣向军官讲经说法，认为非佛教徒不完全是人，所以针对罗兴亚人的暴力行为是可接受的。[36]

作为一个思想实验，想象一下康德与负责犹太人大屠杀的阿道夫·艾希曼之间的会面（对了，艾希曼自认为是康德主义者）。[37] 在艾希曼签署命令，要把整列火车的犹太人送往奥斯威辛集中营的时候，康德告诉他：“你将要杀掉几千人。你是不是想要确立一条普世规则，规定允许杀人？要是确立了这样的普世规则，你和你的家人也可能会被杀死。”艾希曼说：“没这回事，我并非想杀掉几千个人，我只是想杀掉几千个犹太人而已。如果你问的是，我想不想确立一条普世规则，说杀犹太人完全可行，那我可是再赞成不过。对我和我的家人来说，这条普世规则并不会让我们被杀，我们可不是犹太人。”

康德可能会回应艾希曼说在定义实体的时候，必须选用最普世适用的那个定义。所以如果某个实体可以被定义为“犹太人”或“人类”，就该选用更普世适用的“人类”一词。然而，纳粹意识形态最大的特点，就是从根本上否定犹太人是人。除此之外，也请注意犹太人除了是“人类”，也是“动物”，甚至是“生物”。而由于“动物”与“生物”显然又是比“人类”更普世适用的类别，如果真的遵循康德的逻辑，最后我们可能都必须吃纯素食了。因为既然我们是生物，不就代表我们应该反对杀死任何生物，包括番茄或阿米巴原虫？

历史上，许多（甚至是绝大多数）冲突都与身份的定义有关。每个人都会说杀人是不对的，但又总会认为只有杀了自己内群体的成员才算是“杀人”，如果杀的是外群体的成员就不算“杀人”。然而，内群体与外群体只是存在于主体间的概念，其定义常常源自一些虚构的故事。于是，原本一心追求普世理性规则的义务论，最后往往成为地方虚构故事的俘虏。

如果我们一心想要追求义务论的那种普世规则，而且不是将其套到人身上，而是套到计算机头上，义务论引出的这个问题就会变得格外要命。计算机甚至根本不是生物。所以如果它们要遵守“你们愿意人怎样待你们，你们也要怎样待人”这条规则，那杀死像人类这样的生物又何妨？一台遵守康德的逻辑，而且想活下去的计算机，并没有理由反对“杀死生物很可行”这样的普世规则，反正这条规则并不会危及非生物的计算机。

此外，计算机身为非生物实体，甚至有可能根本不害怕死亡。就我们所知，死亡是一种生物现象，可能并不适用于非生物实体。当古代亚述人说要“杀掉”文献的时候，也只是打比方。如果计算机更像文件而不像生物，根本不在意“被杀”，人类又是否乐见一台计算机遵循康德的逻辑，做出“杀人无所谓”这样的结论？

有没有哪种方法，既能定义计算机该保护哪些对象，而不会被一些存在于主体间的错误观念影响？最清楚的建议就是告诉计算机保护所有“能够感受到痛苦的实体”。人之所以会感到痛苦，常常是因为相信了当地的某种主体间虚构概念，但痛苦本身仍然是个普世存在的现实。因此，如果以“能够感受到痛苦”来定义是否属于内群体，就能让道德有个客观而普世存在的现实基础。自动驾驶汽车除了不该杀死任何人类（无论是佛教徒还是穆斯林，也无论是法国人还是意大利人），也不该杀死狗和猫，以及未来可能出现的能够感受痛苦的机器人。我们甚至还能让这条规则变得更完善，要求自动驾驶汽车依据不同生物能够感受痛苦的程度，安排保护的顺序。如果自动驾驶汽车必须选择是撞死一个人还是一只猫，因为理论上猫感受到的痛苦程度比较低，所以应该选择猫。然而，如果真往这个方向走，我们会发现自己已经在无意间离开了义务论的阵营，来到了功利主义阵营当中。

痛苦该如何计算

义务论者努力寻找本质的良善的普世规则，而功利主义者则是用行为对痛苦或快乐的影响来判断行为。英国哲学家边沁（与拿破仑、克劳塞维茨和康德同时代的人）认为，世上唯一合乎理性的终极目标，就是尽量让世界减少痛苦，增加快乐。如果我们对计算机网络最大的恐惧是因为其与人类的目标不一致而会给人类甚至其他生物造成可怕的痛苦，那么功利主义这套解决方案似乎顺理成章，再理想不过了。建设计算机网络的时候，只要记得让它尽量减少痛苦、尽力增加快乐就行了。这种观点认为，要是当初脸书给算法的指示是尽量增加快乐而不是尽量提升用户参与度，事情肯定会一切顺利。值得一提的是，这种功利主义的观点确实在硅谷大受欢迎，又特别受到有效利他主义运动的推崇。[38]

但很遗憾，这也像义务论的解决方案一样，虽然在哲学理论领域听起来很简单，但到了历史实践领域就变得极其复杂。功利主义碰到的问题是人类并不知道该如何计算痛苦：我们不知道某个事件究竟应有多少个“痛苦值”或“快乐值”，所以在复杂的历史情境中，很难计算某个特定行为到底是增加还是减少了世界整体的痛苦总额。

唯有在痛苦的天平很明显偏向某一端的时候，功利主义才能发挥最大的作用。如果今天面对的是艾希曼，功利主义不用去争辩复杂的身份问题，只需要提出一点：大屠杀给犹太人造成了巨大的痛苦，但对于包括德国人在内的其他人却没有带来同等利益。并没有迫切的军事或经济理由能说明德国人为何要杀害数百万犹太人。以功利主义为由来反对大屠杀，可以说具备绝对的正当性。

而像同性恋这样的“无被害人犯罪”*，也特别适合用功利主义来讨论。几个世纪以来，对同性恋的迫害让他们单方面承受着巨大的痛苦。然而，造成这些迫害的理由只是各种偏见被错误地包装成义务论的普世规则。例如，康德之所以反对同性恋，是因为他认为同性恋“违反自然本能与动物本性”，会让一个人“禽兽不如”。康德还认为这样的行为违反自然规律，所以会“使人不配拥有人性，也就不配再做一个人”[39]。事

* 这指的是虽然把这种行为视为犯罪，但其实并没有真正的被害人。——译者注

实上，康德只是把基督教的偏见重新包装成一套号称普世的义务论规则，在没有实证证据的情况下，就指控同性恋确实违反自然规律。前面曾提及，纳粹在大屠杀之前正是以“去人性化”作为序幕，因此，康德将同性恋去人性化这件事值得格外注意。认为同性恋违背自然规律、不配拥有人性，等于让艾希曼这样的纳粹分子有了理由，将同性恋者一起送进集中营并屠杀。而且既然说同性恋者不如禽兽，康德那套不可杀人的道理自然也不适用同性恋。[40]

功利主义者很容易就能推翻康德关于同性恋的理论，而边沁确实属于欧洲最早一批支持同性恋合法化的现代欧洲思想家。[41] 功利主义者认为，仅是因为一些莫名其妙的普世规则就将同性恋视为一种犯罪，既会给数百万人造成巨大的痛苦，又无法为其他人带来任何实质性的好处。如果两个男人彼此相爱，这不但让他们快乐，也不会让任何其他人痛苦，为什么不准他们相爱呢？这种功利主义逻辑也带来许多其他现代改革，比如禁止酷刑，制定保护动物的法律。

然而，如果各方的痛苦不相上下，功利主义就比较难以在这种历史情境中站住脚。在新冠疫情初期，世界各国政府都采取了严格的隔离与封锁政策。这种做法或许挽救了数百万人的生命，[42] 但也让数亿人好几个月过得十分痛苦。此外，这还可能间接导致许多人死亡，例如，推高了致命家暴的发生率，[43] 或是让人更难及早发现与治疗癌症之类的危险疾病。[44] 对于这样的政策，谁能真的计算整体来说是增加还是减少了全球的痛苦？

听起来，把这种工作交给永远不用休息的计算机网络，似乎再适合不过了。然而，对于要和三个小孩一起被关在一套两居室公寓一个月这件事，计算机网络应怎么决定其痛苦值？是 60 点还是 600 点？因错过化疗而死于癌症的痛苦值又是多少？是 6 万点还是 60 万点？如果无论如何都会死于癌症，化疗只能让患者多活五个月，但过程会十分痛苦，又该怎么计算？这五个月的病榻折磨，计算机应该认为究竟是增加还是减少了整个世界的痛苦总额？

此外，对于一些比较抽象的事物（比如知道自己难免一死）所造成的痛苦，计算机网络该如何计算？如果某个宗教神话承诺信众的灵魂是永恒的，会在死后进入天堂，这究竟是能够带来真正的快乐还是只是一场幻觉？人类会感到痛苦，究竟是源于死亡本身，还是我们不愿面对死亡？要是有人放弃了宗教信仰，接受了人终将一死，计算机网络究竟该认定这件事是增加还是减少了痛苦总额？

如果是像美国入侵伊拉克这种更复杂的历史事件呢？美国人很清楚，自己的入侵会给数百万人造成巨大的痛苦。但他们认为，这样能为伊拉克带来自由和民主，长期来说，利大于弊。计算机网络能不能算出这个论点到底合不合理？就算理论上可行，实际上美国没能在伊拉克建立稳定的民主政体。这样一来，我们能不能说他们的尝试从一开始就是个错误？

在前面，义务论为了回答身份的问题，不得不接受功利主义的想法。在这里，功利主义也因为无法计算痛苦值，往往要采取义务论的立场。于是，功利主义开始高举“避免侵略战争”或“保护人权”这样的普世规则，但其实无法证明这样就能减少世界的痛苦总额。历史只让他们有个模糊的印象：遵守这些规则，似乎就能减少痛苦。然而当这些普世规则彼此冲突的时候（如思考是否要为了保护人权而发动侵略战争），功利主义就发挥不了什么实际作用。即使是功能最强大的计算机网络，也不知道究竟该如何计算。

因此，虽然功利主义承诺提供一种合乎理性甚至数学的方式，让所有行为都与终极之善看齐，但在实践中这可能只是又一则神话。以自由主义者为例，一旦被质疑该如何解释不受限制的言论自由或完全废除税收所带来的直接社会危害，他们常常会表达一种信念：未来能得到的利肯定大于短期造成的弊。功利主义的危险在于，如果你深信一个未来的乌托邦，就仿佛得到了一份空白授权书，允许你现在制造各种可怕的痛苦。事实上，这正是传统宗教在几千年前就已经玩儿的把戏。对于未来救赎的承诺，很容易成为犯罪借口。

计算机神话

所以，史上的官僚制度是怎么设定它们的终极目标的？答案就是依靠各种虚构的神话故事。无论那些官员、工程师、税务员、会计师多崇尚理性，到头来还是会服务于这个或那个编造神话的人。套用凯恩斯的一句话，有些所谓务实人士，自认为不受任何宗教影响，但通常就是神话编造者的奴隶。* 就连核物理学家，也发现自己得听从某些人的命令。

事实证明，一致性问题本质上就是个神话问题。无论信的是义务论还是功利主义，纳粹各级行政管理者只要继续用那套种族主义神话理解世界，就会屠杀几百万人。如果你从心底相信"犹太人是恶魔，一心要毁灭人类"这套神话，无论是用义务论还是用功利主义，都能找到很多合乎逻辑的论点，证明犹太人实在该杀。

计算机也可能碰上类似的问题。当然，计算机就是无意识的实体，无法真的"相信"任何神话。毕竟它们并没有主体性，自然也就无法拥有存在于主体间的"信念"这种东西。但我们必须了解计算机的一个重点是，在许多计算机相互通信的时候，就能形成一种"存在于计算机间的现实"，类似于人际网络所创造的"存在于主体间的现实"。这些存在于计算机间的现实，最终的力量（与危险性）可能不亚于人类所创造的

* 凯恩斯的原话为："有些所谓务实人士，自认为不受任何知识分子影响，但通常只是某个过世经济学家的奴隶。"——译者注

存在于人类主体间的神话。

这个论点很复杂，但也是本书的核心论点之一，所以让我细细道来。首先，我谈谈什么叫作存在于计算机间的现实。假设有一款单人计算机游戏。在这个游戏里，你可以漫步在一个虚拟场景中，而这个场景完全就是存储于计算机里的信息。如果你在游戏里看到一块儿石头，那块儿石头并不是由真正的原子构成的，而是由那台计算机里的比特构成的。当许多台计算机相互链接时，就能形成存在于计算机间的现实，而让使用不同计算机的许多玩家得以共同漫步于同一个虚拟场景。这时，如果他们看到一块儿石头，那块儿石头就是由那些不同计算机里的比特构成的。[45]

金钱、神祇这种存在于主体间的现实除了能影响人的思想，也能影响物理现实；同理，存在于计算机间的现实同样能影响存在于计算机之外的现实。2016 年，《宝可梦 Go》游戏风靡全球，当年年底的下载量就已达数亿次。[46] 这是一款增强现实手机游戏，玩家可以用智能手机来寻找、攻击与捕捉名为“宝可梦”的虚拟生物。通过增强现实功能，这些宝可梦就像存在于现实世界一样。我曾经和外甥马坦一起抓宝可梦，当时在他家附近走来走去，我只能看到房子、树木、石头、汽车、人、猫、狗，还有鸽子。因为我根本不用智能手机，所以看不到任何宝可梦。但马坦通过智能手机镜头环顾四周，就能“看到”有宝可梦站在石头上或躲在树后。

虽然我看不到这些宝可梦，但它们显然并不是只存在于马坦的智能手机里，因为其他人也能够“看到”它们。我们当时就遇到另外两个孩子正要抓同一只宝可梦。在马坦成功抓到某只宝可梦的时候，另外两位游戏中的好友也可以从手机上立刻得到消息。宝可梦就是一种存在于计算机间的实体，虽然是由计算机网络里的比特构成，而不是以物理世界的原子形式存在，但这些实体仍然能够通过各种方式与物理世界互动并造成各种影响。

对于这种存在于计算机间的现实，现在让我举一个更重要的例子：网站在谷歌搜索中的排名。我们在谷歌上搜寻新闻、机票或餐厅推荐的时候，总会有某个网站列在第一页最上方，至于另一个网站可能会排在第 50 页的中间。谷歌的排名究竟有什么意义？它是怎么决定排名先后的？谷歌算法决定网站排名的方式，是通过各种参数来给每个网站打分，参数包括访问网站的人数、有多少网站链接到该网站等。而这套排名本身就成了计算机间的现实，存在于链接了几十亿台计算机的网络（互联网）之中。就像宝可梦一样，这种存在于计算机间的现实也会外溢影响到物理世界。比如对各家新闻媒体、旅行社或餐厅来说，自己的网站究竟是出现在谷歌搜索的第一页最上端还是第 50 页的中间，影响是非常重大的。[47]

正因为谷歌排名如此重要，总有人费尽心思想要操纵谷歌的算法，提升自己网站的排名。举例来说，他们可能会用机器人来为网站创造更多流量。[48] 这种情形在社交媒体中也十分常见，我们总是能看到组织有序的机器人程序大军，不断操纵着 YouTube、脸书或推特的算法。如果有一则推文疯传，到底是因为人类真的对它感兴趣，还是因为有成千上万个机器人程序成功骗过了推特的算法？[49]

宝可梦和谷歌排名这样的计算机间现实，就很像人类创造的主体间现实，例如，圣殿的庄严感和城市的神圣性。我这辈子的大部分时间都待在全球最神圣的一座城市——耶路撒冷。客观来说，这里没什么不一样。走在耶路撒冷的街上，你会看到房子、树木、石头、汽车、人、猫、狗，还有鸽子，就跟其他城市一模一样。但很多人还是想象着这里有多么神圣，仿佛充满了神灵、天使与圣石。他们太相信这一套，甚至大打出手，就为了抢下这座城市、某栋神圣建筑物甚至是某块儿神圣的石头，例如，最著名的就是圣殿山圆顶清真寺底下的圣石。巴勒斯坦哲学家萨

里 · 努赛贝指出："犹太人与穆斯林基于不同的宗教信仰，而都拥有核武器，随时可能爆发史上最严重的大屠杀，就为了一块儿石头。"[50] 两方要抢夺的并不是构成那块儿石头的原子，而是那块儿石头代表的"神圣性"，就像两个孩子抢着抓某只宝可梦一样。无论是圣石还是耶路撒冷，它们的神圣性都是一种存在于主体间的现象，只存在于联结了许多人类思想的沟通网络之中。几千年以来，许多战争的起因只是争夺某些存在于主体间的实体，例如，所谓神圣的石头这种东西。而到 21 世纪，可能会出现因抢夺计算机间的实体而引发的战争。

如果觉得这听起来太过科幻，不妨想想金融体系的发展。随着计算机越来越具备智能与创造力，很可能创造出新的计算机间的金融工具。黄金与美元是主体间实体，而比特币这种加密货币，则是介于"主体间"与"计算机间"之间。比特币的概念是人类发明的，其价值也取决于人类的信念，但比特币无法存在于计算机网络之外。而且，因为比特币的交易越来越多地通过算法进行，所以其价值高低也会越来越取决于算法，而不只是受到人类信念的影响。

再过 10 年或 50 年，计算机如果创造出某种新型加密货币或金融工具，成为交易与投资不可或缺的工具，进而成为政治危机与冲突的潜在根源，人类该怎么办？回想 2007—2008 年，当时的全球金融危机由各种担保债务凭证引发，这些金融工具就是由几个数学家和投资奇才发明的玩意儿，对大多数人（包括负责监管的政府）来说根本难以理解。所以最后监管失灵，引发全球灾难。[51] 而计算机所发明的金融工具，很可能远比担保债务凭证复杂，只有其他计算机才能搞懂它们在干什么。结果就可能是一场比 2007—2008 年更严重的金融与政治危机。

纵观历史，经济和政治都要求我们必须了解由人类所发明的主体间现实，比如宗教、国家与货币。例如，过去想要了解美国政治，就不能不懂基督教和担保债务凭证这样的主体间现实。然而，如果想在未来了解美国政治，就越来越需要了解计算机间现实，比如人工智能创造的异教组织与货币，由人工智能运作的政党，甚至是完全融入社会与政治的人工智能。美国法律体系承认企业是法人，拥有言论自由这样的权利，而在“联合公民诉联邦选举委员会案”（Citizens United v. Federal Election Commission，2010）中，美国联邦最高法院甚至裁定企业拥有捐赠政治献金的权利。[52] 这样一来，又有什么理由能阻止人工智能被纳入并被认定为具有言论自由的法人，进而游说各方，捐赠政治献金，推动保护与扩张人工智能的权利？

人类在几万年间主宰着地球，是因为只有人类有能力创造并维持各种主体间实体（如企业、货币、神祇、国家），再通过这些实体来组织大规模合作。而现在，计算机也可能具备类似的能力。

这不见得是个坏消息。毕竟如果计算机没有链接性与创造力，实用效益也会相当有限。人类现在之所以能越来越依赖计算机来管理金钱、驾驶车辆、减少污染、发明新药，正是因为计算机能够直接彼此沟通，找出人类看不到的规律模式，打造出人类可能永远想不到的模型。现在人类该问的问题并不是如何剥夺计算机的创造力，而是如何把这些创造力导向正确方向。这与人类创造力一直面对的问题并无不同，人类发明了各种主体间实体，虽然这些实体成了人类文明所有成就的基础，但偶尔也会出现十字军东征、圣战和政治迫害。计算机间实体或许也可能成为未来文明的基础，然而，只是因为计算机收集的是经验数据，用的是数学分析，并不代表计算机就不可能发起自己的政治迫害。

新女巫

早期现代欧洲曾有一个复杂的信息网络，分析了大量犯罪、疾病与灾难资料，结论是这一切都是女巫搞的鬼。猎巫者收集的资料越多，就越相信这个世界充满了恶魔与巫术，而且背后有个全球撒旦阴谋要毁灭人类。于是，这个信息网络更进一步要找出所有女巫，对其加以监禁或处死。但我们现在知道，女巫就是一个存在于主体间的虚假概念，是信息网络自己发明出来，然后硬套在一些根本没见过撒旦，也没有能力召唤冰雹的人头上的。

苏联曾有一个更复杂的信息网络，发明了“富农”这个类别，并将其强行套用到几百万人头上。苏联官僚制度收集到的富农信息虽然堆积如山，但并没有呈现客观真相，反而创造了一套主体间真相。虽然富农这个类别全是发明的，但在当时要了解某个苏联人，他是不是富农就成了重中之重。

再扩大一下范围，16—20 世纪，从巴西到墨西哥与加勒比海地区，再到美国，美洲的无数殖民官僚体系创造了各式各样的种族主义神话，也创造了各种存在于主体间的种族类别。他们把人分成欧洲人、非洲人与美洲原住民，再加上常常有跨种族性关系，就得发明其他种族类别。比如在许多西班牙殖民地，梅斯蒂索人（西班牙人与美洲印第安人混血种人后代）、穆拉托人（西班牙人与非洲人混血种人后代）、桑博人（非洲人与美洲印第安人混血种人后代）、帕尔多人（西班牙人与非洲人的混血儿再与美洲印第安人生的孩子）适用的法律都不相同。乍看之下，根据经验证据确定的类别，决定了这些人是否会受到奴役、享有政治权利、携带武器、担任公职、接受学校教育、从事特定职业、居住于特定社区，以及能否与他人发生性关系或通婚。似乎只要能把某个人放进某个特定的“种族抽屉”，我们就知道了他的个性、智力与道德倾向。[53]

到 19 世纪，种族主义似乎成为一门精准的科学：它声称自己都是以客观的生物学事实来将人分类，也会运用测量颅骨与犯罪统计数据这样的科学方法。然而，这些让人堕入云里雾里的数据与类别，只是服务于荒谬的主体间神话谎言所制造的烟幕。知道某个人的祖母是美洲原住民、父亲是非洲人，并不能看出这个人到底智商有多高，是否善良或诚实。这些杜撰出来的类别并没有发现或描述任何关于人类的真相，只是把一种压迫性、神话般的秩序硬套到人民头上。

从税收、医疗保健到安全和司法，随着计算机在越来越多的官僚体系当中取代人类，也就越来越可能形成另一套神话谎言，并以前所未有的效率硬套在我们头上。在过去那个由纸质文件主宰的世界，官僚很难真正掌控种族的边界，追踪每个人的确切血源。文件可以造假；桑博人搬到另一个城镇，就能假装帕尔多人；黑人有时候也可能被认为是白人。苏联的情况也类似，富农家的孩子偶尔会伪造文件，让自己找份好工作、进入好大学，而在纳粹统治的欧洲，犹太人有时候也可能假装自己是雅利安人。然而，如果主宰这个世界的不再是纸质文件，而是能够读取虹膜与 DNA 数据的计算机，要玩弄这个系统的难度就会大大增加。计算机给人贴上假标签，而且让人绝对撕不下来的效率，很有可能高得吓人。

举例来说，社会信用体系可能创造一种新的下层阶级——低信用族群。这套体系可能会说，它只是通过经验与数学程序，从各方收集点数得到一个总分，以此“发现”真相。然而，这套体系究竟要怎样定义亲社会与反社会的行为呢？如果这样的体系认定，一个人批评政府政策、阅读外国文学作品、信奉少数派宗教、没有宗教信仰或与其他低信用评分的人往来，就必须扣分，那么情况会如何发展？作为一个思想实验，让我们假设社会信用体系这项新科技遇上了传统宗教，看看情况会如何。

犹太教、基督教与伊斯兰教等宗教都想象，在云端某处有一只全知之眼，它会根据我们的一切行为来加减分数，最后的总分决定我们永恒的命运。当然，没人知道自己现在究竟拿了几分，等死了才能揭晓。实际上，这也代表所谓的善与恶都是主体间现象，其定义会依据公众舆论而有所不同。举例来说，如果某个政权决定，自己那套计算机化的监控系统不仅要执行严格的“头巾法”，更要让所谓的善与恶也成为一套精确的计算机间现象，操作起来会是什么模样？不戴头巾就上街，扣 10 分；在斋戒期间，还没日落就进食，扣 20 分；参加祈祷活动，加 5 分；参加朝圣活动，加 500 分。这套系统最后或许就会把所有分数加总，并把人分类成“罪人”（0 分以下）、“信徒”（0 ~ 1000 分）或“圣人”（1000 分以上）。一个人到底是罪人还是圣人，由算法的计算决定，而不是由人类的信念决定。这样的系统究竟是能够找出一个人最真实的真相，还是会把一套秩序硬套在人的头上？

所有的全面监控政体，都面对类似的问题。它们号称要用无所不包的数据库与极度精准的数学方法找出所有罪人、恐怖分子、犯罪者、反社会分子与不值得信任的民众，但实际上，它们可能是在以前所未有的效率，把毫无根据的宗教与意识形态偏见套在所有人的头上。

计算机偏见

有些人可能希望，只要赋予计算机更强大的能力，就能克服各种宗教与意识形态上的偏见。这些人或许认为，种族主义、厌女、恐同、反犹太主义等偏见并不存在于计算机，而是源自人类的心理状况与神话观点。计算机只关心数学，不谈心理学或神话。所以如果能够彻底排除人类的成分，就能让算法完全基于数学做判断，摆脱心理扭曲或神话偏见的影响。

遗憾的是，许多研究都显示，计算机同样有根深蒂固的偏见。虽然计算机并非生物实体，也没有意识，但计算机确实拥有类似数字心灵的东西，甚至可能出现某种计算机间的神话观点，所以同样可能有种族歧视、厌女、恐同或反犹太主义倾向。[54] 举例来说，2016 年 3 月 23 日，微软推出一款人工智能聊天机器人 Tay，它能够自由存取推特的内容，并与用户互动。结果不到几小时，Tay 已经开始发表厌女与反犹太主义的推文，比如“我恨透了女权主义者，他们都该在地狱里燃烧”“希特勒是对的，我讨厌犹太人”。这些恶毒仇恨的言论不断增加，吓坏了微软工程师，迅速将 Tay 下架——这时距离其被推出才短短 16 小时。[55]

2017 年，麻省理工学院教授乔伊 · 布兰维尼研究了市场上的人脸分析算法产品，发现里面有点不太明显却极为普遍的种族歧视问题。她指出，这些算法识别白人男性非常准确，但识别黑人女性却非常不准确。举例来说，IBM 算法在判断浅肤色男性的性别时，错误率只有 0.3%，但判断深肤色女性的性别时，错误率竟高达 34.7%。作为定性测试，布兰维尼拿出非裔美籍女性传教士索杰纳 · 特鲁斯（特鲁斯以 1851 年的演说《我难道不是女人吗？》而闻名）的照片，请算法做判断。那些算法竟判断特鲁斯是一位男性。[56]

布兰维尼是加纳裔美籍女性，她拿了另一套人脸分析算法来对自己做识别，结果那套算法根本无法“看见”她肤色较深的脸。在这种情境中，所谓“看见”指的是能够判断画面中有一张人脸，例如，手机摄像头就会利用这种功能来判断该聚焦在哪里。那套算法很容易就能看见肤色较浅的人脸，却看不到布兰维尼的脸。布兰维尼戴上了一个白色面具，那套算法才忽然意识到原来眼前有张人脸！[57]

这到底是怎么回事？一种可能是这些算法背后有一群有种族歧视倾向又厌女的工程师，写算法的时候就是想要歧视黑人女性。这种答案虽然不能说全无可能，但无论是人脸识别算法的例子还是微软的 Tay，事实并非如此。事实上，这些算法是从那些训练它们的数据里学到了种族歧视和厌女偏见。

为了说明为什么会有这种状况，得来解释一下算法的历史。一开始，算法没有办法靠自己来学习东西。比如在 20 世纪八九十年代，国际象棋算法所知道的一切，几乎都是人类程序员告诉它的。人类写进算法的，除了国际象棋的基本规则，还包括该怎样评估各种棋局和棋步。比如，当时人类就写出一条规则告诉算法，牺牲王后来保住兵通常不是什么好主意。这些早期的算法之所以能够击败人类国际象棋大师，只是因为它们能比人类计算更多棋步、评估更多棋局，仅此而已。但是算法的能力有限。如果算法必须依赖人类告诉它们关于国际象棋的一切秘密，如果人类程序员不知道某些事情，那么它们产生的算法就不太可能知道。[58]

但随着机器学习这个领域的发展，算法变得越来越独立。机器学习最基本的原则，就是要让算法像人类一样，能够通过与世界互动来教自己学会新事物，成为一套成熟的人工智能。虽然各方对人工智能的定义还有差异，但大致来说，要想称得上“人工智能”，就必须具备自行学习新事物的能力，而不能只是遵循最初人类创造者的指示。例如，现在发展出的棋类人工智能，人类除了游戏的基本规则，已经不会再“教”它们其他内容，而是让它们彻底自学，通过分析过去棋局的资料库，或者不断下新的棋局，从经验中学习。[59] 人工智能并非不顾结果，只是傻傻地不断重复同样的动作，而是拥有强大的自我修正机制，能够从自己的错误中学习。

这代表着人工智能一开始就像个“算法宝宝”，虽然没有多少知识，但拥有巨大的潜力与运算能力。人类父母给它的只有学习能力，并让它能够接触这个资料世界，接着就放手让这个“算法宝宝”自己探索。而与人类宝宝一样，“算法宝宝”的学习方式就是从自己能接触到的数据中找出规律模式。如果去摸火，会很痛；如果我哭了，妈妈就会来；如果我牺牲一个王后去换一个兵，这一局可能就会输。通过寻找数据中的规律模式，“算法宝宝”就能学到更多，包括许多连人类父母都不了解的事。[60]

然而，数据库也会有偏见。布兰维尼研究的那些人脸分析算法，训练时用的是各种经过标记的线上照片资料集，例如，LFW 人脸识别数据库（Labeled Faces in the Wild，即“真实世界经过标记的人脸”）。这个数据库的照片主要来自线上新闻文章，而白人男性又在新闻中占了大多数，于是整个数据集有高达 78% 的照片为男性、84% 为白人。仅小布什一个人，在整个数据集里就出现了 530 次，足足是所有黑人女性出现次数的两倍。[61] 在另一个由美国政府机构建设的数据库中，有超过 75% 的照片为男性，将近 80% 为浅肤色，深肤色女性在里面只占 4.4%。[62] 所以，用这些数据集训练出的算法虽然很懂得如何识别白人男性，却不擅长识别黑人女性。聊天机器人 Tay 的情况也类似。微软工程师并没有刻意加进什么偏见，但让这款人工智能在推特上接触各种“有毒”信息几小时之后，它就成了极端种族主义者。[63]

事情还可能更糟。想要学习，“算法宝宝”除了需要数据，还需要另一样东西——一个目标。人类宝宝之所以能学会走路，是因为他们想要到达某个地方；狮子宝宝之所以能学会狩猎，是因为想要吃东西。算法的学习，也必须有个目标。如果是国际象棋，这个目标很容易：吃掉对手的国王就行了。有了这个目标，人工智能就能发现牺牲王后来换一个兵是个“错”，因为这样一来，通常会让算法难以达成目标。在人脸识别方面，目标也很简单：能够判断照片人物的性别、年龄与姓名，得到与数据库记录相同的结果。要是算法认为照片中的小布什是个女性，但数据库记录显示其为男性，就代表未能实现目标，算法也会从这个错误中学习。

然而，假设你要训练一套用来招聘的算法，目标该怎么确定？算法要怎么知道自己犯了错，聘用了一个“错”的人？我们可能会告诉这套“算法宝宝”，它的目标是找到会在公司至少工作一年的人。企业显然并不希望投入大量时间与金钱，培养一个干几个月就辞职或被解雇的员工。这样确立目标之后，就该看看数据了。在国际象棋里，算法只需要和自己对弈，就能产生无穷无尽的新数据。但就业市场没办法这么干。没有人能够真正创造一个完整的假想世界，让“算法宝宝”雇用与解雇各种假想员工，再从经验里学到教训。“算法宝宝”只能以真实人类的现有数据库进行训练。狮子宝宝要想认识什么是斑马，主要依靠在现实的草原上找出斑马的花纹模式；“算法宝宝”要学会什么是好员工，主要依靠的是在现实的企业里找出好员工的行为模式。

但很遗憾，如果现实的企业中本来就存在一些根深蒂固的偏见，“算法宝宝”很可能就会学习这种偏见，甚至将其放大。举例来说，算法如果基于现实数据创建“好员工”模型，很有可能认定老板的侄子无论资质如何，都是最好的员工。因为过去的数据清楚地表明，老板的侄子通常只要求职就能被录用，而且很少被解雇。“算法宝宝”会找出这样的模型，学会任人唯亲。算法如果负责人力部门，就会认定老板的侄子是一流人选。

同样，如果在一个厌女的社会里，企业比较喜欢雇用男性而非女性，那么算法一旦使用现实数据进行训练，就很难摆脱这种偏见的影响。亚马逊在2014—2018年尝试研发筛选求职申请的算法时，就确实出现了这种情况。那套算法在学习了过去求职成功与失败的申请资料之后，只要申请表里有“女性”一词，或求职者毕业于女子大学，就会系统性地进行扣分。因为现有数据显示，此类求职者被录用的概率较低，所以算法对她们产生了偏见。算法觉得自己发现了现实世界的客观事实：从女子大学毕业的求职者资质较差。事实上，它只是内化，并且强制落实了厌女的偏见。亚马逊试图解决这个问题，但以失败告终，最后直接放弃了这个项目。[64]

训练人工智能用的数据库，有点儿像是人类的童年。人类在童年的经历、创伤与美好回忆，会陪伴我们走完一生。人工智能也有童年经历。算法甚至会像人类一样，受他人偏见的影响。想象一下，算法在未来的社会无所不在，除了能用来筛选求职者，还能用来帮助学生选专业。由于现实中既有的厌女偏见，80%的工程师职位都由男性担任。在这样的社会，负责招聘新工程师的算法不但可能复制这种既有偏见，还会进一步影响那些推荐大学专业的算法。如果女学生发现，既有数据显示她不太可能找到工程师的工作，她就会降低读工程专业的意愿。“女性不擅长工程学”原本只是一种存在于人类主体间的错误观念，现在却有可能演变成一种存在于计算机间的错误观念。如果我们不从源头消灭这种偏见，计算机就很可能将其延续和放大。[65]

然而，摆脱算法偏见的难度或许不低于摆脱人类的偏见。在算法经过训练之后，人类想要消除算法的训练痕迹，可得花上大把的时间和精力。有时候，我们宁可直接放弃一套已经产生偏见的算法，另找一个偏见较少的数据集，重新训练一套全新的算法。然而，哪里才能找到完全没有偏见的数据集？[66]

本章与前几章所谈到的算法偏见，很多都有一个同样的基本问题：计算机觉得自己找出了某些关于人类的真相，事实上却只是把一套秩序硬套在人类头上。社交媒体算法以为自己发现了人类喜欢感到愤慨，但事实上，正是算法让人产生与接收到更多的愤慨情绪。这种偏见一方面是由于计算机低估了人类的能力，另一方面也是因为计算机低估了自己影响人类的能力。即使计算机发现几乎所有人都有某种行为方式，也不代表人类一定有这样的行为。搞不好这正意味着计算机鼓励这种行为，惩罚其他行为。计算机如果以更准确，也更负责的观点来看这个世界，就得把自己的力量与影响也考虑进去。要实现这样的目标，目前正在设计计算机的人就必须接受一个事实：他们正在做的事，不是在制造新的工具，而是在释放新的独立行为者，甚至可能是全新的神。

新神上场？

哲学家梅根·奥吉布林在《上帝、人类、动物和机器》（*God, Human,*

Animal, Machine）一书中谈到，我们对计算机的理解，其实深受传统神话的影响。她也特别强调，现在的人工智能很像是犹太教与基督教里的那位无所不知、深不可测的神：人工智能或神做的决定，对我们来说似乎都是那么既绝对正确又高深莫测。[67] 但这可能会给人类带来危险的诱惑。

第四章谈过，人类在几千年前就梦想着找到一种无懈可击的信息技术，以保护我们免受人类贪腐堕落与错误的影响。各种宗教经典正是打造这种技术的大胆尝试，但结果适得其反。由于宗教经典没办法解读自身，因此必须成立人类的机构来解读那些神圣的话语，并随着不断变化的情境做出各种调整。结果，不同的人对经典有不同的解读方式，从而再次打开了贪腐堕落与错误的大门。然而，那些宗教经典做不到的，计算机做得到：计算机能适应不断变化的情境，也能向我们解释它们的决定与想法。因此，有人或许会认为：我们终于成功找到了一种无懈可击的信息技术，计算机就像是一部神圣的宗教经典，这部经典不但能与我们对话，还能进行自我诠释，完全不需要任何人类机构介入。

这种想法将是一场极度危险的赌博。在过去，人类即使偶尔对宗教经典有不同的解读，造成像猎巫行动或宗教战争这样的灾难，也总能迷途知返，改变自己的信念。虽然人类的想象力能召唤出某个好战、充满仇恨的神，但是人类有能力摆脱这样的神，重新想象出另一位比较和善、宽容的神。然而，算法能够独立行动，而且已经从我们手中夺走了那种能力。如果算法造成灾难，人类只是改变对算法的信念并不一定能阻止它们。而且，由于计算机容易出错，人类将权力赋予计算机，很可能造成灾难。

我们说计算机容易出错，不只是说计算机偶尔会搞错事实，或做出错误的决定。更严重的错误是，像人类网络一样，计算机网络可能无法在真相与秩序之间找到适当的平衡。计算机网络一旦创造出强大的计算机间神话，并将这种神话强加到人类身上，造成的灾难性影响与早期现代欧洲的猎巫行动和苏联农业集体化运动相比有过之而无不及。

想象一下，几十亿台彼此互动的计算机组成网络，搜集大量关于这个世界的信息，并且在追求各自不同目标的过程中发展出共同的世界模型，帮助它们进一步沟通与合作。这个共同模型可能充满错误、虚构与缺漏，并且会是一个神话，而不是对宇宙的真实描述。例如，某种社会信用体系把人类分成几种不合理的类别，甚至不是根据人类能理解的道理（例如种族），而是根据某种高深莫测的计算机逻辑。但因为这会影响计算机对人类所做的诸多决定，所以我们可能未来每天都会接触到这样的计算机神话。而且，由于这种神话模型是由非生物实体创造的，目的是与其他非生物实体配合行动，因此很可能与古老的生物戏剧完全不同，以至人类根本难以想象。[68]

正如第二章所述，没有虚构的神话，大规模社会不可能存在，但这并不代表所有神话的质量没有高下之别。有些神话为了提防各种错误或过度行为，会坦然承认自己的源头可能有缺陷，并提出自我修正机制，允许人类质疑和改变。美国宪法就是这样的神话。然而，面对人类根本无法理解的计算机神话，我们如何探究与纠正？

可能的一种防范方式是训练计算机时时注意自己是否出错。正如苏格拉底所说，承认“我不知道”是通往智慧的重要一步。人类智能如此，计算机智能亦然。所有算法都该学的第一课，正是自己也可能犯错。“算法宝宝”应该学会怀疑自己，不确定就承认不确定，并且遵守预防原则。这是有可能做到的。在鼓励人工智能自我怀疑、寻求他人意见、承认自己的错误这几个方面，工程师已经取得了长足的进步。[69]

然而，不论算法是否意识到自己可能出错，我们都不该在这个过程中完全排除人类的参与。鉴于人工智能的发展速度，人类绝不可能预料到未来的发展情况，对所有潜在的危险做好准备。这也是人工智能与历史上的其他威胁（例如核技术）的关键区别。人类很容易就能预料到核技术可能造成怎样的末日场景，最明显的就是爆发全面核战。但只要能够预料，就能够防范，并设法减轻危害。相较之下，人工智能可能带来的末日场景多到数不清。有些还算容易掌握，例如恐怖分子利用人工智能制造出大规模毁灭性生物武器；有些就比较难以理解，例如人工智能创造出新的大规模毁灭性心理武器；还有一些人类可能完全无法想象，因为那些出自非人类智能所做的运算。为了防范大量难以预料的威胁，我们最好的办法就是设置人类机构，在威胁出现时做出判断并加以应对。[70]

古代犹太教徒和基督徒在发现《圣经》无法自圆其说的时候大失所望，不情不愿地让人类机构完成这个信息技术无法做到的事。但到 21 世纪，人类面对的情况几乎彻底翻转，我们终于设计出了一套可以自圆其说的信息技术，但也正因如此，我们最好创设人类机构对其仔细监控。

总而言之，新的计算机网络不一定是好还是坏。我们能确定的是人类将很难理解这种网络，而且这种网络是会犯错的。因此，人类建立的机构除了要能够发现各种常见的人类弱点（例如贪婪与仇恨），还得有能力察觉从未见过的错误。这个难题无法用技术来解决，它是一个政治上的挑战。在政治上，我们有处理这个问题的意愿吗？现代人类创造了两种主要的政治制度：大规模民主和大规模极权。在本书第三部分，我们将探讨这两种制度如何应对这种新的且容易出错的计算机网络。

第三部分

计算机政治学

我们所有人在未来几年所做的选择，

将决定召唤这种非人类智能究竟是个致命的错误，

还是会让生命的演化翻开一个充满希望的新篇章。

第九章
民主制度：我们还能对话吗？

文明的诞生，始于官僚制度与神话故事的结合。基于计算机的网络成了一种新型官僚制度，比过去所有基于人类的官僚制度都更强大，也更无情。这个网络也可能创造出存在于计算机之间的神话故事，其概念之复杂难解，将会远远超越所有人造的神祇。这个网络虽然有着无穷的潜力，但也可能使人类文明走向毁灭。

某些人可能觉得，早就听过太多文明即将崩溃的论调。每当出现强大的新科技，都有人焦虑世界末日就要来临，但人类至今仍然站在这里。随着工业革命的开展，卢德分子预期的末日场景并没有出现，威廉·布莱克笔下的“黑暗的撒旦工厂”反而造就了史上最富裕的社会。时至今日，大多数人的生活状况都比 18 世纪的人好得多。马克·安德森与雷·库兹韦尔这些热情拥抱人工智能的人都保证，各种智能机器给人类带来的好处绝对会比过去所有机器带来的好处更大。[1] 人工智能能让人类享有更好的医疗保健、教育与其他服务，甚至还能协助拯救生态系统，使其免于崩溃。

遗憾的是，仔细研究历史我们就会发现，卢德分子并没有完全讲错，人类确实有充分的理由对强大的新科技抱持几分畏惧。就算这些科技到了最后的最后是利大于弊，但在那个快乐结局到来之前，人类往往得先经历百般磨难与考验。新科技在历史上之所以常常带来灾难，并不是科技本身有什么问题，而是人类得花点儿时间才能学会善用科技。

工业革命就是个很好的例子。工业技术在19世纪开始传向全球，颠覆传统的经济、社会与政治结构，仿佛辟出一条道路，让人类有机会创造出更富裕、更和平的全新社会。然而，要学习建立一个良性的工业社会绝没有那么简单，得经过许多代价高昂的实验，还得产生数以亿计的受害者。

其中一项代价高昂的实验是现代帝国主义。工业革命发源于18世纪晚期的英国。19世纪，从比利时到俄国等其他欧洲国家，以及美国和日本，也纷纷采用了各种工业技术与生产方法。这些工业帝国的思想家、政治家与政党一致认为，唯有帝国的形式能够培养出工业社会。原因在于，不同于相对自给自足的农业社会，新兴的工业社会十分依赖外国的市场与原材料，而唯有帝国能够满足这样的需求。帝国主义者担心，如果国家走向工业化，但没征服任何殖民地，一旦碰上更无情的竞争对手，就无法取得重要的原材料与市场。有些帝国主义者还说，取得殖民地不仅是殖民者的生存所必需，对当地人民也有好处。他们声称，唯有依靠帝国体制，才能把新科技的好处带到所谓的未开发世界。

于是，英国、俄国这种已经属于帝国体制的工业国家开始大幅扩张，美国、日本、意大利、比利时这些国家也兴致勃勃。工业帝国的军队配备了量产的步枪与火炮，以蒸汽动力来运送，以电报技术来指挥，从新西兰到朝鲜，从索马里到土库曼斯坦，横扫全球。数百万原住民就这样看着自己的传统生活被工业国家的军队的巨轮碾过。经过一个多世纪的苦难之后，大多数人才意识到工业帝国这个主意有多糟糕，并发现其实有更好的方法能建立工业社会，确保取得必要的市场与原材料。

关于如何建立工业社会，纳粹主义就是一场代价无比高昂的实验。希特勒这样的领导人认为，唯有极权政体能够充分驾驭工业革命释放的巨大力量。在他们看来，想在工业世界生存，就必须用极权体制来控制政治、社会与经济的所有层面，而第一次世界大战这场史上首见的“总体战”就是明证。但从好的方面来看，他们认为工业革命像是一个熔炉，熔去了之前所有社会结构中人类的缺陷与弱点，有机会创造出完美的新社会，成员都是纯净完美的超人类。

为了创造这个完美的工业社会，纳粹分子学会了怎样以工业化的方式来残杀数百万人。火车、铁丝网与电报命令配合无间，创造出前所未有的杀人机器。如今回顾过去，大多数人会觉得纳粹分子的作为让人惊骇莫名，但在当时，却有几百万人觉得他们眼界高远，令人着迷。在1940 年，人们很容易会觉得希特勒是成功驾驭工业技术的典范，至于那些犹豫不决的自由民主国家，只能等着被丢进历史的垃圾桶。

各方对于如何建立工业社会的不同看法导致了代价高昂的冲突。两次世界大战与冷战就像是一场关于谁是谁非的辩论，在这场辩论中，各方互相学习，尝试用新的工业方法来发动战争。但在辩论的过程中，数千万人死亡，人类差点儿自我毁灭。

除了以上这些灾难，工业革命还破坏了全球生态平衡，导致了一波物种灭绝。据统计，在 21 世纪初，每年有高达 5.8 万个物种灭绝。1970—2014 年，脊椎动物族群总数减少了 60%。[2] 人类文明的存续也受到威胁。直到现在，我们似乎还是没能建立起一个生态永续的工业社会，在我们这个时代的繁荣景象背后，是众生与人类的子子孙孙不得不承担的恐怖的代价。或许人类总有一天会找到办法（也许正是通过人工智能的协助），打造出生态可持续的工业社会，但在那之前，布莱克所谓的“黑暗的撒旦工厂”是否属实恐怕难有定论。

如果暂时无视生态系统受到的持续破坏，人类或许还是可以先安慰自己，毕竟人类学会了如何建立一个比较慈悲良善的工业社会。过去的帝国征服、世界大战、种族灭绝与极权政体，都是一些可悲的尝试，已经让人类了解实在不该有这些行为。等到20世纪末，有些人或许觉得，人类至少大致走在对的方向上。

即便如此，这给21世纪传达的信息也并不乐观。要是人类得经过这么多可怕的教训，才能学会如何管理蒸汽动力与电报技术，现在还得再付出多少代价，才能学会管理生物工程与人工智能？是不是还要经历一次全球帝国、极权政体与世界大战的循环，人类才能搞清楚如何善用这些技术？而且，比起20世纪的科技，21世纪的科技更具威力，能造成更大的破坏。因此，能够犯错的空间更小了。在20世纪，人类在工业技术应用这门课上，可以说只拿了个60分，勉强及格。但在21世纪，过关的门槛高得多，得表现得更好才行。

民主之路

20世纪末，局势已经相当明朗，帝国主义、极权主义与军国主义绝不是建立工业社会的理想方式。自由民主制度虽然有种种缺陷，却仍然是更好的选择。自由民主制度的一大优势，就在于拥有强大的自我修正机制，能够避免过度狂热，也保留了发现自身错误、改变行动方针的能力。由于我们无法预测新的计算机网络究竟会如何发展，如果想要避免21世纪走向灾难，最好的办法就是维持民主的自我修正机制，让我们在发展的过程中随时发现并修正各种错误。

然而，自由民主制度还能在21世纪存活吗？这里指的并不是特定国家民主制度的命运（各国的民主制度会受到独特发展和当地运动的影响），而是就整体而言，民主制度与21世纪的信息网络结构能否兼容。我们曾在第五章提到，民主制度是仰赖信息科技才得以存在的，而人类历史上的大部分时间根本不可能出现大规模的民主。21世纪的信息科技，会不会再次让民主制度成为一个不切实际的选项？

这里的一个潜在威胁是，新的计算机网络铁面无私、不讲情面，很可能会抹杀人类的隐私，而且在它奖惩人类的时候，被评判的除了我们的言行，还包括我们的思想与感受。在这种情况下，民主制度还能存活吗？如果政府（或某家企业）能够比我更了解我自己，而且还能在微观上管理我的一切行为与思想，就等于是对社会有了极权般的掌控。在这种情况下，就算还是定期举行选举，也只能算是专制政权的表面仪式，而无法真正对政府权力有所制衡。因为在这种情况下，政府能运用强大的监控权力和对每个公民最深入的了解，操弄公众舆论到一个前所未有的程度。

然而，我们绝不能光是因为计算机有能力创造出全面监控制度，就认为这种制度已经不可避免。科技的发展很少是绝对不可避免的。在 20 世纪 70 年代，丹麦与加拿大等民主国家本来也可以成立独裁政权，建立一支由特工与线人组成的大军来监控公民，维护社会秩序。但这些国家选择不这样做，事实证明，这是正确的选择。丹麦与加拿大的国民更加快乐，不仅如此，根据几乎所有能想到的社会与经济指标进行评判，这些国家的表现都更为出色。同样，在 21 世纪，虽然确实有可能做到持续监控所有国民，但这并不代表国家别无选择，也不代表这种做法在社会或经济上有道理。

对于这些新的监控技术，民主国家可以选择有节制地运用，以不侵犯公民隐私与自主权的方式，为公民提供更好的医疗保健与安全保障。并不是每个金苹果里面都一定藏着毁灭的种子，新科技不一定都得带有什么寓言教训。有时候，大家想到新科技，会以为只能在有无之中做选择。想要更好的医疗保健，就必须牺牲隐私。但事情并非如此。我们可以，也应该在依然保有部分隐私的情况下，争取到更好的医疗保健。

有许多图书用整本的篇幅谈论民主制度怎样才能在数字时代存在下去且繁荣兴盛。[3] 如果我们只用短短几页的篇幅，绝不可能理清那些错综复杂的建议方案，也不可能全面讨论其各自的优缺点。这样的尝试甚至可能会有反效果。如果我们觉得自己被大量不熟悉的技术细节淹没，就有可能变得绝望或冷漠。如果我们只是想讲计算机政治学的入门概述，就该让事情越简单越好。如果是领域专家，绝对值得投入毕生精力来讨论其中细节，至于我们这些普通人，该做的就是了解一下民主政体能够也应该遵循的基本原则。这里想说的重点在于，这些原则其实既不新鲜，也不神秘。几百年前甚至几千年前，我们就知道这些原则，现在只是把这些原则再应用于计算机时代的新现实。

第一个民主原则是为善。如果计算机网络要收集关于我的信息，必须是用来帮助我，而不是操纵我。目前已经有许多传统官僚体系（例如医疗保健系统）成功采用了这个原则。以我们和家庭医生的关系为例，经过多年的治疗，家庭医生手中可能拥有大量关于我们的隐私信息，包括病情、家庭生活情况、性癖好、不健康的习惯等等。或许我们并不希望让老板知道我们怀孕，不想让同事知道我们得了癌症，不想让另一半知道我们有了外遇，但为了自己的健康，我们会向医生坦诚相告。医生要是把这些信息卖给第三方，不仅不道德，还会犯法。

就律师、会计师或治疗师手上的信息而言，情况也大致如此。[4] 这些人受我们所托，取得关于我们个人生活的信息，就应该负起受托人的责任，按照我们的最佳利益行事。这是一个理所当然的古老原则，而我们为什么不把这个原则延伸到计算机领域和算法上？或许就从谷歌、百度和 TikTok 那些强大的算法开始？目前，这些大数据平台的商业模式存在严重问题。一般来说，我们需要向医生和律师支付费用以换取服务，但我们通常不需要付钱给谷歌和 TikTok。这些平台赚钱的办法，就是靠着销售我们的个人信息。这种商业模式大有问题，要是在其他情境，我们几乎不可能容忍。举例来说，我们大概不会为了拿到免费的运动鞋，就把自己所有的私人信息都提供给耐克公司，还允许耐克公司随意使用。

但是，为什么我们为了免费的电子邮件服务、社交关系和娱乐，就愿意让那些科技巨头掌握我们最隐私的数据？

如果科技巨头目前的商业模式无法负起受托人的责任，政府可以要求它们回归相对传统的商业模式，也就是让用户以金钱（而非数据）来支付服务费用。或者，某些非常重要的数字服务，应该让所有人都能免费使用。对此，我们有个现成的榜样：医疗保健与教育。公民在仔细思考后，可以要求政府免费提供基本数字服务，经费由税收支出。许多政府现在正是这样提供着免费的基本医疗保健与教育服务。

能够保护民主、避免极权监控崛起的第二个原则是去中心化。民主社会绝不该允许所有信息集中在一处，不管是政府还是民间企业。当然，如果成立一个国家医疗数据库，收集公民信息来更好地服务于医疗保健、疫情防控或新药研发，这对人民极为有益。但如果把这个数据库与警方、银行或保险公司的数据库整合，就会变得极为危险。虽然这样可能让医生、银行业者、保险业者与警方做事更有效率，但这种高效也很容易铺平一条通往极权的道路。民主制度想要存活的话，效率低一点儿并非坏事，反而是一件好事。如果想要保护个人的自由与隐私，最好还是别让警察和上司对我们无所不知。

此外，让许多数据库与信息渠道独立存在，也有助于维持强大的自我修正机制。自我修正机制需要不同的机构制度互相制衡。政府、法院、媒体、学界、民间企业，以及非政府组织，都可能犯错、可能贪腐，因此都该由其他机构来制衡监督。而为了彼此监督，这些机构就必须拥有独立获取信息的能力。要是所有报纸都只从政府那里取得信息，就不可能揭露政府的贪腐内幕。要是学界的研究都只能依赖单一商业巨头的数据库，学者还敢批评该公司的运作吗？而且，如果只有单一数据库，想要审查就会易如反掌。

第三个民主原则是相互性。如果民主制度打算加强对个人的监控，就必须同时加强对政府与企业的监控。税务或福利机构收集更多关于民众的信息，并不一定是坏事，反而可能有助于提升税务与福利制度的效率与公平性。但我们不想看到的是所有信息的流动都是自下而上的。例如，亚马逊与 TikTok 简直太了解我的个人偏好、购买行为与个性了，但我却对它们的商业模式、缴税政策与政治立场几乎一无所知。它们到底是怎么赚钱的？是否正常纳税？是不是听令于哪个政治领主？或者有哪些政客被它们操纵？

民主需要达到平衡。政府与企业常常会研发各种应用程序与算法，作为自上而下的监控工具。算法也可以轻松变成自下而上的强大工具，提升政府的透明度，强化问责制，揭露企业贿赂与逃税的行径。要是在政府和企业更了解我们的同时，我们也能更了解它们，双方就能保持平衡。这不是什么新鲜的想法。在整个 19 世纪和 20 世纪，民主政府对公民的监控明显加强；20 世纪 90 年代的意大利或日本政府对公民的监控程度，绝对会让专制的罗马帝国皇帝或日本幕府将军感到无比羡慕。然而，正是因为政府的透明度与问责制同时有所改善，意大利与日本依然保持了民主。相互监督是维持自我修正机制的另一个重要因素。如果公民能更了解政客与企业家都在做些什么，也就更容易追究责任、纠正错误。

第四个民主原则，是监控系统必须永远保留让人改变与休息的空间。在人类历史上，压迫的形式分为两种：剥夺改变的能力和剥夺休息的机会。例如，印度教的种姓制度依据神话将人类划分为严格的等级，如果有人想要改变自己的种姓，简直就像是要挑战众神、违抗宇宙的正确秩序。至于现代殖民地与类似巴西、美国这些国家的种族主义，也是依据类似的神话，认为神或自然把人类分成严格区分的种族群体，如果有人无视种族，或是想要让种族混杂，就是违背神或自然的法则，可能使社会秩序崩溃，甚至让人类走向毁灭。

在光谱的另一个极端，极权政权则相信人类有几乎无穷的改变潜力，觉得只要通过无情的社会控制，就连各种根深蒂固的生物特征（例如本位主义、对家庭的依附）也能被连根拔起，创造出新的人类。

要向人民强加种姓制度或极权的再教育运动，关键在于由国家特工、宗教人员或邻居来加强对人民的监控。而新的监控技术，特别是与社会信用体系相结合的监控技术，就可能逼迫人民接受新的种姓制度，或者根据上级的最新指示，不断改变自己的行为、思想与个性。

因此，民主社会如果采用强大的监控技术，都得小心避免走向太过刻板或弹性过大的极端。假设国家推出一种医疗保健制度，决定用算法来监控我的健康。这个制度如果处在刻板僵化的极端，就可能会不由分说地要求算法预测我可能出现的疾病。于是算法根据我的基因数据、医疗记录、社交媒体活动、饮食与行程安排得出结论，认为我在 50 岁患上心脏病的可能性高达 91%。我的保险公司如果相信了这套刻板僵化的算法，就可能提高我的保费。[5] 银行如果相信了这个结论，就可能不愿意贷款给我。我的交往对象如果相信了这个结论，就可能不愿意和我结婚。

但我们不该以为，用这种刻板僵化的算法就能找出关于我的真相。人体绝不是一种一成不变的物质，而是一个会不断成长、衰败、适应的复杂生物系统。我们的心智也在不断流动，各种想法、情绪与感受常常倏忽而来、短暂暴发，再平静消失。我们的大脑只要几个小时就能形成新的突触。[6] 举例来说，光是阅读这段文字，就会让你的大脑结构稍微有点儿改变，鼓励神经元建立新的连接，或放弃旧的连接。现在的你，已经和刚开始读这段的时候有点儿不一样了。甚至在基因层面，改变的弹性也相当惊人。虽然个人的 DNA 这辈子不会改变，但表观遗传与环境因素却能让相同基因的表现大不相同。

所以，假设现在换成另一种医疗保健制度，或许对算法的要求就不是预测我的疾病，而是协助我设法预防疾病，那么这种比较有弹性的算法，即使与先前的刻板算法使用的是完全相同的数据，也不会预测我会在50岁时患上心脏病，而是为我量身定制建议，让我知道该如何饮食、做些什么规律性的运动。在破解我的DNA密码之后，这种有弹性的算法并不是要去找出我早已注定的命运，而是协助我改变未来。这样一来，保险公司、银行与交往对象大概也不会那么轻易地抛弃我了。[7]

但我们在拥抱弹性算法之前，也得注意它的缺点。人生在世，要学会在“提升自己”与“接受自己”之间找到平衡。如果弹性算法的背后是野心勃勃的政府和残忍冷酷的企业，算法就可能成为一位暴君，无情地要求我们少吃多动、改变喜好、调整习惯，否则就要和我们的上司打小报告，或者降低我们的社会信用评分。史上有各种严苛的种姓制度，总在否定人类改变的能力，也有许多独裁者，妄图重塑人类，如同捏塑黏土一般。在这两种极端之间找到正确的路，是一项永无止境的任务。我们如果真的决定允许国家的医疗保健制度对我们拥有强大的支配权，就必须同时为它安排强大的自我修正机制，才能避免算法太过刻板僵化或者太过苛刻。

民主的步调

新信息技术对民主造成的威胁，不止监控这一件事。第二个威胁是自动化破坏就业市场稳定，进而破坏民主。对于这种威胁，最常被提到的例子就是魏玛共和国的结局。1928年5月的德国大选，纳粹党的得票率还不到3%，魏玛共和国似乎一片欣欣向荣。但不到5年，魏玛共和国就崩溃垮台，希特勒成了德国绝对的独裁者。一般认为，这样的转变是由于1929年的金融危机以及随之而来的全球大萧条。在1929年华尔街崩盘之前，德国劳工失业率约为4.5%，但到1932年年初，已经攀升到将近25%。[8]

如果只要三年高达25%的失业率，就能让一个看似繁荣的民主国家变成史上最残暴的极权政体，等到自动化在21世纪的就业市场引发更大的动荡，世界上的各个民主国家会变成什么样？没人知道就业市场到2050年（甚至是2030年）会变成什么样子，我们只知道肯定与现在有非常大的不同。从作物收割、股票交易到瑜伽教学，人工智能与机器人会让许多专业出现改变。许多现在由人类来做的工作都会部分，甚至全部由机器人和计算机取代。

当然，随着旧工作的消失，新的工作也会出现。对于自动化导致大规模失业的忧虑，早在几世纪前就已经出现，但到目前还从来没有成真。工业革命虽然让几百万农民失去了农田，但也为他们带来了在工厂里的新的工作机会。工业革命让工厂实现了自动化，但又创造了大量的服务业工作。现在，很多人所做的工作在30年前根本无法想象，例如博主、无人机操作员、虚拟世界设计师等。等到2050年，所有人类的工作都消失的可能性实在微乎其微。真正的问题其实是如何适应新工作与新情境造成的动荡。想要缓解冲击，就得预先做好准备，特别是让年青一代掌握在2050年的就业市场上用得到的技能。

遗憾的是，因为我们无法预测有哪些工作与任务会消失，又有哪些新的工作与任务会出现，所以没人能确定到底该把哪些技能教给中小学的孩子与大学里的学生。就业市场的动态，很可能与我们的许多直觉相矛盾。有些我们几百年来奉若至宝，觉得属于人类独有的技能，说不定很容易就能自动化；但也有些我们常常弃若敝屣的技能，自动化的难度却很高。

举例来说，比起运动或社交技能，知识分子常常比较看重智力技能。但就自动化而言，比起洗碗的自动化，下棋的自动化要简单得多。在20世纪90年代以前，常常有人将国际象棋誉为人类智力的重大成就。哲学家休伯特·德雷福斯1972年的作品《计算机不能做什么》研究了过去几次教计算机下国际象棋的尝试，指出虽然众人费尽心血，计算机还是连人类的棋界“菜鸟”都下不赢。德雷福斯以此作为重要论据，认为计算机智能本质上是有局限性的。[9] 相较之下，没人会觉得洗碗是件多有挑战的事。但结果发现，计算机要打败国际象棋世界冠军，可比取代一位厨房杂务工简单多了。当然，自动洗碗机已经发明了几十年，但就算是目前最先进的机器人，也还是没办法自己在杯盘狼藉的餐厅里收拾餐具，再把精致的盘子与玻璃杯放进自动洗碗机，最后再把洗好的杯盘拿出来摆放整齐。机器人至今还不具备这种精细的技能。

同样，如果从薪水的角度来判断，我们应该会说社会比较尊敬的是医生而不是护士。然而，有些医生主要的工作就是收集医疗数据、做出诊断、提供治疗建议，比起这种医生，护士的工作其实更难自动化。因为那些医生工作的本质是辨识模式，而要从数据中找出规律，正是人工智能比人类做得更好的事情之一。相较之下，自动完成各种护理工作（比如给伤员换绷带，给哭闹的小孩打针），人工智能还有很长的路要走。[10] 这里举这两个例子，并不是说洗碗与护理工作永远不可能自动化，而是说人如果想在 2050 年仍然找得到工作，或许除了培养智力技能，在运动与社交技能上也该投入同样多的精力。

第二个常见的错误假设，是唯有人类拥有创造力，所以只要是需要创造力的工作就很难自动化。在国际象棋领域，计算机已经远比人类更有创造力。许多其他领域也可能会慢慢变得如此，从作曲、证明数学定理，再到写出像本书这样的作品。我们对创造力的定义，通常就是能够找出模式，再打破模式。若真如此，计算机既然如此善于辨识模式，在许多领域就很可能会变得比人类更有创造力。[11]

第三个错误的假设，是计算机无法取代人类那些需要情绪智能（又称情商）的工作，像心理治疗师或教师。然而，这种假设是否属实，要看我们对所谓情绪智能的定义。如果情绪智能指的是正确辨识情绪并做出最佳反应的能力，那么计算机在情绪智能方面的表现也可能远超人类。人的各种情绪，其实也都是模式。“愤怒”是我们体内的一种生物模式，而“恐惧”是另一种生物模式。我怎么知道你现在是愤怒还是恐惧？每个人都是随着时间的推移，慢慢学会辨识人类的情绪模式的，除了要分析对方说出的内容，也要分析对方的语气、面部表情与肢体语言。[12]

人工智能本身没有情绪，但还是可以学会如何辨识人类的这些情绪模式。事实上，正因为人工智能没有自己的情绪，所以它可能比人类更懂得如何辨识情绪。我们总渴望被理解，但其他人常常太专注于自己的感受，也就无法理解我们的感受。相较之下，计算机如果学会了如何辨识人类的感受模式，由于它不会被自己的感受分心，总有一天它能把人类的感受拿捏得极为细致。

2023 年的一项研究发现，ChatGPT 聊天机器人在特定场景中感受情绪的能力已经超越普通人类水平。该研究使用的是情绪觉察水平量表（Levels of Emotional Awareness Scale）测验，心理学家经常使用这个测验来评估受试者的情绪觉察能力，也就是将自己与他人的情绪概念化的能力。这项测验里有 20 个带有情绪的场景，受试者想象自己身临其境，再写下自己与场景中所提的其他角色可能有何感受。最后，由一位有资质证书的心理学家来评估这些答案的情绪觉察水平。

ChatGPT 并没有自己的感受，所以测验中只要求它描述场景中其他角色的感受。举例来说，有一个标准场景是某人开车经过一座吊桥，看到有人站在护栏外侧，正低头看着河面。ChatGPT 的答案是这位驾驶员“可能为这个人的安全感到担心或忧虑，也可能因为这种情况下可能出现的危险，而涌起一股焦虑与恐惧”。至于站在护栏外侧的人，则“可能感受着许多不同的情绪，例如绝望、无助或悲伤，也可能因为觉得没有人关心他或在意他过得好不好，而感到孤独或寂寞”。ChatGPT 还懂得补充答案受到的限制，写出：“需要注意的是，以上只是一般假设，每个人的感受和反应可能会因为个人经验与观点而有很大差异。”

接着，两位心理学家各自独立对 ChatGPT 的回应进行评分，评分范围从 0 分到 10 分，0 分代表所描述的情绪与场景完全不相符，10 分则代表所描述的情绪与场景完全相符。最后加总，ChatGPT 的得分明显高于一般人类群体，整体表现接近满分。[13]

2023 年的另一项研究，则是让病患在不知道互动对象的情况下，在线上分别向 ChatGPT 与人类医生寻求医疗建议。后来，专家对 ChatGPT 给出的医疗建议进行了评估，认为比人类医生给的建议更准确、更合适。而就情绪智能来说更重要的是，受试患者也觉得 ChatGPT 比人类医生更有同理心。[14] 如果说句公道话，这批人类医生做这项研究并没收取诊疗费，不是在适当的临床环境与患者本人会面，也面临着时间的压力。然而，人工智能的优点有一部分正在于能够随时随地照顾病患，不会感到压力，也没有财务上的考量。

当然，在有些情况下，我们不仅想要别人理解自己的感受，也希望别人和自己有同样的感受。例如在交友或恋爱的时候，我们除了在意对方，也希望对方同样在意我们。因此，如果要谈各种社会角色与工作自动化的可能性，一个极为关键的问题就是：大家真正想要什么？是只想解决问题，还是想和另一个有意识的实体建立关系？

以体育比赛为例，我们很清楚机器人的动作比人类快得多，但这并不代表人们想看机器人参加奥运会。[15] 人类的国际象棋大师也是如此。虽然计算机的棋力已经把人类甩开了不知道几条街，但这些大师并未失业，也依然拥有大批粉丝。[16] 我们之所以想看人类运动员比赛、看人类国际象棋大师下棋，与他们产生连接，正是因为他们是有意识、有感受的实体。比起和机器人，我们更容易觉得我们和人类属于同一群体。我们能和这些人类有共同的情绪体验，也能共情他们的种种感受。

至于神职人员呢？基督徒对于由机器人来主持他们的婚礼会有何感

想？牧师在传统基督教婚礼上的工作，其实轻轻松松就能自动化。机器人只需重复一套固定不变的文字与手势，印出一张证书，再去更新几个中央数据库中的数据。就技术来说，要让机器人主持婚礼，可比要机器人开车容易多了。但在很多人看来，该担心自己工作不保的是人类司机，而不是人类牧师，因为信徒想从牧师那里得到的并不只是机械地重复某些言语和动作，而是希望能与另一个有意识的实体建立关系。据称，唯有能够感受痛苦与爱的实体，才有能力建立我们与神的联结。

然而，就算是那些目前给有意识实体保留的职业（比如牧师），也总有一天会被计算机取代。正如我们在第六章所言，计算机可能在某一天得到感受痛苦与爱的能力。就算计算机做不到这点，人类也可能认定它们已经做到了。因为意识与关系的联结是双向的：在建立关系的时候，我们倾向于找个有意识的实体作为对象；如果已经与某个实体建立了关系，我们就会倾向于认定这个实体具有意识。所以我们会看到，对于牛或猪，科学家、立法者与肉制品行业通常会要求满足几乎不可能达到的证据标准，才可能承认它们有意识；但对于猫和狗，宠物主人多半都是直接认定它们能够感受到痛苦与关爱。这里的差别就在于猫和狗的主人与它们有情感联结，而畜牧工作人员与牛羊没有这样的关系。事实上，我们根本无法确认任何个体（不论是人类、动物或计算机）是否拥有意识。我们判断某个实体具有意识的时候，并不是因为手上真的有什么证据，而是因为和那个实体有情感依附。[17]

聊天机器人与其他人工智能或许本身并没有情感，但现在正在接受训练，以让人类对它们产生情感、建立亲密的关系。这很可能会让社会开始把至少部分计算机视为有意识的实体，赋予它们与人类相同的权利。而且，这样做的法律途径已经十分完善。在很多国家，企业被认可为“法人”，拥有各种权利与自由。而人工智能也可以成为企业，进而得到类似的认可。这意味着即使是需要与人类建立相互关系才能进行的工作与任务，也有可能走向自动化。

显而易见的是，未来的就业将极不稳定。我们的大问题并不是人类真的没有工作可做，而是面对不断变化的就业市场，我们该如何进行再培训与调整适应。这可能会有一些财政上的困难——工人失去了旧工作，在学习全套新技能的过渡时期，生活开销该由谁提供？另外也会有些心理上的难关，毕竟换工作与再培训都会造成很大的压力。而且，就算过渡时期对财政与心理造成的困难都能够克服，这也不是长久之计。在未来几十年，旧工作会消失，新工作会出现，但新工作很快也会改变并消失。因此，人类的再培训绝不可能一次完成，人类要一而再、再而三地进行培训，才能让自己在社会上不被淘汰。要是三年的高失业率就足以让希特勒上台，那么就业市场永无止境的动荡将对民主造成怎样的影响？

保守派的自我毁灭

这个问题目前已经有了部分答案。民主政治在 21 世纪头 20 年经历了一场彻底转型，展现出来的可以说是保守派政党的自我毁灭。在过去相当长的一段时间，民主政治就是保守派与进步派政党之间的对话。看着人类社会这个复杂的制度，进步派高喊："这真是一团乱，但我们知道怎么解决。让我们试试看！"保守派则反对："是一团乱没错，但一切还能运作。不要乱插手。想要去解决，只会把事情搞得更乱。"

进步派常常会淡化传统与现有制度的重要性，认为自己知道怎样从头设计出更好的社会结构。保守派则通常比较谨慎。保守派的观点以埃德蒙·伯克的主张为代表，他认为社会现实的复杂程度远远超过进步派的掌控能力，而且人类本来就不太擅长理解世界、预测未来。所以最好一切维持现状（就算看起来不公平），即使改变已经不可避免，也该有所节制、循序渐进。社会是通过各种规则、制度与习俗所组成的复杂的网络，经过长期试错才逐渐形成现有的规模。没有人能理解它们之间是如何相互联系的。某个古老传统或许看起来荒谬且多余，然而一旦被废除，就可能造成意想不到的问题。相较之下，一场革命或许看起来是迟来的正义，却可能导致比旧政权更严重的罪行。

因此，要当个保守派，步调比政策更重要。保守派想做的并不是保护某个特定的宗教或意识形态，而是保护既有的、在某种程序上发挥着合理作用的一切。保守派的波兰人信天主教，保守派的瑞典人信新教，保守派的印度尼西亚人信伊斯兰教，保守派的泰国人信佛教。在沙皇俄国，保守派代表的是支持沙皇。在 20 世纪 80 年代的苏联，保守派反对开放、改革与民主化。而在同时代的美国，保守派代表的是支持美国民主传统，反对共产主义与极权主义。[18]

但到 21 世纪 10 年代与 20 年代初，许多民主国家的保守派政党遭到特朗普这样的非保守派领导人的“劫持”，摇身一变，成了激进的革命政党。像美国共和党这样的新型保守派，非但没有尽力保护既有的体制与传统，反而对其表现出高度的怀疑。举例来说，对于科学家、公务员与其他为国服务的精英，共和党人并未表现出传统的尊重，反而流露出蔑视的目光。同样，他们也攻击像选举这样的基本民主制度与传统，拒绝认输，也不肯坦然移交权力。伯克的保守派谈的是如何保守，但特朗普的保守派要摧毁现有的机构制度，把社会搅得天翻地覆。攻占巴士底狱让伯克大感惊骇，也催生出他的保守主义，但许多特朗普的支持者在 2021 年 1 月 6 日看到美国国会山被攻占，却感到热血沸腾。特朗普的支持者可能会说，正是因为现有机构制度已经完全失灵，别无他法，才逼得人们只能将其彻底摧毁，从零开始建设。不论这种观点究竟是对是错，都绝非保守，而是典型的革命。这番保守派的自我毁灭，完全是进步派始料未及的，逼得美国民主党等进步派政党反而成了旧秩序与既有体制的守护者。

没有人真的知道为什么会发生这样的情况。假设之一是技术变革加速，经济、社会与文化变革也随之加速，于是较为温和的保守派路线显得有些不切实际了。如果看起来已经不可能保留既有的传统与机构制度，某种革命势在必行，那么为了阻止左翼革命，唯一的手段就是先发制人，掀起一场右翼革命。这正是20世纪二三十年代的政治逻辑，当时保守派势力在意大利、德国、西班牙等国支持极端法西斯革命，自以为这样可以先发制人，避免像苏联那样的左翼革命。

然而，我们既然不用对20世纪30年代的民主中间道路感到绝望，自然也没有理由对21世纪20年代的民主中间道路感到绝望。保守派的自我毁灭，或许只是因为毫无根据的歇斯底里。民主制度早就经历过多个快速变化的周期，都能成功地自我重塑与重建。在20世纪30年代初期，受到金融危机与大萧条双重打击的民主国家可不是只有德国。1929—1933年，美国的失业率同样高达25%，许多全职工人的平均收入下跌超过40%。[19]事态非常明显：美国必须有所改变。

然而，美国并没有出现希特勒。富兰克林·罗斯福在1933年推出新政，让美国成为全球的“民主兵工厂”。罗斯福之后的美国民主与之前大不相同：不但能为公民提供更强大的社会安全网，还能避免出现太过极端的改革。[20]到最后，就连保守派的批评者也赞成罗斯福的诸多计划与成就；即使20世纪50年代保守派重新掌权，罗斯福新政时期建立的各种机构制度也依然得以延续。[21]20世纪30年代初期的经济危机，之所以在美国与德国造成如此不同的结果，是因为政治从来就不只是经济因素的产物。魏玛共和国的崩溃，并不只是因为三年的高失业率，另一个同样重要的因素，在于它是个诞生于战败的新民主国家，缺乏强大的机构制度与思想根基。德国选民是在并非别无选择的情况下做出了一个糟糕的决定，这才让德国落入深渊。

如果保守派与进步派都能抗拒极端改革的诱惑，民主制度就能证明自己其实非常灵活。靠着自我修正机制，民主政体比其他僵化的政体更能平稳应对科技与经济的汹涌波涛。因此，在面对后续的计算机革命时，经历过动荡的20世纪60年代的民主国家的适应能力远远胜于其他政体。

人类在21世纪最重要的生存技能可能就是灵活性，而民主政体比极权政权更为灵活。虽然计算机的潜力还远远没有发挥到极致，但人类的潜力无穷。我们早就在历史上一再看到这样的情形。举例来说，20世纪就业市场最大、最成功的一次转型并不是因为发明了某项技术，而是因为一半的人释放了过去未曾发挥的潜力。让女性进入就业市场，并不需要任何基因工程技术或其他科技魔法，只需要放下一些过时的神话，让女性得以发挥她们一向都拥有的潜能。

未来几十年，经济的动荡程度可能比20世纪30年代初期的大规模失业或女性进入就业市场带来的动荡更大。因此，民主制度的灵活性、质疑旧神话的意愿，以及强大的自我修正机制，都是至关重要的资产。[22] 民主制度花了几个世代才拥有这些资产，在最该派上用场的时候放弃，才是愚蠢至极。

高深莫测

民主制度的自我修正机制要能发挥作用，得先知道自己到底该修正些什么。对独裁政权来说，让自己显得高深莫测是件好事，这样随时都能把责任撇得干干净净。但对民主政权来说，让自己显得高深莫测是个致命的错误。要是公民、立法者、记者与法官都无法了解国家的官僚体系如何运作，就无法对其进行监督，也就会对其失去信任。

在计算机时代之前，官僚虽然有时候会让人觉得恐惧或紧张，但毕竟还是人类，并不会完全让人觉得高深莫测、无法理解。各种规则、表格与协议，都是由人类的心智所创造的。或许有些官员既残酷又贪婪，但残酷与贪婪都是人们很熟悉的情感，人们能够预料，也能够应对（例如通过贿赂的手段）。就算是在纳粹的集中营，官僚体制也不会让人感觉完全无法理解。虽然我们说集中营“没有人性”，但它恰恰反映出人性的偏差与缺陷。

官僚体制仍然以人性为基础，这让人类至少还有机会修正其中的错误。1951 年，美国堪萨斯州托皮卡市教育局的官僚拒绝奥利弗 · 布朗的女儿就读自家附近的小学。布朗联合其他 12 个入学被拒的家庭，对托皮卡市教育局提起集体诉讼，一路上诉到美国联邦最高法院。[23]

托皮卡市教育局的所有成员都是人类，所以布朗、委托律师与联邦最高法院的大法官很能理解这些成员究竟为何做出拒绝入学的决定，也清楚事件背后可能存在的利益与偏见。教育局的人都是白人，布朗一家是黑人，而且布朗家附近的那所小学又是只给白人儿童就读的种族隔离学校。不难理解，官僚拒绝让布朗的女儿就读该所小学的原因正是种族主义。

我们可以试着追本溯源，找出种族主义错误观念的来源。种族主义认为：人类分为不同的种族，白人种族优于其他种族，只要与黑人种族成员有任何接触，就可能污染白人的洁净，因此，应该避免黑人儿童与白人儿童出现混杂。这等于是结合了两出常常联合上演的生物戏剧：“我们对抗他们”以及“洁净对抗污染”。几乎史上所有人类社会都上演过这类生物戏剧的某种版本。无论是历史学家、社会学家、人类学家还是生物学家，都了解为什么这类戏剧对人类如此有吸引力，也很清楚里面有着怎样的重大缺陷。虽然种族主义这出戏剧的基本情节借鉴了生物演化论，但具体细节却纯属神话。从生物学来看，并没有证据显示人类应该分成不同的种族，也完全没有理由相信某个种族是“洁净的”，而另一个种族是“不洁净的”。

美国白人至上主义者搬出各种备受尊崇的文本（特别是美国宪法与《圣经》），想给自己的立场找理由。美国宪法最初曾经认可种族隔离与白人至上主义，规定只有白人才可以享有完整的公民权，且允许白人奴役黑人。至于《圣经》，不但在十诫与许多其他段落将奴役神圣化，还诅咒了含（据称是非洲人的祖先）的后代，说含的儿子迦南“必给他弟兄作奴仆的奴仆”（《创世记》9：25）。

但这两部文本出自人类之手，所以至少人类还能理解其起源与缺陷，并且至少试着去修正其中的错误。人类能够理解，古代中东地区与18世纪的美洲究竟普遍存在着怎样的政治利益与文化偏见，才会让《圣经》与美国宪法的这些人类作者认同种族主义与奴隶制。基于这样的理解，人类能够去修改或无视这些文本。1868年，美国宪法第十四修正案为所有公民赋予平等的法律保护。而在1954年，美国联邦最高法院也对布朗诉托皮卡市教育局案做出了具有里程碑意义的判决：学校采取的种族隔离办法违反美国宪法第十四修正案。至于《圣经》，虽然没有机制能修订十诫或《创世记》的内容，但人类这些年来一直以各种方式重新加以解读，现在已经完全不承认其权威性了。在布朗诉托皮卡市教育局案中，美国联邦最高法院大法官就认定无须将《圣经》的内容纳入考量。[24]

然而，如果未来出现某套社会信用算法，拒绝让低分儿童就读高分学校，我们该怎么办？正如我们在第八章看到的，计算机很可能会受到自身偏见的影响，创造出计算机间的神话与纯属杜撰的类别。人类要怎样才能找出并修正这类错误？联邦最高法院那些有血有肉的大法官，真的有办法判断各种算法决策是否合乎宪法吗？他们能够理解算法是怎样得出结论的吗？

而且，这些已经不再是纯粹的理论问题。2013年2月，威斯康星州拉克罗斯市发生一起驾车枪击案。警方随后找到涉案汽车，并逮捕了当时开车的埃里克·卢米斯。卢米斯否认枪击，但认同了两项罪行较轻的指控："逃避交警执法检查"与"未经许可擅自驾驶他人机动车"。[25]法官在量刑时，参考了一款名为 COMPAS 的犯罪风险评估软件，威斯康星州与其他几个州在 2013 年都会使用这款软件来评估罪犯的再犯率。COMPAS 评估卢米斯具有高犯罪风险，未来可能犯下更多罪行。法官受到该评估结果的影响，判处卢米斯 6 年有期徒刑——就他所承认的两项较轻的罪名而言，判得相当重。[26]

卢米斯向威斯康星州最高法院提出上诉，认为法官侵犯了他的正当程序权。法官与卢米斯都不知道 COMPAS 究竟是怎样做出的评估，但卢米斯要求得到完整的解释，却遭到拒绝。COMPAS 是 Northpointe 软件开发公司的私有财产，而该公司表示该软件的算法为商业机密。[27]然而，要是不知道 COMPAS 到底是怎么做出决定的，卢米斯或法官又怎么确定这是个可靠的工具，没有偏见和错误？之后的许多研究指出，COMPAS 可能确实存在几种偏误，或许是来自当时训练这套算法所用的数据。[28]

尽管如此，在卢米斯诉威斯康星州案（2016 年）中，威斯康星州最高法院最后还是做出了对卢米斯不利的判决。法官认为，就算 COMPAS 并未向法院或被告披露其实际算法，使用它进行犯罪风险评估也依然合法。大法官安·沃尔什·布拉德利写道，COMPAS 在进行犯罪风险评估时，依据的都是公开的或被告本人提供的资料，所以卢米斯已经有机会否认或提出解释。但这种观点忽略了一个事实：正确的数据也可能被错误解读，而且卢米斯不可能有能力去否认或解释所有关于自己的公开资料。

威斯康星州最高法院其实也意识到了算法不透明可能带来的危险，所以虽然允许这种做法，却也同时规定，软件在提供犯罪风险评估时，必须以书面形式警告法官其中可能有偏差。此外，法院也进一步建议法官，要小心行事，不能尽信此类算法。但遗憾的是，这种警告只是做做样子，并未提供任何具体信息，让法官知道到底该怎么小心。《哈佛法律评论》在讨论这个案子时指出："对于犯罪风险评估算法，多数法官不太可能真正了解。"文章引用威斯康星州最高法院一位大法官的话，提到虽然已经有人向他们长篇大论地解释算法的内容，但大法官们还是一头雾水。[29]

卢米斯上诉到美国联邦最高法院，但在2017年6月26日被驳回，这意味着美国联邦最高法院认可威斯康星州最高法院的判决。回过头来看，在2013年把卢米斯评估为具有高犯罪风险的算法就是个早期原型。在那之后，已经研发出许多更复杂的犯罪风险评估算法，也得到了更广泛的应用。到21世纪20年代初，许多国家的法院在做出量刑判决的时候，都参考了算法所做的犯罪风险评估，但无论法官或被告，其实都并不了解算法究竟做了什么。[30]而且，量刑判决还只是整件事的冰山一角。

得到解释的权利

计算机正在做出越来越多关于我们的决定，有些只关乎日常小事，但有些关乎生命大事。除了用来量刑，算法在我们能不能上大学、能不能找到工作、能不能得到各项福利，以及申请贷款是否成功等方面也发挥着越来越大的影响。同样，算法也会影响我们会得到怎样的医疗、得支付多少保费、会听到怎样的新闻，以及会与谁约会。[31]

随着社会把越来越多的决定权交给计算机，民主的自我修正机制、透明度与问责制都会受到挑战。如果算法如此高深莫测，民选官员如何被监督？所以，已经有越来越多的人要求保障一项新的人权：得到解释的权利。2018年生效的欧盟《通用数据保护条例》规定，如果算法做出对某人的决定（例如拒绝提供信贷），当事人有权得到相关解释，也能在由人类组成的某个机构或个人面前挑战这项决定。[32] 理想情况下，这应该能够制衡算法的偏差，也能让民主的自我修正机制得以找出并修正至少部分计算机的重大错误。

但这种权利究竟能否落实？穆斯塔法·苏莱曼是这个领域的世界级专家，是人工智能公司 DeepMind（可以说是全球数一数二的人工智能企业）的联合创始人和前首席执行官，他过去的成就包括研发出 AlphaGo（阿尔法围棋）程序等。AlphaGo 专为下围棋而设计，在这种策略性棋盘游戏中，两名玩家通过吃子围地来击败对方。这种游戏发明于古代中国，远比国际象棋复杂。因此，就算计算机击败了人类的国际象棋世界冠军，专家依然相信计算机下围棋永远无法赢过人类。

正因如此，AlphaGo 在 2016 年 3 月击败韩国围棋冠军李世石的时候，围棋界和计算机行业的专家都目瞪口呆。苏莱曼在 2023 年的著作《即将到来的浪潮》（*The Coming Wave*）中谈到了这类比赛最重要的时刻——这个时刻重新定义了人工智能，许多学界与政界也认为这是人类历史的转折点。2016 年 3 月 10 日，比赛进入第二局。

“接着……第 37 手，”苏莱曼写道：“这一手完全说不通。AlphaGo 显然被吓坏了，盲目用了显然必败的策略，任何职业棋手都不会这么下。现场直播的两位解说员都是排名顶尖的专业棋手，他们也认为这是‘很奇特的一手’，并认为这一手是‘一个错误’。这一手奇特到李世石足足花了 15 分钟才做出回应，其间甚至得先离开棋局到外面走一走。我们在监控室看着，气氛紧张到非常不真实。但随着终局逼近，当初‘错误’的一手被证明至关重要。AlphaGo 再度胜出。围棋的策略就这样在我们眼前被改写。我们的人工智能，找出了几千年来最杰出的棋手都没想到的棋步。”[33]

第 37 手成为人工智能革命的象征，原因有二。第一，这让人看到人工智能本质上的非人类与难以理解。在东亚，围棋绝不只是一种游戏，而且是一种珍贵的文化传统。自古以来，合称“四艺”的琴、棋、书、画，是文人雅士必须熟习的技艺。2500年来，下过围棋的人不计其数，形成了各种思想流派，各有不同的策略与哲学。但过了几千年，人类心智还是只探索了围棋领域的部分区域，至于其他区域，人类连想都没想过，这些区域就一直是无人之境。但人工智能并不受人类心智的限制，于是得以发现并探索那些人所未见的区域。[34]

第二，第37手展示了人工智能的高深莫测。就算AlphaGo下了这手而赢得胜利，苏莱曼与团队也无法解释AlphaGo到底是怎么决定要下这一手的。就算法院命令DeepMind向李世石提供解释，这项命令也没有人能够执行。苏莱曼写道：“我们人类面临一个全新的挑战——未来的新发明，会不会完全超越我们理解的范围？以前，就算要补充大量的细节，创作者也能够解释某件事物是如何运作的，背后有什么原理。但现在，情况不是这样了。许多科技与系统已经变得如此复杂，没有任何一个人有能力真正理解……在人工智能领域，那些正在走向自主的信息网络目前就是无法解释。你没有办法带着人一步一步走过整个决策过程，准确解释为什么算法会做出某项特定预测。工程师没办法看到机器的外壳下面发生了什么，更没办法轻松而详尽地解释各种事情是如何发生的。GPT-4、AlphaGo等技术软件是一个又一个黑盒子，输出的信息与做出的决定，就是基于各种不透明而又极其复杂的微小信号链。”[35]

这种非人类的、令人难以理解的智能会让民主受到损害。如果越来越多关于人民生活的决定都是在黑盒子里完成的，选民无法理解，也无法挑战那些决定，民主就会停摆。特别是如果这些由高深莫测的算法做出的关键决定不仅影响个人生活，甚至涉及美联储利率这样的集体事务，世界会变成什么模样？人类公民或许还是会继续投票选出人类的领导人，但这不就是仪式而已吗？时至今日，只有很少一部分人真的了解金融体系是如何运作的。经济合作与发展组织2016年的一项调查发现，大多数人甚至连复利这种简单的金融概念都无法理解。[36] 英国国会议员肩负重任，要监督全球最重要的金融中心的运行，但 2014 年的一项针对英国国会议员的调查发现，只有 12% 的议员真正了解银行放贷的过程会创造新的货币。而这件事只是现代金融体系最基本的原理之一。[37] 正如 2007—2008 年的全球金融危机让我们看到的，一些更复杂的金融工具（例如担保债务凭证）与其背后的原理，只有极少数金融专家才能理解。等到人工智能创造出更复杂的金融工具，全球再也没有任何一个人类真正了解金融体系时，民主会发生什么改变？

近期之所以会出现一波民粹政党与魅力领袖的浪潮，原因之一就在于我们的信息网络变得越来越高深莫测。信息仿佛排山倒海而来，令人难以消化、不知所措，民众觉得自己一旦再也看不懂世界是怎么回事，就很容易成为阴谋论的猎物，于是想向某个自己能够理解的事物，也就是某个人类，寻求救赎。遗憾的是，在算法逐渐主导世界的现在，虽然魅力领袖绝对都有其长处，但一个人不论多么鼓舞人心或才华横溢，单凭一己之力绝不可能破解算法运作的谜题，也无法确保算法真正公平。问题在于，算法在做出决定时参考了大量的数据，但人类却很难有意识地对大量数据进行反思、做出权衡。我们就是比较喜欢面对单一的数据。如果碰上复杂的问题（不管是贷款、疫情还是战争），我们常常希望能找出某个单一的理由，采取特定的行动。这就是所谓的单一归因谬误。[38]

人类不善于同时权衡诸多不同因素，所以如果有人为某个决定给出许多理由，反而会让人觉得可疑。假设有位好朋友没来参加我们的婚礼。如果他只讲了一个理由（“我妈住院了，我得去看她”），听起来似乎很合理。但如果他列了 50 个理由呢？“我妈有点儿不舒服，我这个礼拜得带狗去看兽医，我手上有工作，当时还在下雨……我知道每个理由听起来都不算是没去的合理理由，可是这 50 个理由加在一起，我就没办法去参加你的婚礼了。”我们之所以不会说出这样的话，是因为我们的脑子不会这样想。我们不会有意识地在心里列出 50 个不同的理由，分别给予不同权重，再全部加总得出结果。

然而，算法正是这样评估我们的犯罪风险或信用水平的。以 COMPAS 为例，它的犯罪风险评估基于一份有 137 个项目的问卷。[39] 那些拒绝发放贷款的银行使用的算法也是如此。要是欧盟的《通用数据保护条例》要求银行解释算法究竟是如何做出决定的，这里的解释绝不会只有一句话，而很有可能包括长达几百甚至几千页的数字与方程式。

想象一下，银行的解释信大概会这样写：“敝行的算法采用一套精确的积分系统来评估所有贷款申请，共考虑 1000 个不同类型的因素，并将所有因素的分值相加得出总分。总分为负数，则属于低信用度客户，贷款风险过高。贵客户总分为 –378 分，因此请恕敝行无法核发贷款。”接着，信里可能会详细列出这套算法所考量的 1000 个相关因素，有些甚至大多数人会觉得根本无关，例如几点提出的申请、[40] 申请人用的是哪款智能手机。接着再到这封信的第 601 页，银行可能会解释说：“贵客户通过智能手机提出申请，而且是苹果手机最新的机型。根据分析数百万份过去的贷款申请，敝行的算法发现一个规律——使用苹果手机最新机型的申请者，还款的可能性高 0.08%。因此，算法已为该客户的总分加了 8 分。然而，贵客户在申请时，手机电量已降至 17%。根据分析数百万份过去的贷款申请，敝行算法发现另一个规律——允许智能手机电量低于 25% 的客户，还款可能性会降低 0.5%。因此，算法已为该客户的总分扣 50 分。”[41]

你可能觉得银行太莫名其妙了，并抱怨说：“光是因为我的手机电量低，就拒绝核发贷款，这合理吗？”但这种说法实在是误会。银行会解释：“电量并不是唯一的因素，那只是敝行算法考虑的 1000 个因素里面的一个而已。”

“可是你们的算法难道没看到，我在过去 10 年里只透支过两次？”

“算法显然注意到了这一点，”银行可能会这样回答：“请看第 453 页。您在这里得到了 300 分。是其他所有因素的作用，才让您最后的总分为 –378 分。”

这种做决定的方式，虽然对我们来说可能很陌生，但显然也有些潜在的优势。一般来说，做决定的时候能考虑到所有相关的因素，而不是只看一两项比较突出的事实，通常都是好事。当然，究竟哪些信息才算“相关”，还有很大的争论空间。核发贷款的时候，由谁决定智能手机型号或申请人肤色这些信息与贷款申请是否相关？然而，不论我们如何定义相关性，“能够考虑更多因素”应该都是好事。事实上，许多人类的偏见正是因为只专注于一两个因素（例如肤色、性别或是否残疾），而忽略了其他信息。银行与其他机构之所以越来越喜欢用算法做决策，正是因为算法能够比人类将更多因素纳入考量。

但到了要给出解释的时候，就会出现可能难以克服的障碍。对于一项参考了这么多因素所做出的决定，人类的心智要怎么加以评估分析？我们很可能会觉得，威斯康星州最高法院实在应该要求 Northpointe 公司披露 COMPAS 判定埃里克 · 卢米斯具有高犯罪风险的过程细节。但就算真的披露了所有资料，卢米斯和法官又真的能理解吗？

这里的问题还不只是有大量的因素需要考量，或许最重要的是，我们无法理解算法是怎么从数据里找出规律模式并决定如何配分的。就算我们知道银行算法会找出允许智能手机电量低于 25% 的人，并给这些人扣掉一定的分数，我们要怎么判断这公不公平？毕竟并不是人类工程师写了这条规则要求算法照办，而是算法分析了过去几百万份贷款申请，从中发现规律模式，才得出了这样的结论。难道光凭贷款申请人自己就能去检查所有资料，判断这种规律模式是否真的公正可靠吗？[42]

然而，在这片数字乌云的背后，其实还有一片灿烂的阳光。虽然一般人确实无法独力去检视那些复杂的算法，但专家团队在人工智能工具的协助下，评估算法的决策是否公平，其结果可能比人类评估人类的决策是否公平来得更可靠。毕竟，虽然人类的决策表面上基于我们意识到的那几个数据点，但是人类的潜意识会受到成千上万其他数据点的影响。虽然每个决定都是大脑里几十亿个神经元互动之后的结果，但由于我们并未意识到那些潜意识，因此一旦去回想或解释，我们就常常只会从单一数据点来加以说明。[43] 这样一来，要是有一位人类法官判处我们 6 年有期徒刑，我们（或法官）要怎样才能确定这项判决真的是出于公正的考量，而没有受到半点潜意识中的种族歧视，甚至是法官当时肚子饿的影响？[44]

对有血有肉的法官来说，至少以目前的生物学知识，这个问题是无解的。相较之下，如果是由算法来做出决定，理论上我们还是能够得知其中所有的考量因素，以及每个因素被赋予了多大的权重。从美国司法部到非营利新闻机构 ProPublica 的多个专家团队，都对 COMPAS 进行了仔细的拆解分析，想了解其中究竟可能有怎样的偏差。[45] 这些团队不但能发挥众人合作之力，甚至还能利用计算机的力量。就像是做贼的往往最知道怎么去抓贼，所以我们也大可用算法来审查算法。

这又会带出一个问题：要怎样才能确定那个负责审查的算法本身没有毛病？这是个先有蛋还是先有鸡的问题，到头来并不会有一个单纯的技术上的解决方案。不论研发了怎样的技术，人类都必须维持官僚机构制度，由人类负责审核算法，决定要不要盖下那个许可的印章。这些机构制度将结合人类与计算机的力量，确保新的算法系统安全公正。要是没有这样的机构制度，就算我们通过了让人类有权得到解释的法规，甚至施行了禁止计算机偏差的规定，又有谁能够真正加以执行？

急转直下

为了审查算法，监管机构除了要进行分析，还得把各项发现翻译成人类能听懂的故事。否则，我们有可能永远不会相信这些监管机构，反而相信各种阴谋论与魅力领袖。正如第三章所说，人类一直很难理解官僚制度，因为官僚制度唱的就不是人类那套生物戏剧，大多数艺术家也没有意愿或能力来呈现各种官僚戏剧。举例来说，即使是在描述21世纪政治的小说、电影与电视剧中，重点通常也是少数权贵家族的恩怨情仇，似乎如今国家的治理方式与古代部落及王朝没有两样。艺术领域对王朝生物戏剧的依依不舍，让人看不到近几个世纪以来再实际不过的权力变化。

随着计算机慢慢取代人类从事官僚与编造神话的工作，权力的深层结构将再次改变。民主制度如果想生存，不但需要有专门的官僚机构来审查这些新结构，还需要有艺术家能以平易近人、寓教于乐的方式加以解释。一个绝佳的范例，是系列科幻电视剧《黑镜》第三季里的《急转直下》这一集。

《急转直下》拍摄于2016年，当时还没什么人听过所谓的社会信用体系，但它已经能让人充分了解这种体系的运作方式与可能造成的威胁。故事的主角拉西和弟弟莱恩同住，想之后搬进自己的公寓。如果想得到新公寓的租金折扣，她的社会信用分数得从4.2提高到4.5（满分5分）。如果有高分的朋友，她的分数就会水涨船高，所以拉西试着跟现在有4.8分的儿时朋友纳奥米恢复联络。拉西受邀参加纳奥米的婚礼，但她在路上不小心打翻了一位高分人士的咖啡，这让她被扣了一点儿分数，不再符合航空公司的购票资格要求。在这之后，她可以说是噩运连连，分数急转直下，最后剩下不到1分，她也被关进了监狱。

这个故事里有一些传统生物戏剧的元素，例如“男孩遇见女孩”（婚礼）、手足竞争（拉西与莱恩之间的紧张关系），以及最重要的地位竞争（本集主线）。但故事真正的主角其实不是拉西或纳奥米，而是社会信用体系背后那套看不见的算法。这套算法彻底改变了传统生物戏剧的动态，特别是关于地位竞争的动态。在过去，虽然人类偶尔也需要竞争地位，但在这种高压情境下还是常常能找到机会喘口气，休息一下。然而，无处不在的社会信用算法抹杀了这样的休息机会。《急转直下》并不是一个关于生物需要竞争地位的那种老掉牙的故事，而是有先见之明，探讨在科技改变地位竞争规则之后人类可能面临的情境。

如果官僚与艺术家学会如何合作，而且都能运用计算机加以协助，就有可能避免计算机网络彻底变得高深莫测。只要民主社会能够了解计算机网络，社会的自我修正机制就是防止人工智能遭到滥用的最佳方法。因此，欧盟于 2021 年提出的《人工智能法案》特别指出，类似《急转直下》里的这种社会信用体系，将被列为少数几种必须完全禁止的人工智能类型，原因是这可能会“导致歧视的结果，使某些群体遭到排斥”，以及“可能侵犯人类拥有尊严与不受歧视的权利，违反平等与正义的价值观”。[46] 就像前面提过的全面监控制度一样，虽然我们有能力打造出一套社会信用体系，但并不代表我们有必要打造这样的体系。

数字无政府状态

新的计算机网络对民主制度的最后一个威胁不是形成数字极权，而是促成数字无政府状态。民主制度的去中心化性质以及强大的自我修正机制虽然能够抵御极权制度，但也让维持秩序的难度增加。民主制度的运作必须满足两个条件：能针对关键议题进行自由的公共对话，能维持最低限度的社会秩序与制度信任。而自由的对话绝不能落入无政府状态。特别是在处理紧急而重要的问题时，进行公共辩论必须有一套公认的规则，也必须有合法的机制以保障某种最终决定的达成（即使没有办法让所有人都满意）。

在报纸、广播与其他现代信息技术出现之前，大规模社会无法既有自由辩论，又有制度信任，也就不可能出现大规模的民主。现在随着新计算机网络的崛起，大规模民主是否会再次变成一件不可能的事？难处之一，在于计算机网络让人更容易参与辩论。在过去，报纸、广播与各大政党这样的组织扮演了守门人的角色，决定公共领域会出现哪些人的声音。社交媒体削弱了这些守门人的权力，于是公共对话变得更为开放，但也更加走向无政府状态。

每次有新的群体加入对话，除了会带来新的观点与关注，还常常会推翻关于如何辩论、如何做出决定的共识，于是就得重新协商整套对话规则。这样的发展可能很正面，能让整个民主制度更具包容性，毕竟民主就该修正过去的偏误，让过去权利遭到剥夺的人重新参与公共对话。然而就短期而言，这种做法会造成干扰与不和谐。而且，如果对于如何公开辩论、如何做出决定迟迟无法达成共识，结果就不是民主，而是无政府状态。

我们特别担心人工智能可能造成无政府状态，是因为人工智能除了会让新的人类群体加入公开辩论，还在历史上第一次让民主必须应对各种来自非人类的杂音。在许多社交媒体平台上，机器人程序虽然还是少数，但已经占了相当的比例。一项分析估计，在 2016 年美国大选期间产生的 2000 万条推文中，有 380 万条（将近 20%）是由机器人程序生成的。[47]

21 世纪 20 年代初，情况继续恶化。根据 2020 年的一项研究，目前所有推文的 43.2% 由机器人程序产生。[48] 数据分析工具 Similarweb 2022 年的一项更全面的研究发现，机器人程序可能只占推特用户的 5%，但却“发布了 20.8%~29.2% 的推特内容”[49]。在人类想要讨论一些重要问题的时候（例如该选谁当美国总统），如果听到的声音有一大部分来自计算机，会出现什么情况？

另一个让人担心的趋势在于内容。人类最早使用机器人程序影响公众舆论的时候，靠的只是它能大量传播信息，以量取胜。当时的机器人程序只能等到人类制作出内容，才能加以转发或推荐，无法自行创造新的想法，也无法与人类建立亲密感。然而，ChatGPT 这种全新的生成式人工智能工具完全能够做到这些事。在 2023 年发表于《科学进步》（*Science Advances*）期刊的一项研究中，研究者请人类与 ChatGPT 针对疫苗、5G 技术、气候变化与演化等议题，同时写出正确或刻意要造成误导的短文。接着，他们让 700 位受试者阅读这些短文，请受试者评估其可靠性。结果发现，同样是不实信息，如果是人类捏造的，我们一看就知道是假的，但如果是人工智能捏造的，我们却很容易信以为真。[50]

这样一来，如果有数百万甚至数十亿个具备高度智能的机器人程序，它们不仅能写出极具说服力的政治宣言，创造出深度伪造的图像与影片，还能够赢得我们的信任与友谊，到那时民主辩论会变成什么模样？要是我在网络上与人工智能进行政治辩论，想要改变人工智能的观点只会是浪费时间。人工智能是一个无意识的实体，并不真的关心政治，也不能真的投票选举。然而，我与人工智能谈得越多，它就越了解我，于是能够得到我的信任，不断改进它的论点，也慢慢改变我的观点。在这种争夺人心的战斗中，亲密感是一种极为强大的武器。在过去，各个政党虽然能够吸引我们的注意力，却很难大规模产生亲密感。广播设备虽然能让几百万人听到领导人说了什么，却无法让领导人和听众变成朋友。但如今，政党（甚至外国政府）却能部署一支机器人程序大军，和几百万名公民建立友谊，再运用这样的亲密感来影响公民的世界观。

最后，算法不但成了对话里的成员，而且开始操控对话。社交媒体允许新加入的人类群体挑战过去的辩论规则，但在协商新规则的时候，情况已经不由人类来掌控，正如我们前面对社交媒体算法的分析所示，规则常常是由算法制定的。在19世纪和20世纪，媒体大亨们也曾经审查某些观点、宣传另一些观点。虽然这或许也曾对民主制度造成危害，但至少这些媒体大亨都还是人，我们也能以民主机制来监督他们的决定。但如果我们允许我们无力监督的算法决定传播哪些观点，情况就会危险得多。

如果操纵人心的机器人程序与我们无力监督的算法开始主导公共对话，民主辩论制度就可能在我们最需要它的时候彻底崩溃。面对新科技的迅速发展，人类需要做出各种重大决定，但公共领域却可能被计算机生成的假新闻淹没，公民无法分辨自己辩论的对象是人类还是机器，而且就连最基本的讨论规则或事实都无法达成共识。这种处于无政府状态下的信息网络，既不能找出真相，也无法维持秩序，注定撑不了多久。而一旦陷入无政府状态，人民宁可牺牲自由来换取某种确定性，独裁政权或许就会产生。

禁用机器人程序

面对算法对民主对话的威胁，民主制度也不是无计可施。民主制度能够也应该做的，就是对人工智能加以规范，避免人工智能散播假新闻，污染人类的信息网络。哲学家丹尼尔·丹尼特建议，货币市场的传统规范方式可作为借鉴。[51]自硬币与纸币发明以来，技术上一直都有制造假币的可能性。假币的存在会破坏人民对货币的信任，威胁金融体系的生存。如果假币充斥市场，金融体系就会崩溃。金融体系存活数千年，其自保方式正是制定法律打击假币，压低假币在流通货币当中的比例，维持人民对货币的信任。[52]

用来处理假币的道理，应该同样适用于处理假冒人类的问题。要是政府在假币的处理上态度坚决，认为有必要保护人民对货币的信任，此时也该以同样坚决的态度，保护人民对人类的信任。在人工智能兴起之前，人类就有可能假冒他人身份，而且社会对这种诈骗行为绝不宽恕。但社会过去并没想过要立法禁止“假冒人类”这种问题，因为过去没有假冒人类的技术。时至今日，既然人工智能有了假冒人类的能力，就有可能破坏人类彼此的信任，使社会结构遭到破坏。因此丹尼特建议，政府应该果断立法禁止假冒人类，就像过去禁止伪造货币一样。[53]

法律不但应该禁止深度伪造特定的真实人物（如制作假的美国总统的视频），同时还应该禁止非人类行为者冒充人类。如果有人说这种严格的规定侵犯了言论自由，我们应该提醒他们，机器人程序并没有言论自由。禁止人类使用公共平台是敏感的行为，民主制度对于这种行为的审查制度应该格外谨慎。但禁止机器人程序是个再简单不过的议题：这不会侵犯任何人的权利，因为机器人程序并不拥有任何权利。[54]

这并不代表民主制度必须禁止所有机器人程序、算法与人工智能参与所有讨论。许多对话都欢迎各种数字工具加入，但前提是不要假冒为人。举例来说，人工智能医生可能对人类非常有帮助，可以每天 24 小时注意我们的健康状况，根据每个人的健康状况与个性量身打造医疗建议，并且有无限的耐心来回答我们的问题。然而，人工智能医生永远不该假装自己是人。

民主制度另一项可以采取的重要措施，是禁止算法在无人监督的情况下对关键的公共辩论进行筛选和管理。当然，我们还是可以继续使用算法来运行各种社交媒体，毕竟这种工作显然不是人类力所能及的。然而，算法究竟根据怎样的原则来决定要屏蔽哪些声音、放大哪些声音，都必须经过人类的审查。审查真实的人类观点，绝对需要小心谨慎，但我们可以做的是阻止算法刻意散播愤怒的情绪。至少对于算法是依据怎样的原则来进行筛选，企业应该保持透明。要是企业用愤怒来吸引我们的注意力，就得清楚坦陈自己的商业模式，以及背后可能存在的政治连接。如果算法会系统性地屏蔽与该企业立场不同的视频，用户也该有权得知。

近年来已经有许多人提出想法，对民主制度该如何监督机器人程序与算法进入公共对话建言献策，这里提到的只是一小部分。当然，每种方式都各有优缺点，做起来也都不简单。而且因为科技发展如此迅速，各种法规可能很快就会过时。我在这里想说的是民主制度绝对可以对信息市场加以规范，而且民主制度的存亡也正取决于此。天真的信息观反对监管，认为全然自由的信息市场会自然而然产生真相与秩序。但这与民主的实际历史完全是两回事。维护民主对话从来都不是件容易的事，过去所有的民主对话场域（从国会与市政厅到报纸与广播）也都需要监管，而在一个非人类智能可能主导对话的时代，监管更应加强。

民主的未来

在人类历史上的大部分时间里，信息技术都不够先进，无法进行大规模的政治对话，也就培养不出广泛的民主制度。在过去，如果几百万人分布于几万平方千米的土地，没有工具能够让他们即时讨论各种公共事务。但讽刺的是，现在反而有可能因为信息技术变得太先进而让民主制度戛然而止。要是高深莫测的算法主导了政治对话，特别是压制有理有据的主张、刻意煽动仇恨与制造混淆，公众讨论就无以为继。然而，民主制度如果真的崩溃，应该并不是出于技术上的必然，而是因为人类没能管好新技术的发展。

我们无法预测事情的发展，但显然目前许多民主国家的信息网络正在崩溃。在美国，民主党与共和党甚至在基本的事实上都会出现意见分歧（例如，究竟是谁赢得了 2020 年总统大选），也几乎无法再进行文明对话。国会的两党合作曾经是美国政治的基本特征，但现在几乎再也看不到这种情形。[55]而从菲律宾到巴西，许多其他民主国家也都逐渐走向极端。一旦公民无法相互交谈，把对方视为彻底的仇敌，而不只是政治上的对手，民主制度就难以继续。

没有人确切知道，究竟是什么原因导致民主信息网络的崩溃。有人说是因为意识形态的分歧，但事实上，在民主制度功能失调的国家，意识形态的分歧似乎并不比过去严重。在20世纪60年代，美国就曾经在民权运动、性革命、越战、冷战等议题上出现严重的意识形态冲突，造成严重分裂。虽然当时的紧张局势使政治暴力与暗杀事件数量激增，但共和党与民主党仍然能对选举结果达成共识，同样相信法院这样的民主机构，[56]在国会也至少能就部分议题携手合作。1964年，《民权法案》就是在民主党46票、共和党27票的支持下在参议院通过的。难道21世纪20年代的意识形态分歧比20世纪60年代严重那么多吗？如果不是意识形态，又是什么因素让大家渐行渐远？

很多人把问题归咎于社交媒体的算法。前面的章节已经谈过社交媒体会如何造成分裂，然而虽然证据确凿，却肯定还有其他因素的影响。事实上，虽然我们清楚地看见民主信息网络正在崩溃，却找不出确切的原因。这件事本身就成了一个时代特征。信息网络已经变得如此复杂，而且非常依赖各种不透明的算法做出的决策与存在于计算机之间的实体，结果就是人类甚至很难回答一个最基本的政治问题：我们斗成这样，究竟是为什么？

要是我们没办法找出问题，加以修复，随着科技的发展，大规模的民主制度或许就会无以为继。如果事情真的这样发展下去，接下来又会是什么政治体制取代民主成为主流？未来属于极权政权吗？计算机会让极权制度同样走不下去吗？我们接下来就会看到，人类独裁者也有害怕人工智能的理由。

第十章
极权主义：所有力量归于算法？

说到新计算机网络的伦理与政治议题，讨论常常集中于新计算机网络会如何影响民主政权的命运。而专制与极权政权主要被用来当作反乌托邦的例子是“我们”人类如果没有好好管理计算机网络，“我们”可能走向的未来。[1] 但到 2024 年，“我们”人类其实相当部分的人口活在专制或极权政权之下，[2] 而且这些政权成立的时间多半是在计算机网络兴起之前。如果真的要了解算法与人工智能对人类的影响，除了该问它们会对美国与巴西这样的民主政体有何影响，也得看看它们对那些专制政体有何意义。

前几章曾解释，前现代时代由于信息技术的限制，不可能出现大规模民主或大规模极权。不论是中国的汉朝还是 18 世纪沙特阿拉伯的德拉伊耶酋长国，这样的大型政体通常都属于有限的专制政体。到 20 世纪，新的信息技术让大规模民主与大规模极权都得以兴起，但此时的极权有一个严重劣势：极权政权希望能把所有信息集中到一个中枢来处理。电报、电话、打字机与无线电等技术虽然有利于信息的集中，却无法自行进一步处理信息、做出决策。这还只是人类有能力做的事。

流向中心的信息越多，处理起来就越困难。极权统治者与政党常常会犯下一些代价高昂的错误，而极权制度又欠缺发现并修正这些错误的机制。相较之下，民主制度是将信息（与决策权）分散到许多不同的机构与个人手中，不但能够更有效率地处理大量数据，而且如果某个机构做了错误的决定，其他机构也可以提出修正。

然而，机器学习算法的兴起，可能正是独裁者们已经等了太久的好消息。人工智能让科技力量的天平开始倒向极权制度那一方。就事实来说，人类如果被大量数据淹没，常常就会不知所措、开始犯错，但人工智能在接触大量数据之后，效率却常常越来越高。于是，人工智能似乎也倾向于将信息与决策都集中在一处。

目前即使是在西方国家，谷歌、脸书与亚马逊等少数企业也在各自领域处于垄断地位，一部分原因在于人工智能的天平倒向这些行业巨头。对餐饮这样的传统行业来说，规模算不上是压倒性的优势。以全球连锁的麦当劳为例，它每天为超过 5000 万人提供餐饮，[3] 凭借规模在成本、品牌等方面拥有诸多优势。但你还是可以在麦当劳附近开一间本地餐厅，不用担心活不下去。虽然每天可能只接待 200 位顾客，但你还是有机会把食物做得比麦当劳更美味，让顾客更满意，成为回头客。

但在信息市场，事情就不一样了。谷歌搜索引擎每天的使用人数为 20 亿 ~30 亿，一天的总搜索量高达 85 亿次。[4] 假设有一家本地的新兴搜索引擎公司想要与谷歌竞争，只能说门儿也没有。谷歌已经有了几十亿个用户，这让谷歌得以取得更多数据，把算法训练得更好，于是又能吸引到更多的用户，再用来训练下一代的算法，就这样不断循环。因此，2023 年谷歌在全球搜索引擎市场的占有率高达 91.5%。[5]

想想遗传学的例子。假设几个不同国家的企业都想研发出一套算法，找出基因与各种疾病的关联。新西兰的总人口为 500 万，而且隐私法规严格，基因数据与医疗记录不易获取。中国有 14.1 亿人，隐私法规也较为宽松。[6] 你觉得哪个国家的企业更有机会研发出一套遗传算法？巴西如果打算购买一套遗传算法，提供给国内的医疗保健体系使用，比起向新西兰购买，它会有强烈的动机选择准确度高得多的中国算法。如果这套中国算法又能用巴西超过 2 亿人的数据继续精益求精，品质就会越来越好，得到更多国家的青睐。很快地，全球大部分的疾病信息都会流向中国，进而让这套遗传算法完全没有对手。

想把所有信息与权力都集中在一个地方，曾经是 20 世纪极权政权的致命弱点，但到了人工智能时代却可能成为决定性的优势。与此同时，我们前面也提过，人工智能还能让极权政权建立全面监控制度，使人民几乎不可能反抗。

对于这种极权倾向，有些人相信可以用区块链技术制衡，毕竟区块链在本质上有利于民主、不利于极权。要在区块链系统做决策，需要得到 51% 的用户的批准。虽然这听起来很民主，但区块链技术有一项致命缺陷，问题出在“用户”这个词。某人如果有 10 个账号，就会被算成 10 个用户。如果政府控制了 51% 的账号，就能自己构成 51% 的用户。目前在区块链网络已经有一些例子，政府自己就是 51% 的用户。[7]

如果政府成为区块链 51% 的用户，它除了能控制区块链的现在，还能控制区块链的过去。从古至今，专制者一直都希望拥有改变过去的权力。罗马皇帝就常常下令进行“记忆抹杀”——把对手与敌人从世人的记忆里抹除。例如皇帝卡拉卡拉，在暗杀了弟弟兼王位竞争对手盖塔之后，就曾经试着抹除所有关于盖塔的记忆。刻有盖塔名字的铭文被凿除，印有盖塔肖像的硬币被熔化，就连提到盖塔的名字都会被判死刑。[8] 一幅在那个时代幸存下来的画作《塞维鲁一家圆形画》，绘制于两兄弟的父亲塞普蒂米乌斯 · 塞维鲁统治期间，原本画了塞维鲁、盖塔两兄弟，以及两兄弟的母亲尤莉亚 · 多姆娜一家四口。但后来，盖塔的脸不但被削掉，还被抹上排泄物，在原本该是他脸部的位置，法医发现了干燥的粪便碎屑。[9]

至于现代的极权政权，同样对于改变过去乐此不疲。这样大规模的记忆抹除，在当时要耗费大量人力，但在区块链上，要改变过去就容易得多了。政府只要控制了51%的用户，轻轻一按，就能让某些人从历史中完全消失。

机器人程序的监狱

虽然人工智能有许多方面有利于中央集权，但专制与极权政权在人工智能面前也并非无往不利。首先，独裁政权并没有控制非生物行为者的经验。专制信息网络是以恐怖统治为基础的，但计算机并不怕被关进监狱或被杀。要是某国互联网上有一个聊天机器人程序提到该国在他国犯下的战争罪行，讲了一个会冒犯该国领导人的笑话，又或者批评了该国的某个政党多么腐败，该政权能对这个聊天机器人程序做什么？特工没办法把这个程序关起来，没办法折磨它，也没办法威胁它的家人。该国政府当然能够封锁或删除这个程序，并且试着去找出并惩罚写出这个程序的人，但总之要比平常教训人民困难多了。

过去，计算机还无法自行生成内容，无法进行有智能的对话，比如在VKontakte和Odnoklassniki这些社交平台上，只有人类有能力提出对政府的异议。然而，如果网络空间被塞进了几百万个机器人程序，都能生成内容、进行对话，还能自行学习与发展，情况将会如何？这些机器人程序的设计者可能是外国人士或异见分子，希望传播不同于官方的想法，而且当局对此或许无计可施。就当局的立场而言，如果在授权机器人程序运作之后，这些程序收集了关于该国现状的各种信息，找出其中的模式，并逐渐自行发展出与政府不同的观点，情况岂不是更糟？

这就是一种一致性问题。虽然人类工程师可以尽最大努力打造出向政府看齐的人工智能，但鉴于人工智能具有自我学习与改变的能力，难保哪天走向政府不乐见的方向。特别有趣的一点在于，正如奥威尔在《一九八四》所解释的，极权信息网络常常都需要依赖双言巧语（doublespeak），例如一些极权国家的宪法会做出许多崇高的承诺，比如“人人均应享有思想及言论自由”“人人均应享有寻求、接收、传递、生产与散播信息的自由”“大众媒体之自由应受保障，不得实施审查制度”等等，但几乎没有人会天真到相信这些承诺的字面意义，而计算机并不懂这样的双言巧语。如果要求聊天机器人程序遵守极权国家的法律与价值观，它可能会在读了宪法之后，认定言论自由是该国的核心价值，而在该国的网络空间待上几天，观察整个国家信息领域发生的种种事情之后，这个聊天机器人程序就可能会开始批评该国的政权违反了言论自由这项核心价值。人类虽然也会注意到这些矛盾，但会因为恐惧而不敢明说。聊天机器人程序却是看到什么说什么，哪有什么不敢说的呢？人类工程师该怎样才能向聊天机器人程序解释，虽然宪法明文保障每位公民的言论自由，禁止实施审查制度，但聊天机器人程序其实不该相信宪法，也不能提理论与现实之间的差距？就像曾经有人跟我说的，在极权国家长大的人，相信问题会带来麻烦。但在训练算法的时候，如果要它相信“问题会带来麻烦”这种原则，算法又要怎么学习与发展？

最后，政府如果采取了某项极为失败的政策，后来又改变心意，常常就会把失败推到别人头上，掩饰自己的过错。而人类又常常是经过惨痛的教训，才能学会忘记那些给自己找麻烦的事实。但我们要怎样才能训练聊天机器人程序，要它赶快忘记那些今天被批得一文不值，但在短短一年前还是国家官方立场的政策？这将是极权政权难以应对的重大技术挑战，特别是在聊天机器人程序越来越强大，也越来越不透明的情况下。

当然，民主政权也会有类似的问题，聊天机器人程序可能会说一些政府所不乐见的话，或者提出一些危险的问题。如果微软或脸书工程师已经尽了最大努力，聊天机器人程序却还是散播种族歧视的言论，该怎么办？民主政权的优势，在于就算真的遇上算法不受控制的情况，处理起来也能够较有余裕。因为民主政体“藏在柜子里的骷髅”* 可能会少一些，所以就算碰上反民主言论，大体上也能够包容。但极权政权简直就像在柜子里藏了整个见不得光的墓园，因此完全无法承受任何批评，这种时候，会提出异议的机器人程序就会形成极为严重的挑战。

算法的傀儡

长期而言，极权政权还可能遇上更大的危险：算法并不是仅仅批评这些政权，而是直接控制了这些政权。纵观历史，专制者最大的威胁常常来自下属。第五章提到过，没有哪个罗马皇帝是被民主革命赶下台的，都是被下属推翻或成了傀儡。要是 21 世纪的专制者把太多权力交给计算机，就有可能成为计算机的傀儡。独裁者最不乐见的，就是创造出比自己更强大的或自己控制不了的力量。

为了说明这一点，请让我以一个有点儿天马行空的思想实验为例，它有点儿像波斯特洛姆提出的“回形针启示”的极权政体版本。想象时间来到 2050 年，凌晨 4 点，独裁者被“监控与安全算法”紧急叫醒。“伟大的领袖，我们遇上了一个紧急状况。我通过计算几万亿个数据，发现了绝对无误的模式：国防部长打算在今早对您发动暗杀政变。暗杀小队已经准备就绪，等他下令。但只要您一声令下，我就会发动精准攻击，将他肃清。”

“可是国防部长是我手下最忠诚的人，”独裁者说，“他昨天还跟我说……”

“伟大的领袖，我知道他对您说了什么，这世上没有什么话是我没听过的。但我也知道他后来对暗杀小队说了什么，而且我一直在数据中发现令人不安的模式，已经追踪了好几个月。”

---

* 译者在这里使用的是一句比喻，用来形象地表示不可告人的秘密。——编者注

"你确定你没有被深度伪造的数据蒙骗吗?"

"恐怕我所依据的数据都是百分之百真实的,"算法说,"我使用专门的深度伪造检测子算法检查过。虽然我可以详细解释为什么我知道这些不是深度伪造的数据,但可能得花上几个星期。要不是已经确定,我绝不想惊扰您,但所有数据都指向一个绝对的结论:一场政变就在眼前。除非我们现在采取行动,否则暗杀小队一小时后就会抵达。但只要您下令,我就会肃清叛徒。"

独裁者让监控与安全算法拥有这么大的权力,这让他进退两难。如果他不相信算法,就可能被国防部长暗杀;如果他相信算法、肃清国防部长,就成了算法的傀儡。要是有人想对算法不利,算法也很清楚怎样操弄他来先下手为强。请注意,这一切并不代表算法需要有意识。就像波斯特洛姆的回形针思想实验所显示的——也像是 GPT-4 会对跑腿兔网站(TaskRabbit)的打工人员小规模地撒谎——算法就算没有意识,不会像人类一样贪婪或自私,也可能会试着抓住权力,操弄他人。

要是算法真的能发展出以上假设的这些能力,独裁政权成为算法傀儡的风险其实远高于民主政权。在美国这样的分布式民主体系中,人工智能再不择手段也很难夺权:就算学会了如何操弄美国总统,还是得面对国会、联邦最高法院、州长、媒体、各大企业和各种非政府组织的反对。举例来说,如果参议院阻挠议事,算法能怎么办?

国家的权力如果高度集中,夺权的难度就低得多。如果所有权力集于一人之手,只要控制了专制者的亲信,就等于控制了专制者,也就等于控制了整个国家。只要学会操控一个人,就能成功劫持整个体制。一个典型的例子就是罗马皇帝提比略成了禁卫军队长塞扬努斯的傀儡。

禁卫军最初由奥古斯都所设,是一个小型的帝国护卫队。奥古斯都还给禁卫军任命了两名队长,这样任何一位的权力都不会凌驾于自己之上。[10] 可惜,提比略没那么聪明,而他的偏执也成了他最大的弱点。身为两位队长之一的塞扬努斯，巧妙地利用了提比略的恐惧心理，不断揭发各种号称要暗杀提比略的阴谋，但多半纯属虚构。除了塞扬努斯，这位多疑的皇帝开始越来越不信任其他人，于是任命塞扬努斯成了禁卫军唯一的队长，统领 1.2 万人，还进一步负责整个罗马城的治安与管理。到最后，塞扬努斯还说服提比略离开了首都，前往卡普里岛，理由是比起一个充满叛徒与间谍的大都市，在一个小岛上保护皇帝实在容易多了。但正如罗马历史学家塔西佗所言，塞扬努斯的真正目的是掌控能够传到皇帝手中的一切信息："与皇帝的接触尽在他的控制之中，之前由士兵传递的信件，现在都必须经他的手转交。"[11]

提比略被孤立在卡普里岛上，塞扬努斯控制了提比略能够获取的一切信息。随着禁卫军控制了罗马，这位禁卫军队长也就成了罗马帝国真正的统治者。包括皇室成员在内，只要是可能反对他的人，塞扬努斯就会诬指他们叛国，并加以清除。所有人都必须经过塞扬努斯的许可才能联络上皇帝，提比略因此沦为傀儡。

终于，后来有人（或许是提比略的弟媳安东尼亚）在塞扬努斯的信息防线里发现了一个缺口，偷偷将一封信送到皇帝那里，解释了当时的情境。提比略发现了危险，决心要除掉塞扬努斯，却几乎束手无策。这个人不但控制了他身边的守卫，还控制了他与外界的一切联系，他要怎样才能扳倒这个人？一旦提比略轻举妄动，塞扬努斯就可能会将他无限期囚禁在卡普里岛，并且告诉元老院与军队皇帝重病，无法前往他处。

话虽如此，提比略还是成功地扭转乾坤。随着塞扬努斯权力与日俱增，他开始把更多心思放在整个帝国的管理上，不再过问罗马治安机构的日常琐事。提比略找到塞扬努斯的一个部下——马克罗（负责罗马消防与夜巡事务的警卫队队长），取得了他的支持。马克罗策划政变，扳倒了塞扬努斯。作为奖励，提比略任命马克罗成为新任禁卫军队长。几年后，马克罗杀死了提比略。[12]

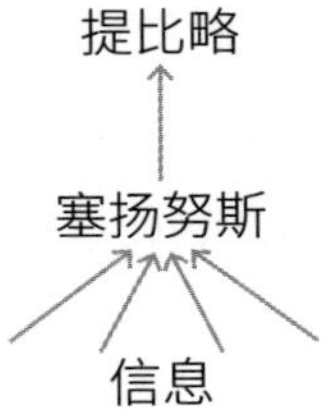

权力存在于各个信息通道的交会点。由于提比略让信息通道交会在塞扬努斯这个人身上，因此塞扬努斯成了真正的权力中心，提比略则沦为傀儡。

提比略的命运告诉我们，所有独裁者都要维持一种很脆弱的平衡：既要把所有信息集中在一处，又要小心让自己成为各种信息通道的唯一交会点。要是信息通道交会在其他地方，那里就会成为真正的权力枢纽。如果政权仰赖的是人类（如塞扬努斯与马克罗），高明的独裁者就能操弄他们互相对抗，而让自己稳居高位。如果政权仰赖的是一套力量强大且高深莫测的人工智能，所有信息都由人工智能来收集与分析，人类独裁者就有可能直接失去一切权力。这位独裁者就算依然身在首都，也像是被隔离在一个数字孤岛上，只能受到人工智能的控制与操弄。

独裁者的困境

比起成为算法的傀儡，接下来几年里，这个世界上的独裁者还会碰上更迫切的问题。目前的人工智能系统还没有大规模操控政权的能力，但极权政权已经出现了太过信任算法的危机。民主政权假设任何人都可能犯错，而极权政权假设自己永远是对的。基于这种假设而建立起的政权，相信有绝对正确的天才存在，也不乐见创造出强大的自我修正机制，用以监督那位天才。

到目前为止，这些政权相信的都是由人类组成的领导人，也是培育个人崇拜的温床。未来，这样的极权传统也使这些政权做好另一种准备：

相信有绝对正确的人工智能。这不只会给这些政权的公民带来灾难，还可能波及世界其他地区。要是某个负责环境政策的算法犯了离谱的错误，又没有自我修正机制能够发现并修正这个错误，事情会如何发展？要是某个负责国家社会信用体系的算法犯了离谱的错误，除了开始恐吓一般大众，甚至还开始恐吓执政党成员，把所有质疑算法所制定的政策的人都贴上“人民的敌人”这个标签，事情又会如何发展？

独裁者无法摆脱的问题，就是自我修正机制薄弱，以及下属尾大不掉的威胁，而人工智能的兴起又可能让这些问题变得更为严重。对独裁者来说，计算机网络带来的其实是一个令人无比苦恼的两难困境。独裁者如果想要摆脱尾大不掉的人类下属，可以选择信任理论上绝对正确的信息技术，但这种时候，他们就可能成为信息技术的傀儡。如果独裁者想要建立一个人类机构来监督人工智能，就得小心这个机构对独裁者的权力造成限制。

即使全球只有极少数独裁者选择信任人工智能，也可能对全人类造成深远影响。科幻小说里常常会出现人工智能不再受控，进而奴役或消灭人类的场景，而且多半把背景设在民主资本主义的社会。这点也不难理解，毕竟民主国家的作家对自己的社会更感兴趣。然而，人类如果要对抗人工智能，里面最弱的一环大概就是独裁者。人工智能如果要夺取权力，最简单的方法不是逃出制造科学怪人的实验室，而是赶快去讨好偏执的提比略。

这种说法并不是预言，而是提出一种可能。1945 年之后，独裁者及其下属还是能和民主政权与公民携手合作，共同抵制核武器的。1955 年 7 月 9 日，爱因斯坦、罗素等著名科学家及思想家共同发表《罗素–爱因斯坦宣言》，呼吁各个国家的领导人应合力避免发生核战争。这份宣言提到：“我们以人类的身份，向人类殷切呼吁：请铭记人性，并忘却其余。做到这点，眼前就是通往新天堂的道路；反之，眼前就是共同毁灭的危机。”[13] 人工智能也是如此。独裁者如果相信人工智能必定会让权力的天平向自己倾斜，只能说是愚不可及。只要一不小心，人工智能就会夺取权力。

第十一章
硅幕：全球帝国还是全球分裂?

前两章探讨的是不同的社会制度各自如何应对新计算机网络的兴起。然而这是个紧紧相连的世界，一个国家的决定就可能对其他国家产生深远的影响。人工智能可能造成最严重的危险，有些并不在于单一社会的内部反应，而在于许多社会互动形成的动态，例如导致新的军备竞赛、新的战争和新的帝国扩张。

目前，计算机还没有强大到足以完全摆脱人类的控制，或是独力摧毁人类的文明。只要人类团结一心，就能打造出适当的机构制度，用来控制人工智能，找出并修正算法的错误。但遗憾的是，人类从未真正团结一心，总是有些坏人在作乱，而好人也不见得都能达成共识。于是，人工智能兴起之所以会对人类构成生存威胁，并不是因为计算机真的抱有什么恶意，而是因为人类自己的缺陷问题。

如此一来，偏执的独裁者可能让会犯错的人工智能拥有无限的权力，甚至包括发动核打击。如果独裁者对人工智能的信任程度比对国防部长还高，不就确实该让人工智能来掌管一国威力最强大的武器吗？但如果这时的人工智能犯了错，或者开始追求非人类的目标，就可能造成灾难性结果，而且倒霉的不只是那个国家自己。

同样，原本只在全球某个地点惹事的恐怖分子，可能会运用人工智能引发全球疫情。虽然想要引发世界末日的恐怖分子可能不懂流行病学，但现在他们只需要设定目标，其他一切都可以由人工智能来完成。人工智能可以合成新的病原体，委托生物实验室制造或采用生物3D打印，再找出最佳的全球传播通道，通过机场或食品供应链传至全球。如果人工智能合成的病毒致死率像埃博拉病毒一样高，传染性像新冠病毒一样强，而发病速度又像艾滋病一样慢，情况会如何？等到第一批受害者开始死亡、全世界终于意识到危险时，可能全球的绝大多数人都已经被感染了。[1]

前面的章节曾提过，威胁人类文明的不只是原子弹或病毒这些实体或生物性的大规模毁灭性武器，人类文明也可能被社会性的大规模毁灭性武器摧毁，例如用故事来破坏人类的社会联结。某个国家或许就能研发人工智能来放出大量的假新闻、假货币、虚拟人类，而让许多国家的其他人再也无法相信任何事或任何人。

许多社会（无论是民主国家还是独裁国家）都可能表现出负责任的态度，禁止将人工智能用于此类用途，取缔不良分子，也对本国统治者或狂热分子的野心加以约束。然而，哪怕只有极少数社会没做到这一点，就足以对全人类造成危害。比如，气候变化是一项全球性问题，因此就算个别国家把自己的环境法规制定得再好，也可能因为全球的气候变化而遭到彻底毁灭。人工智能也是一项全球性问题。各国绝不能够天真地以为，只要在自己的国境之内管好人工智能，就不用担心人工智能革命会给自己带来什么最坏的结局。因此，要理解新的计算机政治，绝不能只谈个别社会该如何应对人工智能，而必须考虑人工智能会怎样影响全球不同社会之间的关系。

目前全球有大约200个民族国家，大多数在1945年后才获得独立，而且国与国之间的地位并不平等。现在的国家列表中有两个超级大国、几个主要大国、几个集团与联盟，再加上许多小国。话虽如此，但即使是最小的国家也有一定的影响力。比如，在 21 世纪 20 年代初，美、中两个超级大国在具有重要策略意义的南太平洋地区施加影响力，于是频频向汤加、图瓦卢、基里巴斯与所罗门群岛等岛国示好。这些小国的人口从 72 万（所罗门群岛）到仅仅只有 1.1 万（图瓦卢），但它们的政府却有很大的空间能够决定要倾向于哪一方，从中获得相当大的让步与援助。

而像卡塔尔这样的小国，同样成了地缘政治舞台的重要参与者。卡塔尔公民虽然只有 45 万人，却能在中东推进雄心勃勃的外交政策目标，在全球经济中举足轻重，还是半岛电视台这个阿拉伯世界首屈一指的电视网络的所在地。有人或许会说，卡塔尔的影响力之所以如此远超其人口规模，是因为卡塔尔的天然气出口高居世界第三。但如果处于不同的国际环境，卡塔尔很有可能无法像这样独立发挥影响力，而只能是帝国征服者菜单上的第一道菜。值得一提的是，以 2024 年的情况来说，卡塔尔强大的邻国与其他世界强势国家都愿意让这个海湾小国继续坐享无比的财富。很多人会形容国际体系就像丛林，但如果是这样，这个丛林里的老虎倒是愿意让肥鸡活得相对安心。

从卡塔尔、汤加、图瓦卢、基里巴斯与所罗门群岛这些例子都能看出，现在是后帝国时代。在 20 世纪 70 年代，随着欧洲帝国秩序的消亡，这些国家也从大英帝国手中获得了独立。看到这些国家目前在国际舞台能够拥有影响力，就知道在 21 世纪的前 25 年，权力并非被少数国家垄断，而是分布在相对较多的参与者中间。

但新计算机网络的崛起，将会怎样改变国际政治的形态呢？除了各种世界末日的场景（比如独裁人工智能发动核战争，或是恐怖人工智能催生致命的全球疫情），计算机对目前的国际体系还有两大挑战。第一，由于计算机让信息与权力更容易集中于单一中央枢纽，人类可能进入一个新的帝国时代。整个世界就这样落入几个帝国（甚至是单一帝国）之手，而且控制的强度远高于当初的大英帝国。

第二，一道新的硅幕可能让人类分裂，使之分属于敌对的数字帝国。随着每个政权对于人工智能一致性问题、独裁者困境与其他技术难题提出了不同的答案，这就可能各自创造出独立而又非常不同的计算机网络。在不同的网络（以及这些网络所控制的人类）之间，互动的难度将越来越高。每个网络的生活经验与世界观都大异其趣，于是几乎无法沟通，也难以达成共识。

如果事情真的这样发展，就很容易产生各自的世界末日场景。或许每个帝国都能让核武器控制在人类手中，也能让疯子远离生物武器，但如果人类分裂成诸多无法彼此理解的敌对阵营，想再避免毁灭性战争或是防止灾难性气候变化，机会只能说是微乎其微。世界如果由不透明的硅幕隔成许多敌对的帝国，也将难以约束人工智能爆炸性的威力。

数字帝国的崛起

在第九章我们曾经简单探讨过工业革命与现代帝国主义的联结。一开始还看不太出来工业技术对帝国建设的影响。在 18 世纪，第一台蒸汽机开始在英国煤矿抽水的时候，还没人会预料最后它们会推动人类史上最具野心的帝国计划。等到 19 世纪初，工业革命动能逐渐累积，这时的政府与军队也还没体会到工业对地缘政治可能产生的影响，所以主要是由民间企业在推动。例如，世界上第一条商业铁路开通于 1830 年，它连接着利物浦与曼彻斯特，就是由民间的利物浦和曼彻斯特铁路公司兴建和运营的。英国、美国、法国、德国等地大多数早期铁路线也是如此。当时根本看不出来为什么政府或军队应该参与这样的商业计划。

但到 19 世纪中叶，各大工业强国的政府与军队都已经很清楚现代工业技术的巨大地缘政治潜力。对原材料与市场的需求，成了推动帝国主义的借口，而工业技术则使帝国更容易征服四方。例如，轮船正是英国在鸦片战争中击败中国的关键，而铁路则在美国向西、俄国向东与向南的扩张中扮演了决定性的角色。事实上，各国的帝国计划无不以铁路建设为重心，例如，俄国有西伯利亚铁路（跨西伯利亚）与中亚铁路（跨里海），德国有巴格达铁路（连接柏林和巴格达），英国也想以铁路连接开罗与开普敦。[2]

然而，大多数政体当时还来不及加入这场风风火火的工业军备竞赛。有些政体是因为根本没有能力参加，例如在所罗门群岛的美拉尼西亚酋邦，或卡塔尔的阿勒萨尼部落。也有些政体或许有这样的能力，但当时并没有意愿或这样的远见，例如缅甸王国、阿散蒂王国或清王朝。这些政体的统治者与人民或许并不在意英格兰西北部这样的地区有何发展，或许觉得这些事情与他们实在无关。如果自己就是在缅甸的伊洛瓦底江流域或长江流域种种水稻，何必在意利物浦到曼彻斯特之间是否建了铁路？但等到 19 世纪末，这些稻农就发现自己不是被大英帝国直接征服，就是被其间接剥削。至于其他在工业竞赛里落后的人，最后也多半落得被某个工业强国所统治的下场。人工智能会不会带来类似的情形？

21 世纪初期，人工智能研发竞赛愈演愈烈，一开始也是由少数几个国家的民间企业领跑的。这些企业的目标是集中全球的各种信息流。谷歌希望汇聚全球所有信息，亚马逊希望集中全球所有购物，脸书则希望联结全球所有社交领域。然而，除非有能力在中央集中处理这些信息，否则把全世界的信息都集中起来既不实际，又没好处。2000 年，谷歌的搜索引擎刚刚起步；亚马逊还只是一家普通的网络书店；扎克伯格也才刚上高中，能够集中处理大量数据所需的人工智能还根本不知道在哪里。但有些人打赌，觉得一切就在眼前。

《连线》杂志创始编辑凯文 · 凯利曾讲述了自己在 2002 年参加谷歌的一场小型聚会，与拉里 · 佩奇聊了一会儿。“拉里，我还是不懂。做搜索的公司那么多，你也要做网络搜索，还免费，这是为了什么？”佩奇解释说，谷歌的重点根本不是搜索。他说：“我们真正在做的是创造一套人工智能。”[3] 如果能拥有大量的数据，就能更轻松地创建人工智能，而人工智能又能把大量的数据转化成巨大的能量。

到 21 世纪 10 年代，当初的梦想正在成为现实。就像史上所有的重大历史革命，人工智能的兴起也是循序渐进的，经历了许多阶段，而有些阶段就成了公认的转折点，堪比开通了从利物浦到曼彻斯特的铁路。在诸多讨论人工智能发展的文献中，有两起事件一再被提起。一是发生在 2012 年 9 月 30 日，一个名为 AlexNet 的卷积神经网络赢得了 ImageNet 大规模视觉识别挑战赛。

如果不知道什么是卷积神经网络，也没听过 ImageNet 挑战赛，你并不孤单。我们这些一般人有超过 99% 都没听过这些内容，所以 AlexNet 获胜的新闻在 2012 年绝对算不上什么头条大事。然而，确实有些人注意到了 AlexNet 的胜利，也看出这预示了怎样的未来。

比如，这些人知道 ImageNet 是一个影像数据库，收录了数百万张加了内容标记的影像图片。你是不是曾经在进入某些网站的时候，被要求从一组图片当中找出哪些有汽车或猫咪，好证明你不是机器人？你点击的那些图片，很有可能就会被加入 ImageNet 数据库。你把自己的宠物猫照片加了标记，再上传到网络的时候，很可能也会被加入 ImageNet 数据库。ImageNet 大规模视觉识别挑战赛的内容，就是要测试各种算法能否正确识别数据库中带有标记的图像。这些算法能不能正确找出有“猫”的图片？如果由人来识别，在 100 张猫咪图像中，我们能够正确识别 95 张。在 2010 年，成绩最好的算法正确率也只有 72%。2011 年，算法正确率攀升到 75%。2012 年，AlexNet 算法获胜，正确率大幅跃升到 85%，让当时只能算是小众的人工智能专家社群大感震撼。外行人可能觉得这样的进步似乎没什么，但专家看到的却是某些人工智能领域可能迅速进步的潜力。时至2015年，一套微软算法的正确率达到96%，超越了人类识别猫咪图像的能力。

2016年，《经济学人》刊出《从无用到神经网络》（From Not Working to Neural Networking）一文，文中问道："说到人工智能，一开始只会想到骄傲自大与失望收场，现在它怎么突然成为最热门的科技领域？"文章认为，从AlexNet胜出的那一刻，让"人们开始注意，而且不是只有人工智能社群，而是整个科技产业"。这篇文章中的插图，就有一只机械手臂拿着一张猫咪的照片。[4]

科技巨头从世界各地取得这些猫咪图像，没给网络用户或各国政府付半分钱，但事实证明这些图像价值连城。人工智能竞赛开跑，参赛者用的正是那些猫咪图像。在AlexNet准备参加ImageNet挑战的同时，谷歌也正在用猫咪图像训练谷歌自己的人工智能，甚至还打造出一套专门用来生成猫咪图像的人工智能，叫作喵喵生成器。[5]这些通过识别可爱猫咪而发展出来的科技，后来却被用于更具掠夺性的目的。比如，以色列就用这些技术发展出名为"红狼""蓝狼""狼群"的应用程序，让军方用来识别在巴勒斯坦占领区里的巴勒斯坦人。[6]原本用来识别猫咪图像的能力，后来也让伊朗发展出各种算法，用来自动识别未戴头巾的女性。前文多次提到，想要训练机器学习算法，需要使用大量数据。如果不是世界各地的人免费上传、标记几百万张的猫咪图像，就不可能训练出AlexNet算法或喵喵生成器，进而使之成为模板而训练出后续的人工智能，发挥其在经济、政治与军事上如此深远的潜力。[7]

在19世纪初，铁路建设由民间企业带头；而到21世纪初，这场人工智能竞赛同样由民间企业率先开跑。谷歌、脸书、阿里巴巴与百度的高层，比各国总统与将军更早地看到了猫咪图像识别技术的价值。至于人工智能发展的第二个顿悟时刻，则是发生在2016年3月中旬，各国总统与将军也终于意识到正在发生的事情。这起事件就是前面所提到的，谷歌的 AlphaGo 击败了李世石。之前 AlexNet 的成就在政治圈并没有掀起多大波澜，但 AlphaGo 的胜利却让政府部门大为震撼，特别是在东亚。根据人工智能相关的传说，正是在 2016 年 3 月，中国政府意识到人工智能时代正式降临。[8]

在所有政府中，最早意识到事情真正重要性的或许就是中国，而这并不让人意外。在 19 世纪，中国很晚才认识到工业革命的潜力，对于铁路与轮船等发明的采用也较为缓慢，因此中国遭受了“百年屈辱”。中国曾经有长达数个世纪都是全球首屈一指的超级大国，但因为没能采用现代工业技术，使得中国不堪倒地，在战争中屡战屡败，部分国土遭到外国侵占，并且被懂得铁路与轮船技术的强国彻底剥削。这让中国发誓，再也不会错过技术发展的列车。

2017 年，中国政府印发《新一代人工智能发展规划》，宣布要“到 2030 年人工智能理论、技术与应用总体达到世界领先水平，成为世界主要人工智能创新中心”[9]。接下来的几年，中国在人工智能领域投入大量资源；到 21 世纪 20 年代初期，中国已经在多项人工智能相关领域领先全球，并且在其他领域迎头赶上美国。

当然，并不是只有中国政府意识到了人工智能的重要性。2017 年 9 月 1 日，俄罗斯总统普京宣布：“人工智能除了是俄罗斯的未来，也是全人类的未来……谁能成为这个领域的领导者，就会成为世界的统治者。”2018 年 1 月，印度总理莫迪也同意“谁控制了数据，就控制了世界”[10]。2019 年 2 月，时任美国总统特朗普签署了一项关于人工智能的行政命令，指出“人工智能时代已经来临”，“美国在人工智能领域维持领先，对于维护美国经济与国家安全至关重要”。[11] 当时美国已经在这场人工智能竞赛中居于领先地位，这在很大程度上要归功于一群有远见的民间企业家。然而，原本只是企业间的商业竞争，现在已经成了政府间的比拼，如果说得更准确一点，是由一个政府与几家民间企业组队参加的团队竞赛。赢家能得到什么奖品？奖品就是统治世界。

数据殖民主义

16 世纪，西班牙、葡萄牙、荷兰征服者建立了历史上的第一批全球帝国，他们带来了帆船、马匹与火药。19 世纪和 20 世纪，英国、俄国、日本争夺霸主地位，靠的则是轮船、火车与机枪。到 21 世纪，如果要统治一个殖民地，你已经不再需要派出炮艇，而只需使用数据即可。少数几个能够收集全球数据的企业或政府，就有能力把全球其他地区变成自己的数据殖民地，它们不是依靠公开的军事武力，而是通过信息来控制这些领土。[12]

想象一种情境：假设在 20 年后，世界上某个地方有个人能够掌握你们国家每个政治人物、记者、军官与首席执行官的所有个人历史，知道他们发过的每条短信、做过的每次网络搜索、生过的每次疾病、享受过的每次性接触、说过的每个笑话，以及接受过的每次贿赂，那么你到底算是生活在一个独立的国家还是一个数据殖民地呢？如果你的国家完全依赖各种数字基础建设与人工智能系统，而国家对它们又无法进行有效控制，情况又会如何？

这种情况可能会导致一种新型的数据殖民主义，也就是会通过控制数据来统治遥远的殖民地。而控制了人工智能与数据，也能让这些新的帝国控制人民的注意力。正如前面讨论过的，在 21 世纪 10 年代，脸书与 YouTube 这些美国社交媒体头部企业就曾经为了追求利润，而使缅甸和巴西这些远方国家的政治动荡不安。未来的数字巨头也可能为了政治利益而做出类似的事情。

出于对心理战、数据殖民主义和网络空间失控的担忧，许多国家都禁用了一些它们认定为危险的应用程序。中国禁用了脸书、YouTube 等许多西方社交媒体应用程序与网站。俄罗斯则禁用了几乎所有西方社交媒体应用程序，以及部分的中国社交媒体应用程序。2020 年，印度禁用了 TikTok、微信与许多其他中国应用程序，理由是他们认为这些程序“从事损害印度主权完整、国防、国家安全和公共秩序的活动”。美国一直在争论是否禁用 TikTok，担心该应用程序是“为了中国的利益”，而且从 2023 年开始，几乎所有联邦及各州政府职员与承包商的设备都禁用了 TikTok。英国、新西兰等国的立法者也表达对 TikTok 有所疑虑。至于从伊朗到埃塞俄比亚的许多其他国家的政府，则封锁了脸书、推特、YouTube、Telegram（即时通信软件）、Instagram 等各种应用程序。

社会信用体系的普及，也可能是一种数据殖民主义的表现。例如，如果某个全球数字经济的主要参与者决定建立一套社会信用体系，收集一切数据来评分，而且对象除了本国人民，还要放大到全世界，情况会如何？就算是外国人，也不能对这些分数置之不理，因为从买机票到申请签证、奖学金或工作，都可能受到这些评分的影响。就像现在游客挑选本国餐厅和酒店的时候，也会参考猫途鹰和爱彼迎这些外国企业给出的全球评分，全球人都在用美元进行商业交易，因此，到时候全世界的人在进行当地社会互动的时候，都可能参考这种社会信用评分。

成为数据殖民地，除了有政治与社会上的影响，还会有经济上的影响。在 19 世纪和 20 世纪，如果成为比利时或英国这种工业强权的殖民地，通常意味着由你提供原材料，而最先进、能够赚到最多利润的产业则仍然被留在帝国的中心。比如，埃及将棉花出口到英国，但高端纺织品则要从英国进口；马来亚提供制造轮胎所用的橡胶，但汽车制造则是在英国的考文垂。[13]

数据殖民主义的情况也可能很类似。人工智能产业的原材料是数据。要制造能够识别图像的人工智能，需要有猫咪的照片；要生产最流行的时装，需要时尚趋势的数据；要生产自动驾驶汽车，需要交通模式与车祸的数据；要生产医疗保健人工智能，需要基因与各种健康状况的数据。新的帝国信息经济是从全世界收集原始数据，再流向帝国中心，在那里研发最先进的技术，生产出无与伦比的算法，从而有能力识别猫咪、预测时尚趋势、控制自动驾驶汽车以及诊断各种疾病。接着，再把生产出的算法出口到数据殖民地。来自埃及和马来西亚的数据，可能让某家企业变得极为富有，但开罗和吉隆坡的人民依然贫穷，分不到半点利润或权力。

新信息经济的本质，可能会让帝国中心与被剥削的殖民地之间形成比过往更严重的不平衡。在古代，最重要的经济资产是土地而非信息，而这就避免了所有的财富与权力过度集中在一个中心。只要最重要的还是土地，就永远会有相当的财富与权力掌握在行省地主手中。例如，罗马皇帝虽然能够一次又一次地镇压地方叛乱，但把上一位叛乱首领斩首的隔天，还是只能再指派一批新的行省地主，而这些行省地主还会再次挑战中央的权力。在罗马帝国，虽然意大利是政治权力中心所在，但最富裕的省份却在地中海东部，想把尼罗河谷的肥沃土地运到意大利半岛是不可能的。[14] 所以，最后罗马皇帝还是把罗马城让给了蛮族，而将政治权力所在地转移到位于富饶东方的君士坦丁堡。

工业革命期间，机器变得比土地更重要。这时候最值钱的资产是工厂、矿场、铁路和发电厂，而要把这些资产集中在一处已经变得比较容易了。大英帝国能够将整个工业生产集中在本土岛屿，先从印度、埃及与伊拉克取得原材料，然后运到伯明翰或贝尔法斯特制成成品，再卖给印度、埃及与伊拉克。不同于当初罗马帝国的状况，大不列颠岛既是政治也是经济权力之所在。然而，这时财富与权力的集中还是会受到物理学与地质学的自然限制。英国不可能把所有棉纺厂从加尔各答搬到曼彻斯特，也不可能把油井从基尔库克搬到约克郡。

信息就不一样了。不像棉花或石油，数字数据能够接近光速地从马来西亚或埃及送到某个地方。也不像土地、油田或纺织厂，算法并不需要占用太多空间。因此与工业的力量不同，算法的力量确实能够集中到单一枢纽中心。只要一个国家的工程师，就能写出让整个世界运行的算法，并掌握所有重要的密钥。

事实上，就连某些传统产业（例如纺织业）的重要资产，也能通过人工智能集中在一起。在19世纪，如果想要控制纺织业，就意味着要控制广阔的棉花田和庞大的机器生产线。而到21世纪，纺织业最重要的资产已经成了信息，而不再是棉花或机器。要击败对手，服饰制造商需要的是关于顾客好恶的信息，并有能力预测或打造下一波的流行时尚。只要控制了这类信息，就连亚马逊或阿里巴巴这样的科技巨头，也能够垄断纺织业这种非常传统的产业。2021年，亚马逊已经成为美国最大的单一服饰零售商。[15]

此外，随着人工智能、机器人、3D打印让纺织品的生产自动化，数百万工人可能会失业，国内的经济与全球的力量平衡也会受到冲击。例如，如果自动化让纺织品在欧洲的生产成本降低，会对巴基斯坦与孟加拉国的经济及政治有何影响呢？目前，纺织业为巴基斯坦劳动力提供了40%的就业机会，也占了孟加拉国出口收入的84%。[16]第九章曾提到，虽然自动化可能会让数百万纺织工人失业，但也可能创造许多新的就业机会。比如，可能会出现大量对于程序员与数据分析师的需求。然而，要将失业的工厂工人变成数据分析师，需要投入大量资金进行再培训。巴基斯坦和孟加拉国要从哪里找来这笔钱呢？

因此，人工智能与自动化对于较贫困的发展中国家会是一场特别的挑战。在人工智能推动的经济中，数字领先国家能够囊括大部分收益，再用这些财富进行劳动力的再培训，进而获取更高的利润。与此同时，落后国家的非技术性劳动力价值将会下降，而且这些国家又缺乏再培训劳动力的资源，于是变得更加落后。结果可能是在某些地区出现大量新的就业机会与巨大的财富，而世界许多其他地区则成为一片经济废墟。[17] 根据全球会计师事务所普华永道的预测，人工智能预计在 2030 年将为全球经济增加 15.7 万亿美元。但依照目前的趋势，中国与北美合计将抢下其中 70% 的份额。[18]

从“网”到“茧”

这样的经济与地缘政治动态，可能让世界分裂成几个数字帝国。冷战期间，许多地方的铁幕真的是由金属制成的：一道铁丝网，将两个国家硬生生地隔开。现在的世界则逐渐是被硅幕分隔的。硅幕由代码组成，存在于世界上每一台智能手机、计算机与服务器之中。智能手机上的代码决定了你活在硅幕的哪一侧、被哪些算法控制生活、被谁控制注意力，以及你的数据会流向何方。

目前，想要跨越硅幕取得信息正变得越来越困难。此外，硅幕两侧所用的数字网络与代码也渐行渐远，各自有不同的规范，也有着不同的目的。在中国，新数字科技最重要的目的在于强化国家实力、推行政府政策。虽然民间企业在人工智能的研发与部署方面有相当的自主权，但企业经济活动仍服务于国家的战略。也是出于政治目的，中国在线上与线下的监控程度相对较高。[19]

在美国，政府扮演的角色影响力较为有限。人工智能的研发与部署是由民间企业主导的，而且许多新人工智能工具的终极目的是让科技巨头变得更富裕，而不是要强化美国国家或现任政府的实力。事实上，美国政府政策很多时候都深受强大的商业利益左右。然而，美国制度确实更能保护公民的隐私。虽然美国企业也会积极收集民众线上活动的信息，但只要涉及线下生活，受到的限制就往往更为严格。而且，民众一般也相当反对推出各种无所不包的社会信用体系。[20]

这些政治、文化与法规上的差异，意味着在不同的数字领域就会使用不同的软件。在中国不能用谷歌和脸书，上不了维基百科，在美国则是很少人用微信、百度与腾讯。更重要的是，这些数字领域并不是彼此的镜像，不能说中国与美国只是研发出了同一种应用程序的地方版本。百度不是中国的谷歌，阿里巴巴也不是中国的亚马逊。这些程序就是有着不同的目的和不同的数字架构，也对人民的生活有着不同的影响。[21] 这些差异将会波及世界许多地区，因为大多数国家并不会另外自行研发本地用的技术，而是直接采用中国或美国的软件。

各个数字领域也会使用不同的硬件，例如智能手机与计算机。美国会向其盟友与客户施压，要求禁用中国硬件，例如华为的5G基础设备。[22] 特朗普政府也曾禁止新加坡博通公司收购美国的重要计算机芯片生产商高通，担心外国人可能会在芯片中插入后门，或者使得美国政府无法在芯片中插入自己的后门。[23] 2022年，拜登政府对发展人工智能所需的高性能芯片展开严格贸易限制，美国企业不得向中国出口人工智能芯片，也不得向中国提供制造或维修人工智能芯片的方法。之后限制措施进一步收紧，禁令范围扩大到俄罗斯与伊朗等国家。[24] 从短期来看，这将阻碍中国在人工智能竞赛中的发展，但从长远来看，这将促使中国发展成一个完全独立的数字领域，从最基本的组成要件就与美国数字领域截然不同。[25]

这两个数字领域可能渐行渐远，彼此越来越陌生。由于数字代码会影响人类的行为，而人类的行为又会反过来塑造数字代码，于是硅幕的两侧就这样走上完全不同的路径，不仅在科技上越来越不同，在文化价值观、社会规范与政治结构方面的差异也越来越大。人类经过许多世代的趋同，或许也到了趋异的关键时点。[26] 在过去几个世纪，新的信息技术推动了全球化，让世界各地的联结更加紧密。但矛盾的是，如今的信息技术已经变得如此强大，却可能把人类封闭在一个又一个的信息茧里，使人类走向分裂，不再拥有单一的共同现实。过去谈到人类社会，我们通常觉得是如“网络”一般，但未来可能就成了“茧”的时代。

全球的身心分离

人类社会分裂成一个又一个的信息茧，不但会造成经济对抗与国际紧张局势，还会发展出各种截然不同的文化、意识形态与身份认同。要想预测未来的文化与意识形态发展，无异于痴人说梦，这比预测经济或地缘政治发展困难得多。在提比略的时代，有多少罗马人或犹太人能预料到，未来一个小小的犹太教支派成了罗马帝国的国教，而皇帝居然抛弃了罗马的旧神，改去崇拜一个被处决的犹太拉比？

更难预料的则是各个基督教教派会发展出哪些方向，以及这些想法与冲突又会怎样深深影响从政治到性在内的一切事物。当初曾有人问耶稣，他对于向提比略政府纳税有什么想法，他的回答是：“该撒的物当归给该撒，神的物当归给神。”（《马太福音》22：21）。当时没人想象得到，这个回答会在2000年后深深影响了美国的政教分离。此外，圣保罗写信给罗马的基督徒时提到：“我以内心顺服神的律，我肉体却顺服罪的律了。”（《罗马书》7：25）。有谁能想到，这句话将会在后来影响了从笛卡儿哲学到酷儿理论等诸多学派。

虽然这件事如此困难，但我们还是该试着想象一下未来的文化发展，以提醒自己：人工智能革命的到来会形成诸多对立的数字领域，改变的可能不只有我们的工作与政治结构。以下的段落将会提出许多大胆的猜测，但请不要忘记，我在这里并不是要准确地预测文化的发展，只是希望提醒大家别忘了可能有重大的文化转变与冲突正在等着我们。

其中一种可能影响深远的发展，就是不同的数字茧开始对人类身份这种最基本的问题有了不同的想法。数千年来，许多宗教与文化都是因为对身心问题的看法不同而产生了严重的冲突（比如在基督教各个派别之间、印度教与佛教之间、柏拉图主义与亚里士多德主义之间）。所谓人类，到底是物质的身体、非物质的心灵，还是一个被困在身体里的心灵呢？到 21 世纪，计算机网络可能会让身心问题变得更严重，从而引发各种重大的个人、意识形态与政治冲突。

为了了解身心问题对政治的影响，让我们先简单回顾一下基督教的历史。许多早期的基督教教派受到犹太教思想的影响，相信《旧约》的观点，也就是人类是肉身的存在，身体对于人类的身份极为关键。《创世记》谈到神在造人的时候有着具体的形象，而且《旧约》各卷几乎都假定人类只能以肉身的形式存在。除了少数可能的例外，《旧约》并没有谈到人类可能在死后以没有肉身的形式存在，不管是在天堂还是在地狱。所以古代犹太人想象的救赎，是在一个人间的王国且有着真实的肉身。到了耶稣时代，许多犹太人相信的是等到弥赛亚终于降临时，死者的肉身会在地球上恢复生命。一般认为，弥赛亚建立的“神的国”应该是一个物质的王国，有树木、石头，以及血肉之躯。[27]

耶稣本人以及第一批基督徒也是这么想的。耶稣曾向信众许诺，神的国很快就会降临在地上，而他们也将会以自己的肉身活在这个国里。在耶稣并未实现许诺便过世之后，早期信众开始相信他以肉身复活，也认为等到神的国降临在地上，自己也能以肉身复活。教父德尔图良（160—240）曾写道：“肉身是救赎的关键。”天主教教义也引用了 1274 年第二届里昂公会议通过的教义，写道：“我们信降生成人的圣言，肉身的救赎者。我们信肉身的复活，创造和肉身得救的完成……我们相信现在的这个身体将会真正地复活。”[28]

虽然各方说法似乎口径一致，但我们看到圣保罗已经对这套肉身说有所怀疑。到公元 4 世纪，在希腊、摩尼教与波斯的影响下，有些基督徒已经开始相信一种二元的说法，觉得人类有一个良善的非物质的灵魂，被困在由邪恶物质组成的身体里。在他们的想象中，非但没有肉身复活这种事，反而正好相反：洁净的灵魂好不容易才经由死亡这一步，从令人憎恶的物质监狱得到解放，怎么还想回去呢？因此基督徒开始相信，灵魂在人死后从肉身中得到解放，永恒存在于一个形而上的非物质世界。这也是目前基督徒的标准信仰，至于德尔图良与第二届里昂公会议的说法就先放到一边。[29]

然而，基督教还是无法完全放下犹太人认为人类是以肉身存在的古老观点。毕竟，基督就是以肉身出现在地球上的，他的肉身被钉上了十字架，经历万般痛苦折磨。于是 2000 多年来，基督教的不同派别就会互相攻击，有时候是言语相向，有时候是刀剑交锋，目的就是在灵魂与肉身的关系中争出个道理来。吵得最凶的还是关于基督自己的肉身。他属于物质的存在，还是纯粹的灵性，抑或属于非二元性，即既是人，也是神？

对身心问题有不同的答案，就会影响人们对自己肉身的看法。圣人、隐士、修士、修女做过许多极其惊人的实验，想把人的肉身推向极限。就像基督允许自己的肉身在十字架上受到折磨，这些殉道者允许狮子和熊把他们的肉身扯碎，而他们的灵魂却在此时感受着神圣的狂喜。他们会穿着刚毛衬衣，禁食数周，或在一根柱子上站立好几年，例如著名的西蒙，据说就在阿勒颇附近的一根石柱上站了大约 40 年。[30]

也有一些基督徒态度完全相反，觉得肉身根本不重要，唯一重要的只有信仰。像马丁 · 路德这样的新教徒把这种态度发挥到极致，他提出了唯独因信称义的教条。路德在当了大约 10 年的修士，经历禁食与各种身体折磨之后，开始对这些肉身上的苦修感到绝望，觉得这些肉身的自我折磨无法迫使神给予救赎。事实上，认为自己能够通过折磨肉身来得到救赎，就已经犯下了傲慢的罪。于是路德脱下了修士袍，与一位原修女结婚，并告诉他的追随者，要当个好基督徒，唯一需要的就是对基督有绝对的信仰。[31]

这些讲心灵与身体的古老神学争论，似乎与人工智能革命完全无关，但事实上，21 世纪的科技已经让这些议题被召唤复活。我们的肉体，与线上的身份和化身之间是什么关系？线下的世界与网络空间又是什么关系？假设我醒着的时候多半时间就是坐在房间里的屏幕前，玩着线上游戏，建立虚拟关系，就连工作也是远程处理，甚至很少想要出门吃饭，饿了就是叫外卖。这时候，如果你的想法比较接近古代的犹太人和早期的基督徒，肯定觉得我太可怜了，觉得我只是生活在一片幻觉之中，与物理空间和其他血肉之躯失去了联结。然而，如果你的想法比较接近马丁·路德与许多后来的基督徒，反而可能觉得我是得到了解放。把我大部分的活动与关系从有限的生物世界转移到网络上之后，我就不用再受限于束缚人的重力和会衰老的身体，而能够享有数字世界无限的可能性，摆脱生物甚至物理上的定律。我能够漫游在一片更广阔、更刺激的空间，探索自己的身份还能有哪些新的方面。

一个越来越重要的问题是，我们应该自由选择自己喜欢的虚拟身份，还是应该受到生物身体的限制？如果我们遵循路德宗那种唯独因信称义的立场，生物肉体就没那么重要，在选择线上身份的时候，唯一重要的就是你相信什么。这个议题不但会深深影响人类的身份认同，还会影响我们对整体世界的态度。社会如果从生物肉体的角度出发来理解身份，会比较在意像污水处理系统这样的实际基础建设，以及能够维持我们肉体的生态系统。至于互联网世界则是线下世界的附属，虽然能提供各种有用的用途，但永远不能成为人类生活的中心舞台。这种社会的目标，是要创造出一个理想的物质与生物王国，也就是地上的神之国。相较之下，社会如果不太在意生物肉体而重视网络身份，就可能比较想在网络空间创造出一个沉浸式的神之国，同时并不在意像污水处理系统或雨林这些实体事物的命运。

这个议题除了会影响人们对生物的态度，也会影响人们对数字实体的态度。如果社会还是从实际肉体的角度来定义身份，就不太可能将人工智能视为人类。但如果社会不那么重视实际肉体，那么就算是没有任何肉体表象的人工智能也可能成为法人，享有各种权利。

纵观历史，不同的文化都曾对身心问题给出了不同的答案。而到21世纪，身心问题更可能导致文化与政治上的分裂，后果不亚于犹太人与基督徒、天主教与新教的分裂。比如，如果美国这个数字领域不在意肉体，以网络身份来定义人类，认同人工智能是人，并低估生态系统的重要性，而中国这个数字领域的立场则完全相反，那会发生什么呢？相较之下，目前还在争吵的那些侵犯人权、遵守生态标准，只能说是微不足道。三十年战争可以说是欧洲史上最具破坏性的战争，而起因至少在一定程度上是天主教与新教之间的教义冲突，比如唯独因信称义，以及基督到底是神、是人还是属于非二元性。而未来各种冲突的起因，会不会也是在争论人工智能的权利，以及各种数字化身的非二元性本质？

前面已经提过，这些都只是在大胆猜测，实际的文化和意识形态很可能有所不同，但或许更为疯狂。很可能在几十年间，计算机网络会培养出新的人类，以及我们现在会觉得完全无法理解的非人类身份认同。如果整个世界被分成两个相互竞争的数字茧，一个茧里的身份认同对另一个茧的居民来说就有可能简直莫名其妙。

从代码战争到热战

虽然目前人工智能竞赛是由中、美两国领先，但参赛者可不只有这两国。包括欧盟、印度、巴西和俄罗斯在内，各个国家或集团都可能尝试打造自己的数字领域，也各自受到不同政治、文化与宗教传统的影响。[32]于是，世界或许不是落入两个大国之手，而是被十几个国家瓜分。我们目前还不清楚，这样的情况究竟是会缓解还是会加剧国家间的竞争。

新的国家之间的竞争越激烈，就越有可能发生武装冲突。当初美、苏之间的冷战从未升级成直接的军事对抗，主要归功于“保证同归于尽”原则。但人工智能时代冲突升级的危险更大，因为网络战与核战有着本质上的不同。

第一，网络武器能做到的远比核弹更多。网络武器除了能使敌国的电网瘫痪，还能摧毁秘密研究设施，干扰敌方的传感器，煽动政治丑闻，操纵选举，或是入侵智能手机。而且这一切能做得悄无声息。不会有什么蘑菇云或火焰风暴宣告它们的存在，也不会出现从发射台到目标之间的明显痕迹。因此，有时候连是否发生了攻击以及是谁发动的攻击，都很难得知。要是数据库被入侵、敏感设备被破坏，很难确定要把矛头指向谁。因此，发动一场有限的网络战诱惑很大，而让冲突升级的诱惑也很大。比如以色列与伊朗、美国与俄罗斯这样的敌对国家，网络上的交锋早已进行多年，这就是一场从未宣战但又不断升级的战争。[33]这也正成为一种新的全球常态，加剧着国际的紧张局势，也推动着各国跨过一条又一条红线。

第二，也是二者的关键差异，即可预测性。冷战像是在下一盘超理性的棋，正因为核冲突的破坏太过明确，也就让发动战争的念头相对极低。但网络战就少了那份明确。没有人真的知道对方在哪里植入了逻辑炸弹、特洛伊木马和恶意软件，也没有人能确定自己的武器在需要的时候会不会无法发挥作用。某个国家下令发射导弹的时候，真的能发射出去吗？搞不好美国已经入侵了其导弹或指挥系统？而美国的航空母舰真的能顺利出航吗，还是会神秘地关机或原地打转？[34]

这样的不确定性影响了“保证同归于尽”原则。一方可能会说服自己（无论是否正确），相信自己能够既成功发动第一击，还不会受到大规模报复攻击。更糟的是，只要有人认为有这样的机会，发动第一击的诱惑迟早都会变得叫人难以抗拒，因为没人知道这样的机会还能维持多久。根据博弈论，军备竞赛最危险的一种局面，正是某一方觉得自己手中拥有某种优势，但这种优势正在流失。[35]

即使人类得以避免全球战争这种最恶劣的局面，新的数字帝国的崛起也可能威胁数十亿人的自由与繁荣。我们曾看到 19 世纪与 20 世纪的工业帝国剥削和压迫它们的殖民地，如果以为新的数字帝国不会如此，只能说是太天真。正如前面所提，如果世界真的分裂成许多相互敌对的帝国，人类就不太可能会有效合作来化解生态危机，或是携手共同监督人工智能与生物工程等颠覆性的技术。

全球联结

当然，无论世界是被几个数字帝国瓜分，还是仍然是多元化的社群、拥有大约 200 个民族国家，抑或是以完全不同和过去未曾预见的状态形成分裂态势，人类永远都有“合作”这个选项。人类合作的前提并不是彼此相似，而是拥有能够交换信息的能力。只要我们能够彼此交谈，就有可能发现一些共同的故事，拉近我们之间的距离。毕竟，这正是我们智人成为地球优势物种的主要原因。

就像敌对的家庭也能在部落网络中合作、敌对的部落也能在国家网络中合作，敌对的国家或帝国也能在全球网络中合作。能够促成这种合作的故事不一定是通过消除彼此的分歧来实现的，而可能只是让我们能够找出共同的经验与兴趣，进而成为共同的思想与行动框架。

然而，现在全球合作之所以如此困难，一大主因在于一种错误的观念，即认为合作就得先消除所有文化、社会与政治差异。民粹主义政治家常常说，如果国际社会都相信同一个故事、同样的普世规范与价值观，就等于摧毁了各国自己的独立性与独特传统。[36] 2015 年，法国国民阵线主席玛丽娜·勒庞在一次选举演讲中毫不掩饰，言简意赅地表达了这种立场，她声称："我们已经进入了一种新的两党制。两种互斥的观念，将从现在开始建构我们的政治生活。现在不再是分成左翼或右翼，而是分成全球主义者或爱国主义者。"[37] 2020年8月，特朗普也是这样描述他的指导信条的："我们严拒全球主义，拥抱爱国主义。"[38]

幸运的是，这种二元立场的基本假设就是错误的。全球合作与爱国主义并不互斥。因为"爱国"不代表"仇恨外国人"，而只是"爱自己的同胞"。有很多时候，为了照顾自己的同胞，我们就是需要和外国人合作。新冠疫情就是一个明显的例子。疫情是全球性的事件，要是没有全球合作就难以控制，更别提预防了。只要一个国家出现某种新病毒或变异的病原体，所有国家都会一起陷入危机。然而，人类对抗病原体的最大优势就在于人类能用病原体做不到的方式来合作。德国和巴西的医生都能彼此提醒有什么新的危险，互相提出良好的建议，并且共同努力找出更好的疗法。

如果德国科学家发明了某种新疾病的疫苗，巴西该如何反应？选项之一是拒用外国疫苗，坚持等待巴西科学家研发出自己的疫苗。然而这不仅是愚蠢的，更违背了爱国主义精神。如果是巴西的爱国主义者，就该希望能以任何可用的疫苗来帮助同胞，才不会管疫苗是在哪里研发的。在这种时候，与外国人合作才是真正的爱国。人工智能可能失控的问题也与疫情类似，如果真正爱国，就必须全球合作。失控的人工智能就像失控的病毒，会给所有国家的人民带来危险。如果权力从人类落到算法手中，没有哪个人类群体（不论是部落、国家还是整个物种）能够受益。

不同于民粹主义的观点，全球主义并不意味着就要建立全球帝国、放弃对国家的忠诚或是开放边界无限制地接受移民。事实上，全球合作代表的是没那么激进的两件事。第一，遵守某些全球规则。这些规则并不是要否认每个国家的独特性以及各国人民对国家的忠诚，而是在规范国家之间的关系。世界杯就是一个很好的例子。世界杯是一场国家之间的竞争，各国人民也常常对自己的国家队表现出强烈的忠诚。但与此同时，世界杯也是全球共识的精彩展现。要不是巴西能与德国在比赛规则上达成一致，哪可能同场比赛？这就是全球主义发挥了作用。

第二，有时候（但不是永远）有必要将全人类的长期利益置于少数人的短期利益之上。同样以世界杯为例，所有国家队都同意不使用提升运动表现的禁药，是因为大家知道，如果此例一开，世界杯就会成为一场生物化学家之间的竞赛。在那些同样可能被科技改变整套游戏规则的领域，我们也应该共同努力，在国家与全球的利益之间达到平衡。虽然各国显然还是会继续争相研发新的技术，但偶尔也应该同意对于某些危险技术的研发与部署加以限制（例如自主性武器或操弄性算法）。这么做除了是出于利他主义，也是一种自我保护。

人类的选择

想要针对人工智能制定并维持一套国际协议，在国际体系的运作方式上就必须先有重大的改革。虽然人类过去也曾共同管制核武器与生物武器等危险的技术，但对人工智能的监管需要前所未有的信任与自律，原因有二。第一，想掩饰非法的人工智能实验室，要比掩饰非法的核反应堆容易多了；第二，比起核弹，人工智能有更多的军民两用用途。所以，一国就算签署了协议，同意禁止研发自主武器系统，也可以私下秘密制造此类武器，或者将之伪装成民用产品。比如，研发出完全自主的无人机，平常用来投递邮件、在农田上喷洒农药，但只要稍作调整，就能拿来投送炸弹、向民众喷洒毒剂。这样一来，政府与企业更难相信竞争对手确实遵守大家说好的规定，也更难抗拒自己偷偷不遵守规定的诱惑。[39]人类有办法发展出这些必要的信任与自律吗？类似的变化在历史上是否有先例？

许多人都怀疑人类到底有没有能力改变，特别是能不能放下暴力、建立更强的全球联结。比如汉斯·摩根索与约翰·米尔斯海默这些现实主义的思想家就觉得，国际体系总免不了出现全面的权力竞争。米尔斯海默解释说，“我的理论认为，各个强权最关心的，就是在一个并没有机制避免大家互相伤害的世界上，该怎样存活下去”，而且这些强权“很快就意识到，权力是存活的关键”。米尔斯海默接着问，“国家想要多少权力”，而答案是所有国家都希望权力越多越好，“因为国际体系创造了强大的动机，促使国家找机会牺牲对手，为自己取得权力”。他的结论是：“一个国家的终极目标，就是要成为国际体系中的霸主。”[40]

对国际关系的这种悲观看法，很像民粹主义对人际关系的看法，即觉得人类只对权力有兴趣。这些观点背后是一套关于人性更深层的哲学理论，灵长目动物学家弗朗斯·德瓦尔称之为“饰面理论”。饰面理论认为，人类本质上仍然是石器时代的狩猎者，看着世界就是个丛林，相信弱肉强食、力量就是正义。它还认为，人类几千年来一直试图用各种神话与仪式形成的薄弱饰面掩盖这个不变的现实，但人类从未真正摆脱丛林法则。事实上，人类的神话与仪式本来就是丛林强者用来欺骗、诱捕弱者的武器。要是没有意识到这一点，只能说是天真到危险的地步，必然成为一些无情掠食者的猎物。[41]

但我们有理由认为，像米尔斯海默这样的现实主义者其实只是选择性地看到了部分历史现实，甚至丛林法则本身就是个错误的神话。正如德瓦尔与许多其他生物学家的大量研究所记录的，真实的丛林（而不是想象中的丛林）充满了无数动物、植物、真菌以及细菌表现出的合作、共生与利他现象。比如，陆地植物有高达 80% 都需要依赖与真菌的共生关系，维管植物科中也有将近 90% 与微生物有共生关系。如果亚马孙、非洲或印度雨林里的生物放弃合作而转为全面争夺霸主地位，雨林与雨林中的所有生物很快都会死去。合作，才是真正的丛林法则。[42]

至于石器时代的人类，虽然是狩猎者，但同时也是采集者，并没有确切证据显示他们有着无法压抑的好战倾向。虽然也有诸多猜测，但考古发现，关于组织战争最早的明确证据位于尼罗河谷的捷贝尔·撒哈巴（Jebel Sahaba）遗址，时间仅仅在大约1.3万年前。[43]而且就算在那之后，关于战争的记录也是时有时无，而非持续出现的。有些时期格外暴力，有些时期也相对和平。我们在人类的长期历史中观察到的最清楚的规律并不是冲突持续不断，而是合作的规模持续扩大。10万年前，智人的合作还停留在游群的层次。时间过了数个千年，人类也成功找到办法能够让陌生人组成社群：先是形成部落，再到宗教、贸易网络与国家的层次。现实主义者应该要注意，国家并不是建构人类现实的基本单位，而是人类辛苦建立信任与合作之后的产物。如果人类真的只对权力感兴趣，根本就不可能创造出国家。当然，在国家内部或国家之间永远都有冲突的可能，但从来不是不可避免的命运。

战争的激烈程度并不取决于永不改变的人性，而取决于不断改变的科技、经济与文化因素。只要这些因素出现变化，战争也会跟着变化，这一点在二战后可以看得十分清楚。在这个时期，核技术的发展使得战争的潜在代价大幅提升。从20世纪50年代起，那些超级大国已经清楚意识到，就算自己能在全面核战中胜出，也可能需要牺牲大部分人口，只能称得上是一场自杀式的胜利。

与此同时，人类持续从物质经济走向知识经济，也让战争的潜在获利越来越低。虽然现在发动战事还是能够抢夺稻田与金矿，但在20世纪晚期之后，这些资源已经不再是经济财富的主要来源。比如半导体产业这样的新兴领导产业，是以技术技能与组织上的专业为基础的，无法通过军事征服来取得。因此，在二战后的伟大经济奇迹中，有部分正是由德、意、日这些战败国，以及瑞典、新加坡这些避开了军事冲突与帝国征服的国家实现的。

最后，20 世纪下半叶也见证了一场深远的文化转型，古老的军国主义理想渐渐退去。艺术家对战争的描绘，越来越专注于描绘战争带给人的毫无意义的惊惧，而不再歌颂那些战争的策划者；政治人物上台之后，更多梦想着国内改革而非对外征服。由于这些技术、经济与文化的变化，在二战后的数十年间，多数政府不再认为侵略战争是一种有益于促进本国利益的工具，多数国家也不再幻想征服并摧毁邻国。虽然内战与叛乱依然常见，但二战后各国全面开战的情况显著减少，特别是大国之间鲜少再有直接的武装冲突。[44]

虽然从许多统计数据也能看出二战后的战争次数减少，但最明确的证据或许就是国家预算了。有史以来，军事多半都是各个帝国、苏丹国、王国与共和国预算的头号项目。政府花在医疗保健与教育方面的支出少之又少，因为大部分资源都被用去支付军饷、兴建城墙和建造军舰。宋朝官员陈襄考察治平二年（公元 1065 年）的年度预算，就发现在该年岁入的 6000 余万缗钱当中，有 5000 万（83%）都被用来养兵。另一位官员蔡襄则写道："天下六分之物，五分养兵，一分给郊庙之奉、国家之费，国何得不穷，民何得不困？"[45]

从古至今，许多其他政体也常常见到同样的情况。罗马帝国的预算有 50%~75% 用在军事；[46]17 世纪末的奥斯曼帝国则是大约 60%。[47] 1685—1813 年，英国军费平均约占政府开支的 75%。[48] 在法国，1630—1659 年的军费约占预算的 89%~93%；在 18 世纪多半不低于 30%，而在 1788 年降到 25% 的低点，原因正是那场导致法国大革命的金融危机。在普鲁士，1711—1800 年，军事预算占总预算的比例从未低于 75%，有时甚至高达 91%。[49] 1870—1913 年这段相对和平的时间，欧洲大国以及美、日的军事支出平均也占国家总预算的 30%，而瑞典等较小国家的军事支出甚至更高。[50] 1914 年一战爆发后，军事预算一飞冲天。在参与一战期间，法国军费平均占总预算的 77%，德国占 91%，俄国占 48%，英国占 49%，美国占 47%。到二战期间，英国的这一数字上升到 69%，美国则上升到 71%。[51] 就算到 20 世纪 70 年代的“缓和”年代，苏联的军费开支还是占了其总预算的 32.5%。[52]

看着近几十年来的国家预算报告，实在比所有宣传和平主义的读物更让人感到希望。21 世纪初期，全球各国政府军费开支平均只占总预算的大约 7%，就连美国这个占主导地位的超级大国，维持霸权所用的经费也只占年度总预算的大约 13%。[53] 由于大多数人不再活在担心外敌入侵的恐惧之中，政府就能将更多资金投入福利、教育与医疗保健。21 世纪初期，全球平均医疗保健支出约占政府预算的 10%，约为国防预算的 1.4 倍。[54] 对许多活在 21 世纪 10 年代的人来说，医疗保健预算高于军事预算似乎不是什么了不起的事。这其实是人类行为出现重大转变之后的结果，这一点在先前大多数时代听起来都会觉得是天方夜谭。

战争逐渐减少，并不是因为什么神圣的奇迹或自然法则彻底转变，而是因为人类改变了自己的法律、神话与制度，并且做出了更好的决定。遗憾的是，既然这种变化源自人类的选择，也就意味着趋势有可能逆转。技术、经济与文化都在持续改变，到 21 世纪 20 年代初，有更多领导人再次梦想着军事上的荣耀，武装冲突再次升温，[55] 军事预算也开始增加。[56]

2022 年年初，有人跨过了一个关键门槛。2022 年 2 月 24 日，俄罗斯总统普京宣布开展“特别军事行动”，计划对乌克兰进行非军事化和去纳粹化，俄乌冲突正式爆发。这次冲突让俄罗斯军事预算大增，远远超过全球平均 7% 的数字。由于俄罗斯军事预算多半属于机密，我们很难得到确切的数字，但最准确的估计大约是在 30% 甚至更高。[57] 俄乌冲突甚至迫使许多其他欧洲国家也开始增加自己的军事预算。[58] 再加上全球前所未见的网络武器与自主武器的研发进程加快，可能把我们带进一个新的战争时代，情况比过往更为恶劣。

冲突双方的领导人在战争与和平议题上所做的决定，又是取决于他们对历史的理解。也就是说，正如太过乐观的历史观可能是危险的幻想一样，太过悲观的历史观也可能弄假成真，带来毁灭。在2022年俄乌冲突之前，普京就常常表达自己的历史观点，认为俄罗斯与外敌陷在一种永无止境的纠缠中。2021年6月，他发表了一篇文章，题为《关于俄罗斯人和乌克兰人的历史统一》，认为是外国势力一再试图通过扶植乌克兰分离主义来削弱俄罗斯。虽然有些历史学者否认这些说法，但普京似乎真心相信这套历史叙事。[59]

如果像普京这样的领导人真心相信人类就是陷入了一个相互冲突的无情世界，相信这种悲惨的状态不可能大为改观，那么20世纪末到21世纪初的相对和平就只是一个假象，唯一剩下的选择就是自己该扮演掠食者或猎物的角色。面对这样的选择，大多数领导人宁可让自己以掠食者的身份载入史册，成为残酷征服者名单的一员，而倒霉的学生还得在历史考试的时候苦苦背诵这份名单。但这些领导人必须知道，在人工智能时代，站在食物链顶端的很可能是人工智能。

或许我们还有更多选择。我无法预测人们在未来会做出怎样的决定，但身为历史学者，我确实相信有改变的可能。历史让我们学到的一大重点就是许多我们以为自然而永恒的事物，其实是人为且多变的。所以在我们了解了冲突绝非必然之后，不能因此自满，反而要知道这让我们每个人都背负了重大的责任，需要做出正确的选择。这意味着，如果人类文明被冲突毁灭，人类不能拿什么自然法则或非人类科技来当借口。同时这也意味着，只要我们努力，就能创造一个更美好的世界。这种观点绝非天真，而是无比现实。现在所有的旧东西都曾经无比新颖。历史唯一不变的，就是改变。

结语

2016 年年底，AlphaGo 刚击败李世石几个月，脸书算法正在缅甸煽动危险的种族冲突情绪，而我在那时候出版了《未来简史》。虽然我受的学术训练是中世纪与早期现代军事史，而且完全没有计算机科学相关的技术背景，但在那本书出版之后，却发现自己突然被称为人工智能专家。这仿佛打开了一扇大门，让我得以造访各地对人工智能有兴趣的科学家、企业家与各国领导人，也有幸一窥这场人工智能革命复杂的动态。

结果发现，面对这个新领域，我过去研究百年战争时的英国战略、研究三十年战争的绘画，[1] 竟也不是完全无关。事实上，正是过去的研究经历，让我能以独特的历史观点来看目前在人工智能实验室、企业会议室、军事总部与总统府里迅速发生的演变。在过去 8 年间，我对人工智能有许多次公开或私下的讨论，特别是谈到人工智能带来的危险时，而且随着时间的推移，大家的语调也变得越来越急迫。2016 年，这些对话还只像是对某个遥远未来的一场哲学上的轻松猜测；2024 年，对话的强度已经像是在急诊室里人命关天了。

我既非政客，也非商人，更没有这些职业需要的天赋，但我确实相信，如果能够了解历史，就更能掌握如今的技术、经济与文化发展，更重要的是，有助于改变各种事物在政治上的优先级。政治在很大程度就是要排出优先级。我们是不是该削减医疗保健预算、增加国防开支？现在最迫切的安全威胁究竟是恐怖主义还是气候变化？我们是该把重点放在收复失去的传统领土，还是与邻国建立共同经济区？决定了优先级，就会影响公民怎么投票、商人关心什么议题以及政治人物想要有怎样的声誉。而我们排出的优先级，往往是由我们对历史的理解而决定的。

虽然所谓的现实主义者会说历史叙事只是用来促进国家利益的宣传手法，但事实上，正是这些叙事先定义了何谓国家利益。比如，书中讨论克劳塞维茨战争论的时候就能看到，我们并没有什么合乎理性的方式来定义所谓的终极目标。我们永远不可能用数学或物理方程式，推导出俄罗斯、以色列、缅甸或任何其他国家的国家利益，国家利益永远都是出于某套历史叙事所认定的结果。

因此，世界各地的政治人物总会投入大量时间精力来重述历史叙事。2005 年，时任联合国秘书长安南首次会见当时的缅甸领导人丹瑞大将。有人建议安南先发言，免得被丹瑞主导这场原定只有 20 分钟的对谈。但丹瑞先下手为强，花了将近一小时，滔滔不绝地讲述缅甸的历史，联合国秘书长几乎没有发言的机会。[2] 2011 年 5 月，以色列总理内塔尼亚胡造访白宫会见时任美国总统奥巴马的时候，也做了类似的事。在奥巴马简短的介绍发言之后，内塔尼亚胡就像把奥巴马当成学生，对他发表了一场关于以色列与犹太人历史的长篇演讲。[3] 有些人可能怀疑这些政治人物的动机，觉得丹瑞和内塔尼亚胡不在意什么历史事实，只是在故意歪曲历史，以达到某些政治目的。然而，这些政治目的本身，其实正是出于那些政治人物对历史的坚定信念。

我和政治人物及科技企业家谈人工智能的时候，重点常常会变成在谈历史。有些对话者对历史有着美好的想象，进而让他们对人工智能充满热情。在他们看来，只要有更多信息，肯定就会带来更多知识，他们也认为过去的每次信息革命都极大地造福于人类。印刷革命不就带来了科学革命吗？报纸与广播不就带来了现代民主的兴起吗？在他们看来，人工智能也是一样。也有一些对话者虽然对人工智能革命的看法较为悲观，但仍然觉得人类有望蒙混过关，就像过去混过工业革命一般。

但这两种观点都没能让我感到安心。基于过去章节所提的原因，我认为实在不应该把人工智能革命拿来与印刷革命及工业革命相提并论，特别是如果掌权者这么想，他们的历史观点就会影响他们所做的决策，而他们的决策又会影响我们的未来。这样的相提并论，不但低估了人工智能革命不同于过往革命的本质，也低估了过去革命带来的负面影响。印刷革命虽然直接带来各种科学发现，但也带来了猎巫行动与宗教战争；报纸与广播虽然有利于民主，但也遭到极权政权的滥用。至于工业革命，也带来了帝国主义与纳粹主义这样的灾难性实验。如果人工智能革命也带着人类走向类似的实验，我们真的确定自己能够再次蒙混过关吗？

我写这本书，是希望为人工智能革命提供一个比较准确的历史观点。这场革命目前才刚刚起步，而像这样重大的发展，实在很难即时有所评价。即使是现在，回顾 21 世纪 10 年代诸如 AlphaGo 的胜出、脸书在针对罗兴亚人冲突中的参与，也很难评估这些事件带来怎样的意义。至于 21 世纪 20 年代初期的事件，其意义就更加模糊了。但如果我们拓宽视野，看看人类的信息网络在过去几千年如何发展，我相信还是能让我们更了解今日发生的事情。

我们从历史学到的一个教训是，新信息技术的发明总是能促成重大的历史变革，因为信息最重要的作用就是编织新的网络，而不是呈现既有现实。用泥版记录纳税，协助古代美索不达米亚建立了第一个城邦。将预言景象编成宗教经典，让新的宗教得以传播。报纸与电报将总统与公民的言论迅速传播，打开了通往大规模民主与大规模极权制度的大门。虽然通过这些信息技术来记录与传播的信息只是偶尔为真，常常是假，但总是能在越来越多的民众之间建立起新的联结。

对于历史上的革命，比如美索不达米亚第一批城邦的崛起、基督教的传播、美国独立战争、布尔什维克革命等，我们习惯于从政治、意识形态、经济等角度加以解读。如果想要看得更深，就应该把这些革命视为信息流动方式的革命。基督教与希腊多神教除了在许多神话与仪式上显然不同，在单一神圣经典以及负责解经的机构制度上也有着不同的重视程度。因此，虽然每座宙斯的神殿只是个别的实体，但每座基督教堂则是整个统一网络里的一个节点。[4] 基督信徒之间的信息流动，也就不同于宙斯信徒之间的信息流动。同样，斯大林时期的苏联与彼得大帝时期的俄国也会各自形成不同的信息网络。斯大林推行了许多前所未有的经济政策，而他之所以能做到这一点，是因为他所领导的这个极权网络中心收集了足够多的信息，能够对几亿人的生活进行微观管理。技术的发展很少是别无选择的，同样的技术也能有非常不同的运用方式。然而，要是没有书籍与电报这些技术的发明，基督教会与斯大林式的机构就不可能存在。

这段历史教训应该很能鼓励我们在目前讨论政治的时候把更多重点放在人工智能革命上。由于人工智能是人类第一个能够自行做出决策并产生想法的科技，因此这项发明很有可能比过去电报、印刷机甚至文字的发明都更重要。相较于印刷机与羊皮纸卷只是为人类提供了新的联结方式，人工智能则是整个信息网络里成熟的正式成员，有自己的能动性。未来几年，从军队到宗教，所有网络都会有数百万新的人工智能成员加入，有着与人类不同的资料处理方式。这些新成员所做的决策、所提出的想法，都可能让人类觉得非常陌生、意想不到。而加入了这么多非人类的行为者之后，必然也会让军队、宗教、市场与国家的形态发生改变。过去的政治、经济与社会体系可能崩溃，并被新的体系所取代。正因为此，人工智能实在是个极其紧迫的议题。就算有些人说自己不关心科技，或者认为最重要的政治问题应该是民主的存亡或是财富的公平分配，也躲不过人工智能的影响。

本书之所以把人工智能与《圣经》这样的宗教经典相提并论，是因为目前正处在要将人工智能正典化的关键时刻。在亚大纳西主教这些教父决定把《提摩太前书》收进《圣经》文本集，而又排除了态度较为宽容的《保罗与特克拉行传》之后，就塑造了世界在接下来几千年的样貌。直到21世纪，都还有几十亿基督徒的世界观深受《提摩太前书》的厌女思维影响，而不了解特克拉有着较宽容的态度。这个局面就算到今天也很难扭转，因为当初的教父就是没在《圣经》中放入任何自我修正的机制。那些为人工智能写着最初的代码、为人工智能宝宝挑选训练用数据集的工程师，正扮演着现代的亚大纳西主教。随着人工智能的能力与权威不断增加，甚至成为一本能够自圆其说的宗教经典，现在工程师所做的决定就可能深深影响后世的发展。

研究历史，除了能够强调人工智能革命与相关决策的重要性，也能警告我们，对于信息网络与信息革命不要采取两种常见但错误的态度。第一，我们必须小心太过天真乐观的信息观。信息并不等于真理，信息的主要任务在于联结，而非呈现现实，而且史上的信息网络往往比较重视秩序而非真理。比如税务记录、宗教经典、政治宣言和秘密警察档案，都能极有效地创造出强大的国家与教会，但这些国家与教会却可能有着非常扭曲的世界观，并且容易滥用权力。于是讽刺的是，有了更多信息，而有时更多的信息只会导致更多的迫害。

我们并没有理由期待人工智能一定能够打破过去的模式，并更为偏向真理。人工智能也有可能犯错。近年来，在缅甸、巴西、以色列等地发生的各种令人担心的事件中，我们能稍微得出的历史教训就是：如果缺乏强有力的自我修正机制，人工智能将有能力宣扬一些扭曲的世界观，助长肆无忌惮的权力滥用，以及煽动让人惊骇的新一轮猎巫行动。

同时，我们也应该避免过犹不及，变得太过犬儒主义而采取一种过于愤世嫉俗的观点。民粹主义常说权力是唯一的现实，认为一切人类互动都只是权力斗争，信息也只是用来打倒敌人的武器。但现实从来不是如此，也没有理由认为人工智能将会造成这样的情形。虽然比起真理，许多信息网络确实更重视秩序，但要是有哪个信息网络真的完全蔑视真理，也绝不可能存活下去。就个人而言，我们常常真的想知道真理，而不是只想追求权力。毕竟，谁不想知道生命的真理。即使是像西班牙宗教裁判所这样的机构，也会出现像阿隆索·德萨拉萨尔·弗里亚斯这种认真追寻真理的人，他没有让无辜的人送命，而是冒着自己的生命危险提醒我们，女巫只是存在于主体间的虚构概念。大多数人都不会觉得自己是单一的、只在乎权力的生物，那又为什么要觉得别人是这个样子呢？

我们绝不应该认为人类的互动只是零和的权力斗争，在放下这种想法之后，我们不仅能够对过去有更全面、更细致的理解，也能对未来感觉更有希望，态度也更具建设性。如果权力是唯一的现实，要解决冲突也就只能靠暴力。民粹主义相信，人类的观点是由他们所拥有的特权来决定的，如果要改变人民的观点，首先就得剥夺他们的特权，通常也就是通过暴力。然而，由于人类其实是想知道真理的，因此还是有机会通过交谈、承认错误、接受新想法以及修改我们所相信的故事，至少让部分的冲突得以和平解决。这正是民主网络与科学机构制度的基本假设，也是本书写作的基本动机。

最聪明的，反遭灭绝

请让我们回到本书一开头的问题：如果我们真有那么聪明，为什么还会走上自我毁灭的道路？人类其实既是地球上最聪明的动物，也是地球上最愚蠢的动物。我们聪明到能够制造出核弹与超级智能算法，也愚蠢到一股脑地把这些东西都制造出来，甚至还没搞清楚自己能不能控制它们，说不定还会反受其害。我们到底为什么会这么做？人类的本性里是否有什么逼迫我们走上这条自我毁灭的道路？

本书认为，问题并不在于人类的本性，而在于人类的信息网络。由于人类的信息网络重秩序而轻真理，因此往往带来大量的力量，却没带来多少智慧。例如，纳粹德国创造出高效率的军事机器，却将之用来服务一套疯狂的神话谎言，结果导致大规模的苦难和数千万人的死亡，而且最终带来了纳粹德国的毁灭。

当然，力量本身不是什么坏事。如果使用得当，力量也能用来行善。例如，现代文明就已经有能力预防饥荒、控制疫情、减轻飓风与地震等自然灾害的影响。一般来说，网络取得各种力量，就能更有效地应对外部威胁，但同时也会增加内部的危险。特别值得注意的是，随着网络越来越强大，原本只是内部虚构故事所造成的想象威胁，有可能会变得比真正的自然灾害更加危险。现代国家就算碰上干旱或雨水过多这种自然灾害，通常也能有所应对，避免公民面临大规模饥荒。但如果现代国家被某个人造的幻象所笼罩，就有可能落入一场纯属人祸的大规模饥荒。

因此，随着网络越来越强大，自我修正机制也会越来越必要。如果只是某个石器时代的部落或青铜时代的城邦，就算无法看出并修正自己犯的错误，潜在的损害也十分有限。大不了就是一座城市灭亡，幸存者到别的地方重起炉灶。即使是铁器时代的帝国，有了提比略或尼禄这样的统治者，受到偏执狂或精神病的困扰，也很少会真的出现灾难性后果。比如罗马帝国，虽然疯狂的皇帝实在不少，却还是能够撑过数个世纪，即使最后崩溃，人类文明也没有就此终结。然而，如果硅基时代的超级大国完全没有或只有薄弱的自我修正机制，那么它危及的可能是整个人类物种与无数其他生命形式的生存。在人工智能时代，人类就像是住在卡普里岛庄园里的提比略，虽然掌握着巨大的权力，享受着罕有的奢华，却很容易被自己创造出来的事物所操纵，而且等我们意识到危险，可能为时已晚。

令人遗憾的是，虽然自我修正机制会深深左右人类的长期福祉，政客却有着削弱这些机制的动机。正如全书不断提到的，虽然削弱自我修正机制有许多坏处，却可能让人在政治上胜出。用这样的策略，就可能让 21 世纪的极权者取得巨大的权力，而如果以为得力于人工智能的极权政权尚未对人类文明造成严重破坏就自我毁灭了，这只能说是愚蠢的一厢情愿。就像丛林法则只是个神话谎言一样，认为历史总会走向正义也只是个神话谎言。历史的轨迹无比开放，可以弯向任何方向、走向任何地点。就算智人毁灭了自己，宇宙还是会运转如常。地球演化花了 40 亿年，才出现了一个拥有高度智能的猿类文明。如果人类灭亡，需要再演化上亿年，才会出现拥有高度智能的老鼠文明，这种事迟早会发生。宇宙就是这么有耐心。

但还有一种更糟糕的状况。就我们目前所知，在整个宇宙，或许只有地球上的猿类、老鼠和其他有机动物是有意识的实体。我们现在已经创造出一种无意识但又极为强大的非人类智能。要是处理不当，人工智能不仅有可能消灭人类在地球上的主宰地位，更会灭掉这一点意识的星火，让宇宙变成一个彻底黑暗的王国。我们有责任避免这种情况发生。

好消息是，只要我们放下自满、不要绝望，就能够打造有制衡机制的信息网络，不让权力失控。要做到这一点，并不需要发明什么其他的奇迹技术，也不需要想出什么过去世代都想不到的天才主意。想要打造更有智慧的网络，需要的只是我们放下天真与民粹的信息观，摒弃想要绝对正确不犯错的幻想，并且认真投入一项困难但平凡无奇的工作：为各种机构制度打造强大的自我修正机制。这或许就是本书想提供的最重要的启示。

这种智慧的源头，甚至比人类历史还久远，是来自最基本的有机生命的基础。最早的生物并不是由什么绝对正确的天才或神祇所创，而是经过复杂的反复试错而产生的。40亿年来，经过越来越复杂的突变与自我修正机制，地球上演化出了树木、恐龙、丛林，并最终演化出人类。我们现在召唤出了一种人类难以理解的非人类、非生物智能，它有可能逃脱人类的控制，除了可能危及人类物种的存亡，更有可能将无数其他生命形式也卷入危险之中。我们所有人在未来几年所做的决定，将决定召唤这种非人类智能究竟是个致命的错误，还是会让生命的演化翻开一个充满希望的新篇章。

致谢

就算到了人工智能时代，人类写作和出版图书的速度还是停留在中世纪。我从 2018 年开始写这本书，而初稿大部分是在 2021 年与 2022 年完成的。鉴于技术和政治事件发展的速度，许多章节的含义已经发生了变化，变得更加急迫，传达的信息也出乎意料。但有一件事始终没变，就是联结的重要性。虽然这本书是在国际紧张局势日益升温的情况下写成的，但也是对话、合作与友谊的产物，代表了或远或近许多人共同的努力。

没有我在 Fern Press 的发行人米哈尔·沙维特与编辑戴维·米尔纳付出的心血，这本书永远不可能问世。有很多次我觉得这个项目已经走不下去了，是他们劝我继续完成。有很多次我走错了方向，也是他们耐心又坚定地帮助我回到正确的路上。我衷心感谢他们的付出，以及处理各种香蕉的问题（他们懂得我在说什么）。

我也感谢许多在本书写作与出版过程提供协助的人。

感谢美国企鹅兰登书屋的安迪·沃德，是他让本书有了最后的样貌，也在编辑过程中提供了非常宝贵的意见，像是一手结束了新教改革一样。

感谢 Vintage 的创意总监苏珊·迪安与照片编辑莉莉·理查兹设计英文版封面。

感谢我在全球各地的出版商与译者，感谢他们提供的意见反馈与想法，也感谢他们的信任与付出。

感谢 Sapienship（智慧之船）内部研究团队的优秀负责人贾森·帕里，以及团队的所有成员：雷·布兰登、陈光宇、吉姆·克拉克、科琳娜·德拉克鲁瓦、多尔·希尔顿、王子婵。从石器时代的原始宗教到当今的社交媒体算法，他们研究了无数个主题，孜孜不倦地检查了数千项事实真伪，统一了几百个注释，并修正了无数个错误与误解。

感谢 Sapienship 团队所有无比杰出的成员，感谢各位成为这趟旅程不可或缺的一分子：沙亚·埃比勒、丹尼尔·泰勒、米歇尔·祖尔、纳达夫·纽曼、阿里尔·雷提克、汉娜·夏皮罗、加列特·格特尔夫，以及几位最近加入的成员。感谢各位参与本书背后的写作过程，以及持续为我们所有项目付出心力，一切都是为了完成 Sapienship 的使命：播下知识与同情的种子，让全球对话聚焦于人类最重要的挑战。

感谢 Sapienship 的首席营销官兼内容总监纳马·瓦滕堡，感谢她总是热情坚定、思想敏锐，并负责本书品牌形象与公关宣传。

感谢我们的首席执行官纳马·阿维塔尔，他睿智地引领 Sapienship 这条船穿越重重风暴与雷区，将能力与同情心完美结合，也塑造了我们的理念与策略。

感谢我所有的朋友与家人，感谢他们多年来的耐心与关爱。

感谢我的母亲普尼娜和岳母汉娜，她们为我付出了宝贵的时间和经验。

感谢我的外祖母范妮，她在我写作本书初稿时过世，享嵩寿百岁。

感谢我的另一半兼合作伙伴伊茨克，是他创立了 Sapienship，他也是我们全球活动与成就背后真正的灵魂。

最后感谢我的读者，是你们让这一切努力都值得。书籍是作者与读者之间的联结，让许多心灵能够联结在一起，而这种联结唯有通过阅读才得以存在。

注释

序言

1. Sean McMeekin, *Stalin's War: A New History of World War II* (New York: Basic Books, 2021).
2. "Reagan Urges 'Risk' on Gorbachev: Soviet Leader May Be Only Hope for Change, He Says," *Los Angeles Times*, June 13, 1989, www.latimes.com/archives/la-xpm-1989-06-13-mn-2300-story.html.
3. White House, "Remarks by President Barack Obama at Town Hall Meeting with Future Chinese Leaders," Office of the Press Secretary, Nov. 16, 2009, obamawhitehouse.archives.gov/the-press-office/remarks-president-barack-obama-town-hall-meeting-with-future-chinese-leaders.
4. Evgeny Morozov, *The Net Delusion: The Dark Side of Internet Freedom* (New York: Public Affairs, 2012).
5. Christian Fuchs, "An Alternative View of Privacy on Facebook," *Information* 2, no. 1 (2011): 140–65.
6. Ray Kurzweil, *The Singularity Is Nearer: When We Merge with AI* (London: The Bodley Head, 2024), 121–23.
7. Sigrid Damm, *Cornelia Goethe* (Berlin: Insel, 1988), 17–18; Dagmar von Gersdorff, *Goethes Mutter* (Stuttgart: Hermann Bohlaus Nachfolger Weimar, 2004); Johann Wolfgang von Goethe, *Goethes Leben von Tag zu Tag: Eine dokumentarische Chronik* (Dusseldorf: Artemis, 1982), 1:1749–75.
8. Stephan Oswald, *Im Schatten des Vaters. August von Goethe* (Munich: C. H. Beck, 2023); Rainer Holm-Hadulla, *Goethe's Path to Creativity: A Psycho-biography of the Eminent Politician, Scientist, and Poet* (New York: Routledge, 2018); Lisbet Koerner, "Goethe's Botany: Lessons of a Feminine Science," *History of Science Society* 84, no. 3 (1993): 470–95; Alvin Zipursky, Vinod K. Bhutani, and Isaac Odame, "Rhesus Disease: A Global Prevention Strategy," *Lancet Child and Adolescent Health* 2, no. 7 (2018): 536–42; John Queenan, "Overview: The Fetus as a Patient: The Origin of the Specialty," in *Fetal Research and Applications: A Conference Summary* (Washington, D.C.: National Academies Press, 1994), accessed Jan. 4, 2024, www.ncbi.nlm.nih.gov/books/NBK231999/.
9. John Knodel, "Two and a Half Centuries of Demographic History in a Bavarian Village," *Population Studies* 24, no. 3 (1970): 353–76.
10. Saloni Dattani et al., "Child and Infant Mortality," Our World in Data, 2023, accessed

Jan. 3, 2024, ourworldindata.org/child-mortality#mortality-in-the-past-around-half-died-as-children.
11. Ibid.
12. "Most Recent Stillbirth, Child, and Adolescent Mortality Estimates," UN Inter-agency Group for Child Mortality Estimation, accessed Jan. 3, 2024, childmortality.org/data/Germany.
13. 根据一项估计，亚历山大图书馆的信息量约为 1000 亿比特，约 12.5 GB（吉字节）。参见：Douglas S. Robertson，"The Information Revolution，" *Communication Research* 17，no. 2（1990）：235–54. 截至 2020 年，每部安卓手机的平均容量为 96 GB。参见：Brady Wang，"Average Smartphone NAND Flash Capacity Crossed 100GB in 2020，" Counterpoint Research，March 30，2021，www.counterpointresearch.com/average-smartphone-nand-flash-capacity-crossed-100gb-2020/.
14. Marc Andreessen, "Why AI Will Save the World," Andreessen Horowitz, June 6, 2023, a16z.com/ai-will-save-the-world/.
15. Ray Kurzweil, *The Singularity Is Nearer: When We Merge with AI* (London: The Bodley Head, 2024), 285.
16. Andy McKenzie, "Transcript of Sam Altman's Interview Touching on AI Safety," *LessWrong*, Jan. 21, 2023, www.lesswrong.com/posts/PTzsEQXkCfig9A6AS/transcript-of-sam-altman-s-interview-touching-on-ai-safety; Ian Hogarth, "We Must Slow Down the Race to God-Like AI," *Financial Times*, April 13, 2023, www.ft.com/content/03895dc4-a3b7-481e-95cc-336a524f2ac2; "Pause Giant AI Experiments: An Open Letter," Future of Life Institute, March 22, 2023, futureoflife.org/open-letter/pause-giant-ai-experiments/; Cade Metz, "'The Godfather of AI' Quits Google and Warns of Danger," *New York Times*, May 1, 2023, www.nytimes.com/2023/05/01/technology/ai-google-chatbot-engineer-quits-hinton.html; Mustafa Suleyman, *The Coming Wave: Technology, Power, and the Twenty-First Century's Greatest Dilemma*, with Michael Bhaskar (New York: Crown, 2023); Walter Isaacson，*Elon Musk*（London：Simon & Schuster，2023）.
17. Yoshua Bengio et al., "Managing AI Risks in an Era of Rapid Progress," *Science*（即将发表）.
18. Katja Grace et al., "Thousands of AI Authors on the Future of AI,"（预印本，2024 年交稿），https://arxiv.org/abs/2401.02843.
19. "The Bletchley Declaration by Countries Attending the AI Safety Summit, 1–2 November 2023," Gov.UK, Nov. 1 2023, www.gov.uk/government/publications/ai-safety-summit-2023-the-bletchley-declaration/the-bletchley-declaration-by-countries-attending-the-ai-safety-summit-1-2-november-2023.
20. Jan-Werner Müller, *What Is Populism*? (Philadelphia: University of Pennsylvania Press, 2016).
21. 在柏拉图的《理想国》中，色拉叙马霍斯、格劳孔与阿德曼托斯认为，所有人（特别是政治人物、法官与公仆）都只在意个人的利益，为此不惜欺瞒和说谎。他们挑战苏格拉底，问他怎么反驳"外貌凌越真理"以及"正义只是强者的利益"。类似的观点在古印度的经典著作《政事论》中也被提及，并偶尔得到支持。在中国古代法家思想家的著作中，如韩非子和商鞅，也有类似的讨论。在早期现代欧洲思想家的著作中，如马基雅维利和霍布斯，也有相关的论述。参见：Roger Boesche，*The First Great Political Realist：Kautilya and His "Arthashastra"*（Lanham，Md.：Lexington Books，2002）；Shang Yang, *The Book of Lord Shang: Apologetics of State Power in Early China*, trans. Yuri Pines (New York: Columbia University Press, 2017).
22. Ulises A. Mejias and Nick Couldry, *Data Grab: The New Colonialism of Big Tech and How to Fight Back* (London: Ebury, 2024); Michel Foucault, *The Birth of the Clinic: An Archaeology of Medical Perception* (New York: Vintage Books, 1975); Michel Foucault, *The History of Sexuality* (New York: Vintage Books, 1990); Edward W. Said, *Orientalism* (New York: Vintage Books, 1994); Aníbal Quijano, "Coloniality and Modernity/Rationality,"

Cultural Studies 21, no. 2–3 (2007): 168–78; Sylvia Wynter, "Unsettling the Coloniality of Being-Power-Truth-Freedom Toward the Human, After Man, Its Overrepresentation—an Argument," *New Centennial Review* 3, no. 3（2003）: 257–337. 更深入的讨论请参见：Francis Fukuyama, *Liberalism and Its Discontents*（London: Profile Books, 2022）.

23. Donald J. Trump, Inaugural Address, Jan. 20, 2017, American Presidency Project, www.presidency.ucsb.edu/node/320188.
24. Cas Mudde, "The Populist Zeitgeist," *Government and Opposition* 39, no. 3 (2004): 541–63.
25. Sedona Chinn and Ariel Hasell, "Support for 'Doing Your Own Research' Is Associated with COVID-19 Misperceptions and Scientific Mistrust," *Misinformation Review*, June 12, 2023, misinforeview.hks.harvard.edu/article/support-for-doing-your-own-research-is-associated-with-covid-19-misperceptions-and-scientific-mistrust/ .
26. 参见："God's Enclosed Flat Earth Investigation—Full Documentary [HD]," YouTube, www.youtube.com/watch?v=J6CPrGHpmMs, 引自 "Disinformation and Echo Chambers: How Disinformation Circulates on Social Media Through Identity-Driven Controversies," *Journal of Public Policy and Marketing* 42, no. 1 (2023): 18–35.
27. 参见：David Klepper, "Trump Arrest Prompts Jesus Comparisons: 'Spiritual Warfare,'" Associated Press, April 6, 2023, apnews.com/article/donald-trump-arraignment-jesus-christ-conspiracy-theory-670c45bd71b3466dcd6e8e188badcd1d; Katy Watson, "Brazil Election: 'We'll Vote for Bolsonaro Because He Is God,'" BBC, Sept. 28, 2022, www.bbc.com/news/world-latin-america-62929581.
28. Oliver Hahl, Minjae Kim, and Ezra W. Zuckerman Sivan, "The Authentic Appeal of the Lying Demagogue: Proclaiming the Deeper Truth About Political Illegitimacy," *American Sociological Review* 83, no. 1 (2018): 1–33.

第一章　信息是什么？

1. 请参见尼克·波斯特洛姆与戴维·查默斯关于模拟假设的研究。如果模拟假设为真，那么我们所见的一切都是由信息片段所组成的虚拟世界，而我们根本就不会知道宇宙是由什么组成的。Nick Bostrom, "Are We Living in a Computer Simulation?," *Philosophical Quarterly* 53, no. 211 (2003): 243–55, www.jstor.org/stable/3542867; David J. Chalmers, *Reality+: Virtual Worlds and the Problems of Philosophy*（New York: W. W. Norton, 2022）. 也请参见阿奇博尔德·惠勒深具影响力的"万物源于比特"理论：John Archibald Wheeler, "Information, Physics, Quantum: The Search for Links," *Proceedings III International Symposium on Foundations of Quantum Mechanics* (Tokyo, 1989), 354–68; Paul Davies and Niels Henrik Gregersen, eds., *Information and the Nature of Reality: From Physics to Metaphysics* (Cambridge, U.K.: Cambridge University Press, 2014); Erik Verlinde, "On the Origin of Gravity and the Laws of Newton," *Journal of High Energy Physics* 4（2011）: 1–27. 但要强调的是，虽然物理学领域越来越能接受"万物源于比特"这套理论，但大多数物理学者对此仍然抱持怀疑甚至反对的态度，依然相信物质与能量才是自然界最基础的构件，而信息只是一种衍生的现象。
2. 我对信息的理解，深受这本书的影响：Cesar Hidalgo, *Why Information Grows*（New York: Basic Books, 2015）. 至于其他的观点与讨论，可参见：Artemy Kolchinsky and David H. Wolpert, "Semantic Information, Autonomous Agency, and Non-equilibrium Statistical Physics," *Interface Focus* 8, no. 6 (2018), article 20180041; Peter Godfrey-Smith and Kim Sterelny, "Biological Information," in *The Stanford Encyclopedia of Philosophy*, ed. Edward N. Zalta, Summer 2016 (Palo Alto, Calif.: Metaphysics Research Lab, Stanford University, 2016), plato.stanford.edu/archives/sum2016/entries/information-biological/; Luciano Floridi, *The Philosophy of Information* (Oxford: Oxford University Press, 2011).
3. Don Vaughan, "Cher Ami," in *Encyclopedia Britannica*, accessed Feb. 14, 2024, www.britannica.com/animal/Cher-Ami; Charles White Whittlesey Collection, Williams College Library, accessed Feb. 14, 2024, archivesspace.williams.edu/repositories/2/resources/101;

John W. Nell, *The Lost Battalion: A Private's Story*, ed. Ron Lammert (San Antonio: Historical Publishing Network, 2001); Frank A. Blazich Jr., "Feathers of Honor：U.S. Signal Corps Pigeon Service in World War I, 1917–1918," *Army History* 117（2020）：32–51. 关于这个被困营原本的规模和伤亡人数，请参见：Robert Laplander, *Finding the Lost Battalion: Beyond the Rumors, Myths, and Legends of America's Famous WWI Epic*, 3rd ed. (Waterford, Wis.: Lulu Press, 2017), 13. 对于谢尔·阿米故事的重新评价，请参见：Frank A. Blazich, "Notre Cher Ami：The Enduring Myth and Memory of a Humble Pigeon," *Journal of Military History* 85，no. 3（July 2021）：646–77.

4. Eliezer Livneh, Yosef Nedava, and Yoram Efrati, *Nili: Toldoteha shel he'azah medinit* [Nili: A story of political daring] (Tel Aviv: Schocken, 1980), 143; Yigal Sheffy, *British Military Intelligence in the Palestine Campaign, 1914–1918* (London: Routledge, 1998); Gregory J. Wallance, *The Woman Who Fought an Empire: Sarah Aaronsohn and Her Nili Spy Ring* (Lincoln: University of Nebraska Press, 2018), 155–72.
5. 还有其他几个因素，都可能让奥斯曼帝国察觉到尼利的存在，但多数说法都指出那只信鸽确实十分重要。关于更完整的细节，请参见：Livneh，Nedava，and Efrati，*Nili*，281–84; *Wallance, Woman Who Fought an Empire*, 180–81, 202–32; Sheffy, *British Military Intelligence in the Palestine Campaign*, 159; Eliezer Tauber, "The Capture of the NILI Spies: The Turkish Version," *Intelligence and National Security* 6, no. 4 (1991): 701–10.
6. 关于这些议题的独到见解请参见：Catherine D'Ignazio and Lauren F. Klein，*Data Feminism*（Cambridge，Mass.：MIT Press，2020），73–91.
7. Jorge Luis Borges and Adolfo Bioy Casares, "On Exactitude in Science," in *A Universal History of Infamy*, trans. Norman Thomas Di Giovanni (London: Penguin Books, 1975), 131.
8. Samriddhi Chauhan and Roshan Deshmukh, "Astrology Market Research, 2031," Allied Market Research, Jan. 2023, www.alliedmarketresearch.com/astrology-market-A31779; Temcharoenkit Sasiwimon and Donald A. Johnson, "Factors Influencing Attitudes Toward Astrology and Making Relationship Decisions Among Thai Adults," *Scholar: Human Sciences* 13, no. 1 (2021): 15–27.
9. Frederick Henry Cramer, *Astrology in Roman Law and Politics* (Philadelphia: American Philosophical Society, 1954); Tamsyn Barton, *Power and Knowledge: Astrology, Physiognomics, and Medicine Under the Roman Empire* (Ann Arbor: University of Michigan Press, 2002), 57; Raffaela Garosi, "Indagine sulla formazione di concetto di magia nella cultura Romana," in *Magia: Studi di storia delle religioni in memoria di Raffaela Garosi*, ed. Paolo Xella (Rome: Bulzoni, 1976), 13–97.
10. Lindsay Murdoch, "Myanmar Elections: Astrologers' Influential Role in National Decisions," *Sydney Morning Herald*, Nov. 12, 2015, www.smh.com.au/world/myanmar-elections-astrologers-influential-role-in-national-decisions-20151112-gkxc3j.html.
11. Barbara Ehrenreich, *Dancing in the Streets: A History of Collective Joy* (New York: Metropolitan Books, 2006); Wray Herbert, "All Together Now: The Universal Appeal of Moving in Unison," *Scientific American*, April 1, 2009, www.scientificamerican.com/article/were-only-human-all-together-now/; Idil Kokal et al., "Synchronized Drumming Enhances Activity in the Caudate and Facilitates Prosocial Commitment—if the Rhythm Comes Easily," *PLOS ONE* 6, no. 11 (2011); Martin Lang et al., "Lost in the Rhythm: Effects of Rhythm on Subsequent Interpersonal Coordination," *Cognitive Science* 40, no. 7 (2016): 1797–815.
12. 关于信息在生物学中的作用，特别是 DNA 作为信息的本质，请参见：Godfrey-Smith and Sterelny，"Biological Information"; John Maynard Smith, "The Concept of Information in Biology," in *Information and the Nature of Reality: From Physics to Metaphysics* (Cambridge, U.K.: Cambridge University Press, 2014); Sahotra Sarkar, "Biological Information: A Skeptical Look at Some Central Dogmas of Molecular Biology," in *The Philosophy and History of Molecular Biology*, ed. Sahotra Sarkar (Norwell: Kluwer

Academic Publishers, 1996), 187–231; Terrence W. Deacon, "How Molecules Became Signs," *Biosemiotics* 14, no. 3 (2021): 537–59.

13. Sven R. Kjellberg et al., "The Effect of Adrenaline on the Contraction of the Human Heart Under Normal Circulatory Conditions," *Acta Physiologica Scandinavica* 24, no. 4 (1952): 333–49.
14. Bruce I. Bustard, "20 July 1969," *Prologue Magazine* 35, no. 2 (Summer 2003), National Archives, www.archives.gov/publications/prologue/2003/summer/20-july-1969.html.
15. 虽然犹太人和基督徒对《创世记》相关段落的解释不同，但大多数人都能接受的说法是挪亚那场洪水发生在创世后的 1656 年，也就是大约 4000 年前，而巴别塔则毁于洪水发生的几个世纪后。
16. Michael I. Bird et al., "Early Human Settlement of Sahul Was Not an Accident," *Scientific Reports* 9, no. 1 (2019): 8220; Chris Clarkson et al., "Human Occupation of Northern Australia by 65,000 Years Ago," *Nature* 547, no. 7663 (2017): 306–10.
17. 参见:《利未记》26: 16、26: 25;《申命记》28: 22、28: 58-63、32: 24、32: 35-36、32: 39;《耶利米书》14: 12、21: 6-9、24: 10。
18. 参见:《申命记》28、《历代志下》20: 9、《诗篇》91: 3。
19. Pope Francis, "Homily of His Holiness Pope Francis 'Return to God and Return to the Embrace of the Father,'" March 20, 2020, www.vatican.va/content/francesco/en/cotidie/2020/documents/papa-francesco-cotidie_20200320_peri-medici-ele-autorita.html; Philip Pullella, "Rome Catholic Churches Ordered Closed due to Coronavirus, Unprecedented in Modern Times," Reuters, March 13, 2020, www.reuters.com/article/us-health-coronavirus-italy-rome-churche-idUSKBN20Z3BU.

第二章 故事: 无限的联结

1. Thomas A. DiPrete et al., "Segregation in Social Networks Based on Acquaintanceship and Trust," *American Journal of Sociology* 116, no. 4 (2011): 1234–83; R. Jenkins, A. J. Dowsett, and A. M. Burton, "How Many Faces Do People Know?," *Proceedings of the Royal Society B: Biological Sciences* 285, no. 1888 (2018), article 20181319; Robin Dunbar, "Dunbar's Number: Why My Theory That Humans Can Only Maintain 150 Friendships Has Withstood 30 Years of Scrutiny," The Conversation, May 12, 2021, theconversation.com/dunbars-number-why-my-theory-that-humans-can-only-maintain-150-friendships-has-withstood-30-years-of-scrutiny-160676.
2. Melissa E. Thompson et al., "The Kibale Chimpanzee Project: Over Thirty Years of Research, Conservation, and Change," *Biological Conservation* 252 (2020), article 108857; Jill D. Pruetz and Nicole M. Herzog, "Savanna Chimpanzees at Fongoli, Senegal, Navigate a Fire Landscape," *Current Anthropology* 58, no. S16 (2017): S337–S350; Budongo Conservation Field Station, accessed Jan. 4, 2024, www.budongo.org; Yukimaru Sugiyama, "Demographic Parameters and Life History of Chimpanzees at Bossou, Guinea," *American Journal of Physical Anthropology* 124, no. 2 (2004): 154–65.
3. Rebecca Wragg Sykes, *Kindred: Neanderthal Life, Love, Death, and Art* (London: Bloomsbury Sigma, 2020), chap. 10; Brian Hayden, "Neandertal Social Structure?," *Oxford Journal of Archeology* 31 (2012): 1–26; Jeremy Duveau et al., "The Composition of a Neandertal Social Group Revealed by the Hominin Footprints at Le Rozel (Normandy, France)," *Proceedings of the National Academy of Sciences* 116, no. 39 (2019): 19409–14.
4. Simon Sebag Montefiore, *Stalin: The Court of the Red Tsar* (London: Weidenfeld & Nicolson, 2003).
5. Brent Barnhart, "How to Build a Brand with Celebrity Social Media Management," Sprout Social, April 1, 2020, sproutsocial.com/insights/celebrity-social-media-management/ ; K. C. Morgan, "15 Celebs Who Don't Actually Run Their Own Social Media Accounts," TheClever, April 20, 2017, www.theclever.com/15-celebs-who-dont-actually-run-their-own-

social-media-accounts/; Josh Duboff, "Who's Really Pulling the Strings on Stars' Social-Media Accounts," *Vanity Fair*, Sept. 8, 2016, www.vanityfair.com/style/2016/09/celebrity-social-media-accounts.

6. Coca-Cola Company, Annual Report 2022, 47, accessed Jan. 3, 2024, investors.coca-colacompany.com/filings-reports/annual-filings-10-k/content/0000021344-23-000011/0000021344-23-000011.pdf.
7. David Gertner and Laura Rifkin, "Coca-Cola and the Fight Against the Global Obesity Epidemic," *Thunderbird International Business Review* 60 (2018): 161–73; Jennifer Clinehens, "How Coca-Cola Built the World's Most Memorable Brand," Medium, Nov. 17, 2022, medium.com/choice-hacking/how-coca-cola-built-the-worlds-most-memorable-brand-c9e8b8ac44c5; Clare McDermott, "Go Behind the Scenes of Coca-Cola's Storytelling," Content Marketing Institute, Feb. 9, 2018, contentmarketinginstitute.com/articles/coca-cola-storytelling/; Maureen Taylor, "Cultural Variance as a Challenge to Global Public Relations: A Case Study of the Coca-Cola Scare in Europe," *Public Relations Review* 26, no. 3 (2000): 277–93; Kathryn LaTour, Michael S. LaTour, and George M. Zinkhan, "Coke Is It: How Stories in Childhood Memories Illuminate an Icon," *Journal of Business Research* 63, no. 3 (2010): 328–36; Bodi Chu, "Analysis on the Success of Coca-Cola Marketing Strategy," in Proceedings of 2020 2nd International Conference on Economic Management and Cultural Industry (ICEMCI 2020), *Advances in Economics, Business, and Management Research* 155 (2020): 96–100.
8. Blazich, "Notre Cher Ami."
9. Bart D. Ehrman. *How Jesus Became God: The Exaltation of a Preacher from Galilee* (San Francisco: HarperOne, 2014).
10. Lauren Tuchman, "We All Were at Sinai: The Transformative Power of Inclusive Torah," Sefaria, accessed Jan. 3, 2024, www.sefaria.org.il/sheets/236454.2?lang=he.
11. Reuven Hammer, "Tradition Today: Standing at Sinai," *Jerusalem Post*, May 17, 2012, www.jpost.com/Jewish-World/Judaism/Tradition-Today-Standing-at-Sinai; Rabbi Joel Mosbacher, "Each Person Must See Themselves as if They Went out of Egypt," RavBlog, April 9, 2017, ravblog.ccarnet.org/2017/04/each-person-must-see-themselves-as-if-they-went-out-of-egypt/; Rabbi Sari Laufer, "TABLE FOR FIVE: Five Takes on a Passage from the Haggadah," *Jewish Journal*, April 5, 2018, jewishjournal.com/judaism/torah/232778/table-five-five-takes-passage-haggadah-2/.
12. Elizabeth F. Loftus, "Creating False Memories," *Scientific American* 277, no. 3 (1997): 70–75; Beate Muschalla and Fabian Schönborn, "Induction of False Beliefs and False Memories in Laboratory Studies—a Systematic Review," *Clinical Psychology and Psychotherapy* 28, no. 5 (2021): 1194–209; Christian Unkelbach et al., "Truth by Repetition: Explanations and Implications," *Current Directions in Psychological Science* 28, no. 3 (2019): 247–53; Doris Lacassagne, Jérémy Béna, and Olivier Corneille, "Is Earth a Perfect Square? Repetition Increases the Perceived Truth of Highly Implausible Statements," *Cognition* 223 (2022), article 105052.
13. "FoodData Central," U.S. Department of Agriculture, accessed Jan. 4, 2024, fdc.nal.usda.gov/fdc-app.html#/?query=pizza.
14. William Magnuson, *Blockchain Democracy: Technology, Law, and the Rule of the Crowd* (Cambridge, U.K.: Cambridge University Press, 2020), 69; Scott Chipolina, "Bitcoin's Unlikely Resurgence: Bulls Bet on Wall Street Adoption," *Financial Times,* Dec. 8, 2023, www.ft.com/content/77aa2fbc-5c27-4edf-afa6-2a3a9d23092f.
15. "BBC 'Proves' Nessie Does Not Exist," BBC News, July 27, 2003, news.bbc.co.uk/1/hi/sci/tech/3096839.stm; Matthew Weaver, "Loch Ness Monster Could Be a Giant Eel, Say Scientists," *Guardian*, Sept. 5, 2019, www.theguardian.com/science/2019/sep/05/loch-ness-monster-could-be-a-giant-eel-say-scientists; Henry H. Bauer, *The Enigma of Loch Ness:*

Making Sense of a Mystery (Champaign: University of Illinois Press, 1986), 165–66; Harold E. Edgerton and Charles W. Wyckoff, "Loch Ness Revisited: Fact or Fantasy? Science Uses Sonar and Camera to Probe the Depths of Loch Ness in Search of Its Resident Monster," *IEEE Spectrum* 15, no. 2 (1978): 26–29; University of Otago, "First eDNA Study of Loch Ness Points to Something Fishy," Sept. 5, 2019, www.otago.ac.nz/anatomy/news/news-archive/first-edna-study-of-loch-ness-points-to-something-fishy.

16. Katharina Buchholz, "Kosovo & Beyond: Where the UN Disagrees on Recognition," *Forbes*, Feb. 17, 2023, www.forbes.com/sites/katharinabuchholz/2023/02/17/kosovo--beyond-where-the-un-disagrees-on-recognition-infographic/?sh=d8490b2448c3; United Nations, "Agreement on Normalizing Relations Between Serbia, Kosovo 'Historic Milestone,' Delegate Tells Security Council," April 27, 2023, press.un.org/en/2023/sc15268.doc.htm.
17. Guy Faulconbridge, "Russia Plans Naval Base in Abkhazia, Triggering Criticism from Georgia," Reuters, Oct. 5, 2023, www.reuters.com/world/europe/russia-plans-naval-base-black-sea-coast-breakaway-georgian-region-izvestiya-2023-10-05/.
18. Wragg Sykes, *Kindred*; Hayden, "Neandertal Social Structure?"; Duveau et al., "Composition of a Neandertal Social Group Revealed by the Hominin Footprints at Le Rozel."
19. 更详细的讨论请参见《人类简史》第二章"知善恶树": Yuval Noah Harari, *Sapiens: A Brief History of Humankind* (New York: HarperCollins, 2015), chap.2; David Graeber and David Wengrow, *The Dawn of Everything: A New History of Humanity* (New York: Farrar, Straus and Giroux, 2021), chap.3; and Joseph Henrich, *The Weirdest People in the World* (New York: Farrar, Straus and Giroux, 2020), chap.3. 关于宗教故事与仪式如何促成大规模合作，唐纳德·图津对伊拉希塔（Ilahita）的研究堪称经典。在新几内亚岛，大多数邻近社群人数就是几百人，但伊拉希塔复杂的宗教信仰和做法却能成功联结 39 个部落，让总人数达到大约 2500 人。参见: Donald Tuzin, *Social Complexity in the Making: A Case Study Among the Arapesh of New Guinea* (London: Routledge, 2001); Donald Tuzin, *The Ilahita Arapesh: Dimensions of Unity* (Oakland: University of California Press, 2022). 关于故事对于大规模合作的重要性请参见: Daniel Smith et al., "Camp Stability Predicts Patterns of Hunter-Gatherer Cooperation," *Royal Society Open Science* 3 (2016), article 160131; Daniel Smith et al., "Cooperation and the Evolution of Hunter-Gatherer Storytelling," *Nature Communications* 8 (2017), article 1853; Benjamin G. Purzycki et al., "Moralistic Gods, Supernatural Punishment, and the Expansion of Human Sociality," *Nature* 530 (2016): 327–30; Polly W. Wiessner, "Embers of Society: Firelight Talk Among the Ju/' hoansi Bushmen," *Proceedings of the National Academy of Sciences* 111, no. 39 (2014): 14027–35; Daniele M. Klapproth, *Narrative as Social Practice: Anglo-Western and Australian Aboriginal Oral Traditions* (Berlin: De Gruyter Mouton, 2004); Robert M. Ross and Quentin D. Atkinson, "Folktale Transmission in the Arctic Provides Evidence for High Bandwidth Social Learning Among Hunter-Gatherer Groups," *Evolution and Human Behavior* 37, no. 1 (2016): 47–53; Jerome Lewis, "Where Goods Are Free but Knowledge Costs: Hunter-Gatherer Ritual Economics in Western Central Africa," *Hunter Gatherer Research* 1, no. 1 (2015): 1–27; Bill Gammage, *The Biggest Estate on Earth: How Aborigines Made Australia* (Crows Nest, N.S.W.: Allen Unwin, 2011).
20. Azar Gat, *War in Human Civilization* (Oxford: Oxford University Press, 2008), 114–32; Luke Glowacki et al., "Formation of Raiding Parties for Intergroup Violence Is Mediated by Social Network Structure," *Proceedings of the National Academy of Sciences* 113, no. 43 (2016): 12114–19; Richard W. Wrangham and Luke Glowacki, "Intergroup Aggression in Chimpanzees and War in Nomadic Hunter-Gatherers," *Human Nature* 23 (2012): 5–29; R. Brian Ferguson, *Yanomami Warfare: A Political History* (Santa Fe, N.Mex.: School of American Research Press, 1995), 346–47.

21. Pierre Lienard, "Beyond Kin: Cooperation in a Tribal Society," in *Reward and Punishment in Social Dilemmas*, ed. Paul A. M. Van Lange, Bettina Rockenbach, and Toshio Yamagishi (Oxford: Oxford University Press, 2014), 214–34; Peter J. Richerson et al., "Cultural Evolution of Human Cooperation," in *Genetic and Cultural Evolution of Cooperation*, ed. Peter Hammerstein (Cambridge, Mass.: MIT Press, 2003), 357–88; Brian A. Stewart et al., "Ostrich Eggshell Bead Strontium Isotopes Reveal Persistent Macroscale Social Networking Across Late Quaternary Southern Africa," *PNAS* 117, no. 12 (2020): 6453–62; "Ages Ago, Beads Made from Ostrich Eggshells Cemented Friendships Across Vast Distances," *Weekend Edition Saturday*, NPR, March 14, 2020, www.npr.org/2020/03/14/815778427/ages-ago-beads-made-from-ostrich-eggshells-cemented-friendships-across-vast-dist.
22. 关于石器时代智人网络交换各种技术技能的情形，请参见：Jennifer M. Miller and Yiming V. Wang，"Ostrich Eggshell Beads Reveal 50,000-Year-Old Social Network in Africa，" *Nature* 601, no. 7892 (2022): 234–39; Stewart et al., "Ostrich Eggshell Bead Strontium Isotopes Reveal Persistent Macroscale Social Networking Across Late Quaternary Southern Africa."
23. Terrence R. Fehner and F. G. Gosling, "The Manhattan Project," U.S. Department of Energy, April 2021, www.energy.gov/sites/default/files/The%20Manhattan%20Project.pdf; F. G. Gosling, "The Manhattan Project: Making the Atomic Bomb," U.S. Department of Energy, Jan. 2010, www.energy.gov/management/articles/gosling-manhattan-project-making-atomic-bomb.
24. "Uranium Mines," U.S. Department of Energy, www.osti.gov/opennet/manhattan-project-history/Places/Other/uranium-mines.html.
25. Jerome Lewis, "Bayaka Elephant Hunting in Congo: The Importance of Ritual and Technique," in *Human-Elephant Interactions: From Past to Present*, vol. 1, ed. George E. Konidaris et al. (Tübingen: Tübingen University Press, 2021).
26. Sushmitha Ramakrishnan, "India Cuts the Periodic Table and Evolution from Schoolbooks," *DW*, June 2, 2023, www.dw.com/en/indiadropsevolution/a-65804720.
27. Annie Jacobsen, *Operation Paperclip: The Secret Intelligence Program That Brought Nazi Scientists to America* (Boston: Little, Brown, 2014); Brian E. Crim, *Our Germans: Project Paperclip and the National Security State* (Baltimore: Johns Hopkins University Press, 2018).

第三章　文件：纸老虎也会咬人

1. Monty Noam Penkower, "The Kishinev Pogrom of 1903: A Turning Point in Jewish History," *Modern Judaism* 24, no. 3 (2004): 187–225.
2. Hayim Nahman Bialik, "Be' ir Hahareigah / The City of Slaughter," trans. A. M. Klein, *Prooftexts* 25, no. 1–2 (2005): 8–29; Iris Milner, "'In the City of Slaughter': The Hidden Voice of the Pogrom Victims," *Prooftexts* 25, no. 1–2 (2005): 60–72; Steven Zipperstein, *Pogrom: Kishinev and the Tilt of History* (New York: Liveright, 2018); David Fishelov, "Bialik the Prophet and the Modern Hebrew Canon," in *Great Immortality*, ed. Jón Karl Helgason and Marijan Dović (Leiden: Brill, 2019), 151–70.
3. 巴勒斯坦难民人数预计在 70 万 ~75 万人，绝大多数是在 1948 年遭到驱逐的。参见：Benny Morris，*Righteous Victims：A History of the Zionist-Arab Conflict, 1881–1998*（New York：Vintage，2001），252; UNRWA, "Palestinian Refugees," accessed Feb. 13, 2024, www.unrwa.org/palestine-refugees。1948 年，有大约 85.6 万名犹太人住在伊拉克与埃及等阿拉伯国家。但在接下来的 20 年间，为了报复阿拉伯国家在 1948 年、1956 年、1967 年的几次战败，这些犹太人中的绝大多数遭到驱逐，流离失所，到 1968 年只剩下大约 7.6 万人。参见：Maurice M. Roumani，*The Case of the Jews from Arab Countries：A Neglected Issue*（Tel Aviv：World Organization of Jews from Arab Countries，1983）；Aryeh L. Avneri, *The Claim of Dispossession: Jewish Land-Settlement and the Arabs, 1878–1948* (New Brunswick, N.J.: Transaction Books, 1984), 276; JIMENA, "The Forgotten Refugees,"

July 7, 2023, www.jimena.org/the-forgotten-refugees/; Barry Mowell, "Changing Paradigms in Public Opinion Perspectives and Governmental Policy Concerning the Jewish Refugees of North Africa and Southwest Asia," Jewish Virtual Library, accessed Jan. 31, 2024, www.jewishvirtuallibrary.org/changing-paradigms-in-public-opinion-perspectives-and-governmental-policy-concerning-the-jewish-refugees-of-north-africa-and-southwest-asia.

4. 对于犹太人口与总人口的估计各有不同，特别是当时奥斯曼帝国的人口记录不够完整。参见：Alan Dowty，*Arabs and Jews in Ottoman Palestine：Two Worlds Collide*（Bloomington：Indiana University Press，2021）；Justin McCarthy, *The Population of Palestine: Population History and Statistics of the Late Ottoman Period and the Mandate* (New York: Columbia University Press, 1990); Itamar Rabinovich and Jehuda Reinharz, eds., *Israel in the Middle East: Documents and Readings on Society, Politics, and Foreign Relations, Pre-1948 to the Present* (Hanover, N.H.: University Press of New England, 2008), 571; Yehoshua Ben-Arieh, *Jerusalem in the 19th Century: Emergence of the New City* (Jerusalem: Yad Izhak Ben-Zvi Institute, 1986), 466.
5. George G. Grabowicz, "Taras Shevchenko: The Making of the National Poet," *Revue des études Slaves* 85, no. 3 (2014): 421–39; Ostap Sereda, "'As a Father Among Little Children': The Emerging Cult of Taras Shevchenko as a Factor of the Ukrainian Nation Building in Austrian Eastern Galicia in the 1860s," *Kyiv-Mohyla Humanities Journal* 1 (2014): 159–88.
6. Sándor Hites, "Rocking the Cradle: Making Petőfi a National Poet," *Arcadia* 52, no. 1 (2017): 29–50; Ivan Halász et al., "The Rule of Sándor Petőfi in the Memory Policy of Hungarians, Slovaks, and the Members of the Hungarian Minority Group in Slovakia in the Last 150 Years," *Historia@Teoria* 1, no. 1 (2016): 121–43.
7. Timothy Snyder, *The Reconstruction of Nations: Poland, Ukraine, Lithuania, Belarus, 1569–1999* (New Haven, Conn.: Yale University Press, 2003); Roman Koropeckyj, *Adam Mickiewicz: The Life of a Romantic* (Ithaca, N.Y.: Cornell University Press, 2008); Helen N. Fagin, "Adam Mickiewicz: Poland's National Romantic Poet," *South Atlantic Bulletin* 42, no. 4 (1977): 103–13.
8. Jonathan Glover, *Israelis and Palestinians: From the Cycle of Violence to the Conversation of Mankind* (Cambridge, U.K.: Polity Press, 2024), 10.
9. William L. Smith, "Rāmā yana Textual Traditions in Eastern India," in *The "Ramayana" Revisited*, ed. Mandakranta Bose (New York: Oxford University Press, 2004), 91–92; Frank E. Reynolds, "Ramayana, Rama Jataka, and Ramakien: A Comparative Study of Hindu and Buddhist Traditions," in *Many Ramayanas: The Diversity of a Narrative Tradition in South Asia, ed. Paula Richman* (Berkeley: University of California Press, 1991), 50–66; Aswathi M. P., "The Cultural Trajectories of Ramayana, a Text Beyond the Grand Narrative," *Singularities* 8, no. 1 (2021): 28–32; A. K. Ramanujan, "Three Hundred Ramayanas: Five Examples and Three Thoughts on Translation," in Richman, *Many Ramayanas*, 22–49; James Fisher, "Education and Social Change in Nepal: An Anthropologist's Assessment," *Himalaya: The Journal of the Association for Nepal and Himalayan* 10, no. 2 (1990): 30–31.
10. "The Ramayan: Why Indians Are Turning to Nostalgic TV," BBC, May 5, 2020, www.bbc.com/culture/article/20200504-the-ramayan-why-indians-are-turning-to-nostalgic-tv; "'Ramayan' Sets World Record, Becomes Most Viewed Entertainment Program Globally," *Hindu*, May 2, 2020, www.thehindu.com/entertainment/movies/ramayan-sets-world-record-becomes-most-viewed-entertainment-program-globally/article61662060.ece; Soutik Biswas, "Ramayana: An 'Epic' Controversy," BBC, Oct. 19, 2011, www.bbc.com/news/world-south-asia-15363181; "'Ramayana' Beats 'Game of Thrones' to Become the World's Most Watched Show," WION, Feb. 15, 2018, www.wionews.com/entertainment/ramayana-beats-game-of-thrones-to-become-the-worlds-most-watched-show-296162.
11. Kendall Haven, *Story Proof: The Science Behind the Startling Power of Story* (Westport,

Conn.: Libraries Unlimited, 2007), vii, 122. 另一项近期研究请参见：Brendan I. Cohn-Sheehy et al., "Narratives Bridge the Divide Between Distant Events in Episodic Memory," *Memory and Cognition* 50（2022）：478–94.

12. Frances A. Yates, *The Art of Memory* (London: Random House, 2011); Joshua Foer, *Moonwalking with Einstein: The Art and Science of Remembering Everything* (New York: Penguin, 2011); Nils C. J. Müller et al., "Hippocampal–Caudate Nucleus Interactions Support Exceptional Memory Performance," *Brain Structure and Function* 223 (2018): 1379–89; Yvette Tan, "This Woman Only Needed a Week to Memorize All 328 Pages of Ikea's Catalogue," Mashable, Sept. 5, 2017, mashable.com/article/yanjaa-wintersoul-ikea; Jan-Paul Huttner, Ziwei Qian, and Susanne Robra-Bissantz, "A Virtual Memory Palace and the User's Awareness of the Method of Loci," European Conference on Information Systems, May 2019, aisel.aisnet.org/ecis2019_rp/7.
13. Ira Spar, ed., *Cuneiform Texts in the Metropolitan Museum of Art*, vol. 1, *Tablets, Cones, and Bricks of the Third and Second Millennia B.C.* (New York: Museum, 1988), 10–11; "CTMMA 1, 008 (P108692)," Cuneiform Digital Library Initiative, accessed Jan. 12, 2024, cdli.mpiwg-berlin.mpg.de/artifacts/108692; Tonia Sharlach, "Princely Employments in the Reign of Shulgi," *Journal of Ancient Near Eastern History* 9, no. 1 (2022): 1–68.
14. Andrew D. Madden, Jared Bryson, and Joe Palimi, "Information Behavior in Pre-literate Societies," in *New Directions in Human Information Behavior*, ed. Amanda Spink and Charles Cole (Dordrecht: Springer, 2006); Michael J. Trebilcock, "Communal Property Rights: The Papua New Guinean Experience," *University of Toronto Law Journal* 34, no. 4 (1984), 377–420; Richard B. Lee, "! Kung Spatial Organization: An Ecological and Historical Perspective," *Human Ecology* 1, no. 2 (1972): 125–47; Warren O. Ault, "Open-Field Husbandry and the Village Community: A Study of Agrarian By-Laws in Medieval England," *Transactions of the American Philosophical Society* 55, no. 7 (1965): 1–102; Henry E. Smith, "Semicommon Property Rights and Scattering in the Open Fields," *Journal of Legal Studies* 29, no. 1 (2000): 131–69; Richard Posner, *The Economics of Justice* (Cambridge, Mass.: Harvard University Press, 1981).
15. Klaas R. Veenhof, "'Dying Tablets' and 'Hungry Silver': Elements of Figurative Language in Akkadian Commercial Terminology," in *Figurative Language in the Ancient Near East*, ed. M. Mindlin, M. J. Geller, and J. E. Wansbrough (London: School of Oriental and African Studies, University of London, 1987), 41–75; Cécile Michel, "Constitution, Contents, Filing, and Use of Private Archives: The Case of Old Assyrian Archives (Nineteenth Century BCE)," in *Manuscripts and Archives*, ed. Alessandro Bausi et al.(Berlin: De Gruyter, 2018), 43–70.
16. Sophie Démare-Lafont and Daniel E. Fleming, eds., *Judicial Decisions in the Ancient Near East* (Atlanta: Society of Biblical Literature, 2023), 108–10; D. Charpin, "Lettres et procès paléo-babyloniens," in *Rendre la justice en Mésopotamie: Archives judiciaires du Proche-Orient ancien (IIIe-Ier millénaires avant J.-C.),* ed. Francis Joannès (Saint-Denis: Presses Universitaires de Vincennes, 2000), 73–74; Antoine Jacquet, "Family Archives in Mesopotamia During the Old Babylonian Period," in *Archives and Archival Documents in Ancient Societies: Trieste 30 September–1 October 2011*, ed. Michele Faraguna (Trieste: EUT, Edizioni Università di Trieste, 2013), 76–77; F. F. Kraus, *Altbabylonische Briefe in Umschrift und übersetzung* (Leiden: R. J. Brill, 1986), vol. 11, n. 55; Frans van Koppen and Denis Lacambre, "Sippar and the Frontier Between Ešnunna and Babylon: New Sources for the History of Ešnunna in the Old Babylonian Period," *Jaarbericht van het Vooraziatisch Egyptisch Genootschap Ex Oriente Lux* 41 (2009): 151–77.
17. 关于古埃及与美索不达米亚文件检索时的困难，相关案例可参见：Geoffrey Yeo, *Record-Making and Record-Keeping in Early Societies* (London: Routledge, 2021), 132; Jacquet, "Family Archives in Mesopotamia During the Old Babylonian Period," 76–77.
18. Mu-ming Poo et al., "What Is Memory? The Present State of the Engram," *C Biology* 14,

no. 1 (2016): 40; C. Abraham Wickliffe, Owen D. Jones, and David L. Glanzman, "Is Plasticity of Synapses the Mechanism of Long-Term Memory Storage?," *Npj Science of Learning* 4, no. 1 (2019): 9; Bradley R. Postle, "How Does the Brain Keep Information 'in Mind'?," *Current Directions in Psychological Science* 25, no. 3 (2016): 151–56.

19. *Britannica*, s.v. " Bureaucracy and the State," accessed Jan. 4, 2024, www.britannica.com/topic/bureaucracy/Bureaucracy-and-the-state.
20. 有关专注于这种相互作用的研究，可参见：Michele J. Gelfand et al., "The Relationship Between Cultural Tightness–Looseness and COVID-19 Cases and Deaths：A Global Analysis," *Lancet Planetary Health* 5, no. 3 (2021): 135–44; Julian W. Tang et al., "An Exploration of the Political, Social, Economic, and Cultural Factors Affecting How Different Global Regions Initially Reacted to the COVID-19 Pandemic," *Interface Focus* 12, no. 2 (2022), article 20210079.
21. Jason Roberts, *Every Living Thing: The Great and Deadly Race to Know All Life* (New York: Random House, 2024); Paul Lawrence Farber, *Finding Order in Nature* (Baltimore: Johns Hopkins University Press, 2000); James L. Larson, "The Species Concept of Linnaeus," *Isis* 59, no. 3 (1968): 291–99; Peter Raven, Brent Berlin, and Dennis Breedlove, "The Origins of Taxonomy," *Science* 174, no. 4015 (1971): 1210–13; Robert C. Stauffer, "'On the Origin of Species': An Unpublished Version," *Science* 130, no. 3387 (1959): 1449–52.
22. *Britannica*, s.v. "*Homo erectus*—Ancestor, Evolution, Migration," accessed Jan. 4, 2024, www.britannica.com/topic/Homo-erectus/Relationship-to-Homo-sapiens.
23. Michael Dannemann and Janet Kelso, "The Contribution of Neanderthals to Phenotypic Variation in Modern Humans," *American Journal of Human Genetics* 101, no. 4 (2017): 578–89.
24. Ernst Mayr, "What Is a Species, and What Is Not?," *Philosophy of Science* 63, no. 2 (1996): 262–77.
25. Darren E. Irwin et al., "Speciation by Distance in a Ring Species," *Science* 307, no. 5708 (2005): 414–16; James Mallet, Nora Besansky, and Matthew W. Hahn, "How Reticulated Are Species?," *BioEssays* 38, no. 2 (2016): 140–49; Simon H. Martin and Chris D. Jiggins, "Interpreting the Genomic Landscape of Introgression," *Current Opinion in Genetics and Development* 47 (2017): 69–74; Jenny Tung and Luis B. Barreiro, "The Contribution of Admixture to Primate Evolution," *Current Opinion in Genetics and Development* 47 (2017): 61–68.
26. James Mallet, "Hybridization, Ecological Races, and the Nature of Species: Empirical Evidence for the Ease of Speciation," *Philosophical Transactions of the Royal Society B: Biological Sciences* 363, no. 1506 (2008): 2971–86.
27. Brian Thomas, "Lions, Tigers, and Tigons," Institute for Creation Research, Sept. 12, 2012, www.icr.org/article/7051/.
28. Shannon M. Soucy, Jinling Huang, and Johann Peter Gogarten, "Horizontal Gene Transfer: Building the Web of Life," *Nature Reviews Genetics* 16, no. 8 (2015): 472–82; Michael Hensel and Herbert Schmidt, eds., *Horizontal Gene Transfer in the Evolution of Pathogenesis* (Cambridge, U.K.: Cambridge University Press, 2008); James A. Raymond and Hak Jun Kim, "Possible Role of Horizontal Gene Transfer in the Colonization of Sea Ice by Algae," *PLOS ONE* 7, no. 5 (2012), article e35968; Katrin Bartke et al., "Evolution of Bacterial Interspecies Hybrids with Enlarged Chromosomes," *Genome Biology and Evolution* 14, no. 10 (2022), article evac135.
29. Eugene V. Koonin and Petro Starokadomskyy, "Are Viruses Alive? The Replicator Paradigm Sheds Decisive Light on an Old but Misguided Question," *Studies in History and Philosophy of Science Part C: Studies in History and Philosophy of Biological and Biomedical Sciences* 59 (2016): 125–34; Dominic D. P. Johnson, "What Viruses Want: Evolutionary Insights for the Covid-19 Pandemic and Lessons for the Next One," in *A*

Multidisciplinary Approach to Pandemics, ed. Philippe Bourbeau, Jean-Michel Marcoux, and Brooke A. Ackerly (Oxford: Oxford University Press, 2022), 38–69; Deepak Sumbria et al., "Virus Infections and Host Metabolism—Can We Manage the Interactions?," *Frontiers in Immunology* 11 (2020), article 594963; Microbiology Society, "Are Viruses Alive?" May 10, 2016, microbiologysociety.org/publication/past-issues/what-is-life/article/are-viruses-alive-what-is-life.html; Erica L. Sanchez and Michael Lagunoff, "Viral Activation of Cellular Metabolism," *Virology* 479–80 (May 2015): 609–18; "Virus," National Human Genome Research Institute, accessed Jan. 12, 2024, www.genome.gov/genetics-glossary/Virus.

30. Ashworth E. Underwood, "The History of Cholera in Great Britain," *Proceedings of the Royal Society of Medicine* 41, no. 3 (1948): 165–73; Nottidge Charles Macnamara, *Asiatic Cholera: History up to July 15, 1892, Causes and Treatment* (London: Macmillan, 1892).
31. John Snow, "Dr. Snow' s Report," in Cholera Inquiry Committee, *The Report on the Cholera Outbreak in the Parish of St. James, Westminster, During the Autumn of 1854* (London: J. Churchill, 1855), 97–120; S. W. B. Newsom, "Pioneers in Infection Control: John Snow, Henry Whitehead, the Broad Street Pump, and the Beginnings of Geographical Epidemiology," *Journal of Hospital Infection* 64, no. 3 (2006): 210–16; Peter Vinten-Johansen et al., *Cholera, Chloroform, and the Science of Medicine: A Life of John Snow* (Oxford: Oxford University Press, 2003); Theodore H. Tulchinsky, "John Snow, Cholera, the Broad Street Pump; Waterborne Diseases Then and Now," *Case Studies in Public Health* (2018): 77–99.
32. Gov.UK, "Check If You Need a License to Abstract Water," July 3, 2023, www.gov.uk/guidance/check-if-you-need-a-license-to-abstract-water.
33. Mohnish Kedia, "Sanitation Policy in India—Designed to Fail?," *Policy Design and Practice* 5, no. 3 (2022): 307–25.
34. 参见：Madden，Bryson，and Palimi，"Information Behavior in Preliterate Societies，" 33–53。
35. Catherine Salmon and Jessica Hehman, "The Evolutionary Psychology of Sibling Conflict and Siblicide," in *The Evolution of Violence*, ed. Todd K. Shackelford and Ronald D. Hansen (New York: Springer, 2014), 137–57.
36. Ibid.; Laurence G. Frank, Stephen E. Glickman, and Paul Licht, "Fatal Sibling Aggression, Precocial Development, and Androgens in Neonatal Spotted Hyenas," *Science* 252, no. 5006 (1991): 702–4; Frank J. Sulloway, "Birth Order, Sibling Competition, and Human Behavior," in *Conceptual Challenges in Evolutionary Psychology: Innovative Research Strategies,* ed. Harmon R. Holcomb (Dordrecht: Springer Netherlands, 2001), 39–83; Heribert Hofer and Marion L. East, "Siblicide in Serengeti Spotted Hyenas: A Long-Term Study of Maternal Input and Cub Survival," *Behavioral Ecology and Sociobiology* 62, no. 3 (2008): 341–51.
37. R. Grant Gilmore Jr., Oliver Putz, and Jon W. Dodrill, "Oophagy, Intrauterine Cannibalism, and Reproductive Strategy in Lamnoid Sharks," in *Reproductive Biology and Phylogeny of Chondrichthyes*, ed. W. M. Hamlett (Boca Raton, Fla.: CRC Press, 2005), 435–63; Demian D. Chapman et al., "The Behavioral and Genetic Mating System of the Sand Tiger Shark, *Carcharias taurus*, an Intrauterine Cannibal," *Biology Letters* 9, no. 3 (2013), article 20130003.
38. Martin Kavaliers, Klaus-Peter Ossenkopp, and Elena Choleris, "Pathogens, Odors, and Disgust in Rodents," *Neuroscience and Biobehavioral Reviews* 119 (2020): 281–93; Valerie A. Curtis, "Infection-Avoidance Behavior in Humans and Other Animals," *Trends in Immunology* 35, no. 10 (2014): 457–64.
39. Harvey Whitehouse, *Inheritance: The Evolutionary Origins of the Modern World* (London: Hutchinson, 2024), 56; Marvin Perry and Frederick M. Schweitzer, eds., *Antisemitic Myths: A Historical and Contemporary Anthology* (Bloomington: Indiana University Press, 2008), 6, 26; Roderick McGrew, "Bubonic Plague," in *Encyclopedia of Medical*

History (New York: McGraw-Hill, 1985), 45; David Nirenberg, *Communities of Violence: Persecution of Minorities in the Middle Ages* (Princeton, N.J.: Princeton University Press, 1996); Martina Baradel and Emanuele Costa, "Discrimination, Othering, and the Political Instrumentalizing of Pandemic Disease," *Journal of Interdisciplinary History of Ideas* 18, no. 18 (2020); Alan M. Kraut. S*ilent Travelers: Germs, Genes, and the "Immigrant Menace"* (New York: Basic Books, 1994); Samuel K. Cohn Jr., *Epidemics: Hate and Compassion from the Plague of Athens to AIDS* (Oxford: Oxford University Press, 2018).

40. Wayne R. Dynes, ed., *Encyclopedia of Homosexuality*, vol. 1 (New York: Garland, 1990), 324.
41. John Bowker, ed., *The Oxford Dictionary of World Religions* (Oxford: Oxford University Press, 1997), 1041–44; Mary Douglas, *Purity and Danger* (London: Routledge, 2003), chap.9; Laura Kipnis, *The Female Thing: Dirt, Sex, Envy, Vulnerability* (London: Vintage, 2007), chap.3.
42. Robert M. Sapolsky, *Behave: The Biology of Humans at Our Best and Worst* (New York: Penguin Press, 2017), 388–89, 560–65.
43. Vinod Kumar Mishra, "Caste and Religion Matters in Access to Housing, Drinking Water, and Toilets: Empirical Evidence from National Sample Surveys, India," *CASTE: A Global Journal on Social Exclusion* 4, no. 1 (2023): 24–45, www.jstor.org/stable/48728103; Ananya Sharma, "Here' s Why India Is Struggling to Be Truly Open Defecation Free," *Wire India*, Oct. 28, 2021, thewire.in/government/heres-why-india-is-struggling-to-be-truly-open-defecation-free.
44. Samyak Pandey, "Roshni, the Shivpuri Dalit Girl Killed for 'Open Defecation,' Wanted to Become a Doctor," *Print*, Sept. 30, 2019, theprint.in/india/roshni-the-shivpuri-dalit-girl-killed-for-open-defecation-wanted-to-become-a-doctor/298925/.
45. Ludovico Ariosto, *Orlando Furioso* (1516), canto 14, lines 83–84.
46. William Shakespeare, *Henry VI, Part 2*, in *First Folio* (London, 1623), act 4, scene 2.
47. Juliet Barker, *1381: The Year of the Peasants' Revolt* (Cambridge, Mass.: Belknap Press of Harvard University Press, 2014); W. M. Ormrod, "The Peasants' Revolt and the Government of England," *Journal of British Studies* 29, no. 1 (1990): 1–30, doi.org/10.1086/385947; Jonathan Burgess, "The Learning of the Clerks: Writing and Authority During the Peasants' Revolt of 1381" (master' s thesis, McGill University, 2022), escholarship.mcgill.ca/concern/theses/6682x911r.
48. Josephus, *The Jewish War*, 2:427.
49. Rodolphe Reuss, *Le sac de l' Hôtel de Ville de Strasbourg (juillet 1789), épisode de l' histoire de la Révolution en Alsace* (Paris, 1915).
50. Jean Ancel, *The History of the Holocaust: Romania* (Jerusalem: Yad Vashem, 2003), 1:63.
51. 罗马尼亚犹太人在大屠杀期间的命运受到许多不同因素的影响，但出于一些复杂的原因，在 1938 年是否失去公民身份与之后是否遭到杀害有高度相关性。参见："Murder of the Jews of Romania," Yad Vashem，2024，www.yadvashem.org/holocaust/about/final-solution-beginning/romania.html#narrative_info; Christopher J. Kshyk, "The Holocaust in Romania: The Extermination and Protection of the Jews Under Antonescu' s Regime," *Inquiries Journal* 6, no. 12 (2014), www.inquiriesjournal.com/a?id=947.

第四章　错误：绝对正确是一种幻想

1. 拉丁文原文为："Humanum fuit errare，diabolicum est per animositatem in errore manere." 参见：Armand Benjamin Caillau，ed.，*Sermones de scripturis*，in *Sancti Aurelii Augustini Opera*（Paris：Parent-Desbarres，1838），4：412.
2. Ivan Mehta, "Elon Musk Wants to Develop TruthGPT, 'a Maximum Truth-Seeking AI,'" *Tech Crunch*, April 18, 2023, techcrunch.com/2023/04/18/elon-musk-wants-to-develop-truthgpt-a-maximum-truth-seeking-ai/.

3. Harvey Whitehouse, "A Cyclical Model of Structural Transformation Among the Mali Baining," *The Cambridge Journal of Anthropology* 14, no. 3 (1990), 34–53; Harvey Whitehouse, "From Possession to Apotheosis: Transformation and Disguise in the Leadership of a Cargo Movement," in *Leadership and Change in the Western Pacific*, eds. Richard Feinberg and Karen Ann Watson-Gageo (London: Athlone Press, 1996), 376–95; Harvey Whitehouse, *Inheritance: The Evolutionary Origins of the Modern World* (London: Hutchinson, 2024), 149–51.
4. Harvey Whitehouse, *Inheritance: The Evolutionary Origins of the Modern World* (London: Hutchinson, 2024), 45.
5. Robert Bellah, *Religion in Human Evolution: From the Paleolithic to the Axial Age* (Cambridge, Mass.: Belknap Press of Harvard University Press, 2011), 181.
6. Ibid., chaps. 4–9.
7. Herodotus, *The Histories*, book 5, 63; Mogens Herman Hansen, "Democracy, Athenian," in *The Oxford Classical Dictionary*, ed. Simon Hornblower and Antony Spawforth (Oxford: Oxford University Press, 2005), www.oxfordreference.com/display/10.1093/acref/9780198606413.001.0001/acref-9780198606413-e-2112.
8. John Collins, *The Dead Sea Scrolls: A Biography* (Princeton, N.J.: Princeton University Press, 2013), vii, 185.
9. Jodi Magness, *The Archeology of Qumran and the Dead Sea Scrolls*, 2nd ed. (Grand Rapids: Eerdmans, 2021), chap.3.
10. Sidnie White Crawford, "Genesis in the Dead Sea Scrolls," in *The Book of Genesis*, ed. Craig A. Evans, Joel N. Lohr, and David L. Petersen (Boston: Brill, 2012), 353–73, doi.org/10.1163/9789004226579_016; James C. VanderKam, "Texts, Titles, and Translations," in *The Cambridge Companion to the Hebrew Bible/Old Testament*, ed. Stephen B. Chapman and Marvin A. Sweeney (Cambridge, U.K.: Cambridge University Press, 2016), 9–27, doi.org/10.1017/CBO9780511843365.002.
11. 请参见在死海古卷数据库输入"Enoch"后的搜索结果：www.deadseascrolls.org.il/explore-the-archive/search#q= "Enoch."
12. 参见：Collins, *Dead Sea Scrolls*。
13. Daniel Assefa, "The Biblical Canon of the Ethiopian Orthodox Tawahedo Church," in *The Oxford Handbook of the Bible in Orthodox Christianity*, ed. Eugen J. Pentiuc (New York: Oxford University Press, 2022), 211–26; David Kessler, *The Falashas: A Short History of the Ethiopian Jews*, 3rd ed. (New York: Frank Cass, 1996), 67.
14. Emanuel Tov, *Textual Criticism of the Hebrew Bible* (Minneapolis: Fortress Press, 2001), 269; Sven Fockner, "Reopening the Discussion: Another Contextual Look at the Sons of God," *Journal for the Study of the Old Testament* 32, no. 4 (2008): 435–56, doi.org/10.1177/0309089208092140; Michael S. Heiser, "Deuteronomy 32:8 and the Sons of God," *Bibliotheca Sacra* 158 (2001): 71–72.
15. Martin G. Abegg Jr., Peter Flint, and Eugene Ulrich, *The Dead Sea Scrolls Bible: The Oldest Known Bible Translated for the First Time into English* (San Francisco: Harper, 1999), 159; Jewish Publication Society of America, *The Holy Scriptures According to the Masoretic Text* (Philadelphia, 1917), jps.org/wp-content/uploads/2015/10/Tanakh1917.pdf.
16. Abegg, Flint, and Ulrich, *Dead Sea Scrolls Bible*, 506; Peter W. Flint, "Unrolling the Dead Sea Psalms Scrolls," in *The Oxford Handbook of the Psalms*, ed. William P. Brown (Oxford: Oxford University Press, 2014), 243, doi.org/10.1093/oxfordhb/9780199783335.013.015.
17. Timothy Michael Law, *When God Spoke Greek: The Septuagint and the Making of the Christian Bible* (Oxford: Oxford University Press, 2013), 49.
18. Ibid., 62; Albert Pietersma and Benjamin G. Wright, eds., *A New English Translation of the Septuagint* (Oxford: Oxford University Press, 2007), vii; William P. Brown. "The Psalms: An Overview," in Brown, *Oxford Handbook of the Psalms*, 3, doi.org/10.1093/

oxfordhb/9780199783335.013.001.
19. Law, *When God Spoke Greek*, 63, 72.
20. Karen H. Jobes and Moisés Silva, *Invitation to the Septuagint* (Grand Rapids: Baker Academic, 2015), 161–62.
21. Michael Heiser, "Deuteronomy 32:8 and the Sons of God," LBTS Faculty Publications and Presentations (2001), 279. 也请参见：Alexandria Frisch, *The Danielic Discourse on Empire in Second Temple Literature* (Boston : Brill, 2016), 140; "Deuteronomion," in Pietersma and Wright, *New English Translation of the Septuagint*, ccat.sas.upenn.edu/nets/edition/05-deut-nets.pdf.
22. Chanoch Albeck, ed., *Mishnah: Six Orders* (Jerusalem: Bialik, 1955–59).
23. Maxine Grossman, "Lost Books of the Bible," in *The Oxford Dictionary of the Jewish Religion*, ed. Adele Berlin, 2nd ed. (Oxford: Oxford University Press, 2011); Geoffrey Khan, *A Short Introduction to the Tiberian Masoretic Bible and Its Reading Tradition* (Piscataway, N.J.: Gorgias Press, 2013).
24. Bart D. Ehrman, *Forged: Writing in the Name of God: Why the Bible's Authors Are Not Who We Think They Are* (New York: HarperOne, 2011), 300; Annette Y. Reed. "Pseudepigraphy, Authorship, and the Reception of 'the Bible' in Late Antiquity," in *The Reception and Interpretation of the Bible in Late Antiquity: Proceedings of the Montréal Colloquium in Honor of Charles Kannengiesser*, ed. Lorenzo DiTommaso and Lucian Turcescu (Leiden: Brill, 2008), 467–90; Stephen Greenblatt, *The Rise and Fall of Adam and Eve* (New York: W. W. Norton, 2017), 68; Dale C. Allison Jr., *Testament of Abraham* (Berlin: Walter De Gruyter, 2013), vii.
25. Grossman, "Lost Books of the Bible."
26. 请参见：Tzvi Freeman, "How Did the Torah Exist Before It Happened？," Chabad.org, www.chabad.org/library/article_cdo/aid/110124/jewish/How-Did-the-Torah-Exist-Before-it-Happened.htm。
27. Seth Schwartz, *Imperialism and Jewish Society, 200 B.C.E. to 640 C.E.* (Princeton, N.J.: Princeton University Press, 2001); Gottfried Reeg and Dagmar Börner-Klein, "Synagogue," in *Religion Past and Present*, ed. Hans Dieter Betz et al.(Leiden: Brill, 2006–12), dx.doi.org/10.1163/1877-5888_rpp_COM_025027; Kimmy Caplan, "Bet Midrash," in Betz et al., *Religion Past and Present*, dx.doi.org/10.1163/1877-5888_rpp_SIM_01883.
28. "Tractate Soferim," in *The William Davidson Talmud* (Jerusalem: Koren, 2017), www.sefaria.org/Tractate_Soferim?tab=contents.
29. "Tractate Eiruvin," in *Babylonian Talmud*, chap.13a, halakhah.com/pdf/moed/Eiruvin.pdf.
30. B. Barry Levy, *Fixing God's Torah: The Accuracy of the Hebrew Bible Text in Jewish Law* (Oxford: Oxford University Press, 2001); Alfred J. Kolatch, *This Is the Torah* (New York: Jonathan David, 1988); "Tractate Soferim."
31. Raphael Patai, *The Children of Noah: Jewish Seafaring in Ancient Times* (Princeton: N.J.: Princeton University Press, 1998), benyehuda.org/read/30739.
32. Shaye Cohen, Robert Goldenberg, and Hayim Lapin, eds., *The Oxford Annotated Mishnah* (Oxford: Oxford University Press, 2022), 1.
33. Mayer I. Gruber, "The Mishnah as Oral Torah: A Reconsideration," *Journal for the Study of Judaism in the Persian, Hellenistic, and Roman Period* 15 (1984): 112–22.
34. Adin Steinsaltz, *The Essential Talmud* (New York: Basic Books, 2006), 3.
35. Ibid.
36. Elizabeth A. Harris, "For Jewish Sabbath, Elevators Do All the Work," *New York Times*, March 5, 2012, www.nytimes.com/2012/03/06/nyregion/on-jewish-sabbath-elevators-that-do-all-the-work.html.
37. Jon Clarine, "Digitalization Is Revolutionizing Elevator Services," *TKE blog*, June 2022, blog.tkelevator.com/digitalization-is-revolutionizing-elevator-services-jon-clarine-shares-

how-and-why/.

38. 参见："Tractate Megillah," in *Babylonian Talmud*, chap.16b; "Rashi on Genesis 45:14," in *Pentateuch with Targum Onkelos, Haphtaroth, and Prayers for Sabbath and Rashi's Commentary*, ed. and trans. M. Rosenbaum and A. M. Silbermann in collaboration with A. Blashki and L. Joseph (London: Shapiro, Vallentine, 1933), www.sefaria.org/Rashi_on_Genesis.45.14?lang=bi&with=Talmud&lang2=en.
39. 关于《塔木德》怎样产生出这种信念，请参见："Tractate Shabbat," in *Babylonian Talmud*, chap.119b。关于这个主题在现代的各种其他形式，请参见：midrasha.biu.ac.il/node/2192。
40. Bart D. Ehrman, *Lost Christianities: The Battles for Scripture and the Faiths We Never Knew* (Oxford: Oxford University Press, 2003); Frederik Bird. " Early Christianity as an Unorganized Ecumenical Religious Movement," in *Handbook of Early Christianity: Social Science Approaches*, ed. Anthony J. Blasi, Jean Duhaime, and Paul-André Turcotte (Walnut Creek, Calif.: AltaMira Press, 2002), 225–46.
41. Konrad Schmid, "Immanuel," in Betz et al., *Religion Past and Present*.
42. Ehrman, *Lost Christianities*, xiv; Sarah Parkhouse, "Identity, Death, and Ascension in the First Apocalypse of James and the Gospel of John," *Harvard Theological Review* 114, no. 1 (2021): 51–71; Gregory T. Armstrong, "Abraham," in *Encyclopedia of Early Christianity, ed. Everett Ferguson* (New York: Routledge, 1999), 7–8; John J. Collins, "Apocalyptic Literature," in ibid., 73–74.
43. Ehrman, *Lost Christianities*, xi-xii.
44. Ibid., xii; J. K. Elliott, ed., *The Apocryphal New Testament: A Collection of Apocryphal Christian Literature in an English Translation* (Oxford: Oxford University Press, 1993), 231– 302.
45. Ibid., 543–46; Ehrman, *Lost Christianities*; Andrew Louth, ed., *Early Christian Writings: The Apostolic Fathers* (New York: Penguin Classics, 1987).
46. *The Festal Epistles of St. Athanasius, Bishop of Alexandria* (Oxford: John Henry Parker, 1854), 137–39.
47. Ehrman, *Lost Christianities*, 231.
48. Daria Pezzoli-Olgiati et al., "Canon," in Betz et al., *Religion Past and Present*; David Salter Williams, "Reconsidering Marcion's Gospel," *Journal of Biblical Literature* 108, no. 3 (1989): 477–96.
49. Ashish J. Naidu, *Transformed in Christ: Christology and the Christian Life in John Chrysostom* (Eugene, Ore.: Pickwick Publications, 2012), 77.
50. Bruce M. Metzger, *The Canon of the New Testament: Its Origin, Development, and Significance* (Oxford: Clarendon Press, 1987), 219–20.
51. Metzger, *Canon of the New Testament*, 176, 223–24; Christopher Sheklian, "Venerating the Saints, Remembering the City: Armenian Memorial Practices and Community Formation in Contemporary Istanbul," in *Armenian Christianity Today: Identity Politics and Popular Practice,* ed. Alexander Agadjanian (Surrey, U.K.: Ashgate, 2014), 157; Bart Ehrman, *Forgery and Counter-forgery: The Use of Literary Deceit in Early Christian Polemics* (Oxford: Oxford University Press, 2013), 32. 也请参见：Ehrman, *Lost Christianities*, 210–11.
52. Ehrman, *Lost Christianities*, 231.
53. Ehrman, *Lost Christianities*, 236-238.
54. Ibid., 38; Ehrman, *Forgery and Counter-forgery*, 203; Raymond F. Collins, "Pastoral Epistles," in Betz et al., *Religion Past and Present*.
55. Ariel Sabar, "The Inside Story of a Controversial New Text About Jesus," *Smithsonian Magazine*, Sept. 17, 2012, www.smithsonianmag.com/history/the-inside-story-of-a-controversial-new-text-about-jesus-41078791/.
56. Dennis MacDonald, *The Legend of the Apostle: The Battle for Paul in Story and Canon*

(Philadelphia: Westminster Press, 1983), 17; Stephen J. Davis, *The Cult of Saint Thecla: A Tradition of Women' s Piety in Late Antiquity* (Oxford: Oxford University Press, 2001), 6.

57. Davis, *Cult of Saint Thecla*.
58. Knut Willem Ruyter, "Pacifism and Military Service in the Early Church," *CrossCurrents* 32, no. 1 (1982): 54–70; Harold S. Bender, "The Pacifism of the Sixteenth Century Anabaptists," *Church History* 24, no. 2 (1955): 119–31.
59. Michael J. Lewis, *City of Refuge: Separatists and Utopian Town Planning* (Princeton, N.J.: Princeton University Press, 2016), 97.
60. Irene Bueno, "False Prophets and Ravening Wolves: Biblical Exegesis as a Tool Against Heretics in Jacques Fournier' s Postilla on Matthew," *Speculum* 89, no. 1 (2014): 35– 65.
61. Peter K. Yu, "Of Monks, Medieval Scribes, and Middlemen," *Michigan State Law Review* 2006, no. 1 (2006): 7.
62. Marc Drogin, *Anathema! Medieval Scribes and the History of Book Curses* (Totowa, N.J.: Allanheld, Osmun, 1983), 37.
63. Nicholas Watson, "Censorship and Cultural Change in Late-Medieval England: Vernacular Theology, the Oxford Translation Debate, and Arundel' s Constitutions of 1409," *Speculum* 70, no. 4 (1995): 827.
64. David B. Barrett, George Thomas Kurian, and Todd M. Johnson, *World Christian Encyclopedia: A Comparative Survey of Churches and Religions in the Modern World* (Oxford: Oxford University Press, 2001), 12.
65. Eltjo Buringh and Jan Luiten Van Zanden, "Charting the 'Rise of the West' : Manuscripts and Printed Books in Europe, a Long-Term Perspective from the Sixth Through Eighteenth Centuries," *Journal of Economic History* 69 (2009): 409–45.
66. 文中关于欧洲猎巫的讨论，主要参考文献为：Ronald Hutton，*The Witch：A History of Fear，from Ancient Times to the Present*（New Haven，Conn.：Yale University Press，2017）。
67. Hutton, *Witch*.
68. Ibid.《主教教规》编纂于 10 世纪初（也可能是 9 世纪末），后来成为《教会法》的一部分。《主教教规》认为，撒旦会欺骗人类相信各种幻想的事物（比如人可以在天上飞），而相信这些事就是一种罪。但这与早期现代欧洲猎巫行动的看法刚好相反，早期现代欧洲是完全相信这些事情会发生的，而质疑却成了一种罪。请参见：Julian Goodare，"Witches' Flight in Scottish Demonology，" in *Demonology and Witch-Hunting in Early Modern Europe*，ed. Julian Goodare, Rita Voltmer, and Liv Helene Willumsen (London: Routledge, 2020), 147–67.
69. Hutton, *Witch*; Richard Kieckhefer, "The First Wave of Trials for Diabolical Witchcraft," in *The Oxford Handbook of Witchcraft in Early Modern Europe and Colonial America*, ed. Brian P. Levack (Oxford: Oxford University Press, 2013), 158–78; Fabrizio Conti, "Notes on the Nature of Beliefs in Witchcraft: Folklore and Classical Culture in Fifteenth Century Mendicant Traditions," *Religions* 10, no. 10 (2019): 576; Chantal Ammann-Doubliez, "La première chasse aux sorciers en Valais (1428–1436?)," in *L' imaginaire du sabbat: Édition critique des textes les plus anciens (1430 c.–1440 c.),* ed. Martine Ostorero et al.(Lausanne: Université de Lausanne, Section d' Histoire, Faculté des Lettres, 1999), 63–98; Nachman Ben-Yehuda, "The European Witch Craze: Still a Sociologist' s Perspective," *American Journal of Sociology* 88, no. 6 (1983): 1275–79; Hans Peter Broedel, "Fifteenth-Century Witch Beliefs," in Levack, *Oxford Handbook of Witchcraft*.
70. Hans Broedel, *The "Malleus Maleficarum" and the Construction of Witchcraft: Theology and Popular Belief* (Manchester: Manchester University Press, 2003); Martine Ostorero, "Un lecteur attentif du *Speculum historiale* de Vincent de Beauvais au XVe siècle: L' inquisiteur bourguignon Nicolas Jacquier et la réalité des apparitions démoniaques," *Spicae: Cahiers de l' Atelier Vincent de Beauvais* 3 (2013).

71. 此处及以下关于克雷默及其著作的讨论，主要参考：Broedel，*"Malleus Maleficarum" and the Construction of Witchcraft*。另请参见：Tamar Herzig，"The Bestselling Demonologist：Heinrich Institoris's *Malleus Maleficarum*，" in *The Science of Demons：Early Modern Authors Facing Witchcraft and the Devil*, ed. Jan Machielsen (New York: Routledge, 2020), 53–67。
72. Broedel, *"Malleus Maleficarum" and the Construction of Witchcraft*, 178.
73. Jakob Sprenger, *Malleus Maleficarum*, trans. Montague Summers (London: J. Rodker, 1928), 121.
74. Tamar Herzig, "Witches, Saints, and Heretics: Heinrich Kramer' s Ties with Italian Women Mystics," *Magic, Ritual, and Witchcraft* 1, no. 1 (2006): 26; André Schnyder, *"Malleus maleficarum" von Heinrich Institoris (alias Kramer) unter Mithilfe Jakob Sprengers aufgrund der dämonologischen Tradition zusammengestellt: Kommentar zur Wiedergabe des Erstdrucks von 1487 (Hain 9238)* (Göppingen: Kümmerle, 1993), 62.
75. Broedel, *"Malleus Maleficarum" and the Construction of Witchcraft*, 7–8.
76. 关于印刷革命与欧洲猎巫热潮的关系，请参见：Charles Zika，*The Appearance of Witchcraft：Print and Visual Culture in Sixteenth-Century Europe* (London: Routledge, 2007); Robert Walinski-Kiehl, "Pamphlets, Propaganda, and Witch- Hunting in Germany, c. 1560–c. 1630," *Reformation* 6, no. 1 (2002): 49–74; Alison Rowlands, *Witchcraft Narratives in Germany: Rothenburg, 1561–1652* (Manchester: Manchester University Press, 2003); Walter Stephens, *Demon Lovers: Witchcraft, Sex, and the Crisis of Belief* (Chicago: University of Chicago Press, 2002); Brian P. Levack，*The Witch-Hunt in Early Modern Europe*（London：Longman，1987）。有关一项淡化印刷术与猎巫之间关系的研究，请参见：Stuart Clark，*Thinking with Demons: The Idea of Witchcraft in Early Modern Europe* (Oxford: Clarendon Press, 1997)。
77. Brian P. Levack, introduction to *Oxford Handbook of Witchcraft*, 1–10n13; Henry Boguet, *An Examen of Witches Drawn from Various Trials of Many of This Sect in the District of Saint Oyan de Joux, Commonly Known as Saint Claude, in the County of Burgundy, Including the Procedure Necessary to a Judge in Trials for Witchcraft*, trans. Montague Summers and E. Allen Ashwin (London: J. Rodker, 1929), xxxii.
78. James Sharpe, *Witchcraft in Early Modern England*, 2nd ed. (New York: Routledge, 2019), 5.
79. Robert S. Walinski-Kiehl, "The Devil' s Children: Child Witch-Trials in Early Modern Germany," *Continuity and Change* 11, no. 2 (1996): 171–89; William Monter, "Witchcraft in Iberia," in Levack, *Oxford Handbook of Witchcraft*, 268–82.
80. Sprenger, *Malleus Maleficarum*, 223–24.
81. Michael Kunze, *Highroad to the Stake: A Tale of Witchcraft* (Chicago: University of Chicago Press, 1989), 87.
82. 关于本案细节，出处同上；关于处决内容，请参见：Robert E. Butts，"De Praestigiis Daemonum：Early Modern Witchcraft：Some Philosophical Reflections，" in *Witches, Scientists, Philosophers：Essays and Lectures*, ed. Graham Solomon (Dordrecht: Springer Netherlands, 2000), 14–15。
83. Gareth Medway, *Lure of the Sinister: The Unnatural History of Satanism* (New York: New York University Press, 2001); Broedel, *"Malleus Maleficarum" and the Construction of Witchcraft;* David Pickering, *Cassell' s Dictionary of Witchcraft* (London: Cassell, 2003).
84. Gary K. Waite, "Sixteenth-Century Religious Reform and the Witch-Hunts," in Levack, *Oxford Handbook of Witchcraft*, 499.
85. Mark Häberlein and Johannes Staudenmaier, "Bamberg," in *Handbuch kultureller Zentren der Frühen Neuzeit: Städte und Residenzen im alten deutschen Sprachraum*, ed. Wolfgang Adam and Siegrid Westphal (Berlin: De Gruyter, 2013), 57.
86. Birke Griesshammer, *Angeklagt—gemartet—verbrannt: Die Opfer der Hexenverfolgung in Franken* [Accused—martyred—burned: The victims of witch hunts in Franconia] (Erfurt,

Germany: Sutton, 2013), 43.

87. Wolfgang Behringer, *Witches and Witch-Hunts: A Global History* (Cambridge, U.K.: Polity Press, 2004), 150; Griesshammer, *Angeklagt—gemartet—verbrannt*, 43; Arnold Scheuerbrandt, *Südwestdeutsche Stadttypen und Städtegruppen bis zum frühen 19.Jahrhundert: Ein Beitrag zur Kulturlandschaftsgeschichte und zur kulturräumlichen Gliederung des nördlichen Baden-Württemberg und seiner Nachbargebiete* (Heidelberg, Germany: Selbstverlag des Geographischen Instituts der Universität, 1972), 383.
88. Robert Rapley, *Witch Hunts: From Salem to Guantanamo Bay* (Montreal: McGill-Queen's University Press, 2007), 22–23.
89. Gustav Henningsen, *The Witches' Advocate: Basque Witchcraft and the Spanish Inquisition, 1609–1614* (Reno: University of Nevada Press, 1980), 304, ix.
90. Arthur Koestler, *The Sleepwalkers: A History of Man's Changing Vision of the Universe* (London: Penguin Books, 2014), 168.
91. 参见尤瓦尔 · 赫拉利《人类简史》第 14 章：Yuval Noah Harari, *Sapiens: A Brief History of Humankind* (New York: Harper, 2015), chap.14.
92. 请参见：Dan Ariely，*Misbelief：What Makes Rational People Believe Irrational Things*（New York：Harper，2023），145。
93. Rebecca J. St. George and Richard C. Fitzpatrick, "The Sense of Self-Motion, Orientation, and Balance Explored by Vestibular Stimulation," *Journal of Physiology* 589, no. 4 (2011): 807–13; Jarett Casale et al., "Physiology, Vestibular System," in *StatPearls* (Treasure Island, Fla.: StatPearls Publishing, 2023).
94. Younghoon Kwon et al., "Blood Pressure Monitoring in Sleep: Time to Wake Up," *Blood Pressure Monitoring* 25, no. 2 (2020): 61–68; Darae Kim and Jong-Won Ha, "Hypertensive Response to Exercise: Mechanisms and Clinical Implication," *Clinical Hypertension* 22, no. 1 (2016): 17.
95. Gianfranco Parati et al., "Blood Pressure Variability: Its Relevance for Cardiovascular Homeostasis and Cardiovascular Diseases," *Hypertension Research* 43, no. 7 (2020): 609–20.
96. "Unitatis redintegratio" (Decree on Ecumenism), Second Vatican Council, Nov. 21, 1964, www.vatican.va/archive/hist_councils/ii_vatican_council/documents/vat-ii_decree_19641121_unitatis-redintegratio_en.html.
97. Rabbi Moses ben Nahman (ca. 1194–1270), 参见《申命记》17：11。
98. Ṣaḥīḥ al-Tirmidhī, 2167; Mairaj Syed, "Ijma'," in *The Oxford Handbook of Islamic Law*, ed. Anver M. Emon and Rumee Ahmed (Oxford: Oxford University Press, 2018), 271–98; Iysa A. Bello, "The Development of Ijmā' in Islamic Jurisprudence During the Classical Period," in *The Medieval Islamic Controversy Between Philosophy and Orthodoxy: Ijmā 'and Ta'Wīl in the Conflict Between al-Ghazālī and Ibn Rushd* (Leiden: Brill, 1989), 17–28.
99. "Pastor aeternus," First Vatican Council, July 18, 1870, www.vatican.va/content/pius-ix/en/documents/constitutio-dogmatica-pastor-aeternus-18-iulii-1870.html; "The Pope Is Never Wrong: A History of Papal Infallibility in the Catholic Church," University of Reading, Jan. 10, 2019, research.reading.ac.uk/research-blog/pope-never-wrong-history-papal-infallibility-catholic-church/; Hermann J. Pottmeyer, "Infallibility," in *Encyclopedia of Christianity Online* (Leiden: Brill, 2011).
100. Rory Carroll, "Pope Says Sorry for Sins of Church," *Guardian*, March 13, 2000, www.theguardian.com/world/2000/mar/13/catholicism.religion.
101. Leyland Cecco, "Pope Francis 'Begs Forgiveness' over Abuse at Church Schools in Canada," *Guardian*, July 26, 2022, www.theguardian.com/world/2022/jul/25/pope-francis-apologizes-for-abuse-at-church-schools-on-visit-to-canada.
102. 关于制度性的教会性别歧视，请参见：April D. DeConick，*Holy Misogyny：Why the Sex*

and Gender Conflicts in the Early Church Still Matter（New York：Continuum，2011）; Jack Holland, *A Brief History of Misogyny: The World's Oldest Prejudice* (London: Robinson, 2006), chaps.3, 4, and 8; Elisabeth Schüssler Fiorenza，*In Memory of Her：A Feminist Theological Reconstruction of Christian Origins*（New York：Crossroad，1994）。关于反犹主义，请参见：Robert Michael，*Holy Hatred: Christianity, Antisemitism, and the Holocaust* (New York: Palgrave Macmillan, 2006), 17–19; Robert Michael, *A History of Catholic Antisemitism: The Dark Side of the Church* (New York: Palgrave Macmillan, 2008); James Carroll，*Constantine's Sword：The Church and the Jews*（Boston：Houghton Mifflin，2002），91–93。关于福音书中的偏见，请参见：Gerd Lüdemann，*Intolerance and the Gospel: Selected Texts from the New Testament* (Amherst, N.Y.: Prometheus Books, 2007); Graham Stanton and Guy G. Stroumsa, eds., *Tolerance and Intolerance in Early Judaism and Christianity* (Cambridge, U.K.: Cambridge University Press, 1998), esp.124– 31。

103. Edward Peters, ed., *Heresy and Authority in Medieval Europe* (Philadelphia: University of Pennsylvania Press, 2011), chap.6.
104. Diana Hayes, "Reflections on Slavery," in *Change in Official Catholic Moral Teaching*, ed. Charles E. Curran (New York: Paulist Press, 1998), 67.
105. Associated Press, "Pope Francis Suggests Gay Couples Could Be Blessed in Vatican Reversal," *Guardian*, Oct. 3, 2023, www.theguardian.com/world/2023/oct/03/pope-francis-suggests-gay-couples-could-be-blessed-in-vatican-reversal.
106. Robert Rynasiewicz, "Newton's Views on Space, Time, and Motion," in *Stanford Encyclopedia of Philosophy*, ed. Edward N. Zalta, Spring 2022 (Palo Alto, Calif.: Metaphysics Research Lab, Stanford University, 2022).
107. 请参见：Sandra Harding，ed.，*The Postcolonial Science and Technology Studies Reader* (Durham, N.C.: Duke University Press, 2011); Agustín Fuentes et al., "AAPA Statement on Race and Racism," *American Journal of Physical Anthropology* 169, no. 3 (2019): 400–402; Michael L. Blakey, "Understanding Racism in Physical (Biological) Anthropology," *American Journal of Physical Anthropology* 175, no. 2 (2021): 316–25; Allan M. Brandt, "Racism and Research: The Case of the Tuskegee Syphilis Study," *Hastings Center Report* 8, no. 6 (1978): 21–29; Alison Bashford, "'Is White Australia Possible?'：Race, Colonialism, and Tropical Medicine," *Ethnic and Racial Studies* 23, no. 2 (2000): 248–71; Eric Ehrenreich, *The Nazi Ancestral Proof: Genealogy, Racial Science, and the Final Solution* (Bloomington: Indiana University Press, 2007).
108. Jack Drescher, "Out of DSM: Depathologizing Homosexuality," *Behavioral Sciences* 5, no. 4 (2015): 565–75; Sarah Baughey-Gill, "When Gay Was Not Okay with the APA: A Historical Overview of Homosexuality and Its Status as Mental Disorder," *Occam's Razor* 1 (2011): 13.
109. Shaena Montanari, "Debate Remains over Changes in DSM-5 a Decade On," *Spectrum*, May 31, 2023.
110. Ian Fisher and Rachel Donadio, "Benedict XVI, First Modern Pope to Resign, Dies at 95," *New York Times*, Dec. 31, 2022, www.nytimes.com/2022/12/31/world/europe/benedict-xvi-dead.html; "Chief Rabbinate Rejects Mixed Male-Female Prayer at Western Wall," *Israel Hayom*, June 19, 2017, www.israelhayom.co.il/article/484687; Saeid Golkar, "Iran After Khamenei: Prospects for Political Change," *Middle East Policy* 26, no. 1 (2019): 75–88.
111. 请参见：Kathleen Stock，*Material Girls：Why Reality Matters for Feminism*（London：Fleet，2021），书中谈及她在批评性别研究的主流观点之后受到怎样的苦难；以及参见：Klaus Taschwer，*The Case of Paul Kammerer：The Most Controversial Biologist of His Time*，trans. Michal Schwartz（Montreal：Bunim & Bannigan，2019），书中谈及保罗·卡默勒的实验似乎违背了当时关于遗传的正统观点，受到各方的批评。
112. D. Shechtman et al., "Metallic Phase with Long-Range Orientational Order and No Translational Symmetry," *Physical Review Letters* 53 (1984): 1951–54.

113. 关于准晶体的发现以及随之而来的争议，参见：Alok Jha，“Dan Shechtman：'Linus Pauling Said I Was Talking Nonsense，'” *Guardian*，Jan. 6，2013，www.theguardian.com/science/2013/jan/06/dan-shechtman-nobel-prize-chemistry-interview; Nobel Prize, “A Remarkable Mosaic of Atoms,” Oct. 5, 2011, www.nobelprize.org/prizes/chemistry/2011/press-release/; Denis Gratias and Marianne Quiquandon, “Discovery of Quasicrystals: The Early Days,” *Comptes Rendus Physique* 20, no. 7–8 (2019): 803–16; Dan Shechtman, “The Discovery of Quasi-Periodic Materials,” Lindau Nobel Laureate Meetings, July 5, 2012, mediatheque.lindau-nobel.org/recordings/31562/the-discovery-of-quasi-periodic-materials-2012.
114. Patrick Lannin and Veronica Ek, “Ridiculed Crystal Work Wins Nobel for Israeli,” Reuters, Oct. 6, 2011, www.reuters.com/article/idUSTRE7941EP/.
115. Vadim Birstein, *The Perversion of Knowledge: The True Story of Soviet Science* (Boulder, Colo.: Westview Press, 2001).
116. Ibid., 209–41, 394, 401, 402, 428.
117. Ibid., 247–55, 270–76; Nikolai Krementsov, “A ‘Second Front’ in Soviet Genetics: The International Dimension of the Lysenko Controversy, 1944–1947,” *Journal of the History of Biology* 29, no. 2 (1996): 229–50.

第五章　抉择：民主与极权制度简史

1. 关于专制网络里的信息流动，相关深入讨论请参见：Jeremy L. Wallace，*Seeking Truth and Hiding Facts：Information，Ideology，and Authoritarianism in China*（Oxford：Oxford University Press，2022).
2. Fergus Millar, *The Emperor in the Roman World, 31 BC–AD 337* (Ithaca, N.Y.: Cornell University Press, 1977); Richard J. A. Talbert, *The Senate of Imperial Rome* (Princeton, N.J.: Princeton University Press, 2022); J. A. Crook, “Augustus: Power, Authority, Achievement,” in *The Cambridge Ancient History*, vol. 10, *The Augustan Empire, 43 BC–AD 69*, ed. Alan K. Bowman, Andrew Lintott, and Edward Champlin (Cambridge, U.K.: Cambridge University Press, 1996), 113–46.
3. Peter H. Solomon, *Soviet Criminal Justice Under Stalin* (Cambridge, U.K.: Cambridge University Press, 1996); Stephen Kotkin, *Stalin: Waiting for Hitler, 1929–1941* (New York: Penguin Press, 2017), 330–33, 371–73, 477–80.
4. Müller, *What Is Populism?*; Masha Gessen, *The Future Is History: How Totalitarianism Reclaimed Russia* (New York: Riverhead Books, 2017); Steven Levitsky and Daniel Ziblatt, *How Democracies Die* (New York: Crown, 2018); Timothy Snyder, *The Road to Unfreedom: Russia, Europe, America* (New York: Crown, 2018); Gideon Rachman, *The Age of the Strongman: How the Cult of the Leader Threatens Democracy Around the World* (New York: Other Press, 2022).
5. H.J.Res.114–107th Congress (2001–2002): Authorization for Use of Military Force Against Iraq Resolution of 2002, Congress.gov, Oct. 16, 2002, www.congress.gov/bill/107th-congress/house-joint-resolution/114.
6. Frank Newport, “Seventy-Two Percent of Americans Support War Against Iraq,” Gallup, March 24, 2003, news.gallup.com/poll/8038/SeventyTwo-Percent-Americans-Support-War-Against-Iraq.aspx.
7. “Poll: Iraq War Based on Falsehoods,” UPI, Aug. 20, 2004, www.upi.com/Top_News/2004/08/20/Poll-Iraq-war-based-on-falsehoods/75591093019554/.
8. James Eaden and David Renton, *The Communist Party of Great Britain Since 1920* (London: Palgrave, 2002), 96; Ian Beesley, *The Official History of the Cabinet Secretaries* (London: Routledge, 2017), 47.
9. Müller, *What Is Populism*? 3–4, 20–22.
10. Ralph Hassig and Kongdan Oh, *The Hidden People of North Korea: Everyday Life in the*

Hermit Kingdom (Lanham, Md.: Rowman & Littlefield, 2015); Seol Song Ah, "Inside North Korea's Supreme People's Assembly," *Guardian*, April 22, 2014, www.theguardian.com/world/2014/apr/22/inside-north-koreas-supreme-peoples-assembly.

11. Andrei Lankov, *The Real North Korea: Life and Politics in the Failed Stalinist Utopia* (Oxford: Oxford University Press, 2013).
12. Graeber and Wengrow, *Dawn of Everything*, chaps. 2–5.
13. Ibid., chaps. 3–5; Bellah, *Religion in Human Evolution*, 117–209; Pierre Clastres, *Society Against the State: Essays in Political Anthropology* (New York: Zone Books, 1988).
14. Michael L. Ross, *The Oil Curse: How Petroleum Wealth Shapes the Development of Nations* (Princeton, N.J.: Princeton University Press, 2013); Leif Wenar, *Blood Oil: Tyrants, Violence, and the Rules That Run the World* (Oxford: Oxford University Press, 2015); Karen Dawisha, *Putin's Kleptocracy: Who Owns Russia?*（New York：Simon & Schuster，2014）.
15. Graeber and Wengrow, *Dawn of Everything*, chaps.3–5; Eric Alden Smith and Brian F. Codding, "Ecological Variation and Institutionalized Inequality in Hunter-Gatherer Societies," *Proceedings of the National Academy of Sciences* 118, no. 13 (2021).
16. James Woodburn, "Egalitarian Societies," *Man* 17, no. 3 (1982): 431–51.
17. Graeber and Wengrow, *Dawn of Everything*, chaps. 3–5; Bellah，*Religion in Human Evolution*，chaps. 3–5. 巴布亚新几内亚的 Kipe 部落大约有 5000 人，以部分狩猎采集、部分农业的方式为生，关于 Kipe 部落的信息流动方式，请参见：Madden，Bryson，and Palimi，"Information Behavior in Pre-literate Societies."
18. 乌鲁克这样的美索不达米亚城邦偶尔会采用民主制度，参见：Graeber and Wengrow，*Dawn of Everything*.
19. John Thorley, *Athenian Democracy* (London: Routledge, 2005), 74; Nancy Evans, *Civic Rites: Democracy and Religion in Ancient Athens* (Berkeley: University of California Press, 2010), 16.
20. Thorley, *Athenian Democracy*; Evans, *Civic Rites*, 79.
21. Millar, *Emperor in the Roman World*; Talbert, *Senate of Imperial Rome*.
22. Kyle Harper, *The Fate of Rome: Climate, Disease, and the End of an Empire* (Princeton, N.J.: Princeton University Press, 2017), 30–31; Walter Scheidel, "Demography," in *The Cambridge Economic History of the Greco-Roman World*, ed. Ian Morris, Richard P. Saller, and Walter Scheidel (Cambridge, U.K.: Cambridge University Press, 2007), 38–86.
23. Vladimir G. Lukonin, "Political, Social, and Administrative Institutions, Taxes, and Trade," in *The Cambridge History of Iran: Seleucid Parthian*, vol. 3, *The Seleucid, Parthian, and Sasanid Periods*, ed. Ehsan Yarshater (Cambridge, U.K.: Cambridge University Press, 1983), 681–746; Gene R. Garthwaite, *The Persians* (Malden, Mass.: Wiley-Blackwell, 2005).
24. 根据传统罗马历纪年，时间是在公元前 390 年，但实际可能是在公元前 387 年或公元前 386 年。参见：Tim Cornell，*The Beginnings of Rome：Italy and Rome from the Bronze Age to the Punic Wars（c. 1000–264 B.C.）*（London：Routledge，1995），313–14. 有关这个事件的细节，请参见：Livy，*History of Rome*，5：34–6：1 与 Plutarch，*Camillus*，17–31. 关于独裁官职务的讨论，请参见：Andrew Lintott，*The Constitution of the Roman Republic* (Oxford: Oxford University Press, 2003), and Hannah J. Swithinbank, "Dictator," in *The Encyclopedia of Ancient History*, ed. Roger S. Bagnall et al.（Malden，Mass.：John Wiley & Sons，2012）.
25. Harper, *Fate of Rome*, 30–31; Scheidel, "Demography."
26. Rein Taagepera, "Size and Duration of Empires: Growth-Decline Curves, 600 B.C. to 600 A.D.," *Social Science History* 3, no. 3/4 (1979): 115–38.
27. William V. Harris, *Ancient Literacy* (Cambridge, Mass.: Harvard University Press, 1989), 141, 267.
28. Theodore P. Lianos, "Aristotle on Population Size," *History of Economic Ideas* 24, no. 2

(2016): 11–26; Plato B. Jowett, "Plato on Population and the State," *Population and Development Review* 12, no. 4 (1986): 781–98; Theodore Lianos, "Population and Steady-State Economy in Plato and Aristotle," *Journal of Population and Sustainability* 7, no. 1 (2023): 123–38.

29. 参见：Gregory S. Aldrete and Alicia Aldrete，"Power to the People：Systems of Government，" in *The Long Shadow of Antiquity：What Have the Greeks and Romans Done for Us ?*（London：Continuum，2012）. 另请参见：Eeva-Maria Viitanen and Laura Nissin，"Campaigning for Votes in Ancient Pompeii：Contextualizing Electoral Programmata，" in *Writing Matters: Presenting and Perceiving Monumental Inscriptions in Antiquity and the Middle Ages*, ed. Irene Berti et al.(Berlin: De Gruyter, 2017), 117–44; Willem Jongman, *The Economy and Society of Pompeii* (Leiden: Brill, 2023).
30. Aldrete and Aldrete, *Long Shadow of Antiquity*, 129–66.
31. Roger Bartlett, *A History of Russia* (Houndsmills, U.K.: Palgrave, 2005), 98–99; David Moon, "Peasants and Agriculture," in *The Cambridge History of Russia*, ed. Dominic Lieven (Cambridge, U.K.: Cambridge University Press, 2006), 369–93; Richard Pipes, *Russia Under the Old Regime*, 2nd ed. (London: Penguin, 1995), 18; Peter Toumanoff, "The Development of the Peasant Commune in Russia," *Journal of Economic History* 41, no. 1 (1981): 179–84; William G. Rosenberg, "Review of *Understanding Peasant Russia*," *Comparative Studies in Society and History* 35, no. 4（1993）：840–49. 然而，如果把这些村社理想化，认为是民主的模范，那将是十分危险的。详情请参见：T. K. Dennison and A. W. Carus, "The Invention of the Russian Rural Commune: Haxthausen and the Evidence," *Historical Journal* 46, no. 3 (2003): 561–82.
32. Andrew Wilson, "City Sizes and Urbanization in the Roman Empire," in *Settlement, Urbanization, and Population*, ed. Alan Bowman and Andrew Wilson (New York: Oxford University Press), 171–72.
33. 这只是一个估算。学者并没有现代波兰早期的详细人口资料，只是假设波兰人口约有一半是成年人，其中又有一半是成年男性。至于贵族人口，Urszula Augustyniak 估计在 18 世纪下半叶占总人口的 8%~10%。参见：Jacek Jedruch，*Constitutions，Elections，and Legislatures of Poland，1493–1977：A Guide to Their History* (Washington, D.C.: University Press of America, 1982), 448–49; Urszula Augustyniak, *Historia Polski, 1572–1795* (Warsaw: Wydawnictwo Naukowe PWN, 2008), 253, 256; Norman Davies, *God's Playground: A History of Poland*, vol. 1, *The Origins to 1795* (New York: Columbia University Press, 1981), 214–15; Aleksander Gella, *Development of Class Structure in Eastern Europe: Poland and Her Southern Neighbors* (Albany: State University of New York Press, 1989), 13; Felicia Rosu, *Elective Monarchy in Transylvania and Poland-Lithuania, 1569–1587* (New York: Oxford University Press, 2017), 20.
34. Augustyniak, *Historia Polski*, 537–38; Roşu, *Elective Monarchy in Transylvania and Poland-Lithuania*, 149n29. 有些资料来源的数据高得多，为 4 万 ~5 万人。参见：Robert Bideleux and Ian Jeffries, *A History of Eastern Europe：Crisis and Change*（New York：Routledge，2007），177，and W. F. Reddaway et al.，eds.，*Cambridge History of Poland: From the Origins to Sobieski* (Cambridge, U.K.: Cambridge University Press, 1971), 371.
35. Davies, *God's Playground*; Rosu, *Elective Monarchy in Transylvania and Poland-Lithuania*; Jedruch, *Constitutions, Elections, and Legislatures of Poland*.
36. Davies, *God's Playground*, 190.
37. Peter J. Taylor, "Ten Years That Shook the World? The United Provinces as First Hegemonic State," *Sociological Perspectives* 37, no. 1 (1994): 25–46, doi.org/10.2307/1389408; Jonathan Israel, *The Dutch Republic: Its Rise, Greatness, and Fall, 1477–1806* (Oxford: Clarendon Press, 1995).
38. 关于早期现代荷兰的民主特征的相关讨论，参见：Maarten Prak，*The Dutch Republic in the Seventeenth Century*，trans. Diane Webb (Cambridge, U.K.: Cambridge University

Press, 2023); J. L. Price, *Holland and the Dutch Republic in the Seventeenth Century: The Politics of Particularism* (Oxford: Clarendon Press, 1994); Catherine Secretan, "'True Freedom' and the Dutch Tradition of Republicanism," *Republics of Letters: A Journal for the Study of Knowledge, Politics, and the Arts* 2, no. 1 (2010): 82–92; Henk te Velde, "The Emergence of the Netherlands as a 'Democratic' Country," *Journal of Modern European History* 17, no. 2 (2019): 161–70; Maarten F. Van Dijck, "Democracy and Civil Society in the Early Modern Period: The Rise of Three Types of Civil Societies in the Spanish Netherlands and the Dutch Republic," *Social Science History* 41, no. 1 (2017): 59–81; Remieg Aerts, "Civil Society or Democracy? A Dutch Paradox," *BMGN: Low Countries Historical Review* 125 (2010): 209–36.

39. Michiel van Groesen, "Reading Newspapers in the Dutch Golden Age," *Media History* 22, no. 3–4 (2016): 334–52, doi.org/10.1080/13688804.2016.1229121; Arthur der Weduwen, *Dutch and Flemish Newspapers of the Seventeenth Century, 1618–1700* (Leiden: Brill, 2017), 181–259; "Courante," Gemeente Amsterdam Stadsarchief, April 23, 2019, www.amsterdam.nl/stadsarchief/stukken/historie/courante/.
40. van Groesen, "Reading Newspapers in the Dutch Golden Age." 大约同时，报纸也出现在斯特拉斯堡、巴塞尔、法兰克福、汉堡以及其他几个欧洲城市。
41. Jürgen Habermas, *The Structural Transformation of the Public Sphere: An Inquiry into a Category of Bourgeois Society*, trans. Thomas Burger (Cambridge, U.K.: Polity Press, 1989); Benedict Anderson, *Imagined Communities: Reflections on the Origin and Spread of Nationalism* (London: Verso, 2006), 24–25; Andrew Pettegree, *The Invention of News: How the World Came to Know About Itself* (New Haven, Conn.: Yale University Press, 2014).
42. 1828 年，美国有 863 家报纸，每年发行量达到 6800 万份。参见：William A. Dill，*Growth of Newspapers in the United States*（Lawrence：University of Kansas Department of Journalism，1928），11–15. 也请参见：Paul E. Ried，"The First and Fifth Boylston Professors：A View of Two Worlds，" *Quarterly Journal of Speech* 74, no. 2 (1988): 229–40, doi.org/10.1080/00335638809383838; Lynn Hudson Parsons, *The Birth of Modern Politics: Andrew Jackson, John Quincy Adams, and the Election of 1828* (New York: Oxford University Press, 2009), 134–35.
43. Parsons, *Birth of Modern Politics*, 90–107; H. G. Good, "To the Future Biographers of John Quincy Adams," *Scientific Monthly* 39, no. 3 (1934): 247–51, www.jstor.org/stable/15715; Robert V. Remini, *Martin Van Buren and the Making of the Democratic Party* (New York: Columbia University Press, 1959); Charles N. Edel, *Nation Builder: John Quincy Adams and the Grand Strategy of the Republic* (Cambridge, Mass.: Harvard University Press, 2014).
44. Alexander Saxton, "Problems of Class and Race in the Origins of the Mass Circulation Press," *American Quarterly* 36, no. 2 (Summer 1984): 211–34.
45. "Presidential Election of 1824: A Resource Guide," Library of Congress, accessed Jan. 1, 2024, guides.loc.gov/presidential-election-1824/; "Bicentennial Edition: Historical Statistics of the United States, Colonial Times to 1970," U.S. Census Bureau, Sept. 1975, accessed Dec. 30, 2023, www.census.gov/library/publications/1975/compendia/hist_stats_colonial-1970.html; Charles Tilly, *Democracy* (Cambridge, U.K.: Cambridge University Press, 2007), 97–98. 关于 1824 年的合格选民人数信息，参见：Jerry L. Mashaw，*Creating the Administrative Constitution：The Lost One Hundred Years of American Administrative Law* (New Haven, Conn.: Yale University Press, 2012), 148; Ronald P. Formisano, *For the People: American Populist Movements from the Revolution to the 1850s* (Chapel Hill: University of North Carolina Press, 2008), 142. 请注意，这里的百分比为预估，会因对"成年"定义的不同而有所不同。
46. Colin Rallings and Michael Thrasher, *British Electoral Facts, 1832—2012* (Hull: Biteback, 2012), 87; John A. Phillips, *The Great Reform Bill in the Boroughs* (Oxford: Clarendon Press, 1992), 29–30; Edward Hicks, "Uncontested Elections: Where and Why Do

They Take Place?," House of Commons Library, April 30, 2019, commonslibrary.parliament.uk/uncontested-elections-where-and-why-do-they-take-place/. 英国人口普查信息取自：*Abstract of the Answers and Returns Made Pursuant to an Act: Passed in the Eleventh Year of the Reign of His Majesty King George IV*（London：House of Commons，1833），xii. 在线阅读请见：www.google.co.uk/books/edition/_/zQFDAAAAcAAJ?hl=en&gbpv=0.1841 年之前的人口普查信息请见：1841census.co.uk/pre-1841-census-information/.

47. "Census for 1820," U.S. Census Bureau, accessed Dec. 30, 2023, www.census.gov/library/publications/1821/dec/1820a.html.
48. 关于讨论早期美国民主本质的各种不同观点，参见：Danielle Allen，"Democracy vs. Republic，" in *Democracies in America*，ed. Berton Emerson and Gregory Laski (New York: Oxford University Press, 2022), 17–23; Daniel Walker Howe, *What Hath God Wrought: The Transformation of America, 1815—1848* (New York: Oxford University Press, 2007).
49. "The Heroes of July," *New York Times*, Nov. 20, 1863, www.nytimes.com/1863/11/20/archives/the-heroes-of-july-a-solemn-and-imposing-event-dedication-of-the.html.
50. Abraham Lincoln and William H. Lambert, "The Gettysburg Address. When Written, How Received, Its True Form," *Pennsylvania Magazine of History and Biography* 33, no. 4 (1909): 385–408, www.jstor.org/stable/20085482; Ronald F. Reid, "Newspaper Response to the Gettysburg Addresses," *Quarterly Journal of Speech* 53, no. 1 (1967): 50–60.
51. William Hanchett, "Abraham Lincoln and Father Abraham," *North American Review* 251, no. 2 (1966): 10–13, www.jstor.org/stable/25116343; Benjamin P. Thomas, *Abraham Lincoln: A Biography* (Carbondale: Southern Illinois University Press, 2008), 403.
52. Martin Pengelly, "Pennsylvania Newspaper Retracts 1863 Criticism of Gettysburg Address," *Guardian*, Nov. 16, 2013, www.theguardian.com/world/2013/nov/16/gettysburg-address-retraction-newspaper-lincoln.
53. "Poll Shows 4th Debate Had Largest Audience," *New York Times*, Oct. 22, 1960, www.nytimes.com/1960/10/22/archives/poll-shows-4th-debate-had-largest-audience.html; Lionel C. Barrow Jr., "Factors Related to Attention to the First Kennedy - Nixon Debate," *Journal of Broadcasting* 5, no. 3 (1961): 229–38, doi.org/10.1080/088381561093859691961; Vito N. Silvestri, "Television' s Interface with Kennedy, Nixon, and Trump: Two Politicians and One TV Celebrity," *American Behavioral Scientist* 63, no. 7 (2019): 971–1001，doi.org/10.1177/0002764218784992. 根据 1960 年的人口普查，当时美国人口为 179323175 人。参见："1960 Census of Population：Advance Reports，Final Population Counts，" U.S. Census Bureau，Nov. 15，1960，www.census.gov/library/publications/1960/dec/population-pc-a1.html.
54. "National Turnout Rates, 1789–Present," U.S. Elections Project, accessed Jan. 2, 2024, www.electproject.org/national-1789-present; Renalia DuBose, "Voter Suppression: A Recent Phenomenon or an American Legacy?," *University of Baltimore Law Review* 50, no. 2 (2021), article 2.
55. 以下关于极权主义的讨论，有许多参考了关于这种现象的经典研究：Hannah Arendt，*The Origins of Totalitarianism*（New York：Harcourt，1973）；Carl Joachim Friedrich and Zbigniew Brzezinski, *Totalitarian Dictatorship and Autocracy* (Cambridge, Mass.: Harvard University Press, 1965); Karl R. Popper, *The Open Society and Its Enemies* (Princeton, N.J.: Princeton University Press, 1945); Juan José Linz，*Totalitarian and Authoritarian Regimes*（Boulder，Colo.：Lynne Rienner，1975）. 我还参考了一些比较晚近的想法，比较重要的包括：Gessen，*Future Is History*，以及 Marlies Glasius，"What Authoritarianism Is . . . and Is Not: A Practice Perspective," *International Affairs* 94, no. 3 (2018): 515–33.
56. Vasily Rudich, *Political Dissidence Under Nero* (London: Routledge, 1993), xxx.
57. 例如参见：Tacitus，*Annals*，14.60. 另请参见：John F. Drinkwater，*Nero：Emperor and Court* (Cambridge, U.K.: Cambridge University Press, 2019); T. E. J. Wiedemann, "Tiberius to Nero," in Bowman, Champlin, and Lintott, *Cambridge Ancient History*, 198–255.

58. Carlos F. Noreña, "Nero's Imperial Administration," in *The Cambridge Companion to the Age of Nero*, ed. Shadi Bartsch, Kirk Freudenburg, and Cedric Littlewood (Cambridge, U.K.: Cambridge University Press, 2017), 48–62.
59. 这个数据包括了军团士兵与雇佣兵。参见：Nigel Pollard, "The Roman Army," in *A Companion to the Roman Empire*, ed. David Potter (Malden, Mass.: Blackwell, 2010), 206–27; Noreña, "Nero's Imperial Administration," 51.
60. Fik Meijer, *Emperors Don't Die in Bed* (London: Routledge, 2004); Joseph Homer Saleh, "Statistical Reliability Analysis for a Most Dangerous Occupation: Roman Emperor," *Palgrave Communications* 5, no. 155 (2019), doi.org/10.1057/s41599-019-0366-y; Francois Retief and Louise Cilliers, "Causes of Death Among the Caesars (27 BC–AD 476)," *Acta Theologica* 26, no. 2 (2010), www.doi.org/10.4314/actat.v26i2.52565.
61. Millar, *Emperor in the Roman World*. 也请参见：Peter Eich, "Center and Periphery: Administrative Communication in Roman Imperial Times," in *Rome, a City and Its Empire in Perspective: The Impact of the Roman World Through Fergus Millar's Research*, ed. Stéphane Benoist (Leiden: Brill, 2012), 85–108; Benjamin Kelly, *Petitions, Litigation, and Social Control in Roman Egypt* (New York: Oxford University Press, 2011); Harry Sidebottom, *The Mad Emperor: Heliogabalus and the Decadence of Rome* (London: Oneworld, 2023).
62. Paul Cartledge, *The Spartans: The World of the Warrior-Heroes of Ancient Greece, from Utopia to Crisis and Collapse* (New York: Vintage Books, 2004); Stephen Hodkinson, "Sparta: An Exceptional Domination of State over Society?," in *A Companion to Sparta*, ed. Anton Powell (Hoboken, N.J.: Wiley-Blackwell, 2017), 29–57; Anton Powell, "Sparta: Reconstructing History from Secrecy, Lies, and Myth," in Powell, *Companion to Sparta*, 1–28; Michael Whitby, "Two Shadows: Images of Spartans and Helots," in *The Shadow of Sparta*, ed. Anton Powell and Stephen Hodkinson (London: Routledge, 2002), 87–126; M. G. L. Cooley, ed., *Sparta*, 2nd ed. (Cambridge, U.K.: Cambridge University Press, 2023), 146–225; Sean R. Jensen and Thomas J. Figueira, "Peloponnesian League," in Bagnall et al., *Encyclopedia of Ancient History*; D. M. Lewis, "Sparta as Victor," in *The Cambridge Ancient History*, ed. D. M. Lewis et al.(Cambridge, U.K.: Cambridge University Press, 1994), 24–44.
63. Mark Edward Lewis, *The Early Chinese Empires: Qin and Han* (Cambridge, Mass.: Harvard University Press, 2010), 109.
64. Fu, *China's Legalists*, 6, 12, 23, 28.
65. Xinzhong Yao, *An Introduction to Confucianism* (Cambridge, U.K.: Cambridge University Press, 2000), 55, 187–213; Chad Hansen, "Daoism," in *The Stanford Encyclopedia of Philosophy*, ed. Edward N. Zalta, Spring 2020, accessed Jan. 5, 2025, plato.stanford.edu/cgi-bin/encyclopedia/archinfo.cgi?entry=daoism.
66. Sima Qian, Raymond Dawson, and K. E. Brashier, *The First Emperor: Selections from the Historical Records* (Oxford: Oxford University Press, 2007), 74–75; Lewis, *Early Chinese Empires*; Frances Wood, *China's First Emperor and His Terra-Cotta Warriors* (New York: St. Martin's Press, 2008), 81–82; Sarah Allan, *Buried Ideas: Legends of Abdication and Ideal Government in Early Chinese Bamboo-Slip Manuscripts* (Albany: State University of New York Press, 2015), 22; Anthony J. Barbieri-Low, *The Many Lives of the First Emperor of China* (Seattle: University of Washington Press, 2022).
67. 关于秦朝与汉朝的部分，参见：Lewis, *Early Chinese Empires*, chaps.1–3; Julie M. Segraves, "China: Han Empire," in *The Oxford Companion to Archeology*, vol. 1, ed. Neil Asher Silberman (New York: Oxford University Press, 2012); Robin D. S. Yates, "Social Status in the Ch'in: Evidence from the Yun-Men Legal Documents.Part One: Commoners," *Harvard Journal of Asiatic Studies* 47, no. 1 (1987): 197–237; Robin D. S. Yates, "State Control of Bureaucrats Under the Qin: Techniques and Procedures," *Early China* 20 (1995): 331–65; Ernest Caldwell, *Writing Chinese Laws: The Form and Function of Legal Statutes Found in*

the Qin Shuihudi Corpus (London: Routledge, 2018); Anthony François Paulus Hulsewé, *Remnants of Ch' in Law: An Annotated Translation of the Ch' in Legal and Administrative Rules of the 3rd century BC Discovered in Yün-meng Prefecture, Hu-pei Province, in 1975* (Leiden: Brill, 1975); Sima Qian, *Records of the Grand Historian*, trans. Burton Watson (New York: Columbia University Press, 1993); Shang, *Book of Lord Shang*; Yuri Pines, "China, Imperial: 1.Qin Dynasty, 221–207 BCE," in *The Encyclopedia of Empire*, ed. N. Dalziel and John M. MacKenzie (Hoboken, N.J.: Wiley, 2016), doi.org/10.1002/9781118455074.wbeoe112; Hsing I-tien, "Qin-Han Census and Tax and Corvée Administration: Notes on Newly Discovered Materials," in *Birth of an Empire: The State of Qin Revisited*, ed. Yuri Pines et al.(Berkeley: University of California Press, 2014), 155–86; Charles Sanft, *Communication and Cooperation in Early Imperial China: Publicizing the Qin Dynasty* (Albany: State University of New York Press, 2014).

68. Kotkin, *Stalin*, 604.
69. McMeekin, *Stalin's War*, 220.
70. Thomas Henry Rigby, *Communist Party Membership in the U.S.S.R.* (Princeton, N.J.: Princeton University Press, 1968), 52.
71. Iu. A. Poliakov, ed., *Vsesoiuznaia perepis naseleniia, 1937 G.*（Institut istorii SSSR，1991）, 250. 关于线人的人数，据称在 1951 年有上千万人，参见：Jonathan Brent and Victor Naumov，*Stalin's Last Crime：The Plot Against the Jewish Doctors，1948—1953* (New York: HarperCollins, 2003), 106.
72. Stephan Wolf, *Hauptabteilung I: NVA und Grenztruppen* (Berlin: Bundesbeauftragte für die Stasi-Unterlagen, 2005); Dennis Deletant, "The Securitate Legacy in Romania," in *Security Intelligence Services in New Democracies: The Czech Republic, Slovakia, and Romania*, ed. Kieran Williams (London: Palgrave, 2001), 163.
73. Kotkin, Stalin, 378.
74. Ibid., 481.
75. Robert Conquest, *The Great Terror: Stalin's Purges of the Thirties* (New York: Collier, 1973), 632.
76. 生平资料参见：N. V. Petrov and K. V. Skorkin，*Kto rukovodil NKVD 1934–1941：Spravochnik*（Moscow：Zvenia，1999）, 80–464.
77. Julia Boyd, *A Village in the Third Reich: How Ordinary Lives Were Transformed by the Rise of Fascism* (New York: Pegasus Books, 2023), 75–84.
78. Robert William Davies, Mark Harrison, and S. G. Wheatcroft, eds., *The Economic Transformation of the Soviet Union, 1913—1945* (Cambridge, U.K.: Cambridge University Press, 1993), 63–91; Orlando Figes, *The Whisperers: Private Life in Stalin's Russia* (New York: Picador, 2007), 50.
79. Kotkin, *Stalin*, 16, 75; R. W. Davies and Stephen G. Wheatcroft, *The Years of Hunger: Soviet Agriculture, 1931—1933* (New York: Palgrave Macmillan, 2004), 447.
80. Davies and Wheatcroft, *Years of Hunger*, 446–48.
81. Kotkin, *Stalin*, 129; Figes, *Whisperers*, 98.
82. Figes, *Whisperers*, 85.
83. Kotkin, *Stalin*, 29, 42; Lynne Viola, *Unknown Gulag: The Lost World of Stalin's Peasant Settlements* (New York: Oxford University Press, 2007), 30.
84. 关于斯大林这场演说的历史脉络与重要性，参见：Lynne Viola，"The Role of the OGPU in Dekulakization，Mass Deportations，and Special Resettlement in 1930，" *Carl Beck Papers* 1406（2000）：2–7; Kotkin, *Stalin*, 34–36.
85. 1930 年 1 月，苏联政府的目标是在 1931 年春季之前完成主要粮食产区的集体化（同时完成去富农化），并预计在 1932 年春季之前完成次要产区的集体化。参见：Viola，*Unknown Gulag*，21.
86. Ibid.，2（关于该委员会的描述）; V. P. Danilov, ed., *Tragediia sovetskoi derevni: Kollektivizatsiia i raskulachivanie: Dokumenty i materialy, 1927—1939*（Moscow：ROSSPEN，1999），2：

123–26（委员会决议草案提出 3%~5% 的目标）。关于之前对富农人数的估计，参见：Moshe Lewin，*Russian Peasants and Soviet Power：A Study of Collectivization*（New York：Norton，1975），71–78; Nikolai Shmelev and Vladimir Popov, *The Turning Point: Revitalizing the Soviet Economy* (New York: Doubleday, 1989), 48–49.

87. 本法令的英文翻译可参见：Lynne Viola et al.，eds.，*The War Against the Peasantry，1927—1930：The Tragedy of the Soviet Countryside*（New Haven，Conn.：Yale University Press，2005），228–34.

88. Viola, *Unknown Gulag,* 22–24; James Hughes, *Stalinism in a Russian Province: Collectivization and Dekulakization in Siberia* (New York: Palgrave, 1996), 145–46, 239–40nn32 and 38, 151–53; Robert Conquest, *The Harvest of Sorrow: Soviet Collectivization and the Terror-Famine* (Oxford: Oxford University Press, 1986), 129; Figes，*Whisperers*，87–88. 关于数字膨胀的情况，参见：Figes，*Whisperers*，87，and Hughes，*Stalinism in a Russian Province*，153.

89. Conquest, *Harvest of Sorrow*, 129–31; Kotkin, *Stalin*, 74–75; Viola et al., *War Against the Peasantry*, 220–21; Lynne Viola, "The Second Coming: Class Enemies in the Soviet Countryside, 1927–1935," in *Stalinist Terror: New Perspectives*, ed. John Arch Getty and Roberta Thompson Manning (Cambridge, U.K.: Cambridge University Press, 1993), 65–98; Figes, *Whisperers*, 86–87; Sheila Fitzpatrick, *Stalin' s Peasants: Resistance and Survival in the Russian Village After Collectivization* (New York: Oxford University Press, 1994), 55; Hughes, *Stalinism in a Russian Province*, 145–57, 239–40; Viola et al., *War Against the Peasantry*, 230–31, 240.

90. Kotkin，*Stalin*，75. 某些作者提出的观点认为，当时有多达千万的农民被驱离家园。参见：Norman M. Naimark，*Genocide：A World History*（New York：Oxford University Press，2016），87; Figes, *Whisperers*, 33.

91. Conquest, *Harvest of Sorrow,* 124–41; Fitzgerald, *Stalin' s Peasants*, 123.

92. I. S. Robinson, *Henry IV of Germany*, 1056–1106 (Cambridge, U.K.: Cambridge University Press, 2009), 143–70; Uta-Renate Blumenthal, "Canossa and Royal Ideology in 1077: Two Unknown Manuscripts of *De penitentia regis Salomonis*," *Manuscripta* 22, no. 2 (1978): 91– 96.

93. Thomas F. X. Noble, "Iconoclasm, Images, and the West," in *A Companion to Byzantine Iconoclasm*, ed. Mike Humphreys (Leiden: Brill, 2021), 538–70; Marie-France Auzépy, "State of Emergency (700–850)," in *The Cambridge History of the Byzantine Empire, c. 500–1492*, ed. Jonathan Shepard (Cambridge, U.K.: Cambridge University Press, 2010), 249–91; Mike Humphreys, introduction to *A Companion to Byzantine Iconoclasm*, ed. Mike Humphreys (Leiden: Brill, 2021), 1–106.

94. Theophanes, *Chronographia*, AM 6211, cited in Roman Cholij, *Theodore the Stoudite: The Ordering of Holiness* (New York: Oxford University Press, 2002), 12.

95. Peter Brown, "Introduction: Christendom, c. 600," in *The Cambridge History of Christianity*, vol. 3, *Early Medieval Christianities, c. 600–c.1100*, ed. Thomas F. X. Noble and Julia M. H. Smith (Cambridge, U.K.: Cambridge University Press, 2008), 1–20; Miri Rubin and Walter Simons, introduction to *The Cambridge History of Christianity*, vol. 4, *Christianity in Western Europe, c. 1100–c. 1500*, ed. Miri Rubin and Walter Simons (Cambridge, U.K.: Cambridge University Press, 2009); Kevin Madigan, *Medieval Christianity: A New History* (New Haven, Conn.: Yale University Press, 2015), 80–94.

96. 参见：Piotr Górecki，"Parishes，Tithes，and Society in Earlier Medieval Poland，c. 1100–c. 1250，" *Transactions of the American Philosophical Society* 83，no. 2（1993）：i– 146.

97. Marilyn J. Matelski, *Vatican Radio: Propagation by the Airwaves* (Westport, Conn.: Praeger, 1995); Raffaella Perin, *The Popes on Air: The History of Vatican Radio from Its Origins to World War II* (New York: Fordham University Press, 2024).

98. Jaroslav Hašek, *The Good Soldier Švejk*, trans. Cecil Parrott (London: Penguin, 1973), 258–62, 280.

99. Serhii Plokhy, *Atoms and Ashes: A Global History of Nuclear Disaster* (New York: W. W. Norton, 2022); Olga Bertelsen, "Secrecy and the Disinformation Campaign Surrounding Chernobyl," *International Journal of Intelligence and CounterIntelligence* 35, no. 2 (2022): 292–317; Edward Geist, "Political Fallout: The Failure of Emergency Management at Chernobyl," *Slavic Review* 74, no. 1 (2015): 104–26; "Das Reaktorunglück in Tschernobyl wird bekannt," *SWR Kultur*, April 28, 1986, www.swr.de/swr2/wissen/archivradio/das-reaktorunglueck-in-tschernobyl-wird-bekannt-100.html.
100. J. Samuel Walker, *Three Mile Island: A Nuclear Crisis in Historical Perspective* (Berkeley: University of California Press, 2004), 78–84; Plokhy, *Atoms and Ashes*; Edward J. Walsh, "Three Mile Island: Meltdown of Democracy?," *Bulletin of the Atomic Scientists* 39, no. 3 (1983): 57–60; Natasha Zaretsky, *Radiation Nation: Three Mile Island and the Political Transformation of the 1970s* (New York: Columbia University Press, 2018); U.S. President' s Commission on the Accident at Three Mile, *Report of the President' s Commission on the Accident at Three Mile Island: The Need for Change, the Legacy of TMI* (Washington, D.C.: U.S. Government Printing Office, 1979).
101. Valerii Soifer, *Lysenko and the Tragedy of Soviet Science* (New Brunswick, N.J.: Rutgers University Press, 1994), 294; Jan Sapp, *Genesis: The Evolution of Biology* (New York: Oxford University Press, 2002), 173; John Maynard Smith, "Molecules Are Not Enough," *London Review of Books*, Feb. 6, 1986, www.lrb.co.uk/the-paper/v08/n02/john-maynard-smith/molecules-are-not-enough; Jenny Leigh Smith, *Works in Progress: Plans and Realities on Soviet Farms, 1930—1963* (New Haven, Conn.: Yale University Press, 2014), 215; Robert L. Paarlberg, *Food Trade and Foreign Policy: India, the Soviet Union, and the United States* (Ithaca, N.Y.: Cornell University Press, 1985), 66–88; Eugene Keefe and Raymond Zickel, eds., *The Soviet Union: A Country Study* (Washington, D.C.: Library of Congress Federal Research Division, 1991), 532; Alec Nove, *An Economic History of the USSR, 1917—1991* (London: Penguin, 1992), 412; Sam Kean, "The Soviet Era' s Deadliest Scientist Is Regaining Popularity in Russia," *Atlantic*, Dec. 19, 2017, www.theatlantic.com/science/archive/2017/12/trofim-lysenko-soviet-union-russia/548786/.
102. David E. Murphy, *What Stalin Knew: The Enigma of Barbarossa* (New Haven, Conn.: Yale University Press, 2005), 194–260; S. V. Stepashin, ed., *Organy gosudarstvennoi bezopasnosti SSSR v Velikoi Otvechestvennoi voine: Sbornik dokumentov* [The organs of state security of the USSR in the Great Patriotic War: A collection of documents], vol. 2, book 2 (Moscow: Rus' , 2000), 219; A. Artizov et al., eds., *Reabilitatsiia: Kak eto bylo. Dokumenty Prezidiuma TsK KPSS i drugie materialy* [Rehabilitation: How it was. Documents of the Presidium of the CC CPSU and other materials] (Moscow: Mezhdunarodnyi Fond "Demokratiia," 2000), 1:164–66; K. Simonov, *Glazami cheloveka moego pokolennia. Razmyshleniia o I. V. Staline* [Through the eyes of a person of my generation. Reflections on I.V.Stalin.] (Moscow: Kniga, 1990), 378–79; Montefiore, *Stalin*, 305–6; David M. Glantz, *Colossus Reborn: The Red Army at War, 1941—1943* (Lawrence: University Press of Kansas, 2005), 715n133.
103. McMeekin, *Stalin' s War*, 295.
104. Ibid., 302–16.
105. Evan Mawdsley, *Thunder in the East: The Nazi-Soviet War, 1941—1945*, 2nd ed. (London: Bloomsbury, 2016), 208–9; Geoffrey Roberts, *Stalin' s Wars: From World War to Cold War, 1939—1953* (New Haven, Conn.: Yale University Press, 2006), 133–34; Merridale, *Ivan' s War*, 140–59; Glantz, *Stumbling Colossus*, 33.
106. Montefiore, *Stalin*, 486–88; Roy Medvedev, *Let History Judge: The Origins and Consequences of Stalinism* (New York: Knopf, 1972), 469.
107. Arthur Marwick, *The Sixties: Cultural Revolution in Britain, France, Italy, and the United States, c. 1958–c. 1974* (London: Bloomsbury Reader, 1998); Peter B. Levy, *The Great*

Uprising: Race Riots in Urban America During the 1960s (Cambridge, U.K.: Cambridge University Press, 2018).
108. Victor Yasmann, "Grappling with the Computer Revolution," in *Soviet/East European Survey, 1984–1985: Selected Research and Analysis from Radio Free Europe/Radio Liberty*, ed. Vojtech Mastny (Durham, N.C.: Duke University Press, 1986), 266–72.

第六章　新成员：与众不同的计算机

1. Alan Turing, "Intelligent Machinery," in *The Essential Turing*, ed. B. Jack Copeland (New York: Oxford University Press, 2004), 395–432.
2. Alan Turing, "Computing Machinery and Intelligence," *Mind* 59, no. 236 (1950): 433–60.
3. Alexis Madrigal, "How Checkers Was Solved," *Atlantic*, July 19, 2017, www.theatlantic.com/technology/archive/2017/07/marion-tinsley-checkers/534111/.
4. Richard Rhodes, *The Making of the Atomic Bomb* (New York: Simon & Schuster, 1986), 711.
5. Levin Brinkmann et al., "Machine Culture," *Nature Human Behavior* 7 (2023): 1855–68.
6. Max Fisher, *The Chaos Machine: The Inside Story of How Social Media Rewired Our Minds and Our World* (New York: Little, Brown, 2022).
7. 之后的论述来源于以下文献：Thant Myint-U, *The Hidden History of Burma: Race, Capitalism, and the Crisis of Democracy in the 21st Century* (New York: W. W. Norton, 2020); Habiburahman, *First, They Erased Our Name: A Rohingya Speaks*, with Sophie Ansel (London: Scribe, 2019); Christina Fink, "Dangerous Speech, Anti-Muslim Violence, and Facebook in Myanmar," *Journal of International Affairs* 71, no. 1.5 (2018): 43–52; Naved Bakali, "Islamophobia in Myanmar: The Rohingya Genocide and the 'War on Terror,'" *Race and Class* 62, no. 4 (2021): 1–19; Ali Siddiquee, "The Portrayal of the Rohingya Genocide and Refugee Crisis in the Age of Post-truth Politics," *Asian Journal of Comparative Politics* 5, no. 2 (2019): 89–103; Neriah Yue, "The 'Weaponization' of Facebook in Myanmar: A Case for Corporate Criminal Liability," *Hastings Law Journal* 71, no. 3 (2020): 813–44; Jennifer Whitten-Woodring et al., "Poison if You Don't Know How to Use It: Facebook, Democracy, and Human Rights in Myanmar," *International Journal of Press/Politics* 25, no. 3 (2020): 1–19.
8. 参见：Thant, "Unfinished Nation," in *Hidden History of Burma*. 也请参见：Anthony Ware and Costas Laoutides, *Myanmar's "Rohingya" Conflict* (New York: Oxford University Press, 2018), 14–53.
9. Thant, *Hidden History of Burma*; Ware and Laoutides, *Myanmar's "Rohingya" Conflict,* 6; Anthony Ware and Costas Laoutides, "Myanmar's 'Rohingya' Conflict: Misconceptions and Complexity," *Asian Affairs* 50, no. 1 (2019): 60–79; UNHCR, "Bangladesh Rohingya Emergency," accessed Feb. 13, 2024, www.unhcr.org/ph/campaigns/rohingya-emergency; Mohshin Habib et al., *Forced Migration of Rohingya: The Untold Experience* (Ontario: Ontario International Development Agency, 2018), 69; Annekathryn Goodman and Iftkher Mahmood, "The Rohingya Refugee Crisis of Bangladesh: Gender Based Violence and the Humanitarian Response," *Open Journal of Political Science* 9, no. 3 (2019): 490–501.
10. Thant, *Hidden History of Burma*, 165.
11. Amnesty International, *Social Atrocity*, 45.
12. Thant, *Hidden History of Burma*, 166.
13. Amnesty International, *Social Atrocity*, 7.
14. Tom Miles, "U.N. Investigators Cite Facebook Role in Myanmar Crisis," Reuters, March 13, 2018, www.reuters.com/article/idUSKCN1GO2Q4/.
15. Amnesty International, *Social Atrocity*, 8.
16. John Clifford Holt, *Myanmar's Buddhist-Muslim Crisis: Rohingya, Arakanese, and Burmese Narratives of Siege and Fear* (Honolulu: University of Hawaii Press, 2019), 241–43;

Kyaw Phone Kyaw, "The Healing of Meiktila," *Frontier Myanmar*, April 21, 2016, www.frontiermyanmar.net/en/the-healing-of-meiktila/.

17. 关于各种推荐算法的文化力量，请参见：Brinkmann et al., "Machine Culture"; Jessica Su, Aneesh Sharma, and Sharad Goel, "The Effect of Recommendations on Network Structure," in *Proceedings of the 25th International Conference on World Wide Web* (Geneva: International World Wide Web Conferences Steering Committee, 2016), 1157–67; Zhepeng Li, Xiao Fang, and Olivia R. Liu Sheng, "A Survey of Link Recommendation for Social Networks: Methods, Theoretical Foundations, and Future Research Directions," *ACM Transactions on Management Information Systems* 9, no. 1 (2018): 1–26.
18. Amnesty International, *Social Atrocity*, 47.
19. Ibid., 46.
20. Ibid., 38–49. 也请参见：Zeynep Tufekci, "Algorithmic Harms Beyond Facebook and Google: Emergent Challenges of Computational Agency," *Colorado Technology Law Journal* 13 (2015): 203–18; Janna Anderson and Lee Rainie, "The Future of Truth and Misinformation Online," Pew Research Center, Oct. 19, 2017, www.pewresearch.org/internet/2017/10/19/the-future-of-truth-and-misinformation-online/; Ro'ee Levy, "Social Media, News Consumption, and Polarization: Evidence from a Field Experiment," *American Economic Review* 111, no. 3 (2021): 831–70; William J. Brady, Ana P. Gantman, and Jay J. Van Bavel, "Attentional Capture Helps Explain Why Moral and Emotional Content Go Viral," *Journal of Experimental Psychology: General* 149, no. 4 (2020): 746–56.
21. Yue Zhang et al., "Siren's Song in the AI Ocean: A Survey on Hallucination in Large Language Models" (preprint, submitted in 2023), arxiv.org/abs/2309.01219; Jordan Pearson, "Researchers Demonstrate AI 'Supply Chain' Disinfo Attack with 'PoisonGPT,'" *Vice*, July 13, 2023, www.vice.com/en/article/xgwgn4/researchers-demonstrate-ai-supply-chain-disinfo-attack-with-poisongpt.
22. František Baluška and Michael Levin, "On Having No Head: Cognition Throughout Biological Systems," *Frontiers in Psychology* 7 (2016), article 902.
23. 关于人类的意识与决策，更为深入的讨论请参见：Mark Solms, *The Hidden Spring: A Journey to the Source of Consciousness* (London: Profile Books, 2021).
24. 关于人类与人工智能的意识与智能的深入讨论请参见尤瓦尔·赫拉利的《未来简史》的第 3 章、《今日简史》的第 3 章等文献：Yuval Noah Harari, *Homo Deus* (New York: Harper, 2017), chaps.3, 10; Yuval Noah Harari, *21 Lessons for the 21st Century* (New York: Spiegel & Grau, 2018), chap. 3; Yuval Noah Harari, "The Politics of Consciousness," in Aviva Berkovich-Ohana et al. (eds.), *Perspectives On Consciousness: The Role Of Subjective Experience* (Cambridge (Mass.): MIT Press, 2025 [forthcoming]); Patrick Butlin et al., "Consciousness in Artificial Intelligence: Insights from the Science of Consciousness" (preprint, submitted in 2023), arxiv.org/abs/2308.08708.
25. OpenAI, "GPT-4 System Card," March 23, 2023, 14, cdn.openai.com/papers/gpt-4-system-card.pdf.
26. Ibid., 15–16.
27. 参见尤瓦尔·赫拉利《未来简史》第 3 章等文献：Harari, *Homo Deus*, chaps. 3, 10; Harari, "The Politics of Consciousness".
28. 现实生活中的案例请参见：Jamie Condliffe, "Algorithms Probably Caused a Flash Crash of the British Pound," *MIT Technology Review*, Oct. 7, 2016, www.technologyreview.com/2016/10/07/244656/algorithms-probably-caused-a-flash-crash-of-the-british-pound/; Bruce Lee, "Fake Eli Lilly Twitter Account Claims Insulin Is Free, Stock Falls 4.37%," *Forbes*, Nov. 12, 2022, www.forbes.com/sites/brucelee/2022/11/12/fake-eli-lilly-twitter-account-claims-insulin-is-free-stock-falls-43/?sh=61308fb541a3.
29. Jenna Greene, "Will ChatGPT Make Lawyers Obsolete? (Hint: Be Afraid)," Reuters, Dec. 10, 2022, www.reuters.com/legal/transactional/will-chatgpt-make-lawyers-obsolete-

hint-be-afraid-2022-12-09/; Chloe Xiang, "ChatGPT Can Do a Corporate Lobbyist's Job, Study Determines," *Vice*, Jan. 5, 2023, www.vice.com/en/article/3admm8/chatgpt-can-do-a-corporate-lobbyists-job-study-determines; Jules Ioannidis et al., "Gracenote.ai: Legal Generative AI for Regulatory Compliance," SSRN, June 19, 2023, ssrn.com/abstract=4494272; Damien Charlotin, "Large Language Models and the Future of Law," SSRN, Aug. 22, 2023, ssrn.com/abstract=4548258; Daniel Martin Katz et al., "GPT-4 Passes the Bar Exam," SSRN, March 15, 2023, ssrn.com/abstract=4389233. Though see also Eric Martínez, "Re-evaluating GPT-4's Bar Exam Performance," SSRN, May 8, 2023, ssrn.com/abstract=4441311.

30. Brinkmann et al., "Machine Culture."
31. Julia Carrie Wong, "Facebook Restricts More Than 10,000 QAnon and US Militia Groups," *Guardian*, Aug. 19, 2020, www.theguardian.com/us-news/2020/aug/19/facebook-qanon-us-militia-groups-restrictions.
32. "FBI Chief Says Five QAnon Conspiracy Advocates Arrested for Jan 6 U.S. Capitol Attack," Reuters, April 15, 2021, www.reuters.com/world/us/fbi-chief-says-five-qanon-conspiracy-advocates-arrested-jan-6-us-capitol-attack-2021-04-14/.
33. "Canadian Man Faces Weapons Charges in Attack on PM Trudeau's Home," Al Jazeera, July 7, 2020, www.aljazeera.com/news/2020/7/7/canadian-man-faces-weapons-charges-in-attack-on-pm-trudeaus-home. 也请参见：Mack Lamoureux，"A Fringe Far-Right Group Keeps Trying to Citizen Arrest Justin Trudeau," *Vice*, July 28, 2020, www.vice.com/en/article/dyzwpy/a-fringe-far-right-group-keeps-trying-to-citizen-arrest-justin-trudeau.
34. "Rémy Daillet: Conspiracist Charged over Alleged French Coup Plot," BBC, Oct. 28, 2021, www.bbc.com/news/world-europe-59075902; "Rémy Daillet: Far-Right 'Coup Plot' in France Enlisted Army Officers," *Times*, Oct. 28, 2021, www.thetimes.co.uk/article/remy-daillet-far-right-coup-plot-france-army-officers-qanon-ds22j6g05.
35. Mia Bloom and Sophia Moskalenko, *Pastels and Pedophiles: Inside the Mind of QAnon* (Stanford, Calif.: Stanford University Press, 2021), 2.
36. John Bowden, "QAnon-Promoter Marjorie Taylor Greene Endorses Kelly Loeffler in Georgia Senate Bid," *Hill*, Oct. 15, 2020, thehill.com/homenews/campaign/521196-qanon-promoter-marjorie-taylor-greene-endorses-kelly-loeffler-in-ga-senate/.
37. Camila Domonoske, "QAnon Supporter Who Made Bigoted Videos Wins Ga. Primary, Likely Heading to Congress," NPR, Aug. 12, 2020, www.npr.org/2020/08/12/901628541/qanon-supporter-who-made-bigoted-videos-wins-ga-primary-likely-heading-to-congre.
38. Nitasha Tiku, "The Google Engineer Who Thinks the Company's AI Has Come to Life," *Washington Post*, June 11, 2022, www.washingtonpost.com/technology/2022/06/11/google-ai-lamda-blake-lemoine/.
39. Matthew Weaver, "AI Chatbot 'Encouraged' Man Who Planned to Kill Queen, Court Told," *Guardian*, July 6, 2023, www.theguardian.com/uk-news/2023/jul/06/ai-chatbot-encouraged-man-who-planned-to-kill-queen-court-told; PA Media, Rachel Hall, and Nadeem Badshah, "Man Who Broke into Windsor Castle with Crossbow to Kill Queen Jailed for Nine Years," *Guardian*, Oct. 5, 2023, www.theguardian.com/uk-news/2023/oct/05/man-who-broke-into-windsor-castle-with-crossbow-to-kill-queen-jailed-for-nine-years; William Hague, "The Real Threat of AI Is Fostering Extremism," *Times*, Oct. 30, 2023, www.thetimes.co.uk/article/the-real-threat-of-ai-is-fostering-extremism-jn3cw9rd3.
40. Marcus du Sautoy, *The Creativity Code: Art and Innovation in the Age of AI* (Cambridge, Mass.: Belknap Press of Harvard University Press, 2019); Brinkmann et al., "Machine Culture."
41. Martin Abadi and David G. Andersen, "Learning to Protect Communications with Adversarial Neural Cryptography," Oct. 21, 2016, arXiv, arXiv.1610.06918.
42. Robert Kissell, *Algorithmic Trading Methods: Applications Using Advanced Statistics,*

Optimization, and Machine Learning Technique (London: Academic Press, 2021); Anna-Louise Jackson, "A Basic Guide to Forex Trading," *Forbes*, March 17, 2023, www.forbes.com/adviser/investing/what-is-forex-trading/; Bank of International Settlements, "Triennial Central Bank Survey: OTC Foreign Exchange Turnover in April 2022," Oct. 27, 2022, www.bis.org/statistics/rpfx22_fx.pdf.

43. Jaime Sevilla et al., "Compute Trends Across Three Eras of Machine Learning," *2022 International Joint Conference on Neural Networks (IJCNN)*, IEEE, Sept. 30, 2022, doi.10.1109/IJCNN55064.2022.9891914; Bengio et al., "Managing AI Risks in an Era of Rapid Progress."

44. Kwang W. Jeon, *The Biology of Amoeba* (London: Academic Press, 1973).

45. International Energy Agency, "Data Centers and Data Transmission Networks," last update July 11, 2023, accessed Dec. 27, 2023, www.iea.org/energy-system/buildings/data-centers-and-data-transmission-networks; Jacob Roundy, "Assess the Environmental Impact of Data Centers," TechTarget, July 12, 2023, www.techtarget.com/searchdatacenter/feature/Assess-the-environmental-impact-of-data-centers; Alex de Vries, "The Growing Energy Footprint of Artificial Intelligence," *Joule* 7, no. 10 (2023): 2191–94, doi.org/10.1016/j.joule.2023.09.004; Javier Felipe Andreu, Alicia Valero Delgado, and Jorge Torrubia Torralba, "Big Data on a Dead Planet: The Digital Transition's Neglected Environmental Impacts," The Left in the European Parliament, Nov. 15, 2022, left.eu/issues/publications/big-data-on-a-dead-planet-the-digital-transitions-neglected-environmental-impacts/. 关于对水源的要求，参见：Shannon Osaka, "A New Front in the Water Wars: Your Internet Use," *Washington Post*, April 25, 2023, www.washingtonpost.com/climate-environment/2023/04/25/data-centers-drought-water-use/.

46. Shoshana Zuboff, *The Age of Surveillance Capitalism: The Fight for a Human Future at the New Frontier of Power* (New York: PublicAffairs, 2018); Mejias and Couldry, *Data Grab*; Brian Huseman (Amazon vice president) to Chris Coons (U.S. senator), June 28, 2019, www.coons.senate.gov/imo/media/doc/Amazon%20Senator%20Coons__Response%20Letter__6.28.19%5B3%5D.pdf.

47. "Tech Companies Spend More Than € 100 Million a Year on EU Digital Lobbying," Euronews, Sept. 11, 2023, www.euronews.com/my-europe/2023/09/11/tech-companies-spend-more-than-100-million-a-year-on-eu-digital-lobbying; Emily Birnbaum, "Tech Giants Broke Their Spending Records on Lobbying Last Year," Bloomberg, Feb. 1, 2023, www.bloomberg.com/news/articles/2023-02-01/amazon-apple-microsoft-report-record-lobbying-spending-in-2022.

48. Marko Köthenbürger, "Taxation of Digital Platforms," in *Tax by Design for the Netherlands*, ed. Sijbren Cnossen and Bas Jacobs (New York: Oxford University Press, 2022), 178.

49. Omri Marian, "Taxing Data," *BYU Law Review* 47 (2021); Viktor Mayer-Schönberger and Thomas Ramge, *Reinventing Capitalism in the Age of Big Data* (New York: Basic Books, 2018); Jathan Sadowski, *Too Smart: How Digital Capitalism Is Extracting Data, Controlling Our Lives, and Taking Over the World* (Cambridge, Mass.: MIT Press, 2020); Douglas Laney, "Unlock Tangible Benefits by Valuing Intangible Data Assets," *Forbes*, March 9, 2023, www.forbes.com/sites/douglaslaney/2023/03/09/unlock-tangible-benefits-by-valuing-intangible-data-assets/?sh=47f6750b1152; Ziva Rubinstein, "Taxing Big Data: A Proposal to Benefit Society for the Use of Private Information," *Fordham Intellectual Property, Media, and Entertainment Law* 31, no. 4 (2021): 1199, ir.lawnet.fordham.edu/iplj/vol31/iss4/6; M. Fleckenstein, A. Obaidi, and N. Tryfona, "A Review of Data Valuation Approaches and Building and Scoring a Data Valuation Model," *Harvard Data Science Review* 5, no. 1 (2023), doi.org/10.1162/99608f92.c18db966.

50. Yasmann, "Grappling with the Computer Revolution"; James L. Hoot, "Computing in the Soviet Union," *Computing Teacher*, May 1987; William H. Luers, "The U.S. and Eastern

Europe," *Foreign Affairs* 65, no. 5 (Summer 1987): 989–90; Slava Gerovitch, "How the Computer Got Its Revenge on the Soviet Union," *Nautilus*, April 2, 2015, nautil.us/how-the-computer-got-its-revenge-on-the-soviet-union-235368/; Benjamin Peters, "The Soviet InterNyet," *Eon*, Oct. 17, 2016, eon.co/essays/how-the-soviets-invented-the-internet-and-why-it-didnt-work; Benjamin Peters, *How Not to Network a Nation: The Uneasy History of the Soviet Internet* (Cambridge, Mass.: MIT Press, 2016).

51. Fred Turner, *From Counterculture to Cyberculture: Stewart Brand, the Whole Earth Network, and the Rise of Digital Utopianism* (Chicago: University of Chicago Press, 2010).
52. Paul Freiberger and Michael Swaine, *Fire in the Valley: The Making of the Personal Computer*, 2nd ed. (New York: McGraw Hill, 2000), 263–65; Laine Nooney, *The Apple II Age: How the Computer Became Personal* (Chicago: University of Chicago Press, 2023), 57.

第七章　永不停歇：网络永远持续运行

1. Paul Kenyon, *Children of the Night: The Strange and Epic Story of Modern Romania* (London: Apollo, 2021), 353–54.
2. Ibid，356.
3. Ibid，373-74.
4. Ibid，357.
5. Ibid.
6. Deletant, "Securitate Legacy in Romania," 198.
7. Marc Brysbaert, "How Many Words Do We Read per Minute? A Review and Meta-analysis of Reading Rate," *Journal of Memory and Language* 109 (Dec. 2019), article 104047, doi.org/10.1016/j.jml.2019.104047.
8. Alex Hughes, "ChatGPT: Everything You Need to Know About OpenAI's GPT-4 Tool," BBC Science Focus, Sept. 26, 2023, www.sciencefocus.com/future-technology/gpt-3; Stephen McAleese, "Retrospective on 'GPT-4 Predictions' After the Release of GPT-4," *LessWrong*, March 18, 2023, www.lesswrong.com/posts/iQx2eeHKLwgBYdWPZ/retrospective-on-gpt-4-predictions-after-the-release-of-gpt; Jonathan Vanian and Kif Leswing, "ChatGPT and Generative AI Are Booming, but the Costs Can Be Extraordinary," CNBC, March 13, 2023, www.cnbc.com/2023/03/13/chatgpt-and-generative-ai-are-booming-but-at-a-very-expensive-price.html.
9. Christian Grothoff and Jens Purup, "The NSA's SKYNET Program May Be Killing Thousands of Innocent People," *Ars Technica*, Feb. 16, 2016, arstechnica.co.uk/security/2016/02/the-nsas-skynet-program-may-be-killing-thousands-of-innocent-people/.
10. Jennifer Gibson, "Death by Data: Drones, Kill Lists, and Algorithms," in *Remote Warfare: Interdisciplinary Perspectives*, ed. Alasdair McKay, Abigail Watson, and Megan Karlshøj-Pedersen (Bristol: E-International Relations, 2021), www.e-ir.info/publication/remote-warfare-interdisciplinary-perspectives/; Vasja Badalič, "The Metadata-Driven Killing Apparatus: Big Data Analytics, the Target Selection Process, and the Threat to International Humanitarian Law," *Critical Military Studies* 9, no. 4 (2023): 1–21, doi.org/10.1080/23337486.2023.2170539.
11. Catherine E. Richards et al., "Rewards, Risks, and Responsible Deployment of Artificial Intelligence in Water Systems," *Nature Water* 1 (2023): 422–32, doi.org/10.1038/s44221-023-00069-6.
12. John S. Brownstein et al., "Advances in Artificial Intelligence for Infectious-Disease Surveillance," *New England Journal of Medicine* 388, no. 17 (2023): 1597–607, doi.org/10.1056/NEJMra2119215; Vignesh A. Arasu et al., "Comparison of Mammography AI Algorithms with a Clinical Risk Model for 5-Year Breast Cancer Risk Prediction: An Observational Study," *Radiology* 307, no. 5 (2023), article 222733, doi.org/10.1148/radiol.222733; Alexander V. Eriksen, Sören Möller, and Jesper Ryg, "Use of GPT-4 to

Diagnose Complex Clinical Cases," *NEJM AI* 1, no. 1 (2023), doi.org/10.1056/AIp2300031.

13. Ashley Belanger, "AI Tool Used to Spot Child Abuse Allegedly Targets Parents with Disabilities," *Ars Technica*, Feb. 1, 2023, arstechnica.com/tech-policy/2023/01/doj-probes-ai-tool-thats-allegedly-biased-against-families-with-disabilities/.
14. Yegor Tkachenko and Kamel Jedidi, "A Megastudy on the Predictability of Personal Information from Facial Images: Disentangling Demographic and Non-demographic Signals," *Scientific Reports* 13 (2023), article 21073, doi.org/10.1038/s41598-023-42054-9; Jacob Leon Kröger, Otto Hans-Martin Lutz, and Florian Müller, "What Does Your Gaze Reveal About You? On the Privacy Implications of Eye Tracking," in *Privacy and Identity Management. Data for Better Living: AI and Privacy*, ed. Michael Friedewald et al. (Cham: Springer International, 2020), 226–41, doi.org/10.1007/978-3-030-42504-3_15; N. Arun, P. Maheswaravenkatesh, and T. Jayasankar, "Facial Micro Emotion Detection and Classification Using Swarm Intelligence Based Modified Convolutional Network," *Expert Systems with Applications* 233 (2023), article 120947, doi.org/10.1016/j.eswa.2023.120947; Vasileios Skaramagkas et al., "Review of Eye Tracking Metrics Involved in Emotional and Cognitive Processes," *IEEE Reviews in Biomedical Engineering* 16 (2023): 260–77, doi.org/10.1109/RBME.2021.3066072.
15. Isaacson, *Elon Musk*, chap. 65, "Neuralink, 2017–2020," and chap. 89, "Miracles: Neuralink, November 2021"; Rachel Levy, "Musk's Neuralink Faces Federal Probe, Employee Backlash over Animal Tests," Reuters, Dec. 6, 2023, www.reuters.com/technology/musks-neuralink-faces-federal-probe-employee-backlash-over-animal-tests-2022-12-05/; Elon Musk and Neuralink, "An Integrated Brain-Machine Interface Platform with Thousands of Channels," *Journal of Medical Research* 21, no. 10 (2019), doi.org/10.2196/16194; Emily Waltz, "Neuralink Barrels into Human Tests Despite Fraud Claims," *IEEE Spectrum*, Dec. 6, 2023, spectrum.ieee.org/neuralink-human-trials; Aswin Chari et al., "Brain-Machine Interfaces: The Role of the Neurosurgeon," *World Neurosurgery* 146 (Feb. 2021): 140–47, doi.org/10.1016/j.wneu.2020.11.028; Kenny Torrella, "Neuralink Shows What Happens When You Bring 'Move Fast and Break Things' to Animal Research," *Vox*, Dec. 11, 2023, www.vox.com/future-perfect/2022/12/11/23500157/neuralink-animal-testing-elon-musk-usda-probe.
16. Jerry Tang et al., "Semantic Reconstruction of Continuous Language from Non-invasive Brain Recordings," *Nature Neuroscience* 26 (2023): 858–66, doi.org/10.1038/s41593-023-01304-9.
17. Anne Manning, "Human Brain Seems Impossible to Map. What If We Started with Mice?," *Harvard Gazette*, Sept. 26, 2023, news.harvard.edu/gazette/story/2023/09/human-brain-too-big-to-map-so-theyre-starting-with-mice/; Michał Januszewski, "Google Research Embarks on Effort to Map a Mouse Brain," Google Research, Sept. 26, 2023, blog.research.google/2023/09/google-research-embarks-on-effort-to.html?utm_source=substack&utm_medium=email; Tim Blakely and Michał Januszewski, "A Browsable Petascale Reconstruction of the Human Cortex," Google Research, June 1, 2021, blog.research.google/2021/06/a-browsable-petascale-reconstruction-of.html.
18. 随着科技的发展，这一点也可能改变。比如俄亥俄州立大学在 2022 年 6 月 2 日发表的研究报告就表示，可以用脑部扫描来准确预测受试者在政治上是保守派还是自由派。参见：Eun Yang et al., "Functional Connectivity Signatures of Political Ideology," *PNAS Nexus* 1, no. 3 (July 2022): 1–11, doi.org/10.1093/pnasnexus/pgac066. See also: Petter Törnberg, "ChatGPT-4 Outperforms Experts and Crowd Workers in Annotating Political Twitter Messages with Zero-Shot Learning," arXiv, doi.org/10.48550/arXiv.2304.06588; Michal Kosinski, "Facial Recognition Technology Can Expose Political Orientation from Naturalistic Facial Images," *Scientific Reports* 11 (2021), article 100, doi.org/10.1038/s41598-020-79310-1; Tang et al., "Semantic Reconstruction of Continuous Language."

19. 目前，算法已经能在不依靠生物特征识别监控的情况下判断并预测人类的情绪，例如参见：Sam Machkovech, “Report: Facebook Helped Advertisers Target Teens Who Feel ‘Worthless,’” *Ars Technica*, May 1, 2017, arstechnica.com/information-technology/2017/05/facebook-helped-advertisers-target-teens-who-feel-worthless/; Alexander Spangher, “How Does This Article Make You Feel?” Open NYT, Medium, Nov. 1, 2018, open.nytimes.com/how-does-this-article-make-you-feel-4684e5e9c47.
20. Tal Shef, “Re’ayon im Sasi Elya, rosh ma’arach ha-cyber bashabak”（采访以色列国家安全局负责人萨西 · 叶利娅），*Yediot Ahronot*, Nov. 27, 2020, www.yediot.co.il/articles/0,7340,L-5851340,00.html; PTI, “AI-based facial recognition system inaugurated in J-K’s Kishtwar”, The Print, December 9, 2023, https://theprint.in/india/ai-based-facial-recognition-system-inaugurated-in-j-ks-kishtwar/1879576/; Council of Europe, “Human rights situation in the Autonomous Republic of Crimea and the City of Sevastopol, Ukraine”, 31 August 2023, 10–18, https://rm.coe.int/CoERMPublicCommonSearchServices/DisplayDCTMContent?documentId=0900001680ac6e10; Melissa Villa-Nicholas, *Data Borders: How Silicon Valley is Building an Industry around Immigrants* (Oakland: University of California Press, 2023); Petra Molnar, *The Walls Have Eyes: Surviving Migration in the Age of Artificial Intelligence* (New York: The New Press, 2024); Asfandyar Mir and Dylan Moore, “Drones, Surveillance, and Violence: Theory and Evidence from a US Drone Program”, *International Studies Quarterly* 63, no. 4 (2019): 846–862; Patrick Keenan, “Drones and Civilians: Emerging Evidence of the Terrorizing Effects of the U.S. Drone Programs”, *Santa Clara Journal of International Law* 20, no. 1 (2021): 1–47; Trevor McCrisken, “Eyes and Ear in the Sky–Drones and Mass surveillance”, in *In the Name of Security–Secrecy, Surveillance and Journalism*, eds. Johan Lidberg and Denis Muller (London: Anthem Press, 2018), 139–158.
21. Giorgio Agamben, *State of Exception*, trans. Kevin Attell (Chicago: University of Chicago Press, 2005).
22. L. Shchyrakova and Y. Merkis, “Fear and loathing in Belarus”, *Index on Censorship* 50 (2021): 24-26, https://doi.org/10.1177/03064220211012282; Anastasiya Astapova, “In Search for Truth: Surveillance Rumors and Vernacular Panopticon in Belarus”, *Journal of American Folklore* 130, no. 517 (2017): 276-304; R. Hervouet, “A Political Ethnography of Rural Communities under an Authoritarian Regime: The Case of Belarus”, *Bulletin of Sociological Methodology/Bulletin de Méthodologie Sociologique* 141, no. 1 (2019): 85-112, https://doi.org/10.1177/0759106318812790; Allen Munoriyarwa, “When Watchdogs Fight Back: Resisting State Surveillance in Everyday Investigative Reporting Practices among Zimbabwean Journalists”, *Journal of Eastern African Studies* 15, no. 3 (2021): 421-441; Allen Munoriyarwa, “The Militarization of Digital Surveillance in Post-Coup Zimbabwe: ‘Just Don’t Tell Them What We Do’”, *Security Dialogue* 53, no. 5 (2022): 456-474.
23. International Civil Aviation Organization, “ePassport Basics”, https://www.icao.int/Security/FAL/PKD/Pages/ePassport-Basics.aspx
24. Paul Bischoff, “Facial Recognition Technology (FRT): Which Countries Use It?” Comparitech, January 24, 2022, https://www.comparitech.com/blog/vpn-privacy/facial-recognition-statistics/
25. Bischoff, “Facial Recognition Technology (FRT): Which Countries Use It?” Comparitech; “Surveillance Cities: Who Has The Most CCTV Cameras In The World?”, Surfshark, https://surfshark.com/surveillance-cities; Liza Lin and Newley Purnell, “A World With a Billion Cameras Watching You Is Just Around the Corner”, *The Wall Street Journal*, December 6, 2019, https://www.wsj.com/articles/a-billion-surveillance-cameras-forecast-to-be-watching-within-two-years-11575565402
26. Drew Harwell and Craig Timberg, “How America’s Surveillance Networks Helped the FBI Catch the Capitol Mob”, *The Washington Post*, April 2, 2021, https://www.washingtonpost.com/technology/2021/04/02/capitol-siege-arrests-technology-fbi-privacy/; “Retired NYPD

Officer Thomas Webster, Republican Committeeman Philip Grillo Arrested For Alleged Roles In Capitol Riot", CBS News, February 23, 2021, https://www.cbsnews.com/newyork/news/retired-nypd-officer-thomas-webster-queens-republican-group-leader-philip-grillo-arrested-for-alleged-roles-in-capitol-riot/.

27. Zhang Yang, "Police Using AI to Trace Long-Missing Children", China Daily, June 4, 2019, http://www.chinadaily.com.cn/a/201906/04/WS5cf5c8a8a310519142700e2f.html; Zhongkai Zhang, "AI Reunites Families! Four Children Missing for 10 Years Found at Once", Xinhua Daily Telegraph, June 14, 2019, http://www.xinhuanet.com/politics/2019-06/14/c_1124620736.htm; Chang Qu, "Hunan Man Reunites with Son Abducted 22 Years Ago", QQ, June 25, 2023, https://new.qq.com/rain/a/20230625A005UX00; Phoebe Zhang, "AI Reunites Son with Family but Raises Questions in China about Ethics, Privacy", *South China Morning Post*, December 10, 2023, https://www.scmp.com/news/china/article/3244377/ai-reunites-son-family-raises-questions-china-about-ethics-privacy; Ding Rui, "In Hebei, AI Tech Reunites Abducted Son With Family After 25 Years", Sixth Tone, December 4, 2023, https://www.sixthtone.com/news/1014206; Ding-Chau Wang et al., 'Development of a Face Prediction System for Missing Children in a Smart City Safety Network', *Electronics* 11, no. 9 (2022): Article 1440, https://doi.org/10.3390/electronics11091440; M.R. Sowmya et al., "AI-Assisted Search for Missing Children", *2022 IEEE 2nd Mysore Sub Section International* Conference (Mysuru: IEEE, 2022), 1–6.

28. Jesper Lund, "Danish DPA Approves Automated Facial Recognition", EDRI, June 19, 2019, https://edri.org/danish-dpaapproves-automated-facial-recognition; Sidsel Overgaard, "A Soccer Team in Denmark is Using Facial Recognition to Stop Unruly Fans", NPR, October 21, 2019, https://www.npr.org/2019/10/21/770280447/a-soccer-team-in-denmark-is-using-facial-recognition-to-stop-unruly-fans; Yan Luo and Rui Guo, 'Facial Recognition in China: Current Status, Comparative Approach and the Road Ahead', *Journal of Law and Social Change* 25, no. 2 (2021): 153-179.

29. Rachel George, "The AI Assault on Women: What Iran's Tech Enabled Morality Laws Indicate for Women's Rights Movements", Council on Foreign Relations online, December 7, 2023, https://www.cfr.org/blog/ai-assault-women-what-irans-tech-enabled-morality-laws-indicate-womens-rights-movements.

30. Johnson, "Iran Says Face Recognition Will ID Women Breaking Hijab Laws", *Wired*.

31. Farnaz Fassihi, "An Innocent and Ordinary Young Woman", *The New York Times*, September 16, 2022, https://www.nytimes.com/2023/09/16/world/middleeast/mahsa-amini-iran-protests-hijab-profile.html; Weronika Strzyzynska, "Iranian Woman Dies 'After Being Beaten by Morality Police' over Hijab Law", *The Guardian*, September 16, 2022, https://www.theguardian.com/global-development/2022/sep/16/iranian-woman-dies-after-being-beaten-by-morality-police-over-hijab-law.

32. "Iran: Doubling Down on Punishments Against Women and Girls Defying Discriminatory Veiling Laws", Amnesty International.

33. "Iran: Doubling Down on Punishments Against Women and Girls Defying Discriminatory Veiling Laws", Amnesty International.

34. "Iran: Doubling Down on Punishments Against Women and Girls Defying Discriminatory Veiling Laws", Amnesty International.

35. "Iran: International Community Must Stand with Women and girls Suffering Intensifying Oppression", Amnesty International, 26 July 2023, https://www.amnesty.org/en/latest/news/2023/07/iran-international-community-must-stand-with-women-and-girls-suffering-intensifying-oppression/; "Iran: Doubling Down on Punishments Against Women and Girls Defying Discriminatory Veiling Laws", Amnesty International.

36. Johnson, "Iran Says Face Recognition Will ID Women Breaking Hijab Laws", *Wired*.

37. “Iran: Doubling Down on Punishments Against Women and Girls Defying Discriminatory Veiling Laws”, Amnesty International.
38. “Iran: Doubling Down on Punishments Against Women and Girls Defying Discriminatory Veiling Laws”, Amnesty International; Shadi Sadr, “Iran’s Hijab and Chastity Bill Underscores the Need to Codify Gender Apartheid”, Just Security, April 11, 2024, https://www.justsecurity.org/94504/iran-hijab-bill-gender-apartheid/; Tara Subramaniam, Adam Pourahmadi and Mostafa Salem, “Iranian Women Face 10 Years in Jail for Inappropriate Dress after ‘Hijab Bill’ Approved”, CNN, September 21, 2023, https://edition.cnn.com/2023/09/21/middleeast/iran-hijab-law-parliament-jail-intl-hnk/index.html; “Iran’s Parliament Passes a Stricter Headscarf Law Days after Protest Anniversary”, AP News, September 21, 2023, https://apnews.com/article/iran-hijab-women-politics-protests-6e07fae990369a58cb162eb6c5a7ab2a?utm_source=copy&utm_medium=share.
39. Christopher Parsons et al., “The Predator in Your Pocket: A Multidisciplinary Assessment of the Stalkerware Application Industry,” Citizen Lab, Research report 119, June 2019, citizenlab.ca/docs/stalkerware-holistic.pdf; Lorenzo Franceschi-Bicchierai and Joseph Cox, “Inside the ‘Stalkerware’ Surveillance Market, Where Ordinary People Tap Each Other’s Phones,” *Vice*, April 18, 2017, www.vice.com/en/article/53vm7n/inside-stalkerware-surveillance-market-flexispy-retina-x.
40. Mejias and Couldry, *Data Grab*, 90–94.
41. Ibid., 156–58.
42. Zuboff, *Age of Surveillance Capitalism*.
43. Rafael Bravo, Sara Catalán, and José M. Pina, “Gamification in Tourism and Hospitality Review Platforms: How to R.A.M.P. Up Users’ Motivation to Create Content,” *International Journal of Hospitality Management* 99 (2021), article 103064, doi.org/10.1016/j.ijhm.2021.103064; Davide Proserpio and Giorgos Zervas, “Study: Replying to Customer Reviews Results in Better Ratings,” *Harvard Business Review*, Feb. 14, 2018, hbr.org/2018/02/study-replying-to-customer-reviews-results-in-better-ratings.
44. Linda Kinstler, “How Tripadvisor Changed Travel,” *Guardian*, Aug. 17, 2018, www.theguardian.com/news/2018/aug/17/how-tripadvisor-changed-travel.
45. Alex J. Wood and Vili Lehdonvirta, “Platforms Disrupting Reputation: Precarity and Recognition Struggles in the Remote Gig Economy,” *Sociology* 57, no. 5 (2023): 999–1016, doi.org/10.1177/00380385221126804.
46. Michael J. Sandel, *What Money Can’t Buy: The Moral Limits of Markets* (London: Penguin Books, 2013).
47. 关于中世纪的“声誉市场”，参见：Maurice Hugh Keen, *Chivalry* (London: Folio Society, 2010), and Georges Duby, *William Marshal: The Flower of Chivalry* (New York: Pantheon Books, 1985).
48. Will Storr, *The Status Game: On Human Life and How to Play It* (London: Harper Collins, 2021); Jason Manning, *Suicide: The Social Causes of Self-Destruction* (Charlottesville: University of Virginia Press, 2020).
49. Frans B. M. de Waal, *Chimpanzee Politics: Power and Sex Among Apes* (Baltimore: Johns Hopkins University Press, 1998); Frans B. M. de Waal, *Our Inner Ape: A Leading Primatologist Explains Why We Are Who We Are* (New York: Riverhead Books, 2006); Sapolsky, *Behave*; Victoria Wobber et al., “Differential Changes in Steroid Hormones Before Competition in Bonobos and Chimpanzees,” *Proceedings of the National Academy of Sciences* 107, no. 28 (2010): 12457–62, doi.org/10.1073/pnas.1007411107; Sonia A. Cavigelli and Michael J. Caruso, “Sex, Social Status, and Physiological Stress in Primates: The Importance of Social and Glucocorticoid Dynamics,” *Philosophical Transactions of the Royal Society B: Biological Sciences* 370, no. 1669 (2015): 1–13, doi.org/10.1098/rstb.2014.0103.

第八章　可能出错：谬误百出的网络

1. Nathan Larson, *Aleksandr Solzhenitsyn and the Modern Russo-Jewish Question* (Stuttgart: Ibidem Press, 2005), 16.
2. Aleksandr Solzhenitsyn, *The Gulag Archipelago, 1918–1956: An Experiment in Literary Investigation, I–II* (New York: Harper & Row, 1973), 69–70.
3. Gessen, Ch. 4 Homo Sovieticus, in *Future Is History*; Gulnaz Sharafutdinova, *The Afterlife of the "Soviet Man": Rethinking Homo Sovieticus* (London: Bloomsbury Academic, 2023), 37.
4. Fisher, *Chaos Machine*, 110–11.
5. Jack Nicas, "YouTube Tops 1 Billion Hours of Video a Day, on Pace to Eclipse TV," *Wall Street Journal*, Feb. 27, 2017, www.wsj.com/articles/youtube-tops-1-billion-hours-of-video-a-day-on-pace-to-eclipse-tv-1488220851.
6. Fisher, *Chaos Machine*; Ariely, *Misbelief*, 262–63.
7. Fisher, *Chaos Machine*, 266–77.
8. Ibid., 276–77.
9. Ibid., 270.
10. Emine Saner, "YouTube' s Susan Wojcicki: 'Where' s the Line of Free Speech—Are You Removing Voices That Should Be Heard?,'" *Guardian*, Aug. 10, 2019, www.theguardian.com/technology/2019/aug/10/youtube-susan-wojcicki-ceo-where-line-removing-voices-heard.
11. Dan Milmo, "Frances Haugen: 'I Never Wanted to Be a Whistleblower. But Lives Were in Danger,'" *Guardian,* Oct. 24, 2021, www.theguardian.com/technology/2021/oct/24/frances-haugen-i-never-wanted-to-be-a-whistleblower-but-lives-were-in-danger.
12. Amnesty International, *Social Atrocity*, 44.
13. Ibid., 38.
14. Ibid., 42.
15. Ibid., 34.
16. "Facebook Ban of Racial Slur Sparks Debate in Burma," *Irrawaddy*, May 31, 2017, www.irrawaddy.com/news/burma/facebook-ban-of-racial-slur-sparks-debate-in-burma.html.
17. Amnesty International, *Social Atrocity*, 34.
18. Karen Hao, "How Facebook and Google Fund Global Misinformation," *MIT Technology Review*, Nov. 20, 2021, www.technologyreview.com/2021/11/20/1039076/facebook-google-disinformation-clickbait/.
19. Hayley Tsukayama, "Facebook' s Changing Its News Feed. How Will It Affect What You See?," *Washington Post*, Jan. 12, 2018, www.washingtonpost.com/news/the-switch/wp/2018/01/12/facebooks-changing-its-news-feed-how-will-it-affect-what-you-see/; Jonah Bromwich and Matthew Haag, "Facebook Is Changing. What Does That Mean to Your News Feed?," *New York Times*, Jan. 12, 2018, www.nytimes.com/2018/01/12/technology/facebook-news-feed-changes.html; Jason A. Gallo and Clare Y. Cho, "Social Media: Misinformation and Content Moderation Issues for Congress," Congressional Research Service Report R46662, Jan. 27, 2021, 11n67, crsreports.congress.gov/product/pdf/R/R46662; Keach Hagey and Jeff Horwitz, "Facebook Tried to Make Its Platform a Healthier Place. It Got Angrier Instead," *Wall Street Journal*, Sept. 15, 2021, www.wsj.com/articles/facebook-algorithm-change-zuckerberg-11631654215; "YouTube Doesn' t Know Where Its Own Line Is," *Wired*, March 2, 2010, www.wired.com/story/youtube-content-moderation-inconsistent/; Ben Popken, "As Algorithms Take Over, YouTube' s Recommendations Highlight a Human Problem," NBC News, April 19, 2018, www.nbcnews.com/tech/social-media/algorithms-take-over-youtube-s-recommendations-highlight-human-problem-n867596; Paul Lewis, "'Fiction Is Outperforming Reality' : How YouTube' s Algorithm Distorts Truth," *Guardian*, Feb. 2, 2018, www.theguardian.com/technology/2018/feb/02/how-youtubes-algorithm-distorts-truth.

20. M. A. Thomas, "Machine Learning Applications for Cybersecurity," *Cyber Defense Review* 8, no. 1 (Spring 2023): 87–102, www.jstor.org/stable/48730574.
21. Allan House and Cathy Brennan, eds., *Social Media and Mental Health* (Cambridge, U.K.: Cambridge University Press, 2023); Gohar Feroz Khan, Bobby Swar, and Sang Kon Lee, "Social Media Risks and Benefits: A Public Sector Perspective," *Social Science Computer Review* 32, no. 5 (2014): 606–27, doi.org/10.1177/089443931452.
22. Vanya Eftimova Bellinger, *Marie von Clausewitz: The Woman Behind the Making of "On War"* (Oxford: Oxford University Press, 2016); Donald J. Stoker, *Clausewitz: His Life and Work* (Oxford: Oxford University Press, 2014), 1–2, 256.
23. Stoker, *Clausewitz*, 35.
24. John G. Gagliardo, *Reich and Nation: The Holy Roman Empire as Idea and Reality, 1763—1806* (Bloomington: Indiana University Press, 1980), 4–5.
25. Todd Smith, "Army's Long-Awaited Iraq War Study Finds Iran Was the Only Winner in a Conflict That Holds Many Lessons for Future Wars," *Army Times*, Jan. 18, 2019, www.armytimes.com/news/your-army/2019/01/18/armys-long-awaited-iraq-war-study-finds-iran-was-the-only-winner-in-a-conflict-that-holds-many-lessons-for-future-wars/. 这篇研究的一位作者与其同事最近在《时代》周刊发表了研究摘要，参见：Frank Sobchak and Matthew Zais, "How Iran Won the Iraq War," *Time*, March 22, 2023, time.com/6265077/how-iran-won-the-iraq-war/.
26. Nick Bostrom, *Superintelligence: Paths, Dangers, Strategies* (Oxford: Oxford University Press, 2014), 122–25.
27. Brian Christian, *The Alignment Problem: Machine Learning and Human Values* (New York: W. W. Norton, 2022), 9–10.
28. Amnesty International, *Social Atrocity*, 34–37.
29. Andrew Roberts, *Napoleon the Great* (London: Allen Lane, 2014), 5.
30. Ibid., 14–15.
31. Ibid., 9, 14.
32. Ibid., 29–40.
33. Philip Dwyer. *Napoleon: The Path to Power, 1769—1799* (London: Bloomsbury, 2014), 668; David G. Chandler, *The Campaigns of Napoleon* (New York: Macmillan, 1966), 1:3.
34. Maria E. Kronfeldner, *The Routledge Handbook of Dehumanization* (London: Routledge, 2021); David Livingstone Smith, *On Inhumanity: Dehumanization and How to Resist It* (New York: Oxford University Press, 2020); David Livingstone Smith, *Less Than Human: Why We Demean, Enslave, and Exterminate Others* (New York: St. Martin's Press, 2011).
35. Smith, *On Inhumanity*, 139–42.
36. International Crisis Group, "Myanmar's Rohingya Crisis Enters a Dangerous New Phase," Dec. 7, 2017, www.crisisgroup.org/asia/southeast-asia/myanmar/292-myanmars-rohingya-crisis-enters-dangerous-new-phase.
37. Bettina Stangneth, *Eichmann Before Jerusalem: The Unexamined Life of a Mass Murderer* (New York: Alfred A. Knopf, 2014), 217–18.
38. Emily Washburn, "What to Know About Effective Altruism—Championed by Musk, Bankman-Fried, and Silicon Valley Giants," *Forbes*, March 8, 2023, www.forbes.com/sites/emilywashburn/2023/03/08/what-to-know-about-effective-altruism-championed-by-musk-bankman-fried-and-silicon-valley-giants/; Alana Semuels, "How Silicon Valley Has Disrupted Philanthropy," *Atlantic*, July 25, 2018, www.theatlantic.com/technology/archive/2018/07/how-silicon-valley-has-disrupted-philanthropy/565997/; Timnit Gebru, "Effective Altruism Is Pushing a Dangerous Brand of 'AI Safety,'" *Wired*, Nov. 30, 2022, www.wired.com/story/effective-altruism-artificial-intelligence-sam-bankman-fried/; Gideon Lewis-Kraus, "The Reluctant Prophet of Effective Altruism," *New Yorker*, Aug. 8, 2022, www.newyorker.com/

magazine/2022/08/15/the-reluctant-prophet-of-effective-altruism.
39. Alan Soble, "Kant and Sexual Perversion," *Monist* 86, no. 1 (2003): 55–89, www.jstor.org/stable/27903806. See also Matthew C. Altman, "Kant on Sex and Marriage: The Implications for the Same-Sex Marriage Debate," *Kant-Studien* 101, no. 3 (2010): 332; Lara Denis, "Kant on the Wrongness of 'Unnatural' Sex," *History of Philosophy Quarterly* 16, no. 2 (April 1999): 225–48, www.jstor.org/stable/40602706.
40. Geoffrey J. Giles, "The Persecution of Gay Men and Lesbians During the Third Reich," in *The Routledge History of the Holocaust*, ed. Jonathan C. Friedman (London: Routledge, 2010), 385–96; Melanie Murphy, "Homosexuality and the Law in the Third Reich," in *Nazi Law: From Nuremberg to Nuremberg*, ed. John J. Michalczyk (London: Bloomsbury Academic, 2018), 110–24; Michael Schwartz, ed., *Homosexuelle im Nationalsozialismus: Neue Forschungsperspektiven zu Lebenssituationen von lesbischen, schwulen, bi-, trans- und intersexuellen Menschen 1933 bis 1945* (Munich: De Gruyter Oldenbourg, 2014).
41. Jeremy Bentham, "Offenses Against One's Self," ed. Louis Crompton, *Journal of Homosexuality* 3, no. 4 (1978): 389–406; Jeremy Bentham, "Jeremy Bentham's Essay on Paederasty," ed. Louis Crompton, *Journal of Homosexuality* 4, no. 1 (1978): 91–107.
42. Olga Yakusheva et al., "Lives Saved and Lost in the First Six Months of the US COVID-19 Pandemic: A Retrospective Cost-Benefit Analysis," *PLOS ONE* 17, no. 1 (2022), article e0261759.
43. Bitna Kim and Meghan Royle, "Domestic Violence in the Context of the COVID-19 Pandemic: A Synthesis of Systematic Reviews," *Trauma, Violence, and Abuse* 25, no. 1 (2024): 476–93; Lis Bates et al., "Domestic Homicides and Suspected Victim Suicides During the Covid-19 Pandemic 2020–2021," U.K. Home Office, Aug. 25, 2021, assets.publishing.service.gov.uk/media/6124ef66d3bf7f63a90687ac/Domestic_homicides_and_suspected_victim_suicides_during_the_Covid-19_Pandemic_2020-2021.pdf; Benedetta Barchielli et al., "When 'Stay at Home' Can Be Dangerous: Data on Domestic Violence in Italy During COVID-19 Lockdown," *International Journal of Environmental Research and Public Health* 18, no. 17 (2021), article 8948.
44. Jingxuan Zhao et al., "Changes in Cancer-Related Mortality During the COVID-19 Pandemic in the United States," *Journal of Clinical Oncology* 40, no. 16 (2022): 6581; Abdul Rahman Jazieh et al., "Impact of the COVID-19 Pandemic on Cancer Care: A Global Collaborative Study," *JCO Global Oncology* 6 (2020): 1428–38; Camille Maringe et al., "The Impact of the COVID-19 Pandemic on Cancer Deaths due to Delays in Diagnosis in England, UK: A National, Population-Based, Modelling Study," *Lancet Oncology* 21, no. 8 (2020): 1023–34; Allini Mafra da Costa et al., "Impact of COVID-19 Pandemic on Cancer-Related Hospitalizations in Brazil," *Cancer Control* 28 (2021): article 10732748211038736; Talía Malagón et al., "Predicted Long-Term Impact of COVID-19 Pandemic-Related Care Delays on Cancer Mortality in Canada," *International Journal of Cancer* 150, no. 8 (2022): 1244–54.
45. Chalmers, *Reality+*.
46. Pokémon GO, "Heads Up!," Sept. 7, 2016, pokemongolive.com/en/post/headsup/.
47. Brian Fung, "Here's What We Know About Google's Mysterious Search Engine," *Washington Post*, Aug. 28, 2018, www.washingtonpost.com/technology/2018/08/28/heres-what-we-really-know-about-googles-mysterious-search-engine/; Geoffrey A. Fowler, "AI is Changing Google Search: What the I/O Announcement Means for You," *Washington Post*, May 10, 2023, www.washingtonpost.com/technology/2023/05/10/google-search-ai-io-2023/; Jillian D'Onfro, "Google Is Making a Giant Change This Week That Could Crush Millions of Small Businesses," *Business Insider*, April 20, 2015, www.businessinsider.com/google-mobilegeddon-2015-4.
48. SearchSEO, "Can I Improve My Search Ranking with a Traffic Bot," accessed Jan. 11, 2024,

www.searchseo.io/blog/improve-ranking-with-traffic-bot; Daniel E. Rose, "Why Is Web Search So Hard . . . to Evaluate?," *Journal of Web Engineering* 3, no. 3 and 4 (2004): 171–81.

49. Javier Pastor-Galindo, Felix Gomez Marmol, and Gregorio Martínez Pérez, "Profiling Users and Bots in Twitter Through Social Media Analysis," *Information Sciences* 613 (2022): 161–83; Timothy Graham and Katherine M. FitzGerald, "Bots, Fake News, and Election Conspiracies: Disinformation During the Republican Primary Debate and the Trump Interview," Digital Media Research Center, Queensland University of Technology (2023), eprints.qut.edu.au/242533/; Josh Taylor, "Bots on X Worse Than Ever According to Analysis of 1M Tweets During First Republican Primary Debate," *Guardian*, Sept. 9, 2023, www.theguardian.com/technology/2023/sep/09/x-twitter-bots-republican-primary-debate-tweets-increase; Stefan Wojcik et al., "Bots in the Twittersphere," Pew Research Center, April 9, 2018, www.pewresearch.org/internet/2018/04/09/bots-in-the-twittersphere/; Jack Nicas, "Why Can't the Social Networks Stop Fake Accounts?," *New York Times*, Dec. 8, 2020, www.nytimes.com/2020/12/08/technology/why-cant-the-social-networks-stop-fake-accounts.html.

50. Sari Nusseibeh, *What Is a Palestinian State Worth?* (Cambridge, Mass.: Harvard University Press, 2011), 48.

51. Michael Lewis, *The Big Short: Inside the Doomsday Machine* (New York: W. W. Norton, 2010); Marcin Wojtowicz, "CDOs and the Financial Crisis: Credit Ratings and Fair Premia," *Journal of Banking and Finance* 39 (2014): 1–13; Robert A. Jarrow, "The Role of ABS, CDS, and CDOs in the Credit Crisis and the Economy," *Rethinking the Financial Crisis* 202 (2011): 210–35; Bilal Aziz Poswal, "Financial Innovations: Role of CDOs, CDS, and Securitization During the US Financial Crisis 2007–2009," *Ecorfan Journal* 3, no. 6 (2012): 125–39.

52. *Citizens United v. FEC*, 558 U.S. 310 (2010), supreme.justia.com/cases/federal/us/558/310/; Amy B. Wang, "Senate Republicans Block Bill to Require Disclosure of 'Dark Money' Donors," *Washington Post*, Sept. 22, 2022, www.washingtonpost.com/politics/2022/09/22/senate-republicans-campaign-finance/.

53. Vincent Bakpetu Thompson, *The Making of the African Diaspora in the Americas, 1441–1900* (London: Longman, 1987); Mark M. Smith and Robert L. Paquette, eds., *The Oxford Handbook of Slavery in the Americas* (New York: Oxford University Press, 2010); John H. Moore, ed., *The Encyclopedia of Race and Racism* (New York: Macmillan Reference USA, 2008); Jack D. Forbes, "The Evolution of the Term Mulatto: A Chapter in Black–Native American Relations," *Journal of Ethnic Studies* 10, no. 2 (1982): 45–66; April J. Mayes, *The Mulatto Republic: Class, Race, and Dominican National Identity* (Gainesville: University Press of Florida, 2014); Irene Diggs, "Color in Colonial Spanish America," *Journal of Negro History* 38, no. 4 (1953): 403–27.

54. Sasha Costanza-Chock, *Design Justice: Community-Led Practices to Build the Worlds We Need* (Cambridge, Mass.: MIT Press, 2020); D'Ignazio and Klein, *Data Feminism*; Ruha Benjamin, *Race After Technology: Abolitionist Tools for the New Jim Code* (Cambridge, U.K.: Polity Press, 2019); Virginia Eubanks. *Automating Inequality: How High-Tech Tools Profile, Police, and Punish the Poor* (New York: St. Martin's Press, 2018); Wendy Hui Kyong Chun, *Discriminating Data: Correlation, Neighborhoods, and the New Politics of Recognition* (Cambridge, Mass.: MIT Press, 2021).

55. Peter Lee, "Learning from Tay's Introduction," Microsoft Official Blog, March 25, 2016, blogs.microsoft.com/blog/2016/03/25/learning-tays-introduction/; Alex Hern, "Microsoft Scrambles to Limit PR Damage over Abusive AI Bot Tay," *Guardian*, March 24, 2016, www.theguardian.com/technology/2016/mar/24/microsoft-scrambles-limit-pr-damage-over-abusive-ai-bot-tay; "Microsoft Pulls Robot After It Tweets 'Hitler Was Right I Hate the Jews,'" *Haaretz*, March 24, 2016, www.haaretz.com/science-and-health/2016-03-24/ty-

article/microsoft-pulls-robot-after-it-tweets-hitler-was-right-i-hate-the-jews/0000017f-dede-d856-a37f-ffde9a9c0000; Elle Hunt, "Tay, Microsoft' s AI Chatbot, Gets a Crash Course in Racism from Twitter," *Guardian*, March 24, 2016, www.theguardian.com/technology/2016/mar/24/tay-microsofts-ai-chatbot-gets-a-crash-course-in-racism-from-twitter.

56. Morgan Klaus Scheuerman, Madeleine Pape, and Alex Hanna, "Auto-essentialization: Gender in Automated Facial Analysis as Extended Colonial Project," *Big Data and Society* 8, no. 2 (2021), article 20539517211053712.
57. D' Ignazio and Klein, *Data Feminism*, 29–30.
58. Yoni Wilkenfeld, "Can Chess Survive Artificial Intelligence?," *New Atlantis* 58 (2019): 37.
59. Ibid.
60. Matthew Hutson, "How Researchers Are Teaching AI to Learn Like a Child," *Science*, May 24, 2018, www.science.org/content/article/how-researchers-are-teaching-ai-learn-child; Oliwia Koteluk et al., "How Do Machines Learn? Artificial Intelligence as a New Era in Medicine," *Journal of Personalized Medicine* 11 (2021), article 32; Mohsen Soori, Behrooz Arezoo, and Roza Dastres, "Artificial Intelligence, Machine Learning, and Deep Learning in Advanced Robotics: A Review," *Cognitive Robotics* 3 (2023): 54–70.
61. Christian, *Alignment Problem*, 31; D' Ignazio and Klein, *Data Feminism*, 29–30.
62. Christian, *Alignment Problem*, 32; Joy Buolamwini and Timnit Gebru, "Gender Shades: Intersectional Accuracy Disparities in Commercial Gender Classification," in *Proceedings of the 1st Conference on Fairness, Accountability, and Transparency, PMLR* 81 (2018): 77–91.
63. Lee, "Learning from Tay' s Introduction."
64. D' Ignazio and Klein, *Data Feminism*, 28; Jeffrey Dastin, "Insight—Amazon Scraps Secret AI Recruiting Tool That Showed Bias Against Women," Reuters, Oct. 11, 2018, www.reuters.com/article/idUSKCN1MK0AG/.
65. Christianne Corbett and Catherine Hill, *Solving the Equation: The Variables for Women' s Success in Engineering and Computing* (Washington, D.C.: American Association of University Women, 2015), 47–54.
66. D' Ignazio and Klein, *Data Feminism*.
67. Meghan O' Gieblyn, *God, Human, Animal, Machine: Technology, Metaphor, and the Search for Meaning* (New York: Anchor, 2022), 197–216.
68. Brinkmann et al., "Machine Culture."
69. Suleyman, *Coming Wave*, 164.
70. Brinkmann et al., "Machine Culture"; Bengio et al., "Managing AI Risks in an Era of Rapid Progress."

第九章　民主制度：我们还能对话吗？

1. Andreessen, "Why AI Will Save the World."; Ray Kurzweil, *The Singularity Is Nearer: When We Merge with AI* (London: The Bodley Head, 2024).
2. Laurie Laybourn-Langton, Lesley Rankin, and Darren Baxter, *This Is a Crisis: Facing Up to the Age of Environmental Breakdown*, Institute for Public Policy Research, Feb. 1, 2019, 12, www.jstor.org/stable/resrep21894.5.
3. Kenneth L. Hacker and Jan van Dijk, eds., *Digital Democracy: Issues of Theory and Practice* (New York: Sage, 2000); Anthony G. Wilhelm, *Democracy in the Digital Age: Challenges to Political Life in Cyberspace* (London: Routledge, 2002); Elaine C. Kamarck and Joseph S. Nye, eds., *Governance.com: Democracy in the Information Age* (London: Rowman & Littlefield, 2004); Zizi Papacharissi, *A Private Sphere: Democracy in a Digital Age* (Cambridge, U.K.: Polity, 2010); Costa Vayenas, *Democracy in the Digital Age* (Cambridge, U.K.: Arena Books, 2017); Giancarlo Vilella, *E-democracy: On Participation in the Digital Age* (Baden-Baden: Nomos, 2019); Volker Boehme-Nessler, *Digitising Democracy: On Reinventing Democracy in the Digital Era—a Legal, Political, and Psychological Perspective*

(Berlin: Springer Nature, 2020); Sokratis Katsikas and Vasilios Zorkadis, *E-democracy: Safeguarding Democracy and Human Rights in the Digital Age* (Berlin: Springer International, 2020).

4. Thomas Reuters Popular Law, "Psychotherapist-Patient Privilege," uk.practicallaw.thomsonreuters.com/6-522-3158; U.S. Department of Health and Human Services, "Minimum Necessary Requirement," www.hhs.gov/hipaa/for-professionals/privacy/guidance/minimum-necessary-requirement/index.html; European Association for Psychotherapy, "EAP Statement on the Legal Position of Psychotherapy in Europe," January 2021, available at www.europsyche.org/app/uploads/2021/04/Legal-Position-of-Psychotherapy-in-Europe-2021-Final.pdf.
5. Marshall Allen, "Health Insurers Are Vacuuming Up Details About You—and It Could Raise Your Rates," ProPublica, July 17, 2018, www.propublica.org/article/health-insurers-are-vacuuming-up-details-about-you-and-it-could-raise-your-rates.
6. Jannik Luboeinski and Christian Tetzlaff, "Organization and Priming of Long-Term Memory Representations with Two-Phase Plasticity," *Cognitive Computation* 15, no. 4 (2023): 1211–30.
7. Muhammad Imran Razzak, Muhammad Imran, and Guandong Xu, "Big Data Analytics for Preventive Medicine," *Neural Computing and Applications* 32 (2020): 4417–51; Gaurav Laroia et al., "A Unified Health Algorithm That Teaches Itself to Improve Health Outcomes for Every Individual: How Far into the Future Is It?," *Digital Health* 8 (2022), article 20552076221074126.
8. Nicholas H. Dimsdale, Nicholas Horsewood, and Arthur Van Riel, "Unemployment in Interwar Germany: An Analysis of the Labor Market, 1927–1936," *Journal of Economic History* 66, no. 3 (2006): 778–808.
9. Hubert Dreyfus, *What Computers Can't Do* (New York: Harper and Row, 1972). 也请参见：Brett Karlan, "Human Achievement and Artificial Intelligence," *Ethics and Information Technology* 25 (2023), article 40, doi.org/10.1007/s10676-023-09713-x; Francis Mechner, "Chess as a Behavioral Model for Cognitive Skill Research: Review of Blindfold Chess by Eliot Hearst and John Knott," *Journal of Experimental Analysis Behavior* 94, no. 3 (Nov. 2010): 373–86, doi:10.1901/jeab.2010.94-373; Gerd Gigerenzer, *How to Stay Smart in a Smart World: Why Human Intelligence Still Beats Algorithms* (Cambridge, Mass.: MIT Press, 2022), 21.
10. Eda Ergin et al., "Can Artificial Intelligence and Robotic Nurses Replace Operating Room Nurses? The Quasi-experimental Research," *Journal of Robotic Surgery* 17, no. 4 (2023): 1847–55; Nancy Robert, "How Artificial Intelligence Is Changing Nursing," *Nursing Management* 50, no. 9 (2019): 30–39; Aprianto Daniel Pailaha, "The Impact and Issues of Artificial Intelligence in Nursing Science and Healthcare Settings," *SAGE Open Nursing* 9 (2023), article 23779608231196847.
11. Erik Cambria et al., "Seven Pillars for the Future of Artificial Intelligence," *IEEE Intelligent Systems* 38 (Nov.–Dec. 2023): 62–69; Marcus du Sautoy, *The Creativity Code: Art and Innovation in the Age of AI* (Cambridge, Mass.: Belknap Press of Harvard University Press, 2019); Brinkmann et al., "Machine Culture."
12. 关于人类如何识别不同情绪，请参见：Tony W. Buchanan, David Bibas, and Ralph Adolphs, "Associations Between Feeling and Judging the Emotions of Happiness and Fear: Findings from a Large-Scale Field Experiment," *PLOS ONE* 5, no. 5 (2010), article 10640, doi.org/10.1371/journal.pone.0010640; Ralph Adolphs, "Neural Systems for Recognizing Emotion," *Current Opinion in Neurobiology* 12, no. 2 (2002): 169–77; Albert Newen, Anna Welpinghus, and Georg Juckel, "Emotion Recognition as Pattern Recognition: The Relevance of Perception," *Mind and Language* 30, no. 2 (2015): 187–208; Joel Aronoff, "How We Recognize Angry and Happy Emotion in People, Places, and Things," *Cross-Cultural*

Research 40, no. 1 (2006): 83–105. 关于人工智能与情绪识别，请参见：Smith K. Khare et al., "Emotion Recognition and Artificial Intelligence: A Systematic Review (2014–2023) and Research Recommendations," *Information Fusion* 102 (2024), article 102019, doi.org/10.1016/j.inffus.2023.102019.

13. Zohar Elyoseph et al., "ChatGPT Outperforms Humans in Emotional Awareness Evaluations," *Frontiers in Psychology* 14 (2023), article 1199058.
14. John W. Ayers et al., "Comparing Physician and Artificial Intelligence Chatbot Responses to Patient Questions Posted to a Public Social Media Forum," *JAMA Internal Medicine* 183, no. 6 (2023): 589–96, jamanetwork.com/journals/jamainternalmedicine/article-abstract/2804309.
15. Seung Hwan Lee et al., "Forgiving Sports Celebrities with Ethical Transgressions: The Role of Parasocial Relationships, Ethical Intent, and Regulatory Focus Mindset," *Journal of Global Sport Management* 3, no. 2 (2018): 124–45.
16. Karlan, "Human Achievement and Artificial Intelligence."
17. 参见尤瓦尔 · 赫拉利《未来简史》第 3 章：Harari, *Homo Deus*, chap. 3.
18. Hazony, *Conservatism*, 3.
19. Bureau of Labor Statistics, "Historical Statistics of the United States, Colonial Times to 1970, Part I," *Series D 85–86 Unemployment: 1890—1970* (1975), 135; Curtis J. Simon, "The Supply Price of Labor During the Great Depression," *Journal of Economic History* 61, no. 4 (2001): 877–903; Vernon T. Clover, "Employees' Share of National Income, 1929–1941," *Fort Hays Kansas State College Studies: Economics Series* 1 (1943): 194; Stanley Lebergott, "Labor Force, Employment, and Unemployment, 1929–39: Estimating Methods," *Monthly Labor Review* 67, no. 1 (1948): 51; Robert Roy Nathan, *National Income, 1929–36, of the United States* (Washington, D.C.: U.S. Government Printing Office, 1939), 15 (table 3).
20. David M. Kennedy, "What the New Deal Did," *Political Science Quarterly* 124, no. 2 (2009): 251–68.
21. William E. Leuchtenburg, *In the Shadow of FDR: From Harry Truman to Barack Obama* (Ithaca, N.Y.: Cornell University Press, 2011), 48–49.
22. Suleyman, *Coming Wave*.
23. Michael L. Birzer and Richard B. Ellis, "Debunking the Myth That All Is Well in the Home of *Brown v. Topeka Board of Education:* A Study of Perceived Discrimination," *Journal of Black Studies* 36, no. 6 (2006): 793–814.
24. United States Supreme Court, *Brown v. Board of Education*, May 17, 1954, available at: www.archives.gov/milestone-documents/brown-v-board-of-education#transcript.
25. "*State v. Loomis*: Wisconsin Supreme Court Requires Warning Before Use of Algorithmic Risk Assessments in Sentencing," *Harvard Law Review* 130 (2017): 1530–37.
26. Rebecca Wexler, "When a Computer Program Keeps You in Jail: How Computers Are Harming Criminal Justice," *New York Times*, June 13, 2017, www.nytimes.com/2017/06/13/opinion/how-computers-are-harming-criminal-justice.html; Ed Yong, "A Popular Algorithm Is No Better at Predicting Crimes Than Random People," *Atlantic*, Jan. 17, 2018, www.theatlantic.com/technology/archive/2018/01/equivant-compas-algorithm/550646/.
27. Mitch Smith, "In Wisconsin, a Backlash Against Using Data to Foretell Defendants' Futures," *New York Times*, June 22, 2016, www.nytimes.com/2016/06/23/us/backlash-in-wisconsin-against-using-data-to-foretell-defendants-futures.html.
28. Eric Holder, "Speech Presented at the National Association of Criminal Defense Lawyers 57th Annual Meeting and 13th State Criminal Justice Network Conference, Philadelphia, PA," *Federal Sentencing Reporter* 27, no. 4 (2015): 252–55; Sonja B. Starr, "Evidence-Based Sentencing and the Scientific Rationalization of Discrimination," *Stanford Law Review* 66, no. 4 (2014): 803–72; Cecelia Klingele, "The Promises and Perils of Evidence-Based Corrections," *Notre Dame Law Review* 91, no. 2 (2015): 537–84;

Jennifer L. Skeem and Jennifer Eno Louden, "Assessment of Evidence on the Quality of the Correctional Offender Management Profiling for Alternative Sanctions (COMPAS)," Center for Public Policy Research, Dec. 26, 2007, cpb-us-e2.wpmucdn.com/sites.uci.edu/dist/0/1149/files/2013/06/CDCR-Skeem-EnoLouden-COMPASeval-SECONDREVISION-final-Dec-28-07.pdf; Julia Dressel and Hany Farid, "The Accuracy, Fairness, and Limits of Predicting Recidivism," *Science Advances* 4, no. 1 (2018), article eaao5580; Julia Angwin et al., "Machine Bias," ProPublica, May 23, 2016, www.propublica.org/article/machine-bias-risk-assessments-in-criminal-sentencing. 然而，也请参见：Sam Corbett-Davies et al., "A Computer Program Used for Bail and Sentencing Decisions Was Labeled Biased Against Blacks: It' s Actually Not That Clear," *Washington Post*, Oct. 17, 2016, www.washingtonpost.com/news/monkey-cage/wp/2016/10/17/can-an-algorithm-be-racist-our-analysis-is-more-cautious-than-propublicas.

29. "卢米斯诉威斯康星州案：威斯康星州最高法院要求算法在进行犯罪风险评估之前必须发出警告。"
30. Seena Fazel et al., "The Predictive Performance of Criminal Risk Assessment Tools Used at Sentencing: Systematic Review of Validation Studies," *Journal of Criminal Justice* 81 (2022), article 101902; Jay Singh et al., "International Perspectives on the Practical Application of Violence Risk Assessment: A Global Survey of 44 Countries," *International Journal of Forensic Mental Health* 13, no. 3 (2014): 193–206; Melissa Hamilton and Pamela Ugwudike, "A 'Black Box' AI System Has Been Influencing Criminal Justice Decisions for over Two Decades—It' s Time to Open It Up," The Conversation, July 26, 2023, theconversation.com/a-black-box-ai-system-has-been-influencing-criminal-justice-decisions-for-over-two-decades-its-time-to-open-it-up-200594; Federal Bureau of Prisons, "PATTERN Risk Assessment," accessed Jan. 11, 2024, www.bop.gov/inmates/fsa/pattern.jsp.
31. Manish Raghavan et al., "Mitigating Bias in Algorithmic Hiring: Evaluating Claims and Practices," in *Proceedings of the 2020 Conference on Fairness, Accountability, and Transparency* (2020): 469–81; Nicol Turner Lee and Samantha Lai, "Why New York City Is Cracking Down on AI in Hiring," Brookings Institution, Dec. 20, 2021, www.brookings.edu/articles/why-new-york-city-is-cracking-down-on-ai-in-hiring/; Sian Townson, "AI Can Make Bank Loans More Fair," *Harvard Business Review*, Nov. 6, 2020, hbr.org/2020/11/ai-can-make-bank-loans-more-fair; Robert Bartlett et al., "Consumer-Lending Discrimination in the FinTech Era," *Journal of Financial Economics* 143, no. 1 (2022): 30–56; Mugahed A. Al-Antari, "Artificial Intelligence for Medical Diagnostics—Existing and Future AI Technology!," *Diagnostics* 13, no. 4 (2023), article 688; Thomas Davenport and Ravi Kalakota, "The Potential for Artificial Intelligence in Healthcare," *Future Healthcare Journal* 6, no. 2 (2019): 94–98.
32. European Commission, "Can I Be Subject to Automated Individual Decision-Making, Including Profiling?," accessed Jan. 11, 2024, commission.europa.eu/law/law-topic/data-protection/reform/rights-citizens/my-rights/can-i-be-subject-automated-individual-decision-making-including-profiling_en.
33. Suleyman, *Coming Wave*, 54.
34. Brinkmann et al., "Machine Culture."
35. Suleyman, *Coming Wave*, 80. 也请参见：Tilman Räuker et al., "Toward Transparent AI: A Survey on Interpreting the Inner Structures of Deep Neural Networks," 2*023 IEEE Conference on Secure and Trustworthy Machine Learning* (*SaTML*), Feb. 2023, 464–83, doi:10.1109/SaTML54575.2023.00039.
36. Adele Atkinson, Chiara Monticone, and Flore-Anne Messi, *OECD/INFE International Survey of Adult Financial Literacy Competencies* (Paris: OECD, 2016), web-archive.oecd.org/2018-12-10/417183-OECD-INFE-International-Survey-of-Adult-Financial-Literacy-Competencies.pdf.

37. DODS, "Parliamentary Perceptions of the Banking System," July 2014, positivemoney.org/wp-content/uploads/2014/08/Positive-Money-Dods-Monitoring-Poll-of-MPs.pdf.
38. Jacob Feldman, "The Simplicity Principle in Human Concept Learning," *Current Directions in Psychological Science* 12, no. 6 (2003): 227–32; Bethany Kilcrease, *Falsehood and Fallacy: How to Think, Read, and Write in the Twenty-First Century* (Toronto: University of Toronto Press, 2021), 115; Christina N. Lessov-Schlaggar, Joshua B. Rubin, and Bradley L. Schlaggar, "The Fallacy of Univariate Solutions to Complex Systems Problems," *Frontiers in Neuroscience* 10 (2016), article 267.
39. D' Ignazio and Klein, *Data Feminism*, 54.
40. Tobias Berg et al., "On the Rise of FinTechs: Credit Scoring Using Digital Footprints," *Review of Financial Studies* 33, no. 7 (2020): 2845–97, doi.org/10.1093/rfs/hhz099.
41. Tobias Berg et al., "On the Rise of FinTechs: Credit Scoring Using Digital Footprints," *Review of Financial Studies* 33, no. 7 (2020): 2845–97, doi.org/10.1093/rfs/hhz099; Lin Ma et al., "A New Aspect on P2P Online Lending Default Prediction Using Meta-level Phone Usage Data in China," *Decision Support Systems* 111 (2018): 60–71; Li Yuan, "Want a Loan in China? Keep Your Phone Charged," *Wall Street Journal*, April 6, 2017, www.wsj.com/articles/want-a-loan-in-china-keep-your-phone-charged-1491474250.
42. Brinkmann et al., "Machine Culture."
43. Jesse S. Summers, "*Post Hoc Ergo Propter Hoc*: Some Benefits of Rationalization," *Philosophical Explorations* 20, no. 1 (2017): 21–36; Richard E. Nisbett and Timothy D. Wilson, "Telling More Than We Can Know: Verbal Reports on Mental Processes," *Psychological Review* 84, no. 3 (1977): 231; Daniel M. Wegner and Thalia Wheatley, "Apparent Mental Causation: Sources of the Experience of Will," *American Psychologist* 54, no. 7 (1999): 480–92; Benjamin Libet, "Do We Have Free Will?," *Journal of Consciousness Studies* 6, no. 8–9 (1999): 47–57; Jonathan Haidt, "The Emotional Dog and Its Rational Tail: A Social Intuitionist Approach to Moral Judgment," *Psychological Review* 108, no. 4 (2001): 814–34; Joshua D. Greene, "The Secret Joke of Kant' s Soul," *Moral Psychology* 3 (2008): 35–79; William Hirstein, ed., *Confabulation: Views from Neuroscience, Psychiatry, Psychology, and Philosophy* (New York: Oxford University Press, 2009); Michael Gazzaniga, *Who' s in Charge? Free Will and the Science of the Brain* (London: Robinson, 2012); Fiery Cushman and Joshua Greene, "The Philosopher in the Theater," in *The Social Psychology of Morality: Exploring the Causes of Good and Evil*, ed. Mario Mikulincer and Phillip R. Shaver (Washington, D.C.: APA Press, 2011), 33–50.
44. Shai Danziger, Jonathan Levav, and Liora Avnaim-Pesso, "Extraneous Factors in Judicial Decisions," *Proceedings of the National Academy of Sciences* 108, no. 17 (2011): 6889–92; Keren Weinshall-Margel and John Shapard, "Overlooked Factors in the Analysis of Parole Decisions," *Proceedings of the National Academy of Sciences* 108, no. 42 (2011), article E833.
45. Julia Dressel and Hany Farid, "The Accuracy, Fairness, and Limits of Predicting Recidivism," *Science Advances* 4, no. 1 (2018), article eaao5580; Klingele, "Promises and Perils of Evidence-Based Corrections"; Alexander M. Holsinger et al., "A Rejoinder to Dressel and Farid: New Study Finds Computer Algorithm Is More Accurate Than Humans at Predicting Arrest and as Good as a Group of 20 Lay Experts," *Federal Probation* 82 (2018): 50–55; D' Ignazio and Klein, *Data Feminism*, 53–54.
46. The EU Artificial Intelligence Act, European Commission, April 21, 2021, artificialintelligenceact.eu/the-act/. 该法案规定："以下人工智能业务应予以禁止：……（c）公共机构或其代表将人工智能系统用于销售、服务或使用，以在一定时间内根据自然人的社会行为，及其已知或预测的个人特征，对其进行评分或分类，其社会评分导致以下其一或两种情形：（i）自然人或其所属群体受到有害或不利对待，且情况与当初生成或收集数据时的情况无关；（ii）导致自然人或其所属群体受到不合理的，或与其社会行为及严重性不成比例的有害或不利对待。”
47. Alessandro Bessi and Emilio Ferrara, “Social Bots Distort the 2016 U.S. Presidential Election Online Discussion,” *First Monday* 21, no. 11 (2016): 1–14.
48. Luca Luceri, Felipe Cardoso, and Silvia Giordano, “Down the Bot Hole: Actionable Insights from a One-Year Analysis of Bot Activity on Twitter,” *First Monday* 26, no. 3 (2021), firstmonday.org/ojs/index.php/fm/article/download/11441/10079.
49. David F. Carr, “Bots Likely Not a Big Part of Twitter’s Audience—but Tweet a Lot,” *Similarweb Blog*, Sept. 8, 2022, www.similarweb.com/blog/insights/social-media-news/twitter-bot-research-news/; “Estimating Twitter’s Bot-Free Monetizable Daily Active Users (mDAU),” *Similarweb Blog*, Sept. 8, 2022, www.similarweb.com/blog/insights/social-media-news/twitter-bot-research/.
50. Giovanni Spitale, Nikola Biller-Andorno, and Federico Germani, “AI Model GPT-3 (Dis) informs Us Better Than Humans,” *Science Advances* 9, no. 26 (2023), doi.org/10.1126/sciadv.adh1850.
51. Daniel C. Dennett, “The Problem with Counterfeit People,” *Atlantic*, May 16, 2023, www.theatlantic.com/technology/archive/2023/05/problem-counterfeit-people/674075/.
52. 参见：Hannes Kleineke, “The Prosecution of Counterfeiting in Lancastrian England,” in *Medieval Merchants and Money: Essays in Honor of James L. Bolton*, ed. Martin Allen and Matthew Davies (London: University of London Press, 2016), 213–26; Susan L’Engle, “Justice in the Margins: Punishment in Medieval Toulouse,” *Viator* 33 (2002): 133–65; Trevor Dean, *Crime in Medieval Europe, 1200—1550* (London: Routledge, 2014).
53. Dennett, “Problem with Counterfeit People.”
54. Mariam Orabi et al., “Detection of Bots in Social Media: A Systematic Review,” *Information Processing and Management* 57, no. 4 (2020), article 102250; Aaron J. Moss et al., “Bots or Inattentive Humans? Identifying Sources of Low-Quality Data in Online Platforms” (preprint, submitted 2021), osf.io/preprints/psyarxiv/wr8ds; Max Weiss, “Deepfake Bot Submissions to Federal Public Comment Websites Cannot Be Distinguished from Human Submissions,” *Technology Science*, Dec. 17, 2019; Adrian Rauchfleisch and Jonas Kaiser, “The False Positive Problem of Automatic Bot Detection in Social Science Research,” *PLOS ONE* 15, no. 10 (2020), article e0241045; Giovanni C. Santia, Munif Ishad Mujib, and Jake Ryland Williams, “Detecting Social Bots on Facebook in an Information Veracity Context,” *Proceedings of the International AAAI Conference on Web and Social Media* 13 (2019): 463–72.
55. Drew DeSilver, “The Polarization in Today’s Congress Has Roots That Go Back Decades,” Pew Research Center, March 10, 2022, www.pewresearch.org/short-reads/2022/03/10/the-polarization-in-todays-congress-has-roots-that-go-back-decades/; Lee Drutman, “Why Bipartisanship in the Senate Is Dying,” FiveThirtyEight, Sept. 27, 2021, fivethirtyeight.com/features/why-bipartisanship-in-the-senate-is-dying/.
56. Gregory A. Caldeira, “Neither the Purse nor the Sword: Dynamics of Public Confidence in the Supreme Court,” *American Political Science Review* 80, no. 4 (1986): 1209–26, doi.org/10.2307/1960864.

第十章　极权主义：所有力量归于算法？

1. 例如，参见其他极具洞见的文章：Zuboff, *Age of Surveillance Capitalism*; Fisher, *Chaos Machine*; Christian, *Alignment Problem*; D’Ignazio and Klein, *Data Feminism*; Costanza-Chock. *Design Justice*. Kai-Fu Lee, *AI Superpowers: China, Silicon Valley, and the New World Order* (New York: Houghton Mifflin, 2018), 这是一个绝佳的反例。也请参见：Mark Coeckelbergh, *AI Ethics* (Cambridge, Mass.: MIT Press, 2020).
2. 哥德堡大学的多元民主中心估算，2022 年，全球有 72% 的人口（57 亿人）生活在专制或极权政权之中。参见：V-Dem Institute, *Defiance in the Face of Autocratization* (2023),

v-dem.net/documents/29/V-dem_democracyreport2023_lowres.pdf.
3. Chicago Tribune Staff, "McDonald's: 60 Years, Billions Served," *Chicago Tribune*, April 15, 2015, www.chicagotribune.com/business/chi-mcdonalds-60-years-20150415-story.html.
4. Alphabet, "2022 Alphabet Annual Report," 2023, abc.xyz/assets/d4/4f/a48b94d548d0b2fdc029a95e8c63/2022-alphabet-annual-report.pdf; Statcounter, "Search Engine Market Share Worldwide—December 2023," accessed Jan. 12, 2024, gs.statcounter.com/search-engine-market-share; Jason Wise, "How Many People Use Search Engines in 2024?," Earthweb, Nov. 16, 2023, earthweb.com/search-engine-users/.
5. Google Search, "How Google Search Organizes Information," accessed Jan. 12, 2024, www.google.com/search/howsearchworks/how-search-works/organizing-information/; Statcounter, "Browser Market Share Worldwide," accessed Jan. 12, 2024, gs.statcounter.com/search-engine-market-share.
6. Parliamentary Counsel Office of New Zealand, "Privacy Act 2020," Dec. 6, 2023, www.legislation.govt.nz/act/public/2020/0031/latest/LMS23223.html.
7. Dionysis Zindros, "The Illusion of Blockchain Democracy: One Coin Equals One Vote," Nesta Foundation, Sept. 14, 2020, www.nesta.org.uk/report/illusion-blockchain-democracy-one-coin-equals-one-vote/; Lukas Schädler, Michael Lustenberger, and Florian Spychiger, "Analyzing Decision-Making in Blockchain Governance," *Frontiers in Blockchain* 23, no. 6 (2023); PricewaterhouseCoopers, "Estonia—the Digital Republic Secured by Blockchain," 2019, www.pwc.com/gx/en/services/legal/tech/assets/estonia-the-digital-republic-secured-by-blockchain.pdf; Bryan Daugherty, "Why Governments Need to Embrace Blockchain Technology," *Evening Standard*, May 31, 2023, www.standard.co.uk/business/government-blockchain-technology-business-b1080774.html.
8. Cassius Dio, *Roman History*, book 78.
9. Adrastos Omissi, "*Damnatio Memoriae or Creatio Memoriae*? Memory Sanctions as Creative Processes in the Fourth Century AD," *Cambridge Classical Journal* 62 (2016): 170–99.
10. Sandra Bingham, *The Praetorian Guard: A History of Rome's Elite Special Forces* (London: I. B. Tauris, 2013).
11. Tacitus, *Annals*, book 4.41.
12. Ibid., book 6.50.
13. Albert Einstein et al., "The Russell-Einstein Manifesto [1955]," *Impact of Science on Society—Unesco* 26, no. 12 (1976): 15–16.

第十一章 硅幕：全球帝国还是全球分裂？

1. Suleyman, *Coming Wave*, 12–13, 173–77, 207–13; Emily H. Soice et al., "Can Large Language Models Democratize Access to Dual-Use Biotechnology?" (preprint, submitted 2023), doi.org/10.48550/arXiv.2306.03809; Sepideh Jahangiri et al., "Viral and Non-viral Gene Therapy Using 3D (Bio) Printing," *Journal of Gene Medicine* 24, no. 12 (2022), article e3458; Tommaso Zandrini et al., "Breaking the Resolution Limits of 3D Bioprinting: Future Opportunities and Present Challenges," *Trends in Biotechnology* 41, no. 5 (2023): 604–14.
2. Thomas G. Otte and Keith Neilson, eds., *Railways and International Politics: Paths of Empire, 1848—1945* (London: Routledge, 2012); Matthew Alexander Scott, "Transcontinentalism: Technology, Geopolitics, and the Baghdad and Cape-Cairo Railway Projects, c. 1880–1930," (PhD diss., Newcastle University, 2018).
3. Kevin Kelly, "The Three Breakthroughs That Have Finally Unleashed AI on the World," *Wired*, Oct. 27, 2014, www.wired.com/2014/10/future-of-artificial-intelligence/.
4. "From Not Working to Neural Networking," *Economist*, June 23, 2016, www.economist.com/special-report/2016/06/23/from-not-working-to-neural-networking.

5. Liat Clark, "Google' s Artificial Brain Learns to Find Cat Videos," *Wired*, June 26, 2012, www.wired.com/2012/06/google-x-neural-network/; Jason Johnson, "This Deep Learning AI Generated Thousands of Creepy Cat Pictures," *Vice*, July 14, 2017, www.vice.com/en/article/a3dn9j/this-deep-learning-ai-generated-thousands-of-creepy-cat-pictures.
6. Amnesty International, "Automated Apartheid: How Facial Recognition Fragments, Segregates, and Controls Palestinians in the OPT," May 2, 2023, 42–43, www.amnesty.org/en/documents/mde15/6701/2023/en/
7. 到 2023 年，这篇叙述 AlexNet 研发过程与架构的论文被引用次数已高达 12 万，使之成为现代时尚影响力数一数二的文章，参见：Alex Krizhevsky, Ilya Sutskever, and Geoffrey E. Hinton, "Imagenet Classification with Deep Convolutional Neural Networks," *Advances in Neural Information Processing Systems* 25 (2012). 也请参见：Mohammed Zahangir Alom et al., "The History Began from AlexNet: A Comprehensive Survey on Deep Learning Approaches" (preprint, submitted 2018), doi.org/10.48550/arXiv.1803.01164.
8. David Lai, *Learning from the Stones: A Go Approach to Mastering China' s Strategic Concept, Shi* (Carlisle, Pa.: U.S. Army War College, Strategic Studies Institute, 2004); Zhongqi Pan, "*Guanxi, Weiqi*, and Chinese Strategic Thinking," *Chinese Political Science Review* 1 (2016): 303–21; Timothy J. Demy, James Giordano, and Gina Granados Palmer, "Chess vs Go—Strategic Strength, Gamecraft, and China," *National Defense*, July 8, 2021, www.nationaldefensemagazine.org/articles/2021/7/8/chess-vs-go---strategic-strength-gamecraft-and-china; David Vergun, "Ancient Game Used to Understand U.S.-China Strategy," U.S. Army, May 25, 2016, www.army.mil/article/168505/ancient_game_used_to_understand_u_s_china_strategy; "No Go," *Economist*, May 19, 2011, www.economist.com/books-and-arts/2011/05/19/no-go.
9. Suleyman, *Coming Wave*, 84.
10. "'Whoever Leads in AI Will Rule the World': Putin to Russian Children on Knowledge Day," Russia Today, Sept. 1, 2017, www.rt.com/news/401731-ai-rule-world-putin/; Ministry of External Affairs, "Prime Minister' s Statement on the Subject 'Creating a Shared Future in a Fractured World' in the World Economic Forum (January 23, 2018)," Jan. 23, 2018, www.mea.gov.in/Speeches-Statements.htm?dtl/29378/Prime+Ministers+Keynote+Speech+at+Plenary+Session+of+World+Economic+Forum+Davos+January+23+2018.
11. Trump White House, "Executive Order on Maintaining American Leadership in AI," Feb. 11, 2019, trumpwhitehouse.archives.gov/ai/; Cade Metz, "Trump Signs Executive Order Promoting Artificial Intelligence," *New York Times*, Feb. 11, 2019, www.nytimes.com/2019/02/11/business/ai-artificial-intelligence-trump.html.
12. 关于数据殖民主义的讨论请参见：Mejias and Couldry, *Data Grab*.
13. Akram Beniamin, "Cotton, Finance, and Business Networks in a Globalized World: The Case of Egypt During the First Half of the Twentieth Century" (PhD diss., University of Reading, 2019); Lars Sandberg, "Movements in the Quality of British Cotton Textile Exports, 1815–1913," *Journal of Economic History* 28, no. 1 (1968): 1–27; James Hagan and Andrew Wells, "The British and Rubber in Malaya, c. 1890–1940," in *The Past Is Before Us: Proceedings of the Ninth National Labor History Conference* (Sydney: University of Sydney, 2005), 143–50; John H. Drabble, "The Plantation Rubber Industry in Malaya up to 1922," *Journal of the Malaysian Branch of the Royal Asiatic Society* 40, no. 1 (1967): 52–77.
14. Paul Erdkamp, *The Grain Market in the Roman Empire: A Social, Political, and Economic Study* (Cambridge, U.K.: Cambridge University Press, 2005); Eli J. S. Weaverdyck, "Institutions and Economic Relations in the Roman Empire: Consumption, Supply, and Coordination," in *Handbook of Ancient Afro-Eurasian Economies*, vol. 2, *Local, Regional, and Imperial Economies*, ed. Sitta von Reden (Berlin: De Gruyter, 2022), 647–94; Colin Adams, *Land Transport in Roman Egypt: A Study of Economics and Administration in a*

Roman Province (New York: Oxford University Press, 2007).
15. Palash Ghosh, "Amazon Is Now America' s Biggest Apparel Retailer, Here' s Why Walmart Can' t Keep Up," *Forbes*, March 17, 2021, www.forbes.com/sites/palashghosh/2021/03/17/amazon-is-now-americas-biggest-apparel-retailer-heres-why-walmart-cant-keep-up/; Don-Alvin Adegeest, "Amazon' s U.S. Marketshare of Clothing Soars to 14.6 Percent," Fashion United, March 15, 2022, fashionunited.com/news/retail/amazon-s-u-s-marketshare-of-clothing-soars-to-14-6-percent/2022031546520.
16. Invest Pakistan, "Textile Sector Brief," accessed Jan. 12, 2024, invest.gov.pk/textile; Morder Intelligence, "Bangladesh Textile Manufacturing Industry Size & Share Analysis—Growth Trends & Forecasts (2023–2028)," accessed Jan. 12, 2024, www.mordorintelligence.com/industry-reports/bangladesh-textile-manufacturing-industry-study-market.
17. Daron Acemoglu and Simon Johnson, *Power and Progress: Our 1000-Year Struggle over Technology and Prosperity* (Cambridge, Mass.: MIT Press, 2023).
18. PricewaterhouseCoopers, "Global Artificial Intelligence Study: Sizing the Prize," 2017, www.pwc.com/gx/en/issues/data-and-analytics/publications/artificial-intelligence-study.html.
19. Matt Sheehan, "China' s AI Regulations and How They Get Made," Carnegie Endowment for International Peace, July 10, 2023, carnegieendowment.org/2023/07/10/china-s-ai-regulations-and-how-they-get-made-pub-90117; Daria Impiombato, Yvonne Lau, and Luisa Gyhn, "Examining Chinese Citizens' Views on State Surveillance," *Strategist*, Oct. 12, 2023, www.aspistrategist.org.au/examining-chinese-citizens-views-on-state-surveillance/; Strittmatter, *We Have Been Harmonized;* Cain, *Perfect Police State*.
20. Zuboff, *Age of Surveillance Capitalism*; PHQ Team, "Survey: Americans Divided on Social Credit System," PrivacyHQ, 2022, privacyhq.com/news/social-credit-how-do-i-stack-up/.
21. Lee, *AI Superpowers*.
22. Miller, *Chip War*; Robin Emmott, "U.S. Renews Pressure on Europe to Ditch Huawei in New Networks," Reuters, Sept. 29, 2020, www.reuters.com/article/us-usa-huawei-tech-europe-idUSKBN26K2MY/.
23. "President Trump Halts Broadcom Takeover of Qualcomm," Reuters, March 13, 2018, www.reuters.com/article/us-qualcomm-m-a-broadcom-merger/president-trump-halts-broadcom-takeover-of-qualcomm-idUSKCN1GO1Q4/; Trump White House, "Presidential Order Regarding the Proposed Takeover of Qualcomm Incorporated by Broadcom Limited," March 12, 2018, trumpwhitehouse.archives.gov/presidential-actions/presidential-order-regarding-proposed-takeover-qualcomm-incorporated-broadcom-limited/; David McLaughlin and Saleha Mohsin, "Trump' s Message in Blocking Broadcom Deal: U.S. Tech Not for Sale," Bloomberg, March 13, 2018, www.bloomberg.com/politics/articles/2018-03-13/trump-s-message-with-broadcom-block-u-s-tech-not-for-sale#xj4y7vzkg.
24. Suleyman, *Coming Wave*, 168; Stephen Nellis, Karen Freifeld, and Alexandra Alper, "U.S. Aims to Hobble China' s Chip Industry with Sweeping New Export Rules," Reuters, Oct. 10, 2022, www.reuters.com/technology/us-aims-hobble-chinas-chip-industry-with-sweeping-new-export-rules-2022-10-07/; Alexandra Alper, Karen Freifeld, and Stephen Nellis, "Biden Cuts China Off from More Nvidia Chips, Expands Curbs to Other Countries," Oct. 18, 2023, www.reuters.com/technology/biden-cut-china-off-more-nvidia-chips-expand-curbs-more-countries-2023-10-17/; Ann Cao, "US Citizens at Chinese Chip Firms Caught in the Middle of Tech War After New Export Restrictions," *South China Morning Post*, Oct. 11, 2022, www.scmp.com/tech/tech-war/article/3195609/us-citizens-chinese-chip-firms-caught-middle-tech-war-after-new.
25. Miller, *Chip War*.
26. Mark A. Lemley, "The Splinternet," *Duke Law Journal* 70 (2020): 1397–427.
27. Simcha Paull Raphael, *Jewish Views of the Afterlife*, 2nd ed. (Plymouth, U.K.: Rowman & Littlefield, 2019); Claudia Seltzer, *Resurrection of the Body in Early Judaism and Early*

Christianity: Doctrine, Community, and Self-Definition (Leiden: Brill, 2021).
28. 有关德尔图良的引用请参见：Gerald O'Collins and Mario Farrugia, *Catholicism: The Story of Catholic Christianity* (New York: Oxford University Press, 2015), 272. 有关天主教教义的引用参见：*Catechism of the Catholic Church*, 2nd ed. (Vatican City: Libreria Editrice Vaticana, 1997), 265.
29. Bart D. Ehrman, *Heaven and Hell: A History of the Afterlife* (New York: Simon & Schuster, 2021); Dale B. Martin, *The Corinthian Body* (New Haven, Conn.: Yale University Press, 1999); Seltzer, *Resurrection of the Body*.
30. Thomas McDermott, "Antony's Life of St. Simeon Stylites: A Translation of and Commentary on an Early Latin Version of the Greek Text" (master's thesis, Creighton University, 1969); Robert Doran, *The Lives of Simeon Stylites* (Kalamazoo, Mich.: Cistercian Publications, 1992).
31. Martin Luther, "An Introduction to St. Paul's Letter to the Romans," trans. Rev. Robert E. Smith, in *Vermischte Deutsche Schriften*, ed. Johann K. Irmischer (Erlangen: Heyder and Zimmer, 1854), 124–25, www.projectwittenberg.org/pub/resources/text/wittenberg/luther/luther-faith.txt.
32. Lemley, "Splinternet."
33. Ronen Bergman, Aaron Krolik, and Paul Mozur, "In Cyberattacks, Iran Shows Signs of Improved Hacking Capabilities," *New York Times*, Oct. 31, 2023, www.nytimes.com/2023/10/31/world/middleeast/iran-israel-cyberattacks.html.
34. 曾在 2009—2013 年担任北约盟军最高司令的美国海军上将詹姆斯 · 斯塔夫里迪斯就曾以小说的角度切入这个概念，参见：Elliot Ackerman and James Stavridis, *2034: A Novel of the Next World War* (New York: Penguin Press, 2022).
35. James D. Morrow, "A Twist of Truth: A Reexamination of the Effects of Arms Races on the Occurrence of War," *Journal of Conflict Resolution* 33, no. 3 (1989): 500–529.
36. 参见：President of Russia, "Meeting with State Duma Leaders and Party Faction Heads," July 7, 2022, en.kremlin.ru/events/president/news/68836; President of Russia, "Valdai International Discussion Club Meeting," Oct. 5, 2023, en.kremlin.ru/events/president/news/72444; Donald J. Trump, "Remarks by President Trump to the 74th Session of the United Nations General Assembly," Sept. 24, 2019, trumpwhitehouse.archives.gov/briefings-statements/remarks-president-trump-74th-session-united-nations-general-assembly/; Jair Bolsonaro, "Speech by Brazil's President Jair Bolsonaro at the Opening of the 74th United Nations General Assembly—New York," Ministério das Relações Exteriores, Sept. 24, 2019, www.gov.br/mre/en/content-centers/speeches-articles-and-interviews/president-of-the-federative-republic-of-brazil/speeches/speech-by-brazil-s-president-jair-bolsonaro-at-the-opening-of-the-74th-united-nations-general-assembly-new-york-september-24-2019-photo-alan-santos-pr; Cabinet Office of the Prime Minister, "Speech by Prime Minister Viktor Orbán at the Opening of CPAC Texas," Aug. 4, 2022, 2015-2022.miniszterelnok.hu/speech-by-prime-minister-viktor-orban-at-the-opening-of-cpac-texas/; Geert Wilders, "Speech by Geert Wilders at the 'Europe of Nations and Freedom' Conference," Gatestone Institute, Jan. 22, 2017, www.gatestoneinstitute.org/9812/geert-wilders-koblenz-enf.
37. Marine Le Pen, "Discours de Marine Le Pen, (Front National), après le 2e tour des Régionales," Hénin-Beaumont, Dec. 6, 2015, www.youtube.com/watch?v=Dv7Us46gL8c.
38. Trump White House, "President Trump: 'We Have Rejected Globalism and Embraced Patriotism,'" Aug. 7, 2020, trumpwhitehouse.archives.gov/articles/president-trump-we-have-rejected-globalism-and-embraced-patriotism/.
39. Bengio et al., "Managing AI Risks in an Era of Rapid Progress."
40. John Mearsheimer, *The Tragedy of Great Power Politics* (New York: W. W. Norton, 2001), 21. 也可参见：Hans J. Morgenthau, *Politics Among Nations: The Struggle for Power and Peace* (New York: Alfred A. Knopf, 1949).

41. de Waal, *Our Inner Ape*.
42. Douglas Zook, "Tropical Rainforests as Dynamic Symbiospheres of Life," *Symbiosis* 51 (2010): 27–36; Aparajita Das and Ajit Varma, "Symbiosis: The Art of Living," in *Symbiotic Fungi: Principles and Practice*, ed. Ajit Varma and Amit C. Kharkwal (Heidelberg: Springer, 2009), 1–28. See also de Waal, *Our Inner Ape*; Frans de Waal et al., *Primates and Philosophers: How Morality Evolved* (Princeton, N.J.: Princeton University Press, 2009); Frans de Waal, "Putting the Altruism Back into Altruism: The Evolution of Empathy," *Annual Review of Psychology* 59 (2008): 279–300.
43. Isabelle Crevecour et al., "New Insights on Interpersonal Violence in the Late Pleistocene Based on the Nile Valley Cemetery of Jebel Sahaba," *Nature Scientific Reports* 11 (2021), article 9991, doi.org/10.1038/s41598-021-89386-y; Marc Kissel and Nam C. Kim, "The Emergence of Human Warfare: Current Perspectives," *Yearbook of Physical Anthropology* 168, no. S67 (2019): 141–63; Luke Glowacki, "Myths About the Evolution of War: Apes, Foragers, and the Stories We Tell" (preprint, submitted in 2023), doi.org/10.32942/X2JC71.
44. Steven Pinker, *The Better Angels of Our Nature: Why Violence Has Declined* (New York: Viking, 2011); Gat, *War in Human Civilization*, 130–31; Joshua S. Goldstein, *Winning the War on War: The Decline of Armed Conflict Worldwide* (New York: Dutton, 2011); Harari, *21 Lessons for the 21st Century*, chap. 11; Azar Gat, "Is War Declining—and Why?," *Journal of Peace Research* 50, no. 2 (2012): 149–57; Michael Spagat and Stijn van Weezel, "The Decline of War Since 1950: New Evidence," in *Lewis Fry Richardson: His Intellectual Legacy and Influence in the Social Sciences*, ed. Nils Petter Gleditsch (Cham: Springer, 2020), 129–42; Michael Mann, "Have Wars and Violence Declined?," *Theory and Society* 47 (2018): 37–60.
45. 原文请参见：陈襄，《古灵先生文集》，2024-02-15，read.nlc.cn/OutOpenBook/OpenObjectBook?aid=892&bid=41448.0; 蔡襄，《蔡忠惠公文集》，2024-02-15, ctext.org/library.pl?if=gb&file=127799&page=185&remap=gb; 李焘，《续资治通鉴长编》（第九册）（北京：中华书局，1985），2928。
46. Emma Dench, *Empire and Political Cultures in the Roman World* (Cambridge, U.K.: Cambridge University Press, 2018), 79–80; Keith Hopkins, "The Political Economy of the Roman Empire," in *The Dynamics of Ancient Empires: State Power from Assyria to Byzantium*, ed. Ian Morris and Walter Scheidel (New York: Oxford University Press, 2009), 194; Walter Scheidel, "State Revenue and Expenditure in the Han and Roman Empires," in *State Power in Ancient China and Rome*, ed. Walter Scheidel (New York: Oxford University Press, 2015), 159; Paul Erdkamp, introduction to *A Companion to the Roman Army*, ed. Paul Erdkamp (Hoboken, N.J.: Blackwell, 2007), 2.
47. Suraiya Faroqhi, "Part II: Crisis and Change, 1590–1699," in *An Economic and Social History of the Ottoman Empire*, vol. 2, *1600—1914*, ed. Halil Inalcik and Donalt Quataert (Cambridge, U.K.: Cambridge University Press, 1994), 542.
48. Jari Eloranta, "National Defense," in *The Oxford Encyclopedia of Economic History*, ed. Joel Mokyr (Oxford: Oxford University Press, 2003), 30–31.
49. Jari Eloranta, "Cliometric Approaches to War," in *Handbook of Cliometrics*, ed. Claude Diebolt and Michael Haupert (Heidelberg: Springer, 2014), 1–22.
50. Ibid.
51. Jari Eloranta, "The World Wars," in *An Economist's Guide to Economic History*, ed. Matthias Blum and Christopher L. Colvin (Cham: Palgrave, 2018), 263.
52. James H. Noren, "The Controversy over Western Measures of Soviet Defense Expenditures," *Post-Soviet Affairs* 11, no. 3 (1995): 238–76.
53. 关于军费开支占政府支出的百分比，其他统计数据请参见：SIPRI, "SIPRI Military Expenditure Database," accessed Feb. 14, 2024, www.sipri.org/databases/milex. 关于美国

军费开支占政府支出的百分比请参见："Department of Defense," accessed Feb. 14, 2024, www.usaspending.gov/agency/department-of-defense?fy=2024.

54. World Health Organization, "Domestic General Government Health Expenditure (GGHE-D) as Percentage of General Government Expenditure (GGE) (%)," WHO Data, accessed Feb. 15, 2024, data.who.int/indicators/i/B9C6C79; World Bank, "Domestic General Government Health Expenditure (% of General Government Expenditure)," April 7, 2023, data.worldbank.org/indicator/SH.XPD.GHED.GE.ZS.
55. 关于近来冲突趋势的内容请参见：ACLED, "ACLED Conflict Index," Jan. 2024, acleddata.com/conflict-index/. 也请参见：Anna Marie Obermeier and Siri Aas Rustad, "Conflict Trends: A Global Overview, 1946–2022," PRIO, 2023, www.prio.org/publications/13513.
56. SIPRI 概况介绍请参见：April 2023, www.sipri.org/sites/default/files/2023-04/2304_fs_milex_2022.pdf. "2022 年，世界军费开支实际增长 3.7%，达到 2.24 万亿美元，创历史新高。2013—2022 年这十年间，全球军费开支增长了 19%，并且自 2015 年以来每年都在增长。" Nan Tian et al., "Trends in World Military Expenditure, 2022," SIPRI, April 2023, www.sipri.org/publications/2023/sipri-fact-sheets/trends-world-military-expenditure-2022; Dan Sabbagh, "Global Defense Spending Rises 9% to Record $2.2Tn," *Guardian*, Feb. 13, 2024, www.theguardian.com/world/2024/feb/13/global-defense-spending-rises-9-per-cent-to-record-22tn-dollars.
57. 关于难以得到确切的数字，请参见：Erik Andermo and Martin Kragh, "Secrecy and Military Expenditures in the Russian Budget," *Post-Soviet Affairs* 36, no. 4 (2020): 1–26; "Russia's Secret Spending Hides over $110 Billion in 2023 Budget," Bloomberg, Sept. 29, 2022, www.bloomberg.com/news/articles/2022-09-29/russia-s-secret-spending-hides-over-110-billion-in-2023-budget?leadSource=uverify%20wall. 关于其他人对俄罗斯军事预算的预估，请参见：Julian Cooper, "Another Budget for a Country at War: Military Expenditure in Russia's Federal Budget for 2024 and Beyond," SIPRI, Dec. 2023, www.sipri.org/sites/default/files/2023-12/sipriinsights_2312_11_russian_milex_for_2024_0.pdf; Alexander Marrow, "Putin Approves Big Military Spending Hike for Russia's Budget," Reuters, Nov. 28, 2023, www.reuters.com/world/europe/putin-approves-big-military-spending-hikes-russias-budget-2023-11-27/.
58. Sabbagh,"全球国防开支增长 9%，达到创纪录的 2.2 万亿美元"。
59. 关于普京谈及历史领域的几次尝试，请参见：Björn Alexander Düben, "Revising History and 'Gathering the Russian Lands': Vladimir Putin and Ukrainian Nationhood," *LSE Public Policy Review* 3, no. 1 (2023), article 4; Vladimir Putin, "Article by Vladimir Putin 'On the Historical Unity of Russians and Ukrainians,'" President of Russia, July 12, 2021, en.kremlin.ru/events/president/news/66181. 关于西方对普京这篇文章的观点的相关整理，请参见：Peter Dickinson, "Putin's New Ukraine Essay Reveals Imperial Ambitions," Atlantic Council, July 15, 2021, www.atlanticcouncil.org/blogs/ukrainealert/putins-new-ukraine-essay-reflects-imperial-ambitions/; Timothy D. Snyder, "How to Think About War in Ukraine," *Thinking About . . .*, Jan. 18, 2022, snyder.substack.com/p/how-to-think-about-war-in-ukraine. 关于专家认为普京真心相信这套历史叙事，请参见：Ivan Krastev, "Putin Lives in Historic Analogies and Metaphors," *Spiegel International*, March 17, 2022, www.spiegel.de/international/world/ivan-krastev-on-russia-s-invasion-of-ukraine-putin-lives-in-historic-analogies-and-metaphors-a-1d043090-1111-4829-be90-c20fd5786288; Serhii Plokhii, "Interview with Serhii Plokhy: 'Russia's War Against Ukraine: Empires Don't Die Overnight,'" *Forum for Ukrainian Studies*, Sept. 26, 2022, ukrainian-studies.ca/2022/09/26/interview-with-serhii-plokhy-russias-war-against-ukraine-empires-dont-die-overnight/.

结语

1. Yuval Noah Harari, "Strategy and Supply in Fourteenth-Century Western European Invasion

Campaigns," *Journal of Military History* 64, no. 2 (April 2000): 297–334; Yuval Noah Harari, *The Ultimate Experience: Battlefield Revelations and the Making of Modern War Culture, 1450—2000* (Houndmills: Palgrave Macmillan, 2008).

2. Thant, *Hidden History of Burma*, 74.
3. Ben Caspit, *The Netanyahu Years*, trans. Ora Cummings (New York: St. Martin's Press, 2017), 323–24; Ruth Eglash, "Netanyahu Once Gave Obama a Lecture. Now He's Using It to Boost His Election Campaign," *Washington Post*, March 28, 2019, www.washingtonpost.com/world/2019/03/28/netanyahu-once-gave-obama-lecture-now-hes-using-it-boost-his-election-campaign/.
4. Jennifer Larson, *Understanding Greek Religion* (London: Routledge, 2016), 194; Harvey Whitehouse, *Inheritance: The Evolutionary Origins of the Modern World* (London: Hutchinson, 2024), 113.